소프트웨어 품질관리
실무 가이드

프로젝트 성공을 이끄는 소프트웨어 품질관리

소프트웨어 품질관리
실무 가이드

초판 1쇄 2018년 01월 05일
2판 1쇄 2019년 04월 02일

지은이 정보통신산업진흥원(NIPA), 비즈피어㈜ 컨소시엄
발행인 최홍석

발행처 (주)프리렉
출판신고 2000년 3월 7일 제 13-634호
주소 경기도 부천시 길주로 77번길 19 세진프라자 201호
전화 032-326-7282(代) **팩스** 032-326-5866
URL www.freelec.co.kr

편 집 안동현
디자인 김혜정

ISBN 978-89-6540-238-1

프로젝트 성공을 이끄는
소프트웨어 품질관리

Software Quality Management Practical Guide

소프트웨어
품질관리
실무가이드

정보통신산업진흥원, 비즈피어㈜ 컨소시엄 **지음**

프리렉

추천사

과학기술이 상상할 수 없을 정도의 속도로 발전하면서 누가 빨리 혁신적인 기술을 개발해 새로운 시장을 창출하느냐에 국가 운명이 좌우되는 4차 산업혁명의 시대가 도래하고 있습니다. 초연결, 초지능을 기반으로 경제, 사회, 문화 등 우리의 삶 전반에 매우 큰 변화를 가져오고 있는 지금, 정보통신산업진흥원은 이를 슬기롭게 헤쳐나가기 위해 지능정보(AI), 가상현실(VA), 사물인터넷(IoT) 등 차세대 정보통신산업 경쟁력을 확보해나가는 노력을 지속적으로 추진하고 있고, 그 중심에는 소프트웨어 산업 진흥을 위한 관심과 지원이 핵심을 차지하고 있습니다.

지금 우리나라의 소프트웨어 산업은 선진국에 비해서는 기술과 품질 경쟁에서, 후발 개발도상국에 비해서는 가격 경쟁에서 밀리는 현상을 말하는 넛크래커가 심화되고 있다고들 합니다. 따라서 소프트웨어 기술과 품질 혁신은 대단히 중요한 시대적 과제가 되고 있습니다.

소프트웨어를 개발하는 중소 ICT 기업의 경우에는 대부분 소프트웨어 품질에 대한 체계적인 시스템이나, 인력을 확보하지 못하고 있는 것이 우리의 현실이며, 전문적인 교육을 통해 직원들이 품질 역량을 보유하기도 여건상 쉽지도 않습니다. 그러나 시장의 장벽이 없는 소프트웨어 제품에 있어서 글로벌 품질 경쟁력을 확보하기 위하여 많은 노력이 필요한 상황입니다.

자체 품질부서 및 인력이 부족한 중소 ICT 기업에 있어, 실무 중심의 소프트웨어 품질 전반을 다루는 전문적인 정보에 대한 갈증이 상당히 있었는데, 본 도서 집필 시, 정보통신산업진흥원에서 연구개발 과제를 지원받았던 중소기업의 현장의 목소리를 잘 담을 수 있도록 노력한 만큼 현업에서 활용하기 용이할 것으로 기대합니다.

모쪼록 이 책이 소프트웨어 산업계에 널리 소개되고, 우리나라의 소프트웨어 산업의 수준을 한 단계 높일 수 있도록 더욱 높은 품질을 가진 명품 소프트웨어를 만드는데 이바지할 수 있기를 기원합니다.

2017년 12월

정보통신산업진흥원장
윤 종 록

www.nipa.kr

서문

정보통신과 소프트웨어가 기술의 중심이 되고 IT기술의 활용이 폭발적으로 확산하고 있는 지금, 우리는 소프트웨어를 개발하고 시장에 출시하는 과정에서 고객이 불만족스러워하는 상황을 적잖이 경험하고 있습니다. 반면에 소프트웨어 개발 업체는 고객에게 문제점이 노출되기 전에 사전 발견하고 제거하기 위해 많은 고민을 하고 있습니다.

그러나 소프트웨어 품질관리에 대한 중요성은 많이들 강조하지만 실제로 품질관리를 잘할 수 있도록 실무적인 관점에서 가이드해줄 수 있는 도서는 흔치 않은 실정입니다. 이 책은 소프트웨어 업무를 수행하고 계신 분들에게 품질관리의 개념과 그 가치를 이해하도록 하고, 실제 실무 적용에 도움을 드리고자 소프트웨어 품질 부문의 여러 전문가가 축적된 지식과 현장의 경험을 모아서 이 책을 펴내게 되었습니다. 특히, 소프트웨어 생명주기 전체를 품질 관점에서 다루되, 규모가 크지 않은 중소 ICT 기업에서 적용하기 쉽도록 사례 위주로 설명한 것이 이 책의 특징이라고 할 수 있습니다.

제조 산업의 경우, 제품을 출시하면서 무결점을 종종 광고하기도 하지만 소프트웨어 제품을 출시하면서는 결함 없는 제품이라고 홍보하는 경우는 없습니다. 이는 소프트웨어가 가진 제품의 복잡성에도 이유가 있고, 하드웨어와는 달리 비가시성이라는 이유 때문에 그러한 제한사항을 가지게 됩니다. 제품 복잡성은 제품이 허용하는 작동 모드의 수입니다. 일반적으로 하드웨어 제품은 부품들 조합으로 작동 모드가 제한적인 데 비해 소프트웨어 패키지는 수백만 가지의 작업 가능성이 되기도 합니다. 따라서 이러한 모든 가능성에 대해 무결점을 정확하게 보장하는 것은 소프트웨어 분야에서 주요 도전 과제가 되기도 합니다. 또한, 제품 가시성의 경우에도 하드웨어적인 결함은 대부분 제조 과정에서 감지될 수 있습니다. 그러나 소프트웨어 제품의 결함은 보이지 않습니다.

소프트웨어의 경우, 개발 생명주기의 초기부터 결함을 예방하지 않으면 제품의 완성도는 고객의 외면으로 이어지기가 쉽습니다. 따라서 소프트웨어 품질은 요구 사항과 주어진 설계 목적을 충실히 달성하면서, 구조적으로 올바르게 개발하는 것이 중요한 관건이 될 것입니다. 결국, 소프트웨어의 품질은 개발하려는 제품과 자기 조직에 적합한 개발 프로세스를 신중히 선택하고 관련된 기술을 적용하면서 품질을 확보하는 광범위한 과정을 통해 실현되어야 합니다.

이 책은 프로젝트 관리자와 엔지니어가 더욱 좋은 품질의 소프트웨어를 개발할 수 있는 접근 방법을 설명하고 있습니다. 프로젝트 계획수립에서부터 요구 사항 분석, 설계, 구현, 테스트에 이르기까지 소프트웨어 생명주기 전반에 걸쳐 이론과 관련 사례를 함께 제공함으로써, 각 단계의 품질 활동에 참고할 수 있는 다양한 실무 지침을 제공하고 있습니다. 특히 정보통신산업진흥원이 기획한 중소 ICT 기업의 품질향상 지원 사업에 저자들이 직접 참여하면서 참조한 사례들이 이 책을 집필하는 데 큰 역할을 하였습니다.

Part 1에서는 소프트웨어 품질에 대한 정확한 이해와 그 중요성을 인식할 수 있도록 기본적인 품질 개념을 소개와 더불어 이를 근간으로 체계적인 프로젝트 계획을 수립하고, 이를 근간으로 프로젝트를 통제하는 방법에 대해 설명하고 있습니다.

Part 2에서는 소프트웨어 요구 사항이란 무엇이고, 어떻게 수집 정리하고, 관리해야 하는지, 그리고 프로젝트에서 얼마나 중요한 것인지를 설명하고, 성공적인 소프트웨어 개발 프로젝트 수행을 위하여 효과적인 요구 사항 도출, 분석, 명세화, 검증, 관리에 필요한 기법과 사례자료를 함께 제시하고 있습니다.

Part 3에서는 시스템 요구 사항을 충족시키기 위해 해당 시스템을 위한 아키텍처, 구성 요소, 모듈, 인터페이스 및 데이터를 정의하는 프로세스와 그 산출물을 지칭하게 되는데, 시스템 구축을 위해 필요한 아키텍처를 정의하고 상세한 설계를 수행할 때보다 품질을 확보하면서 설계 절차를 진행할 수 있는 관련 기법을 소개하고 있습니다.

Part 4에서는 실제 소프트웨어를 코딩을 통해 구현하는 단계에서의 개발활동 요소와 품질 확보 방안을 확인하고, 도구를 활용하여 수행하는 방법들을 소개함으로써 프로젝트 실무에서 품질 역량을 높이는 방법들을 제시하고 있습니다.

Part 5에서는 소프트웨어 테스트 전략을 포함한 테스트 계획 수립, 테스트 효용 가치가 높은 대표적인 설계 기법을 소개하고, 아울러, 단위, 통합, 시스템, 인수 각각의 테스트 레벨의 특성에 대표적인 실행 프로세스와 관리 방안을 설명하고 있습니다.

지금까지 우리는 소프트웨어 품질과 관련하여 많은 시행착오를 경험해왔고, 앞으로도 소프트웨어의 품질은 우리에게 만만치 않은 도전 과제가 될 것입니다. 소프트웨어 품질에 대한 많은 이론과 지식이 나와있지만, 저자들이 그동안 현장에서 체험한 많은 사례를 근간으로 소프트웨어 품질관리를 좀 더 실무적인 관점에서 효과적이고 비용효율적으로 수행하는 방법들을 이 책을 통해 공유하고자 합니다. 미력하나마 소프트웨어 품질 분야에 긍정적인 변화를 가져오게 되길 희망하면서 독자 여러분의 성원을 기대합니다.

2017년 12월
저자 일동

차례

프로젝트 관리

소프트웨어 개발 프로젝트는 정해진 비용으로 계획된 납기 이내에 고객이 만족하는 품질을 가진 결과물을 만들어 내는 과정이라고 요약할 수 있다. 그러나 우리 주변에서는 비용과 납기를 상대적으로 더 중시하고 상황이 여의치 않으면 품질은 양보할 수도 있는 요소라는 인식을 가지고 프로젝트를 관리하는 것을 흔히 볼 수 있다. 소프트웨어 품질에 대한 정확한 이해와 그 중요성을 근간으로 체계적인 프로젝트 계획을 수립하고, 이를 근간으로 프로젝트를 통제하는 것은 해당 프로젝트를 성공으로 이끄는 가장 중요한 부분이므로 이번 파트에서는 이러한 내용에 관하여 알아보고자 한다.

Chapter 01

소프트웨어 품질에 대한 이해

"어떤 것을 소프트웨어 품질이라고 말합니까?"라는 질문을 받을 때, 상대방에게 이를 알기 쉽게 설명하는 것은 생각보다 쉽지 않다. 이 장에서는 여러 학자와 국제 표준에서 정리해 놓은 소프트웨어 품질의 정의를 살펴보고, 소프트웨어 품질을 구성하는 특성에는 어떠한 것들이 있는지를 알아보고자 한다. 아울러, 각 조직에서 품질을 확보하기 위해 흔히 지칭하는 QC와 QA의 차이점, 그리고 품질 인식을 제고하기 위해 바람직한 관행들을 함께 소개한다.

1. 소프트웨어 품질에 대한 인식

소프트웨어 업계에서는 '납기는 생명, 품질은 자존심'이라는 말을 자주 쓰곤 한다. 고객과 시장이 원하는 제품을 적시에 만들어 내는 것은 비즈니스의 명운이 달린 중요한 일이고, 또 이렇게 만들어 낸 제품의 품질은 바로 회사의 명예와 엔지니어의 자존심을 표현하게 된다는 것이다.

바야흐로 세계 유수의 기업들은 앞다투어 품질경쟁에 뛰어들고 있고, 수많은 신제품이 하루에도 수만 건씩 쏟아지는 현실 속에서 고객들은 웬만한 제품에는 눈길 한번 주지 않는 것이 현실이다. 또한, 고객의 제품 선택 기준이 가격에서 품질과 고객 서비스 등으로 점차 옮겨 가고 있기 때문에 차별화된 마케팅과 함께 품질 요소가 없으면 출시한 제품이 하루아침에 사장되어 버리는 것이 냉혹한 현실이기도 하다. 반면에 품질을 고객에게 선사하면 그것은 최고의 광고가 되기도 한다.

너무도 당연하지만 소프트웨어가 동작하지 않는다면 결함이 발생한 것이다. 그럼 여기서 질문 하나를 생각해보자. 제품은 정상적으로 동작하지만 고객이 원하는 제품이 아니라면 이것은 결함일까? 그렇다. 아무리 하자가 없는 제품을 만들어도 고객이 원하는 제품이 아니라면 필요가 없다. 요구사항을 만족시켜야 고객은 제품과 서비스를 구매하기 때문이다.

한때 휴대용 무선 호출기와 6시그마 혁신 운동으로 유명한 글로벌 IT 강자 모토로라는 2012년 구글에 인수되었고 스마트폰 부문은 중국 기업에 매각되었다. 아무리 결점이 없는 제품을 만들어도 고객이 필요하지 않으면 무용지물이 된다는 교훈이 될 수 있겠다. 6시그마는 100만 개의 제품을 만들 때 단 3.4개의 불량만 허용한다는 무결점 혁신 운동인데, 이것을 지키는 것보다 340개의 불량을 허용하는 게 오히려 비용면에서 효율적일 경우도 있다. 곧 폐기될 제품에 대해 3.4개의 불량률을 지키는 게 의미가 있을까? 모토로라의 실패는 고객의 새로운 수요에 대해 주목하지 못한 결과일 것이다. 고객은 수신 기능만을 제공하는 수동적인 호출기가 아니라 능동적으로 발신까지 할 수 있는 휴대폰의 기능을 원했는데 그것을 놓친 결과이다. 이제 니즈(Needs)가 아닌 원츠(Wants)를 공략해야 하는 시대가 되었다. 고객의 요구사항(니즈와 원츠)을 제대로 담지 못하는 것, 이것이 중요한 결함이며 이것을 만족하면 가장 큰 품질을 만족시키게 되는 것이다.

품질에 대한 단편적인 인식은 다음과 같은 두 가지 모습으로 나타난다. 첫째, 납기 준수에 밀려 품질 수준을 낮추거나 고객이 명시적으로 적시한 내용만 구현하는 경우이다. 최고의 품질을 지향하기보다는 안전을 추구하는 것으로 볼 수 있겠다. 이는 곧 '우수성 회피' 현상이다. 그러나 사용자가 요구하는 것 이상의 품질을 추구해야 진정한 고객 만족이 가능하며 개발자의 실력 향상에도 도움이 될 것이다. 일정 압력을 줄이고 가장 부가가치가 높은 요구사항에 집중하고 몰입도를 높여서 "어려운 상황에서도 우리가 해냈다."라는 성취를 만들어 나가는 것이 중요하다.

둘째, 소프트웨어에 대한 품질 책임이 불명확한 경우이다. 과연 품질은 누가 책임져야 할까? 릴리스 전에 제품에 대한 검사를 진행하는 품질과 테스트 조직일까? 그렇지 않다. 품질에 대한 일차적인 책임은 소프트웨어를 만드는 개발자에게 있다. 즉, 생산자의 몫인 것이다. 품질과 테스트 조직은 객관적으로 결함을 발견하고 조치를 요청하는 역할을 수행한다. 하지만 품질에 대한 최종 책임은 전 직원이 져야 한다. 제품을 만드는 과정에 참여하는 사람 모두가 품질을 우선시하는 문화를 만들어가고 각자 역할에서 품질에 기여하려는 노력이 꼭 필요한 것이다.

2. 소프트웨어 품질의 정의와 품질 특성

소프트웨어 품질이란 무엇인가? 품질의 정의에 대해서는 관점에 따라 여러 학자가 다음과 같이 다양한 견해를 밝히고 있지만, 요구사항 관점에서 품질을 바라보는 시각이 우세하다.

- (Juran) 목적에 적합 - Fitness for Use, 여러 가지 특성 보유 (품질 특성)
- (Crosby) 요구사항과의 일치- 품질 문제는 요구와의 불일치로 발생, 지속적 모니터링
- (ISO 8402) 명확한 요구사항과 잠재된 기대치를 만족시킬 수 있는 능력에 관계되는 제품과 서비스의 특징 및 특성의 총체
- (IEEE) 소프트웨어가 지닌 바람직한 속성의 정도
- (Deming) 저렴하고 시장에 적합하며, 예측할 수 있는 정도의 균질성과 신뢰성을 가지고 있는 것
- (Weinberg) 누군가에 있어서의 가치
- (대한민국 신품질포럼) 경쟁자가 이루지 못한 매력적, 독창적 제품 및 서비스로 고객 가치를 창조하는 프로세스와 시스템, 기업문화를 포함한 경영품질

ISO/IEC 25010(구 ISO/IEC 9126) 품질 모델에서는 소프트웨어 품질의 특성을 기능성, 효율성, 호환성, 사용성, 신뢰성, 보안성, 유지보수성, 이식성의 8가지로 구분한다. 제품 생산자는 고객의 비즈니스 요구사항은 물론 품질의 8가지 특성을 고려하여 사용자의 만족을 얻기 위해 부단한 노력을 하고 있다. 다음의 품질 특성을 정확히 이해하고 요구사항을 누락없이 정확하게 반영하여야 고품질의 소프트웨어를 개발할 수 있게 되는 것이다.

[표 1-1] ISO/IEC 25010 품질 특성

주특성	부특성	설명
기능성	기능 성숙도 Functional Completeness	명시된 요구사항의 구현 정도
	기능 정확도 Functional Correctness	정의된 정밀도에 따라 정확하게 결과를 제공하는 정도
	기능 타당성 Functional Appropriateness	사용자의 목적 달성에 소프트웨어가 도움을 주는 정도
효율성	시간 반응성 Time-behavior	기능 수행 시 응답, 처리 시간과 처리율이 요구사항을 충족시키는 정도
	요소 활용 Resource Utilization	기능 수행 시 사용되는 자원의 유형 및 양이 요구사항을 만족 시키는 정도
	기억 용량 Capacity	제품 혹은 시스템 파라미터(최근 사용자 수, 통신 대역폭, 데이터베이스가 저장할 수 있는 데이터양 등)의 최대 한계가 요구사항을 만족시키는 정도
호환성	공존성 Co-existence	다른 소프트웨어에 해로운 영향을 주지 않고 환경 및 자원을 공유하면서 요구된 기능을 효과적으로 수행하는 정도
	상호 운용성 Interoperability	둘 혹은 그 이상의 시스템, 제품 혹은 구성요소가 정보를 교환하거나 교환된 정보를 이상 없이 사용할 수 있는 정도
사용성	타당성 식별력 Appropriateness recognisability	사용자의 요구에 적절한 기능인지 식별할 수 있는 정도
	학습성 Learnability	사용자가 소프트웨어의 사용법을 배워 명시된 목적을 달성할 수 있는 정도
	운용성 Operability	제품 혹은 시스템의 작동 및 제어를 쉽게 할 수 있는 정도
	사용자 오류 보호 User error protection	소프트웨어가 발생한 오류로부터 사용자를 보호하는 정도 (버튼 비활성화, 알림 창 등)
	사용자 인터페이스 미학 User interface aesthetics	사용자 인터페이스가 사용자에게 만족스러운 정도
	접근성 Accessibility	연령과 장애에 관계없이 사용할 수 있는 정도

주특성	부특성	설명
신뢰성	성숙성 Maturity	소프트웨어 구성요소가 표준적 환경에서 신뢰도 요구를 충족시키는 정도
	가용성 Availability	사용자가 원하는 시간에 사용 및 접근이 가능한 정도
	결점 완화 Fault tolerance	하드웨어 혹은 소프트웨어에 결함이 존재하더라도 시스템, 제품 및 구성요소가 이를 극복하고 의도한 대로 작동하는 정도
	회복 가능성 Recoverability	중단 및 실패 발생 시, 제품 혹은 시스템이 데이터를 복구할 수 있는 정도
보안성	기밀성 Confidentiality	제품 혹은 시스템이 반드시 권한이 있는 데이터에만 접근 가능하도록 하는 정도
	무결성 Integrity	시스템, 제품 혹은 구성요소가 컴퓨터 프로그램 혹은 데이터에 대해 무단으로 접근 혹은 변경되는 것을 방지하는 정도
	부인 방지 Non-repudiation	사건 및 행위 후에 부인하지 못하도록 행동 및 사건에 대해 입증되는 정도
	책임성 Accountability	시스템 내의 각 개인을 유일하게 식별하여 언제 어떠한 행동을 하였는지 기록하여 필요 시 그 행위자를 추적할 수 있는 정도
	진본성(인증성) Authenticity	사건 및 행동에 대해 행위자임을 증명할 수 있는 정도
유지보수성	모듈성 Modularity	최소의 영향을 가진 개별 구성요소로 구성된 정도
	재사용성 Reusability	자산이 하나 이상의 시스템에서 사용될 수 있거나, 다른 자산을 구축하는 데 사용될 수 있는 정도
	분석성 Analyzability	시스템 변화에 대해 어떠한 영향을 받는지 효과적이고 효율적으로 평가할 수 있는 정도
	수정 가능성 Modifiability	제품 혹은 시스템이 장애 없이 효과적이고 효율적으로 수정될 수 있는 정도
	시험 가능성 Testability	제품 혹은 시스템에 대해 테스트 기준을 효과적이고 효율적으로 수립할 수 있는 정도. 또는 이들 기준을 만족하는지 효과적이고 효율적으로 테스트할 수 있는 정도

주특성	부특성	설명
이식성	적용성 Adaptability	제품 혹은 시스템이 다른 하드웨어, 소프트웨어 혹은 기타 사용 환경에 효과적이고 효율적으로 적용될 수 있는 정도
	설치성 Installability	제품 또는 시스템이 성공적으로 설치 및 제거될 수 있는 정도
	대치성 Replaceability	제품이 동일한 환경에서 동일한 목적을 위해 다른 지정 소프트웨어 제품으로 대치될 수 있는 정도

3. 소프트웨어 품질의 분류

소프트웨어에는 두 가지 품질이 있다. 바로 작은 품질(Little Quality)과 큰 품질(Big Quality)이다. 작은 품질은 결함이 없는 소프트웨어를 의미한다. 이는 개발자가 주로 생각하는 품질의 개념으로 소프트웨어가 요구사항 명세를 만족하느냐 못하느냐의 여부로 품질 충족 여부를 판별한다. 반면에 큰 품질은 고객의 관점으로 고객 만족 여부가 품질의 기준이 된다. 즉, 고객이 원하는 것을 정확하게, 탁월하게 구현하여 고객 만족을 제공하는 것이다.

이제 작은 품질을 넘어서 큰 품질을 더 중요하게 여기는 시대가 되었다. 고객의 기대가치는 계속 상승하고 지속적인 품질 개선 없이는 생존할 수 없기 때문이다. 탁월함을 추구하여 고객이 기대하는 것, 아니 기대 이상을 충족하려고 하는 것이 품질인 시대가 된 것이다. 좋은(good) 것은 위대한(great) 것의 적이라는 말이 있다. 우수한 조직은 두 가지 품질 개념을 모두 중요하게 여긴다.

큰 품질 시대로 접어들었다는 것은 세 가지 의미를 내포하고 있다. 첫째, 이제 제품과 서비스 제공이 생산자 중심(Inside-Out)에서 고객중심(Customer Centered)으로 넘어갔다는 뜻이다. 산업 사회에서는 생산자가 제품을 만들면 팔리는 시대였지만, 디지털 경제 시대에서는 고객의 선택이 중요한 시대가 되었다. 아무리 우수한 제품을 만들어도 고객이 필요 없다고 생각하면, 그래서 선택하지 않으면 팔리지 않는 것이다. 고객의 제품 선택 기준이 가격에서 품질과 고객 서비스 등으로 점차 옮겨 가고 있고, 차별화된 마케팅이나 품질 요소가 없으면 출시 제품이 하루아침에 사장되어 버리는 것이 지금의 현실이다.

둘째, 제품 자체보다 제품을 만드는 과정, 즉 공정이나 프로세스에 초점을 맞추게 되었다. 물론 생산한 제품의 결함을 줄이려는 노력도 중요하지만, 처음부터 잘 만들려는 노력에 더 관심을 둘 수밖에 없다는 뜻이다. 즉, 좋은 프로세스를 준수하면 좋은 제품이 나온다는 의미이다. 우수한 회사들이 제품을 만드는 공정을 지속적으로 개선하고 또 이를 회사의 자산으로 축적하고 보안에 신경 쓰는 이유도 여기에 있다.

[그림 1-1] 두 가지 품질

셋째, 고객의 기대사항을 충족시키고 최고를 추구한다. 맥도날드는 전 세계 어느 매장을 가도 메뉴와 가격, 품질, 종업원 관리 정책 등이 동일하다. 물론 인도처럼 종교적인 이유로 레시피가 다른 경우도 있지만, 지극히 예외적인 경우이다. 맥도날드는 표준화를 통해 균질한 제품과 서비스를 제공하는 전략을 취하고 있다. 이는 효율성(Efficiency)과 관련이 있다. 효율성은 목적과 상관없이 경제적 능률을 높이려고 하는 특성을 말한다. 반면에 스타벅스나 핸드 메이드(Hand-made) 커피숍은 고품질의 제품과 서비스를 제공하는 전략을 취하고 있다. 스타벅스에서 커피를 한잔 마시면 최고의 대접을 받고 있다는 느낌을 갖게 만들려고 노력하는 것이다. 이것은 효과성(Effectiveness)과 관련이 있다. 효과성은 어떤 일을 하면서 목적에 부합하려는 특성을 말한다.

효율성과 효과성을 설명하다 보니 앞선 두 회사가 그쪽에만 치우쳐 있다는 느낌이 들 수도 있지만 사실은 둘 다 중요하다. 앞에서 소개한 바와 같이 우수한 조직은 이 두 가지 전략을 다 고려한다. 그러나 품질에 대한 인식이 전환되는 지금의 시대에서 효과성이 상대적으로 더 중요하게 부각되는 것은 분명해 보인다. 효과성을 무시하면서 비즈니스의 성공을 기대하기에는 무리가 있다. 이제 고객이 기대하는 매력을 갖춘 제품과 서비스를 제공해야 하는 것이다. 고객을 감동시키려면 기대사항을 충족시켜야 한다는 의미이다.

품질은 다음 세 가지로도 구분할 수 있는데 기본 품질에서 매력 품질을 만족시키는 방향으로 나아가야 한다.

기본 품질	당연한 최소한의 고객요구에 부합함 당연한 제품특성 및 기능의 유지, 불량 없음 예) 자동차의 기본기능(핸들, 기어,…)	
성능 품질	추가로 기대하거나 특별한 요구사항을 만족하는 수준 경쟁제품과 비교우위의 성능, 기능, 서비스 등 예) 자동차의 연비, 안정성, 부가장착품,…	
매력 품질	기대하지 않은 부가적인 기대를 충족하는 수준 특별한 부가서비스, 디자인, 사회적 인정 등 예) 자동차의 브랜드 이미지, 최첨단 기능, 부가적 경품,…	

[그림 1-2] 세 가지 품질

4. 소프트웨어 품질이 중요한 이유

여전히 현장에서는 납기와 예산에 품질이 희생되는 사례를 자주 발견하게 된다. 대부분 관리자들은 주어진 일정과 비용을 맞추기 위해 품질을 희생하는 선택을 하는 것이 우리의 현실이다. 품질은 상황에 따라 변경이 가능하다고 인식하고 있고, 한 손에는 동기부여와 방법론, 한 손에는 일정 압박이라는 반 품질적 요소를 적용하기도 한다.

또한, 품질을 신경 쓰게 되면 "일정을 못 맞춘다.", "생산성이 떨어진다.", "문서작업이 많아진다."라는 오해를 하는 점이 있다. '일단 짜보고 고치기' 개발에 젖은 사람들은 품질을 불필요한 부담이라고 간주하기도 한다. 또 품질을 이야기하는 것은, 그야말로 여유 있는 자들만의 이야기라고 치부하기도 한다. 그러나 품질 문제를 대충 건너뛰는 것은 다음 단계에서의 비용을 기하급수적으로 증가시키는 결과를 가져오게 된다. 지금부터 25년 전 IBM은 빨리 끝나는 데 초점을 두고 진행한 프로젝트에서 비용과 일정이 증가한다는 사례를 발표했다. 품질보다는 진척에만 관심을 두게 되면 프로젝트 후반부에 결함 제거 활동이 대량으로 발생해서 오히려 납기가 지연되고, 고객에게 제품 인도 후에는 유지보수 비용이 기하급수적으로 증가한다는 사실을 체험하게 되었던 것이다. 품질에 신경 쓰면 오히려 일정을 단축할 수 있다는 것은 꼭 기억해야 할 점이다. 제품개발 프로젝트는 적은 결함을 가질수록 빠른 시간에 완성될 수 있다. 모범적인 프로젝트는 초기에 결함을 잡는 데 주력함으로써 개발 일정을 단축하려고 한다.

대부분의 기업에서 품질이 중요하다고 외치면서도 현실에서는 품질 원칙이 실천되지 못하고 있다. 경영진이 당장 돈이 되는 매출과 이익에 관심이 있기 때문이다. "품질에 투자하면 돈이 되는가?"에 대한 확신이 없기 때문이기도 하다. 그래서 기업에서 프로세스 개선과 품질 혁신을 추진하는 담당자는 어떻게 하면 경영진을 설득시킬 수 있을 것인가를 고민하게 된다. 그래서 정성적인 자료 이외에 정량적인 근거를 마련하기 위해 동분서주하기도 한다.

품질 분야의 세계적 대가인 쥬란(Joseph M. Juran) 박사는, "품질 수준을 높이려면 비용이 들어간다. 품질을 높이기 위해서는 비용과의 현실적인 절충점이 존재한다. 품질을 높이려면 처음부터 결함을 줄이기 위한 활동, 즉 예방 및 평가비용을 늘려야 하지만 대신에 불량발생이 줄어들어 실패비용이 줄어듦으로써 상쇄관계가 성립한다."라는 말로써 품질비용을 설명하기도 하였다.

[표 1-2] 품질비용

품질비용	상세 내용
예방비용	오류를 방지하는 데 요구되는 비용 처음부터 업무를 올바르게 수행하게 하는 데 소요되는 비용 방법론 및 절차서 정립, 교육훈련, 품질계획 수립 등의 비용 예방비용은 제품이 실제로 만들어지기 이전에 모두 소요됨
평가비용	요구사항 대비 완전한 제품인가를 검토하기 위해 소요되는 비용 검사, 시험, 검토 등에 소요되는 비용 평가비용은 제품이나 구성품이 만들어지고 난 후, 고객 인도 이전에 소요됨
실패비용	결함이 있는 제품과 관련된 모든 비용 결함 제품을 요구사항과 부합하게 수리하는 비용도 실패비용으로 간주하기도 하며, 고장으로부터 생성되는 모든 비용을 포함함 결함 제품의 운영으로 인해 발생한 피해비용, 결함 제품을 수리하는 기간에 제품을 사용하지 못해 발생하는 비용

Part 1 프로젝트 관리

쥬란 박사의 이 견해에 따르면 품질과 비용이 상쇄관계에 있으므로 완전무결한 제품을 만들기 위해 비용을 계속 쓰는 것이 아니라, 어느 정도의 결함을 허용하는 적정 품질 수준이 존재한다고 한다. 즉, 완전무결한 제품을 위해서 예방 및 평가 비용을 무한정 늘리는 것이 현명하지 않다는 견해이다.

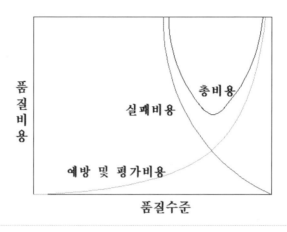

[**그림 1-3**] 품질비용에 대한 전통적 견해 - Juran

반면에 품질비용의 3요소인 예방비용, 평가비용, 실패비용 사이에는 일반적으로 1:10:100의 관계가 있다고 한다. 이는 예방 및 평가비용을 늘리더라도 실패비용이 대단히 크게 떨어지므로 결국 총비용이 감소하게 된다는 의미이다. 크로스비(Crosby) 박사는 심지어 "품질은 무료다(Quality is free)."라고 까지 말하였다. 최초에 올바르게 일을 하면 돈이 들 이유가 없다는 것이다. 사실 처음부터 올바르게 일을 한다면 교육할 필요도 없고, 검사할 필요도 없다.

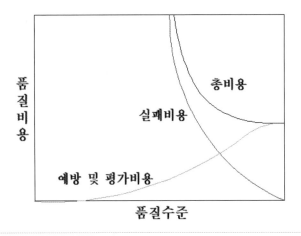

[그림 1-4] 품질비용에 대한 현대적 견해 - Crosby

※ 품질을 높이기 위해 원류관리를 철저히 하면 예방 및 평가비용은 늘어나지만, 품질비용의 대부분을 차지하는
   실패비용이 줄어들어 오히려 경제적이다.

제품 개발 과정은 고객의 모호한 요구사항을 구체화하는 과정이면서, 위험과 결함을 조기에 식별하고 대응하는 과정이라 할 수 있다. 초기부터 적극적으로 품질을 계획하고 결함을 제거하는 활동이 일정 준수에만 집중하는 것보다 훨씬 중요하다.

5. 소프트웨어 품질 조직의 활동 - QC와 QA

이제 기업의 경쟁 원천은 가격보다 품질이 중요한 시대가 되었다. 시장을 장악하기 위해 '품질 경쟁력'을 목표로 기업에서는 품질활동을 독려하고 있으며 이를 전담하는 품질 조직을 만들고 인력을 배치하고 있다.

그러나 안을 들여다보면 대기업이나 중견기업을 제외하고 중소기업에서 품질 조직을 갖춘 경우는 매우 드문 것이 현실이다. 회사에 품질 조직을 별도로 두지 못하는 이유에는 비용 문제가 가장 클 것이다. 당장 개발 인력도 부족한 마당에 별도의 품질, 테스트 인력을 두는 것이 쉽지 않다고 생각하는 것이다. 개발자들이 직접 개발도 하고 테스트까지 하는 것을 당연하다고 여긴다. 이 때문에 별도의 소프트웨어 품질관리를 위한 조직을 두고 테스트를 한다는 것은 불필요한 투자비용으로 인식하게 되고 개발자가 멀티 플레이어 역할을 수행할 수밖에 없는 현실로 몰아가게 되는 것이다. 하지만 실제 품질관리를 위한 투자 대비 소프트웨어 품질 저하로 인한 손실 비용을 따져보면 품질 조직을 두는 것이 비용 측면에서 훨씬 더 낫다는 결과가 계속 보고되고 있다.

기업에서 품질 조직은 개발한 소프트웨어에서 테스트를 통해 결함을 찾아내는 역할을 주로 수행한다. 품질 조직에 속한 인력 대부분은 테스터들이며 당연히 이들의 활동은 테스트 단계에 집중된다. 그러나 분석, 설계 등의 상위 단계에서 품질활동이 없는 조직은 하위 단계에서 결함이 많이 발견되어 테스트 중독에 빠지기 쉽다.

테스트 중심의 품질활동에서 한발 더 나아가게 되면, 테스트 이전 단계에서 작성한 산출물과 소스 코드를 검토해서 발견한 결함에 대해 시정조치를 수행할 수 있다. 소프트웨어 개발 전 과정에서 품질을 통제(QC, Quality Control)하게 되는 것이다.

현실에서는 QC와 QA (Quality Assurance, 품질보증)의 개념이 혼재되어 있다. QA 조직이라고 하지만 사실은 QC를 수행하는 조직이 대부분이다. QC는 제품을 평가하지만, QA는 제품을 만드는 프로세스를 평가한다. 극소수의 조직에서 QC와 QA에 차이를 두고 있는 것이 현실이다.

QA는 프로세스와 밀접한 관련이 있다. 프로세스는 제품을 생산하기 위한 작업들의 집합이고, 품질은 이 프로세스들을 통하여 달성된다. 프로세스는 동일한 수준의 제품을 반복하여 적시에 동일한 속성으로 복제 생산이 가능한 장점을 갖고 있다. 프로세스가 일관성을 갖게 되면 생산되는 제품은 동일 수준의 품질을 보증할 수 있게 된다는 의미이다. 즉, 좋은 프로세스를 따르면 좋은 제품을 만들 수 있다는 뜻이다.

QA는 프로세스를 준수하는지, 적절한 QC 활동을 수행하는지, 적용하고 있는 QC 활동이 효율적인지, 품질 문제의 원인을 파악하는 프로세스가 있는지 등을 점검하게 된다. 당연한 말이겠지만 QA 활동을 수행하기 위해서는 조직에 제품을 생산, 관리, 지원하는 프로세스가 수립되어 있어야만 한다.

여기서 중요한 점은 QC와 QA 둘 다 품질 수준을 달성하기 위해 활용되어야 한다는 것이다. 어느 한 쪽만이 중요하다고 생각하거나 다른 쪽을 경시하지 않고 QC와 QA를 다 수행해야 한다. 처음에는 QC 활동을 중심으로 수행하지만 조직의 소프트웨어 개발 역량이 성숙할수록 QA 활동으로 나아가야 한다.

품질 조직에 대한 타 조직, 특히 개발 조직의 시선은 곱지 않은 것이 사실이다. 품질 조직은 감시하고 잔소리만 한다고 생각한다. 특히 개발자들은 옆에서 품질 인력이 문제점을 지적하는 것을 굉장히 기분 상해한다. 품질 조직이 하는 일은 도움이 되지 않고 심지어 자신이 하는 일에 방해가 된다고 여기기까지 한다. 개발자들의 인식도 문제가 있지만, 더 중요한 것은 품질활동이 어떤 가치를 제공하고 있는지 품질 조직이 수행하는 일 자체에 대해서도 진지하게 되돌아 볼 필요가 있다.

품질 조직은 잘못을 지적해주는 것이 업무이기 때문에 회사 조직 내에서 탐탁지 않은 조직이 될 가능성이 크다. 경영진이 품질 조직에 대해 가치를 부여하지 않으면 좋은 성과를 도출해 내기가 상당히 어렵다.

6. 품질 인식 제고를 위한 우수 관행

품질과 생산성은 공존할 수 있다. 품질은 지금 하는 일에 부가된 또 하나의 과부하가 아니다. 품질에 대한 잘못된 믿음과 품질 프로세스에 대한 명확한 이해가 없을 때 귀찮은 일로 여겨지는 것이다. 좋은 제품은 잘 만들 수 있는 프로세스를 준수할 때 나올 수 있다. 처음에는 더 늦고 답답한 것 같으나 나중에는 심히 창대할 수 있는 것, 그것은 바로 품질 때문에 가능할 수 있다. 고품질이 궁극적으로 값이 덜 드는 방법이다.

좋은 제품을 만들어 내려면 무엇보다 품질 중시 문화가 정착되어야 한다. 먼저 고객의 의식 전환이 선행되어야 한다. 일부이긴 하지만 적은 비용으로 고품질을 요구하거나, 현실성이 없는 일정을 요구하는 고객도 있다. 품질은 무한정이지만 이는 품질향상을 위해 기꺼이 투자할 용의가 있는 사람에게만 유효할 것이다.

품질을 중요시하는 기업에서는 "품질을 신경 쓰면 더 많은 시간과 비용이 든다."라는 말이 나오지 않는다. 품질은 제품을 만들어 낸 생산자의 예의라고 생각하기 때문이다. 좋은 품질의 제품을 만드는 것이 기업문화로 정착되면 직업 만족도가 올라가고 이직률도 줄어든다.

품질은 형식적인 품질 캠페인과 포상으로는 절대 향상될 수 없다. "이제 그만하면 됐다."라는 말은 기업과 개인(특히 개발자)에게 사형선고를 내리는 것과 다름없다. 실제 사용자가 요구하는 것 이상의 품질을 추구해야 생산성을 향상시킬 수 있다. "오직 완벽한 제품에만 우리는 만족한다."라고 당당하게 말할 수 있어야 한다.

또한, 좋은 제품을 만들기 위한 인력을 육성해야 한다. 음식을 만드는 사람이 음식의 품질을 결정하고 배달하는 사람이 배달 서비스의 품질을 결정한다. 물론 고품질의 제품을 만들기 위한 표준 프로세스를 정립하고 준수하는 것은 매우 중요한 일이다. 그러나 설령 프로세스를 정립한다 하더라도, 그 프로세스의 질은 마찬가지로 사람에 의해 결정된다. 따라서 좋은 품질을 만들려면 우선 좋은 사람을 만들어야 한다. 품질도 생산성과 마찬가지로 오직 사람에 의해서만 향상될 수 있기 때문이다.

큰 품질과 매력 품질 시대에 부응하기 위한 세부 관행들을 예를 통해 살펴보자.

매일 10분씩 나누는 품질 관련 대화(품질 의식 고취)

출근하여 동료와 차 한 잔을 하면서 품질에 관련된 대화를 나눈다. 매일 대화를 한다는 것은 관심을 갖는 것이며 생활화하는 것이다. 동료와 공감대를 형성할 수 있으며 품질과 관련된 아이디어도 도출할 수 있다.

산출물 실명제(품질 책임 강화)

택배 차량에 택배 기사 사진이 부착된 것을 본 적이 있는가? 별거 아닌 것 같지만 사진을 부착함으로써 책임 의식을 느낄 수 있다. 산출물 커버에 작성자의 사진을 부착하거나 서명을 하는 단순한 행위를 통해서 스스로 산출물을 잘 만들려는 동기와 책임을 부여할 수 있다.

프로젝트별로 우수사례(Best Practice) 할당(우수성 추구)

무릇 프로젝트를 하고 나면 남는 게 있어야 한다. 먼저 프로젝트를 시작할 때 팀원들이 프로젝트를 통해 만들고 싶은 우수사례를 선정한다. 예를 들어 "A 프로젝트는 단위 테스트 케이스의 우수사례로 만들겠다."와 같이 말이다. 또는 회사 차원에서 제도적으로 프로젝트에 우수사례를 할당하고 이를 달성하면 포상을 시행한다. 직원들이 탁월함을 추구해야 우수한 성과를 만들 수 있다.

결함 찾기 경진 대회 개최(우수성 추구)

정기적으로 자체 개발한 시스템을 대상으로 결함 찾기 대회를 실시한다. 그리고 중요한 결함을 많이 찾은 사람을 시상한다. 여기서 결함에는 고객의 기대사항 누락도 포함되어 있다. 이는 적극적으로 결함을 찾으려는 노력, 즉 품질을 높이려는 노력을 조직 문화로 정착시키는 데 도움이 된다.

사전 품질 교육 강화(프로세스 준수 촉진)

프로젝트 초기에 제품을 만드는 공정, 기법, 템플릿 등에 대한 가이드와 사례를 제공하여 직원들이 처음부터 올바르게 일을 할 수 있도록 도와준다.

고객 만족 및 불만 조사(고객 지향 생활화)

정기적으로 고객의 소리(Voice of Customer)를 청취하고 이를 제품에 반영하려는 노력을 기울인다.

이제 품질은 제품 또는 서비스 품질이라는 좁은 울타리로 인식하는 걸 넘어서 고객의 요구를 충족시킬 수 있는 특성 전체로 이해해야 한다. 고객의 요구를 충족시키기 위해서는 고객에게 평균적인 서비스를 제공하는 데 만족하지 않고, 고객의 요구를 뛰어넘는 차별화된 서비스를 줄 수 있어야 한다. 즉, 품질을 '고객의 기대를 충족시키고도 남는 것'으로 바라보아야 한다. 명시적인 고객의 요구사항 충족뿐 아니라, 고객이 미처 생각하지 못한 잠재적인 욕구까지 충족시켜야 진정한 고객 만족이 가능하고 경쟁 우위의 수단으로 활용할 수 있기 때문이다.

Chapter 02

프로젝트 계획 수립

소프트웨어 분야에서는 의외로 프로젝트 계획을 사전에 체계적으로 수립하는 것에 대해 곤란함을 호소하는 경우가 종종 있다. 상위 수준에서 개략적인 일정계획만 정리하고 계획 수립 단계를 마무리하는 경우를 흔히 볼 수 있는데, 이는 어떤 항목을 구체적으로 계획해야 하는지를 잘 모르거나, 항목을 알더라도 치밀한 수준으로 계획을 수립할 수 있는 사전 정보를 확보하지 못한 경우가 그 이유가 될 것이다. 잘 수립된 프로젝트 계획은 향후 프로젝트 관리자가 프로젝트를 효율적으로 모니터링할 수 있는 기준이 될 뿐만 아니라 이해관계자들과의 의사소통에도 대단히 중요한 역할을 하게 된다. 이번 장에서는 WBS (Work Breakdown Structure)를 기반으로 체계적인 계획을 수립하는 방법에 대하여 알아본다.

1. 계획 수립의 중요성

조지 도란(George T. Doran)은 "계획을 세울 때는 구체적이고(Specific), 성과를 측정할 수 있어야 하며(Measurable), 자원이 할당되어야 하며(Assignable), 현실적이며(Realistic), 시한이 정해져야 한다(Time Related)."라고 말했는데, 이를 영문 앞글자를 따서 SMART 방법론이라고 한다.

- **Specific** 거창한 목표를 세우는 것에만 집착해 구체적인 실천 계획을 간과하는 경우를 너무나도 많이 목격했다. 모호하고 불명확한 계획은 배제하라. 해야 할 일을 WBS (Work Breakdown Structure, 작업분류체계)에 구체적으로 정리하라. 구체적일수록 계획대로 진행될 가능성이 크다.

- **Measurable** 오감을 통해 측정 가능해야 한다. 즉, 계획 달성 여부를 확인할 수 있어야 한다. "측정할 수 없으면, 통제할 수 없다."라는 톰 디마르코의 말을 기억해야 한다. 작업을 완료하는 데 걸린 시간은 얼마나 되는지, 가용 자원은 얼마나 투입되었는지 측정할 수 있어야 한다. 프로젝트의 범위, 일정, 비용, 위험, 진척, 결함 등의 지표가 프로젝트 전 기간 동안 수집되어야 한다.

- **Assignable** 업무를 수행하는 책임을 명확히 해야 한다. 일은 프로젝트 팀원이 수행하는 것이므로 수행능력과 책임을 고려하여 적절한 인력을 배정해야 한다.

- **Realistic** 도달할 수 있는 목표를 설정해야 한다. 제한된 시간, 비용, 인력을 고려하여 현실적으로 달성 가능한 계획이어야 한다.

- **Time Related** 계획된 모든 작업은 마감시간이 있어야 한다. 작업은 유한한 것이다.

이는 사실 스마트하기보다는 당연한 것일 수도 있는데, 그만큼 일상에서 계획 수립이 매끄럽게 진행되지 못한다는 반증일 수도 있다. 계획을 세우는 데 알레르기 반응을 보이는 몇 가지 이유를 살펴보자. "계획서를 만들 필요가 뭐 있어? 열심히 일하면 되지, 계획이 무슨 필요? 그리고 어차피 계획은 수정될 게 뻔하고 또 계획대로 실행되기는 어렵잖아?" 이러한 계획 무용론이 일반적이다. 무계획을 계획으로 삼는 사람이 많다. 그렇지만 기억보다 기록이 강한 법. 기록해야 망각하지 않고 실행할 수 있다. 만약에 좋은 계획 없이 좋은 성과를 얻었다면 관리를 잘한 것이 아니라 운이 좋은 것이다. 일은 효율적으로 수행되어야 한다. 적은 시간과 노력을 들여서 더 많은 성과를 낼 수 있어야 한다. 계획 수립에 투자한 약간의 시간은 성과를 달성하는 시간을 훨씬 단축시켜준다. 계획을 세우지 않으면 일을 빨리, 정확히 할 수 없으며 계획에 없었던 재작업에 시간을 허비하게 된다.

미계획된 작업이 30%를 넘어가면 그 프로젝트는 무조건 일정이 지연된다는 통계가 있다. 계획에 없었던 작업이 발생했기에 그 작업을 수행할 기간이 추가로 더 필요하다. 미계획 작업이 많다는 확실한 사례가 바로 회의가 많아진다는 점이다. 일정계획에 없기 때문에 만나서 해결하자는 식으로 접근하게 되는 것이다.

프로젝트 계획 수립은 일정, 비용, 자원 등을 합리적으로 산정하고 이해관계자와의 의사소통을 위한 기준을 마련하는 것이다. 프로젝트 계획은 팀원과 함께 수립해야 하며 계획서는 단순한 페이퍼가 아니라 고객과 팀원과의 의사소통 기준으로 활용할 수 있도록 작성해야 한다. 프로젝트 계획 수립의 또 다른 목적은 '프로젝트가 제대로 진행되는가?'에 대한 기준을 정의함으로써 프로젝트를 효율적으로 관리하기 위함이다. 일반적으로 프로젝트 계획에는 다음과 같은 요소가 포함되어야 한다.

- 프로젝트 헌장(Project Charter), 프로젝트 목적

- 프로젝트 범위: 컨설팅, 응용시스템, 하드웨어, 소프트웨어, 데이터 전환, 인터페이스

- 프로젝트 생명주기 및 산출물

- WBS: 일정, 비용, 책임, 주요 이정표(Milestone)

- 프로젝트 조직

- 투입 인력 계획

- 위험(Risk) 목록 및 각 위험에 대한 대응 계획

- 기타 관리 계획들: 품질, 요구사항, 형상, 의사소통, 문서 및 보안, 구매, 교육 및 기술이전 계획 등

프로젝트 계획 수립 단계에서 수행해야 할 활동이 꽤 많다. 이는 전체 프로젝트 공정 중에서 절반을 차지할 정도로 활동 비중이 높다(PMBOK 5th Edition[1]의 경우에 전체 39개 활동 중에서 계획 수립 활동이 전체의 절반을 상회하는 23개에 달한다. 물론 시간이 절반 이상 소요된다는 의미는 아니다). 즉, 계획 수립이 프로젝트의 운명을 결정한다고 봐도 과언이 아니다. 계획을 세우는 데 실패하는 것은 실패를 계획하는 것과 같다.

완벽한 계획은 없다. 일단 계획을 세우고 진행하면서 보완해 나가면 된다. 계획을 세웠다가 일정 문제에 부딪히면 팀은 흔히 그 계획을 포기하고 변경 계획을 세우지 않는다. 그러면 그 이후의 일정은 주먹구구식으로 진행될 것이 뻔하다. 계획을 세운 후 지속적으로 계획을 점검하고 필요한 경우에는 계획을 재수립해야 한다. 그리고 모든 것이 그렇듯이 계획은 반드시 작은 실천으로 이어져야 한다는 점을 잊지 말아야 한다.

---

1 Project Management Body of Knowledge, 미국의 PMI (Project Management Institute)가 정립한 프로젝트 관리 지식 체계

2. WBS 개요

2.1 WBS(작업분류체계) 정의

프로젝트의 범위는 WBS (Work Breakdown Structure)와 요구사항, 이 두 가지와 밀접한 관련이 있다. WBS는 프로젝트에서 해야 할 일을 최상위 단계에서 하위 단계로 분할하여 산출물 중심으로 정리한 것으로서 계획 대비 진척을 관리하기 위한 핵심이다. 요구사항은 초기에 모호할 수 있고 변경 가능성이 있지만 가급적 구체적으로 정리해야 한다. 또한, 이때 누락이 없도록 주의해야 한다. 범위는 일정, 자원, 품질 등 다른 요소에 대한 파급 효과가 매우 크기 때문에 정확히 범위를 정의하고 고객의 합의를 받도록 해야 한다.

2.2 WBS 표현 방식

WBS를 표현하는 방식에는 다음과 같이 Chart와 Outline 형식이 있다. Chart 형식은 서로의 업무관계를 파악하기 쉬우나, 표현에 많은 공간이 소모되므로 소규모 사업에 사용하는 것이 적합하다.

Chart 형식

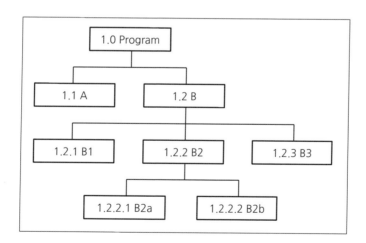

Outline 형식

```
1.0   Program
   1.1  A
   1.2  B
        1.2.1    B1
        1.2.2    B2
             1.2.2.1   B2a
             1.2.2.2   B2b
        1.2.3    B3
```

2.3 WBS 구성 방법

WBS의 업무 구성은 제품기반과 조직기반, 두 가지 유형으로 나눌 수 있다.

제품기반 WBS

```
1.0              M1B 부품개발
    1.1          M1B 요구사항 정의
    1.2          M1B 설계
    1.3          M1B 빌드
         1.3.1       M1B core module 업그레이드
         1.3.2       M1B new module 빌드
         1.3.3       M1B 시험 및 인증
2.0              R45 부품개발
    2.1          R45 요구사항 정의
    2.2          R45 설계
    2.3          R45 시험 및 인증
3.0              통합 시험
```

조직기반 WBS

```
1.0      시스템 팀
    1.1          H/W 개발 팀
         1.1.1       R45 요구사항 정의
         1.1.2       R45 설계
         1.1.3       R45 빌드
         1.1.4       R45 시험 및 인증
    1.2          S/W 개발 팀
         1.2.1       M1B 요구사항 정의
         1.2.2       M1B 설계
         1.2.3       M1B 구현 및 단위시험
         1.2.4       M1B 빌드
         1.2.5       M1B 통합시험
    1.3          시스템 시험
```

2.4 Summary Task와 Work Package

WBS에 나타나는 업무에는 두 가지 종류가 있으며 다음과 같은 성격을 띤다.

(1) 업무요약(Summary Tasks): 수행되는 것이 아닌 의사소통용 또는 관리용 업무이며 하위 업무를 요약한 것이다.

(2) 워크 패키지(Work Packages): WBS에 식별되어 있는 최하위 업무들이며 실제로 행해진다.

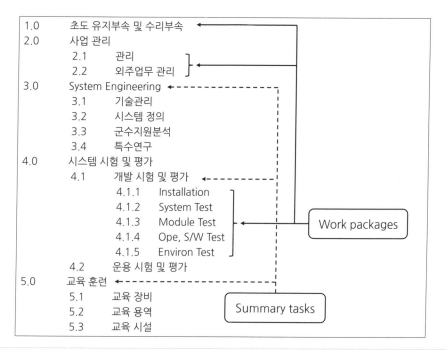

[그림 2-1] Summary Task와 Work Package

워크 패키지의 크기가 적당한가를 판단하는 데는 다음과 같은 법칙들을 적용한다.

- **8/80 법칙** 8 ~ 80시간의 공수로 WP (Work Package)를 정한다. 이것은 약 1~10일의 기간이 소요된다.

- **보고주기 법칙** 보고주기보다 짧아야 한다. 만약 주간 업무보고를 한다면, WP는 일주일 정도이거나 이보다 짧아야 한다.

■ **"만약 유용하다면" 법칙** WP를 좀 더 세분화할 때는 다음을 참조한다.

- 추정에 도움을 준다(크기가 작은 업무의 추정이 보다 정확하다).

- 업무할당이 쉬워진다(한 업무를 다수에게 할당하는 것은 책임감을 저하한다. 작은 업무를 소수에게 할당하는 것이 바람직하다).

- 진척관리가 쉬워진다(보고주기 법칙과 같은 원리이다).

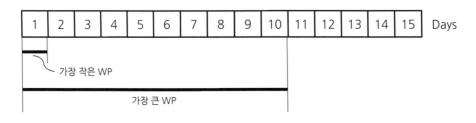

[그림 2-2] 워크 패키지의 크기 - 8/80 시간(1/10일) 법칙

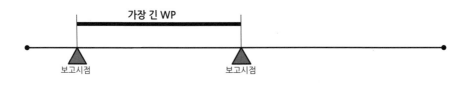

[그림 2-3] 워크 패키지의 크기 - 보고주기 법칙

3. WBS 작성

WBS는 보통 Excel, MS Project로 작성하며, 관리와 통제의 공수를 고려하여 분할의 수준을 결정한다. **표 2-1**은 WBS의 전형적인 예시이다.

[표 2-1] WBS 예시

단계	활동	작업	산출물	역할	계획 시작날짜	계획 완료날짜	기간
계획							
	프로젝트 범위정의						
		프로젝트 WBS 작성	WBS	오피엠	2017-07-01	2017-07-01	1
	프로젝트 수행계획 수립						
		조직 구성	프로젝트 수행계획서	오피엠	2017-07-02	2017-07-02	1
		일정계획 수립	WBS	오피엠	2017-07-03	2017-07-03	1
		인력투입계획 수립	프로젝트 수행계획서	오피엠	2017-07-04	2017-07-04	1
		프로젝트 수행계획서 작성	프로젝트 수행계획서	오피엠	2017-07-05	2017-07-05	3
	프로젝트 수행계획 검토 및 승인						
		프로젝트 수행계획 검토	검증 및 확인 결과서	팀 전체	2017-07-06	2017-07-06	1
		프로젝트 수행계획 승인	승인된 프로젝트 수행계획서	조임원	2017-07-07	2017-07-07	1
		프로젝트 Kick Off 보고서 작성	프로젝트 Kick Off 보고서	오피엠	2017-07-08	2017-07-08	1
		프로젝트 Kick Off{마일스톤}	회의록	팀 전체	2017-07-09	2017-07-09	1

3.1 프로젝트 WBS 작업 목록 정의

보통 단계, 활동, 작업의 3단계 순으로 분류를 세분화하면서 작업 목록을 정의한다. 작업(Task)은 프로젝트에서 해야 할 일의 최소 단위이며 작업을 수행할 담당자를 정의한다.

3.2 산출물 식별

작업에서 생성되는 산출물들의 종류를 식별하고 특히 고객에게 공식적으로 인도할 산출물을 별도로 정의한다.

3.3 프로젝트 수행과정의 외부 이정표(Milestone) 식별

외부 이정표는 착수보고, 중간보고, 종료보고 등 고객이 특별히 지정한 이정표가 있을 수 있고, 계약서 등에서 명시한 이정표도 있을 수 있다. 이 외에도 프로젝트 감리와 같은 외부 일정 또는 프로젝트 수행조직이 자체적으로 계획한 외부 이벤트 등도 WBS에 포함하여 효과적인 프로젝트 관리를 수행하는 것이 바람직하다.

3.4 프로젝트 수행과정의 내부 이정표 식별

내부 이정표는 외부 조직과는 상관없이 프로젝트 팀 내부적으로 수행해야 하는 이벤트를 계획한다. 예를 들면, 각 작업 결과물을 검증하기 위한 동료검토, 단계 검토회의, 단계 완료보고, QA 감사 등이 있을 수 있으며, 프로젝트 관리자가 필요하다고 판단하여 정한 기타 이벤트들도 WBS에 포함한다.

3.5 프로젝트 일정표 작성

프로젝트 일정표에 단계-활동-작업 등과 같이 하위 작업 목록이 식별되면 각 작업 간의 선후행 관계를 검토하여 전체 작업을 배열하고, 시작날짜와 종료날짜를 지정한다. 이때 각 작업의 소요기간이 자연스럽게 결정되는데, 작업기간은 최대 2주를 넘지 않도록 하여 프로젝트 조직에서 작업 진도 측정이 가능한 수준으로 배정하는 것이 필요하다. 만일, 작업기간이 2주를 초과할 경우에는 해당 작업을 보다 세분화하여 가급적 분리하는 것이 바람직하다.

3.6 일정 검토

프로젝트 일정표 작성이 완료되면 프로젝트 관리자는 프로젝트 팀원을 포함한 관련 이해관계자들과 함께 작성된 프로젝트 일정표를 검토하고 확정한다. 이때 가장 먼저 검토하여야 할 일은 주요 공정(Critical Path)을 식별해 내는 것이다. 주요 공정은 전체 작업 공정에서 일정에 전혀 여유가 없는 작업 공정들만을 이은 경로를 말한다. 즉, 이 경로 중의 공정이 하루라도 늦으면 프로젝트 납기에 영향을 주게 되는 일련의 작업들의 집합을 말한다. 따라서 프로젝트 수행기간은 주요 공정의 수행기간과 같다. 작성된 프로젝트 일정계획이 프로젝트 일정에 부합하지 않는 경우에는 자원추가 배정, 초과작업 시간 배정 등을 통한 작업기

간 줄이기 방법 또는 선후행 관계 조정, 핵심경로 조정, 하위작업 분해, 작업기간 겹치기 등
을 통한 작업시간 앞당기기 방법으로 일정을 재배정한다.

3.7 인원 투입 계획 수립

일정계획을 근거로 프로젝트 관리자는 필요한 인력을 산정하고 언제, 어떻게 투입할 것인
지에 대해 계획을 수립한다.

다시 정리하자면 WBS를 구성하는 작업은 일정 수립의 기초가 되므로 합리적이고 정확한
작업이 나올 때까지, 즉 상세 WBS 수준(작업 패키지)까지 계속해야 한다. 그리고 각 작업에
서 생성할 산출물을 정의하고(특히 고객에게 인도할 대상 산출물) 내부, 외부 이정표(Milestone)
를 식별한다. 작업을 선후행 관계에 맞게 배열하고 작업기간, 투입 M/D (Man/Day) 및 주요
담당자들을 지정한다. 단, 각 하위작업별 작업기간은 프로젝트 조직에서 관리 가능한 수
준으로 최대 15일을 넘지 않도록 한다. WBS 작성에서 가장 중요한 것은 반드시 작업의 가
치에 비례해서 시간을 배분하고 우선순위를 매기고 이에 따라 움직이게 해야 한다. 일의
경중을 따지는 것은 대단히 중요하다.

4. WBS 활용 - 일정관리[2]

일정이 지연되면 빨리 만회하고 싶은 건 누구나 갖게 되는 마음이다. 그렇지만 이는 결코
쉽지 않다. 야근, 휴일근무를 해야 겨우 납기를 맞출 수 있는 빠듯한 일정에서 납기를 단축
하는 것은 거의 불가능에 가깝다. 한번 일정이 지연되면 따라잡기가 정말 어려운 것이 현
실이다.

대부분 일정을 단축하고자 쓰는 방법(Duration Compression)은 크게 두 가지로 생각해 볼 수
있다. 하나는 자원을 추가하는 방법이다. 업무 조정 없이 프로젝트 일정을 단축하기 위해
자원을 추가하여 일정을 단축하는 기법(Crashing)이다. 이 기법은 근무시간을 늘리거나(초

---

2   오병곤, "대한민국 개발자 희망보고서", 한빛출판사(2007), p248~249.

과근무) 인력을 더 투입하는 방식으로 나타난다. 여기서 명심해야 할 두 가지가 있다. 초과근무는 짧은 기간 집중해서 할 때는 효과가 있지만, 만성적으로 초과근무로만 진행하게 되면 오히려 역효과를 불러온다. 시간의 양보다 일의 효율이 중요하다. 인력이 추가로 투입되는 경우에도(물론 어떤 인력이 투입되느냐가 제일 중요하다.) 적응기간과 커뮤니케이션 비용, 효과 등을 따져서 적절한 시점이 아니라면 투입을 안 하는 것이 더 나을 수도 있다. 사람이 많다고 해서 다 좋은 건 아니다. 자원을 추가하여 일정을 단축하고자 할 때는 이러한 2가지 요소를 고려하여 비용 대비 효과가 가장 높은 활동에 투입시켜야 한다. 가장 납기를 단축할 수 있는 활동, 다시 말하면 주요 공정(Critical Path) 상에 있는 활동에 투입해야 실질적인 효과를 볼 수 있다. 예를 들어 분석, 설계 기간은 절대기간이 필요하다. 따라서 사람이 아무리 많아도 별 효과를 보지 못한다. 명확한 분석, 설계를 기반으로 프로그래밍 단계에 인력을 집중적으로 투입하는 것이 투입 대비 효과가 크다. 비용과 인력의 여유가 있다면 반가운 방법이다.

다른 하나는 WBS 업무를 조정하는 방법이다. 작업의 우선순위, 선후행 관계를 조정하거나 작업을 병행 수행하여 일정을 단축하는 방법(Fast Tracking)이다. 예를 들어 화면을 설계하면서 코딩을 병행하거나 우선순위가 낮은 활동을 뒤로 미루거나 삭제하는 방식으로 진행하는 것이다. 이 방법이 자원을 추가하는 것보다는 현실적이고 합리적이다. 다만, 주의해야 할 점은 병행으로 진행하게 되면 마음만 급해져 재작업이 발생하여 오히려 기간이 늘어날 위험이 있으므로 상황에 따라 적절한 일정단축 방법을 구사하는 것이 중요하다.

[일정관리 시 고려사항]

- 러프한 일정계획은 터프한 일정이 된다.
  가급적 2주 이내로 관리 가능한 Task로 일정계획이 구체적이어야 한다.

- 백워드로 일정계획을 수립하지 말고 포워드한 방식으로 하라.
  납기일을 고려하여 역산으로 일정을 세우지 말 것. 일정에 현실성이 없다.

- 분석단계는 쉬는 단계가 아니다.
  분석단계 기간을 너무 짧게 잡지 말 것. 선행 단계가 후행 단계보다 중요하다.

- 프로젝트 오픈 이후 안정화 기간을 계획기간에 반영하라.
  오픈하면 바로 철수하는 일정으로 잡는 사례가 의외로 적지 않다. 안정화 기간을 일정에 반영할 것.

- ▦ 투입 인력의 경험과 기술을 고려하라.
  사람에 따라 생산성의 차이가 난다. 사람을 고려하여 일정을 수립하라.

- ▦ 누락된 일정이 없어야 한다.
  예를 들어 테스트 후에 오류를 수정하는 작업이나 코드에 대한 리뷰 등이 일정에 누락되는 경우가 많다. 반드시 해야 할 일이 일정에 없다면 일정은 지연될 수밖에 없다.

5. 사례: 반복형 개발 방식 WBS

소프트웨어 생명주기(Software Life Cycle)란 소프트웨어를 하나의 생명처럼 탄생, 성장, 소멸하는 것으로 간주하여 소프트웨어가 개발되어 폐기될 때까지의 과정을 관리하는 것이다. 프로젝트 초기에 프로젝트의 특성, 고객의 요구사항 등을 고려하여 적절한 생명주기를 결정한다.

모든 생명주기 모델의 조상은 폭포수 모델(Waterfall Model)이다. 폭포수 모델은 폭포가 떨어지면 다시 거슬러 올라갈 수 없는 것처럼 앞 단계를 향해 "돌격 앞으로!" 하는 개발 절차다. 계획, 분석, 설계, 개발, 테스트, 이행, 유지보수 과정을 차례대로 진행한다.

소프트웨어 개발에서 많이 채택하는 생명주기는 폭포수 모델인데, 이는 프로젝트에서 납기 준수가 가장 중요한 요소라는 현실과 무관하지 않다. 되돌아 볼 여유가 없기 때문에 생명주기 선정에 대한 고민 없이 앞만 보고 달려가는 폭포수 모델을 채택한다. 폭포수 모델은 개발 업무나 솔루션에 대해 잘 알고 요구사항이 명확할 때 적용할 수 있는 모델이다. 시간과 비용도 다른 생명주기 모델에 비해 저렴하다.

그러나 폭포수 모델은 앞 단계가 완벽하게 끝나야 결함이 다음 단계로 넘어가지 않고 진행할 수 있는데, 이는 충분한 검토 작업을 수행했다 하더라도 현실적으로 불가능하다. 폭포수 모델은 결함이 적시에 해결되지 않고 계속 남아 있어 후반부의 재작업을 기하급수적으로 증가시켜 결과적으로 일정을 지연시키는 결과를 초래하는 단점을 가지고 있다. 폭포수 모델도 매 단계 끝에 다음 단계로 넘어갈 준비가 되어 있는지를 검토하는 과정이 있지만 대부분 일정 때문에 형식적으로 수행하며 생략하고 다음 단계로 넘어간다. 이전 단계로 돌아가서 결함을 제거하는 등 소프트웨어를 완벽하게 만드는 노력을 할 수 있지만, 녹록하지 않은 프로젝트 현실을 고려할 때 언어가 강물을 거슬러 올라가는 것만큼 어려운 일이다. 아마도 이런 결정을 할 만큼 배짱을 가진 사람은 거의 없을 것이며, 설령 그렇게 한다 하더라도 힘들어서 쓰러질지도 모른다.

반복형 모델(Iteration Model)은 계획, 분석, 설계, 개발, 테스트 등의 모든 단계 또는 일부 작업을 반복 개발하여 위험과 결함을 최소화하는 모델이다. 사용자의 요구사항 일부분 혹은 제품 일부분을 반복적으로 개발하여 최종 시스템으로 완성하는 모델이다. 결함이 생명에 치명적인 영향을 미치는 의료나 자동차, 국방 분야의 소프트웨어를 개발할 때 위험을 최소화하기 위한 목적 달성에 유용한 접근 방식이다. 또한, 단계별 출시를 통해 소프트웨어를 지속적으로 업그레이드할 때도 자주 사용하는 모델이다. 그러나 반복을 수행하는 만큼 시간과 비용이 많이 드는 약점이 있다.

프로젝트 현실은 생명주기에 대한 별다른 고민 없이 폭포수 모델을 따르는 경우가 대부분이다. 여기에는 생명주기 선정이 왜 중요한지에 대한 이해가 부족한 점도 한몫을 한다. 다음과 같은 예를 살펴보자.

'A 프로젝트'는 데이터의 신뢰성이 매우 중요한 프로젝트로 고객의 강력한 요청으로 통합 테스트, 병행 테스트, 전수 테스트를 모두 수행하였다. 테스트가 계획 대비 2배의 기간인 4개월 동안 진행되었으며 이는 전체 개발기간(6개월)의 70%에 해당하는 기간이었다. 결국, 전체적인 일정이 3개월 정도 지연되는 결과를 가져왔다.

테스트 기간이 늘어난 원인은 여러 가지 있었지만 소프트웨어 개발 프로세스가 한 방향으로만 진행되는 폭포수 모델을 적용한 이유가 가장 컸다. 특히 개발이 모두 완료된 후 테스트를 해야 했기 때문에 결함이 뒤늦게 발견되고, 재작업 시간이 많이 소요된 것이 문제였다. 데이터의 신뢰도라는 프로젝트 특성을 고려하여 반복형 모델을 적용하여 결함을 조기에 발견하고 제거해야 했으나 이미 늦었다.

지금 프로젝트는 반복형 모델을 따르면 시간과 비용이 증가하고 반복이 없이 진행하면 결함이 후반부에 기하급수적으로 증가하는 사면초가의 현실에 직면해 있다. 과연 어떤 개발 프로세스를 채택해야 하는가?

프로젝트 계획을 세울 때 좋은 방법 중 하나는 폭포수 모델만이 아니라 프로젝트 특성을 고려하여 반복형 모델을 적절히 적용하는 것이다. 반복형 모델은 크게 점진적(Incremental) 모델과 진화적(Evolutional) 모델로 구분할 수 있다.

점진적 모델은 기능 묶음별로 단계별로 개발하여 통합하는 방식이다. 최종 소프트웨어를 여러 개의 실행 가능한 단위로 분리하여 구현하는 방식으로, 보통 가장 중요한 기능 그룹을 먼저 개발하고 그다음 기능 그룹을 개발하여 통합한다. 예를 들어 대학 종합업무 시스템을 개발하는 경우에 가장 중요한 학사관리 시스템을 개발하고 회계관리 등 다른 시스템을 차례대로 개발하여 통합하는 방식이다.

[그림 2-4] 점진적 모델에 대한 비유적 예시(그림 출처: 네이버 블로그-남일 수채화 교실)

진화적 모델은 소프트웨어를 릴리스할 때마다 기능의 완성도를 업그레이드하는 방식이다. 1단계 진화에서 시스템의 각 구성항목의 핵심 부분을 포함하는 최소의 시스템을 개발하고(버전 1.0), 2단계 진화부터는 이 시스템을 개선하여 기능을 향상시킨다(버전 2.0). 예를 들어 1단계에서는 국내 출시용 헬스케어 시스템을 개발하고 2단계에서는 해외 수출용 헬스케어 시스템을 개발하는 방식이다.

[그림 2-5] 진화적 모델에 대한 비유적 예시(그림 출처: 네이버 블로그-남일 수채화 교실)

소프트웨어의 생명주기를 선정하고 프로젝트에 맞게 조정할 때 폭포수 모델 이외에 점진적, 진화적 모델을 적극적으로 활용하는 것이 좋다. 예를 들어 'Z 프로젝트'는 기간이 짧았지만 구성원 대부분이 처음 수행하는 업무였고 크게 세 가지 시스템으로 구성되어 있었으며 차례로 출시하는 계획이었다. 납기를 맞추면서 최대한 위험을 줄여서 소프트웨어를 납품해야 했다. 'Z 프로젝트'는 점진적 모델을 채택하고 소프트웨어 기능을 단계별로 출시하는(Staged Deployment) 것으로 프로젝트 계획을 수립했다. 일정 준수와 결함의 적기 해결이라는 두 마리 토끼를 잡기 위해 소프트웨어 기본 설계(아키텍처 설계)까지는 폭포수 모델로 진행하고, 소프트웨어 개발과 밀접한 상세설계부터 릴리스 과정까지는 중요도를 기준으로 기능을 그룹화하여 단계별로 개발하는 전략을 취했다.

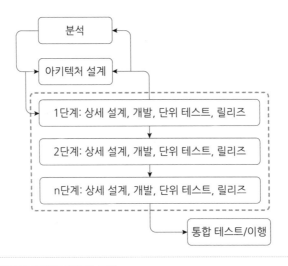

[**그림 2-6**] 기능을 그룹화하여 단계별로 개발하는 경우

표 2-2는 중요 모듈을 차례대로 진행하도록 구성한 'Z 프로젝트'에 대한 WBS의 예시이다. 이 WBS를 보면 구현 단계에서 프로그램 명세 설계 – 시스템 개발 – 단위 테스트 – 릴리스(배포)의 과정을 진행하되, "물량산출 모듈" – "공사관리 웹 사이트" – "물류관리" 모듈의 순서로 진행하는 계획으로 WBS를 구성하였다. 즉, 중요한 모듈을 먼저 진행한 후 그다음 중요한 모듈을 차례대로 진행하도록 WBS를 수립하는 경우의 예시이다.

[표 2-2] 주요 모듈을 차례대로 진행하도록 구성한 WBS

업무 그룹		세부작업	담당자	산출물	계획		기간	진척율	시행 진척율
					시작일	종료일			
설계					2014년 8월 11일	2014년 11월 14일	96	100%	100%
	화면설계								
		공사관리 통합 화면 설계	개발팀	서비스 시나리오	2014년 8월 11일	2014년 10월 17일	68	100%	100%
		공사최적분석 화면 설계	개발팀	서비스 시나리오	2014년 10월 1일	2014년 11월 7일	38	100%	100%
	Database 설계								
		공사관리엔진 통합 Database 설계	개발팀	ERD, 테이블 정의서	2014년 8월 11일	2014년 10월 17일	68	100%	100%
		공사최적분석 DB 설계	개발팀	ERD, 테이블 정의서	2014년 10월 1일	2014년 11월 14일	45	100%	100%
구현					2014년 10월 22일	2015년 02월 04일	106	100%	100%
	물량 산출 모듈		개발팀						
		프로그램 명세 설계	개발팀	프로그램 명세서	2014년 9월 22일	2014년 9월 30일	9	100%	100%
		시스템 개발	개발팀	소스코드	2014년 10월 1일	2014년 10월 15일	15	100%	100%
		단위 테스트	개발팀	테스트 결과서	2014년 10월 16일	2014년 10월 19일	4	100%	100%
		릴리즈	개발팀	배포결과서	2014년 10월 20일	2014년 10월 21일	2	100%	100%
	공사관리 웹 사이트		개발팀						
		프로그램 명세 설계	개발팀	프로그램 명세서	2014년 10월 22일	2014년 10월 31일	10	100%	100%
		시스템 개발	개발팀	소스코드	2014년 11월 1일	2014년 11월 15일	15	100%	100%
		단위 테스트	개발팀	테스트 결과서	2014년 11월 16일	2014년 11월 20일	5	100%	100%
		릴리즈	개발팀	배포결과서	2014년 11월 21일	2014년 11월 22일	2	100%	100%
	물류관리 모듈								
		프로그램 명세 설계	개발팀	프로그램 명세서	2014년 11월 23일	2014년 11월 30일	8	100%	100%
		시스템 개발	개발팀	소스코드	2014년 12월 1일	2014년 12월 15일	15	100%	100%
		단위 테스트	개발팀	테스트 결과서	2014년 12월 16일	2014년 12월 20일	5	100%	100%
		릴리즈	개발팀	배포결과서	2014년 12월 21일	2014년 12월 22일	2	100%	100%

'Z 프로젝트'는 점진적 모델 채택을 통해 다음과 같은 성과를 올릴 수 있었다.

첫째, 프로젝트를 종료할 때 모든 소프트웨어를 한 번에 배포할 필요가 없었기 때문에 우선순위에 의한 점진적 개발이 가능하였다. 즉, 중요한 소프트웨어 기능을 먼저 개발하고 고객에게 제공하여 충분한 테스트를 진행한 후에 사용할 수 있게 하였다.

둘째, 프로젝트의 위험을 최소화하였다. 위험이 큰 프로젝트를 위험이 작은 여러 개의 프로젝트로 분할하여 개발함으로써 프로젝트의 위험을 최소화하였다.

셋째, 프로젝트의 상태와 품질에 대한 가시성을 높일 수 있었다. 소프트웨어를 반복적으로 통합하고 출시함으로써 소프트웨어의 품질과 프로젝트 진행 상태를 명백하게 파악할 수 있었다. 소프트웨어를 실행시켜보는 것만큼 더 확실한 증거는 없기 때문이다.

6. WBS 작성 예시

6.1 폭포수 모형 WBS

다음은 조직의 대표적인 소프트웨어 개발 생명주기 WBS이다. 폭포수(Waterfall) 모형 WBS는 전통적인 개발단계(착수, 계획, 분석, 설계, 구축 등)로 작성한다.

[표 2-3] 폭포수 모형의 WBS 예시

단계	활동	과업1	과업2	산출물
착수				
	착수팀 구성			
		PM 선정		전자문서
		QAM 선정		전자문서
	착수 환경 구성	프로젝트 생명주기 및 방법론 선정		프로젝트 현황판
계획				
	프로젝트 범위정의			
		프로젝트 WBS 작성		WBS
	프로젝트 수행계획 수립			
		조직 구성		프로젝트 수행계획서
		일정계획 수립		WBS
		인력투입계획 수립		프로젝트 수행계획서
		프로젝트 수행계획서 작성		프로젝트 수행계획서
	프로젝트 수행계획 검토 및 승인			
		프로젝트 수행계획 검토		검증 및 확인 결과서
		프로젝트 수행계획 승인		승인된 프로젝트 수행계획서
		프로젝트 Kick Off		
			프로젝트 Kick Off 보고서 작성	프로젝트 Kick Off 보고서
			프로젝트 Kick Off	회의록
실행				
	분석			
		현황 분석		
			인터뷰	회의록
		요구사항 분석		
			요구사항 정의	요구사항 기술서
		모델링		
			프로세스 모델링	
				TO BE 업무 흐름도
				TO BE 프로세스 분해도
				TO BE 프로세스 정의서
			데이터 모델링	
				엔티티 목록
				엔티티 정의서
				엔티티 관계도(ERD)
				코드 정의서
		아키텍처 정의	시스템 아키텍처 정의	시스템 구성도
	설계			
		DB 설계		
			DB 기본 설계	테이블 목록/정의서
			DB 상세 설계	인덱스 정의서
		프로그램 설계		
			프로그램 목록 작성	프로그램 목록
			화면 설계	화면 레이아웃
			모듈 설계	프로그램 명세서
		인터페이스 설계		
			시스템 인터페이스 구성	시스템 인터페이스 구성도
			시스템 인터페이스 정의	시스템 인터페이스 정의서
		개발 표준 수립		
			개발 표준 작성	산출물 작성 지침서
	구축			
		개발 및 단위테스트		
			프로그램 개발	프로그램 개발 파일
			단위 테스트 실시	단위 테스트 계획서/결과서
	구현			
		릴리즈		
			DB 구축	DB
			소프트웨어 설치	소프트웨어
			시스템 릴리즈	시스템
		인수 테스트	인수 테스트 실시	인수 테스트 계획서/결과서
		교육	매뉴얼 작성	사용자 매뉴얼
완료				
	프로젝트 검수			
		프로젝트 검수요청		프로젝트 검수 요청서
		프로젝트 검수		프로젝트 검수 확인서
		프로젝트 완료보고회(고객)		프로젝트 완료 보고서
	프로젝트 완료			
		프로젝트 완료보고(본사)		
			완료보고서 작성	프로젝트 완료 보고서(내부)
			완료보고회 실시	회의록
			수행 산출물 CD 제출	산출물 CD

※ 역할과 산출물 항목은 편의상 삭제하였음

6.2 반복형(점진적) WBS

점진적(Incremental) 형태의 반복형 생명주기 WBS는 다음과 같이 단계(Stage)별로 분할하여 작성한다. 프로젝트의 특성에 따라 n개의 단계가 있고, 각 단계는 상세하게 분할된다.

```
1.0    사업
    1.1    사업 관리

    1.2    Stage-1
            1.2.1 요구사항 분석
            1.2.2 기본설계
            1.2.3 상세설계
            1.2.4 구현 및 단위시험
            1.2.5 …
    1.3    Stage-2
            1.3.1 요구사항 분석
            1.3.2 기본설계
            1.3.3 상세설계
            1.3.4 구현 및 단위시험
            1.3.5 …
    1.4    Stage-3
            1.4.1 요구사항 분석
            1.4.2 …

          Incremental 생명주기 WBS (예)
```

[그림 2-7] 반복형(점진형) WBS 예시

6.3 반복형(Agile) WBS

애자일(Agile) 방법론을 적용하는 경우에는 개발 시점의 개발 주기를 Sprint 단위로 나누고 Sprint를 여러 번 수행하는 것으로 WBS를 작성한다(이 책에서는 제약 상 Sprint를 한 번만 표시함).

[표 2-4] 반복형(Agile) WBS 예시

Task	Sub Task		계획일정 시작일	계획일정 종료일	산출물
일정계획수립	프로젝트 계획		3/2	4/1	사업수행 계획서
	WBS 작성		4/23	5/6	WBS
	품질관리 계획		4/27	5/15	품질관리 계획서
	Kick-off 미팅		4/2	4/2	
표준 지침서 정의	개발 표준 가이드 정의		4/27	5/15	개발 표준 가이드
	UI 디자인 가이드 정의		4/27	5/15	UI 디자인 가이드
	UX 개발 가이드 정의		5/4	5/15	UI 개발 가이드
	개발 보안 가이드 정의		5/4	5/15	개발 보안 가이드
요구사항 분석/정의	사업수행 범위 분석		4/1	4/10	
	사용자 요구사항 분석		4/1	4/10	
	요구사항 정의		4/1	4/10	제품백로그
시스템 아키텍처 정의	하드웨어 아키텍처 정의		4/13	4/17	아키텍처 정의서
	소프트웨어 아키텍처 정의		4/13	4/17	
	DB 정의		4/13	4/17	
	외부 인터페이스 정의		4/20	5/1	
테스트 계획 수립	테스트 계획 수립		5/6	5/15	총괄 테스트 계획서 단위테스트 계획서
릴리즈 계획 수립	릴리즈 계획 수립		5/6	5/15	릴리즈 계획서
Sprint #1	계획	스프린트 계획 수립	7/1	7/3	제품백로그 스프린트 백로그 (Burndown Chart 포함)
	설계	상세설계	7/7	8/4	상세설계서
	구현	개발구현	7/7	8/4	Source
	테스트	단위테스트	7/7	8/4	단위테스트 코드/결과서
	동료검토	팀리뷰 (격주)	7/7	8/4	동료검토 결과서
	완료	스프린트 리뷰 및 데모	8/5	8/5	스프린트 완료보고서
		스프린트 회고	8/5	8/5	1900-01-00

6.4 프로젝트 관리 WBS

개발이 아닌 프로젝트 관리를 위한 별도의 WBS를 상세하게 작성하여 관리할 수 있다. 일반적으로 프로젝트 계획, 통제, 종료 3단계로 구분하며 이와 별도로 형상관리, 품질보증관리 등의 세부 관리 프로세스를 추가하여 관리할 수 있다.

[표 2-5] 프로젝트 관리 WBS 예시

프로세스	구분	세부사항
프로젝트 계획 수립	활동	**프로젝트 수행 준비**
		프로젝트 범위 정의
		프로젝트 프로세스(PDSP) 수립
		프로젝트 WBS 작성
		재사용 및 외부 산출물 정의
		프로젝트 산정
		산정 수행
		산정 검토 및 추적
		프로젝트 수행계획 수립
		프로젝트 관리 및 품질목표 수립
		조직 구성
		일정계획 수립
		인원 투입 계획 수립
		실행예산 수립
		프로젝트 관리 계획 수립
		위험 식별
		프로젝트 수행계획서 작성
		프로젝트 수행 계획 검토 및 승인
		프로젝트 수행 계획 검토
		프로젝트 계획 품질보증 활동
		프로젝트 수행 계획 승인
		프로젝트 Kick-Off
		프로젝트 오리엔테이션
		프로젝트 표준 교육
		품질보증 오리엔테이션
		사용자, 운영자 교육
		프로젝트 수행 계획 변경
		프로젝트 수행계획서 변경
		프로젝트 수행계획서 변경 승인
프로젝트 감독 및 통제	활동	**프로젝트 모니터링**
		프로젝트 통제 및 시정조치
프로젝트 완료	활동	**프로젝트 검수**
		프로젝트 철수
		프로젝트 성과산정
		협력사 및 인력평가
		프로젝트 자원의 해제 및 철수
		A/S개시요청
		프로젝트 완료보고
		프로젝트 완료보고서 작성 및 제출
		산출물 CD제출
		프로젝트 완료보고회 수행
		우수사례 등록

Chapter 03

프로젝트 모니터링

소프트웨어 프로젝트를 모니터링한다는 것은 프로젝트 진행 단계에서 실제 수행된 결과들을 사전에 수립된 프로젝트 계획과 비교하여 일정, 비용, 자원 등이 얼마나 차이가 나는지를 파악하고, 그에 대한 적절한 시정조치를 이행한다는 것을 의미한다. 프로젝트 통제 활동은 프로젝트 성공에 부정적인 영향을 줄 수 있는 다양한 위험요소들을 지속적으로 관리하는 활동과 이를 위해 프로젝트의 진행 상황을 정량적인 데이터로 측정하고 분석하는 활동을 핵심으로 꼽을 수가 있다. 이 장에서는 프로젝트 통제, 위험관리, 데이터를 통한 프로젝트 모니터링 등에 대한 내용을 알아보고자 한다.

1. 프로젝트 통제

1.1 프로젝트 통제 개요

프로젝트 통제란 프로젝트의 진행 상태를 파악하고 계획 대비 실적의 차이가 현저히 나타날 때 이에 대해 적절한 시정조치 활동을 수행하는 것이다. 구체적으로 프로젝트를 진행하는 동안 프로젝트의 활동 및 상태는 문서화된 계획에 대비하여 추적하고 모니터링해야 한다. 프로젝트의 WBS 혹은 프로젝트 스케줄 상의 진척 상황과 작업 산출물이 계획대로 진행되고 계획된 규모의 변경은 없는지, 비용이 계획대로 사용되고 계획된 인력이 투입되는지 추적 및 모니터링하는 것이다.

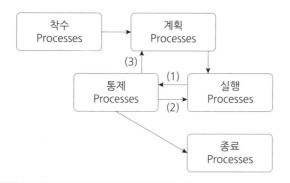

[그림 3-1] 프로젝트 통제 개요

다시 말하자면, 계획(baseline) 대비 차이가 있는지를 모니터링하여(1), 계획 대비 차이가 있는 경우 시정조치를 취하거나(2), 계획을 변경하는 활동(3)이다.

1.2 프로젝트 통제 수행 활동

1) 프로젝트 계획 모니터링

프로젝트 관리자 혹은 사업관리 담당자는 계획된 일정에 따라 프로젝트가 진행되는지 모니터링한다. 프로젝트 관리자 혹은 사업관리 담당자는 일정, 비용, 규모 및 투입 공수, 합의된 공약 사항, 위험, 이슈 등을 정기적으로 모니터링하여 기록한다. 프로젝트 관리자는 프로젝트 진행현황에 대해 다음 표와 같이 정기보고와 비정기보고로 나누어 실시한다.

정기보고

구분	내용	시기	참석대상	보고형태	활용 템플릿
착수보고	- 사업개요 및 목표 - 사업범위 및 추진전략 등 - 조직 및 인력투입 계획	착수시점	고객	Kick-Off Meeting	Kick-Off 보고서 양식

구분	내용	시기	참석대상	보고형태	활용 템플릿
중간보고	- 주요과업 이행실적 - 추진현황 분석결과(현황 및 문제점) - 문제점 및 해결방안(개선사항 및 과제) - 시스템 개발현황 및 향후 추진일정 - 향후 사업추진 방향 및 계획	협의 후 결정	고객	Off-Line	중간보고서 양식
완료보고	- 사업종료 시 전체구축 단계의 사업 및 수행결과 보고 - H/W, S/W, N/W 시스템 구축 내역 - 사업산출물 첨부	사업종료 시점	프로젝트 주관부서장 사업본부장 고객	Off-Line	완료보고서 양식
주간보고	- 주간/월간 업무계획 대비 실적분석(계획 대비 실적 차이) - 업무 추진상 문제점 및 대응방안 보고 - 차주/차월 계획(소요일, 완료예정일) - 주요 의사결정 및 협조사항	매주 목요일 오후 3시	프로젝트 주관부서장 사업본부장 고객	Off-Line 또는 On-Line	프로젝트 주간보고서 양식
월간보고		매월 마지막 주 목요일 오후 3시	프로젝트 주관부서장 사업본부장 고객	Off-Line	프로젝트 월간보고서 양식

비정기보고

구분	내용	시기	참석대상	보고형태	활용 템플릿
수시보고	- 긴급히 변경을 요하는 작업이 발생하거나 고객사의 요구에 의해 지정된 내용 보고 - 사안에 따라 회의 또는 서면으로 보고 - 참석대상과 보고장소는 사안에 따라 조정	비정기	사안별로 상이	Off-Line	회의록, 보고서

2) 프로젝트 통제 및 시정조치

프로젝트 모니터링 및 통제를 통해 이슈를 수집한다. 이슈는 프로젝트 계획 수립 단계에서 예측한 값과 실제 값 사이에 편차가 많이 날 경우, 공약 사항을 만족 시키지 못할 경우, 식별된 위험이 실제로 발생하여 문제가 될 경우에 발생한다. 식별된 이슈는 별도의 문제보고서를 작성하여 처리한다. 이슈 처리 담당자는 식별된 이슈에 대하여 지속적으로 모니터링을 통해 조치가 완료될 수 있도록 처리한다.

2. 위험관리

2.1 위험관리의 필요성

프로젝트는 정해진 기간 안에 작업을 끝내야 하는 시간적인 제한(temporary)과 프로젝트만의 유일한 요구사항, 서비스, 산출물, 이해관계자라는 고유(unique)의 특징을 갖고 있다. 시간적인 제약과 함께 이 세상에 똑같은 프로젝트가 하나도 없다는 사실은 프로젝트가 필연적으로 위험을 내포하고 있음을 의미한다. 위험이 존재하지 않는 프로젝트는 없다. 만약 위험이 없는 프로젝트가 있다면 그런 프로젝트는 수행할 필요가 없다. 위험이 없는 프로젝트에서 배울 수 있는 가치는 없다(No risk no gain). 위험이란 아직 문제로 발생하지는 않았지만, 문제가 될 수 있는 잠재적 가능성을 말한다. 분명히 문제가 될 수 있음에도 불구하고 위험에 대한 관리를 제대로 수행하는 조직은 많지 않다. 왜 그럴까?

첫 번째 이유는 위험관리에 대한 냉소적인 시각 때문이다. 이들은 "위험을 꼭 밝혀야 해?"라고 반문한다. 소극적인 관리자들은 위험이나 문제를 공개해서는 안 된다고 생각하고 고객은 물론 심지어는 팀원들에게도 알리지 않는다. 지금 위험이 있다는 것을 도무지 용인할 수 없다고 생각한다. 물론 위험이 있는 것을 프로젝트 관리자의 무능으로 단순하게 환원하는 무책임한 현실도 한몫을 하고 있다. 위험을 식별해서 보고해도 해결이 안 되는데, 지금 당장 큰 문제가 되는 것도 아닌데 굳이 위험을 관리할 필요가 있느냐는, 안전 불감증처럼 위험에 대한 인식도 부족하다. 위험이 없는 프로젝트가 있을까? 인생이 불확실의 연속인 것처럼 위험이 없는 프로젝트는 없다.

두 번째 이유는 위험보다 문제 해결을 우선시하는 현실 때문이다. 위험관리에 소홀하면서 지금 당장 발생한 문제만 해결하려고 한다. 이렇게 소 잃고 외양간 고치는 잘못을 계속 저지르게 된다. 예상치 못한 문제가 생기면 회의가 자주 열리고 결론 없이 끝나는 경우를 우리는 너무 많이 목격했다.

위험과 문제는 동일한 속성을 갖고 있다. 위험은 향후 발생할 문제이며 문제는 위험이 현실화된 것이다. 본질적인 차이는 없으며 발생 시점의 차이만 있을 뿐이다. 위험관리는 미래에 발생할 문제를 예측하여 미리 대비하는 것이다. 일기예보를 보고 우산을 준비하는 것이며, 만약에 있을 질병을 대비하여 건강검진을 받는 것이며, 사고나 질병에 대비하기 위해 보험에 가입하는 것이며, 장거리 운행에 대비해 자동차를 점검하는 것과 비슷하다. 위험관리는 성숙한 활동이다.

세 번째 이유는 위험관리가 비용과 관련이 있다는 인식을 하지 못하기 때문이다. 평소에는 '잘 되겠지!'라는 근거 없는 낙관주의로 일관하여 위험을 방치하다가 마침내 위험이 현실화되어 최고점에 도달했을 때 급하게 해결하려고 한다. 호미로 충분히 막을 수 있는 것을 포크레인으로도 못 막는 사태가 발생할 수 있다. 이는 엄청난 비용의 낭비를 초래한다. 위험관리는 경제적 활동이다.

2.2 위험관리 개요

위험이란 미래의 불확실성(uncertainty)으로 손실이 발생할 가능성을 말한다. 아직 궁극적인 문제로 발생하지는 않았지만, 문제가 될 수 있는 잠재적 가능성을 말하는 것이다. PMBOK에 따르면 '프로젝트 목표에 부정적 또는 긍정적 영향을 미치는 불확실한 이벤트 또는 상황이다.'라고 위험을 정의하고 있다. 따라서 위험관리는 이러한 위험이 발생하지 않도록 미리 예방하는 것을 말한다. 일상생활에서 위험관리의 대표적인 예는 사고나 질병에 대비하기 위한 적금이나 보험가입, 정기 건강검진 등을 들 수 있다.

권투에서 거울을 보면서 자기와 싸울 상대를 생각하며 가상의 스파링을 하는 것을 새도복싱(Shadow Boxing)이라고 한다. 거울을 보면서 자신의 자세가 잘못되었는지 확인할 수 있고, 강한 상대방을 떠올리면서 연습하기 때문에 실전에서 큰 효과를 본다고 한다. 위험관리를 가장 적절하게 표현한 비유가 바로 섀도복싱이다. 장차 발생할 가상의 위험을 상대로 지금 한판 대결을 벌여 자신의 약점을 보완하고 실제 위험이 현실화되었을 때를 대비해 근력을 키우는 것이다.

위험과 관련해서는 이슈(Issue)와 액션아이템(Action Item)이란 개념을 이해해야 한다. 위험은 아직 발생하지 않은 문제이고 이슈는 이미 발생하여 현실화된 위험이며, 액션아이템은 위험이나 이슈를 해결하기 위한 세부적인 활동계획을 지칭한다.

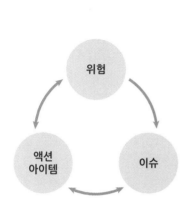

위험
· 발생하지 않은 잠재적인 문제
· 위험상태에서 실제 현실화가 되면 이슈로 전이됨
· 식별된 위험에 대한 관리 방안을 구체적인 액션 아이템으로 정리

액션 아이템
· 식별된 위험이나 이슈에 대한 대응방안
· 언제까지 누가 어떻게 조치하겠다는 내용 등이 포함됨
· 중요위험/이슈는 별도의 조치계획서를 작성하기도 함
· 위험/이슈가 해결될 때까지 상호작용이 이루어짐

이슈
· 이미 발생하여 문제가 되고 있는 사항
· 현안이라고도 하며 프로젝트 관리자의 주요 관심사항이자 해결 과제가 됨
· 위험에서 전이되어 오는 경우와 별도로 식별되는 경우가 있음
· 대응 방안을 구체적인 액션아이템으로 정리하여 관리

[그림 3-2] 위험-이슈-액션아이템

2.3 위험관리 절차

위험관리 활동은 위험을 식별하는 활동과 이후 위험을 분석하여 위험이 현실화될 경우에 대한 영향도를 파악하여 대비계획을 수립하는 활동, 그리고 위험의 현실화를 줄이기 위한 완화 활동으로 크게 구분할 수 있다. 또한, 식별한 위험의 상태를 지속적으로 모니터링하여 추적관리해야 한다.

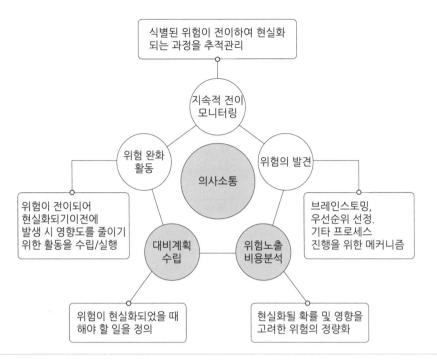

식별된 위험이 전이하여 현실화
되는 과정을 추적관리

지속적 전이
모니터링

위험 완화
활동

의사소통

위험의 발견

위험이 전이되어
현실화되기이전에
발생 시 영향도를 줄이기
위한 활동을 수립/실행

브레인스토밍,
우선순위 선정.
기타 프로세스
진행을 위한 메커니즘

대비계획
수립

위험노출
비용분석

위험이 현실화되었을 때
해야 할 일을 정의

현실화될 확률 및 영향을
고려한 위험의 정량화

[그림 3-3] 위험관리 개요

위험분석 단계를 거친 위험요소는 위험평가 기준(위험평가 매트릭스)을 통해 등급을 산출하고 이를 기준으로 위험 대응계획의 수립여부와 사후절차를 결정해야 한다. 평가결과 1등급인 경우에는 별도의 위험 대응계획을 수립하고 최우선적으로 자원을 할당해야 하며, 2, 3등급인 경우는 지속적인 모니터링으로 재평가를 시행하여 위험의 상태 변화 여부를 확인해야 한다.

프로젝트 평가는 각 이정표(Milestone)의 초기단계에 시행하는 것이 좋으며, 프로젝트 전체단계에 걸쳐 정기적으로 수행되어야 한다. 위험평가는 프로젝트 관리자가 위험을 바라보는 다양한 시각을 제공해 줄 수 있으며 팀원에게 전파되어 프로젝트 차원의 위험관리 기반을 구축하는 기초가 된다.

[표 3-1] 위험식별 및 분석 예시

영향도 / 발생가능성	비용			일정			기술(성능)		
	상	중	하	상	중	하	상	중	하
상	1	2	2	1	2	2	1	2	2
중	1	2	3	1	2	3	1	2	3
하	2	3	3	2	3	3	2	3	3

그렇다면 위험에 어떻게 대응해 나가야 하는가? 위험은 감추기보다는 공론화해야 한다. 위험에 대해 프로젝트 구성원들이 의견을 교환하고 공감해야 한다. 먼저 프로젝트 초기부터 브레인스토밍, 전문가 활용, 회의, 유사 프로젝트 분석 등을 통해 위험을 식별하고, 프로젝트에 미치는 영향도와 발생가능성에 의거 위험을 정량화하고 등급을 결정한다. 각 위험항목은 발생 시 적절한 조치를 하기 위한 계획에 따라 지속적인 추적을 통해 완화시켜 나가야 한다. '프로젝트의 위험을 적극적으로 공격하지 않으면 그 위험으로부터 공격을 당한다.'라는 톰 글립의 명언은 위험관리에서 반드시 되새겨야 할 명제다.

또한, 위험은 전사적인 차원에서 관리(Enterprise Risk Management)되어야 한다. 전사적으로 위험관리 프로세스가 구축되어야 하며 위험에 따른 제반 비용, 조직, 품질 등의 요소가 고려되어야 한다. 불가피한 위험에 따른 비용 발생 문제를 프로젝트 예비비(Contingency Reserve)와는 별도로 전사 예비비(Management Reserve)로 프로젝트 예산에 편성하는 것은 전사 차원의 프로젝트 관리의 좋은 예라 하겠다. 프로젝트 이해관계자(본부장, PM, 프로젝트 주관부서장, 영업대표, 품질부서장, 지원부서장 등)를 중심으로 프로젝트 추진위원회를 구성하여 프로젝트의 이슈에 공동 대응하는 활동을 수행하는 것도 좋은 본보기라 할 수 있다. 실제로 위원회를 운영해보니 참여자들이 책임을 전가하지 않고 조직 전체에서 문제를 바라보고 해결하는 긍정적인 모습을 보여 주었다.

위험은 드러낼수록 작아지고 줄어든다. 위험은 기회가 될 수 있다. 위험을 친구로 생각해야 한다. 위험을 내 친구를 자랑스럽게 소개하듯이 프로젝트 중심에서 목소리 높여 외쳐야 한다.

유능한 조직은 위험관리에 대한 조직 차원의 절차가 수립되어 있으며 구성원들이 이에 따라 위험관리 활동을 수행한다. 위험을 감추지 않고 공론화한다. 위험이란 프로젝트에 존재하는 불확실성에 기인한 것이며, 프로젝트 목적에 대한 위협(threats)뿐만 아니라, 프로젝트 목적을 향상시키는 기회(opportunities)까지 포함할 수 있다. 유능한 조직은 기회가 되는 위험이라면, 프로젝트 목적을 향상시킬 수 있도록 그 위험을 관리한다.

세부적인 위험해결 전략은 다음과 같이 구분할 수 있다.

[표 3-2] 위험해결 전략 예시

유형 구분	예시
요구사항	정확히 무엇을 하기 위한 시스템인가?
정합성	사용자 및 다른 관련 시스템과 어떻게 연계할 것인가?
변경	개발 기간 중 요구와 목표들이 얼마나 변경되는가?
자원	프로젝트를 위해 필요한 핵심 기술을 가진 사람을 확보할 수 있는가?
관리	관리조직에게 생산성이 높은 팀을 구성하며 사기를 유지하고, 인원변경을 최소화하면서 관련업무 간의 복잡한 관계를 풀어나갈 능력이 충분히 있는가?
공급망	다른 관련조직들이 기대대로 대응해 줄 것인가?
정치	현실을 호도하여 프로젝트의 궁극적인 성공과는 상충하는 제약들을 부과하는 경우, 어떤 영향이 있을까?
상충	다양한 이해조직 간에 상호 양립할 수 없는 목적들을 어떻게 다룰 것인가?
혁신	이 프로젝트에만 적용된 기술이나 접근 방식이 최종 결과에 어떤 영향을 미칠 것인가?
규모	과거에 경험하지 못한 큰 규모가 프로젝트 성과에 어떤 영향을 미칠 것인가?

2.4 위험관리 십계명

위험관리를 위한 여러 가지 방법론이 있을 수 있으나, 위험관리 활동의 가장 기본이 될 수 있는 활동 10가지를 모아서 위험관리 십계명이라는 이름으로 다음과 같이 소개하고자 한다.

(1) 프로젝트 초기에 위험을 최소 10개(위험 Top 10) 도출하라.

프로젝트 초기에 많은 위험을 식별하여 관리할수록 프로젝트는 단단해진다. 초기에 위험을 식별하면 그 이후에 문제가 발생할 확률이 줄어든다.

(2) 프로젝트를 낙관적으로 바라보지 마라.

프로젝트를 낙관적으로 생각하면 잘 될 거라는 기대와 희망 때문에 위험요인도 작아 보여 간과하기 쉽다. 그러므로 프로젝트는 항상 비관적으로 보고 지속적으로 관찰하라.

(3) 위험의 범위를 한정하지 마라.

위험은 모든 분야에 존재한다.

(4) 유사 프로젝트의 수행사례를 충분히 확보하라.

프로젝트의 위험은 공통적인 요소들이 많다. 전사적 차원에서 표준 위험 목록을 관리하고 이를 위험식별에 활용한다. 또한, 위험관리대장을 연말에 취합하여 발생한 위험과 해결방안을 정리하여 구성원과 공유한다. 그리하여 위험관리 활동 결과물을 재사용할 수 있도록 한다.

(5) 예비비를 확보하라.

위험에 따른 제반 비용을 고려하라. 불가피한 위험에 따른 비용이 발생할 것을 대비하여 프로젝트 예비비(Contingency Reserve)와 전사 예비비(Management Reserve)를 프로젝트 예산에 편성하라.

(6) 식별된 위험은 정기적으로 추적하라.

위험을 기록하고 각 위험에 대한 관리 담당자와 완화 목표일을 지정하고 주간 회의 등을 통해 정기적으로 위험 상태와 해결 방안을 모니터링하라.

(7) 정기적으로 의사소통을 통해 프로젝트 팀원의 고민을 확인하라.

현 시점에서 프로젝트 팀원의 고민이 무엇인지를 주기적으로 파악하고 위험이 그의 입을 통해 자유롭게 나올 수 있는 환경을 만들어라. 팀원의 고민거리는 프로젝트의 잠재적 위험 요인이다.

(8) 핵심인력(Keyman)을 파악하고 관리하라.

특히 고객 핵심인력의 생각과 행동은 위험과 밀접한 관련이 있다.

(9) 의사결정 협의체를 구성하라.

식별한 위험은 가급적 공식적으로 공개하여 모든 이해관계자가 함께 고민하게 하라. 프로젝트 차원에서 해결할 수 없는 위험은 신속하게 상위 관리 조직에 보고하여 전사 차원에서 해결하도록 행동을 취해야 한다.

(10) 꺼진 위험도 다시 보라.

그것은 대부분 잠시 수면 아래에 가라앉아 있을 뿐이다.

2.5 위험관리 산출물

위험관리 활동을 수행하다 보면 다양한 산출물을 생성하게 되는데, 그중 가장 유용한 산출물로는 '표준 위험 분류 체계'와 '이슈 위험관리대장'을 들 수 있다. 이 두 가지 대표적인 위험관리 산출물에 대해 예를 통해 살펴보자.

1) 표준 위험 분류 체계

조직 차원의 표준 위험목록을 활용하면 위험식별에 도움이 된다.

[표 3-3] 표준 위험 분류 체계 예시

구분	위험유형		구분	위험유형	
제품개발	요구사항	안정성	개발환경	개발 프로세스	공식성
		완전성			프로세스 통제
		명확성			친숙도
		검증가능성		시스템 자원	적합성
		구현가능성			사용성
		전례			친숙도
		규모			신뢰성
	설계	기능성			시스템 지원
		난이도		관리 프로세스	계획
		인터페이스			이해관계자
	개발	구현가능성		관리방법	모니터링
		코딩			품질보증
	통합 및 테스트	단위 테스트	제약사항	자원	일정
		환경			인원
		제품			예산
		시스템			설비
	기술	유지보수성		외주	외주형태
		신뢰성		이해관계자	주무부서
		보안성			외주업체
	……				정책

위험유형에 따라 위험의 구체적인 내용을 별도로 관리하고 주기적으로 갱신한다. 예를 들어 요구사항의 완전성 위험유형의 경우에는 '요구사항이 누락되었거나 불충분하게 명시되었다.', '추후에 결정하기로 한 요구사항이 있다.'라는 등의 구체적인 위험 내용을 별도 목록으로 관리한다.

2) 이슈 위험관리대장

이슈와 위험(리스크)을 함께 관리하면 통합적으로 현재의 이슈와 미래의 이슈(위험)를 관리할 수 있으며 위험 이슈로의 전이 등을 파악할 수 있다.

[표 3-4] 이슈 위험관리대장 예시

ID	구분	위험 및 이슈 내용	제기자	발생일자	중요도	긴급성	영향도	조치자	상태	실제 종료일	해결 및 대응 방안
R-1-034	위험	사업화 전략 변경에 따른 아키텍처 및 개발 범위, 일정 등에 대한 관리 필요	홍길동	2017-08-01	상	상	아키텍처 수정, 개발 범위 변경 가능성에 대한 일정 지연 등	홍길동 이순신	해결	2017-10-16	1. 빠른 사업화 전략 수립 필요 2. 사업화 전략에 따른 개발 범위 산정 3. 일정 대비 개발 일정 재수립
R-1-035	위험	모바일 서비스 개발 지연	홍길동	2017-08-01	상	상	사업화 진행에 차질 가능성	이순신	해결	2017-11-15	1. 모바일 UX/UI 기획 담당자 지정 2. 협력 업체 전문가 개발 지원 3. 개발 우선순위 높임
R-1-036	이슈	7월 코드 검사 결과 코드에 대한 개선 활동 미진(데이터베이스 코드 정적 테스트)	홍길동	2017-08-10	중	중	SW 코드 품질 저하 가능성	이순신	해결 중		1. DB 코드 개선에 대한 추가 일정 확보

3. 데이터에 근거한 프로젝트 모니터링

3.1 측정의 필요성

측정이란 어떤 현상, 특성, 결과를 숫자로 표현하는 활동이다. 다시 말해 측정은 무언가를 자로 재고 눈으로 검사하고 그 결과를 기록(숫자와 그래프)으로 남기는 활동이다. 조직에서 측정 활동은 다른 어떤 활동보다 잘 이루어지지 않는다. 왜 그럴까? 우선 측정 목표가 명확하지 않기 때문이다. 즉, 그냥 측정만 하면서 무엇을 위한 측정인지에 대한 고려가 없다. 조직의 비즈니스 목적, 즉 개발 및 운영 활동과 관련한 품질 향상, 비용 감소, 작업 시간 단축, 고객 만족도 향상 등과 연계하여 지표를 수립하지 않는다. 중요한 것은 측정 그 자체가 아니고, 측정으로 관심 대상을 파악하고 관리할 수 있느냐는 것이다.

오로지 매출과 이익만을 중시하는 조직에서는 측정하는 지표가 3개 이하로 제한적이다. 일정, 비용, 공수 같은 사업 수행과 직결된 지표 이외에는 별로 관심이 없어서 고객 만족도, 결함률 등 품질 관련 지표를 포함시키지 않는다.

종종 지표 측정 결과의 신뢰성에 의문을 제기하는 경우도 발생한다. 정확한 측정 척도가 부족하고 객관적으로 사실 기반의 자료 측정에 노력을 기울이지 않기 때문이다. 수집한 데이터의 숫자보다 데이터의 경향(trend) 파악에 초점을 두며 유추와 경험 등에 의존한다. 원천적으로 자료를 잘못 입력하여 결과가 부적절하게 산출된다. 당연히 Garbage in Garbage out이다. 이를 극복하려면 안정된 데이터를 수집하기 위한 데이터 정제 노력이 오랜 기간 필요하다.

지표를 측정한 후에 분석하는 작업을 소홀히 진행하는 일도 빈번하게 발생한다. 지표 값의 의미를 제대로 파악해야 원인 분석과 예측, 예방 등의 활동으로 이어질 수 있는데 측정에만 머무른다.

지표 측정 및 분석은 귀찮고 쉽지 않은 일이다. 그래서 성공사례가 많지 않다. 그러나 나아지기 위해서는 부족해도 측정 활동을 시작하고 추후에 보완하는 것이 좋다.

측정을 하는 목적은 크게 4가지로 구분할 수 있다.

첫째, 현황을 알기 위해서다. "도라지양은 자신의 체중이 52kg임을 안다."

둘째, 비교와 평가를 위해서다. "도라지양의 체중(52kg)이 민들레양의 체중(50kg)보다 더 무겁다.", "도라지양은 체중이 지난달 체중(50kg)보다 2kg이 늘었다."

셋째, 개선을 위해서다. "도라지양은 체중 50kg를 목표로 다이어트를 시작했다."

넷째, 예측을 위해서다. "도라지양의 다이어트 기간을 얼마로 잡아야 할까?"

3.2 측정 활동

우수한 조직은 비즈니스 목표 달성에 부합하는 측정 활동을 수행한다. 비즈니스의 목적을 정하거나, 프로세스 개선 영역을 결정할 때 GQM[3](Goal, Question, Metric) 기법을 사용한다. GQM은 메릴랜드 대학의 빅토르(Victor Basili) 교수 등에 의해 고안된 기법으로 품질 개선을 위해 비즈니스 목표에 연계된 측정지표를 정의하는 데 사용한다. GQM의 절차는 다음과 같다.

1. 조직의 비즈니스 목표와 이에 부합하는 측정 목표를 정의한다.
2. 그 목표들이 달성되었는지 판단할 수 있는 질문을 만든다.
3. 목표 달성을 위한 성공 요소를 찾는다.
4. 질문에 대한 답으로 예비 측정지표를 선정한다.
5. 데이터 분석을 통해 핵심 측정지표를 선정한다.

---

3 **Goal** 조직 혹은 프로젝트의 목표
   Question Goal의 성취 여부를 판단하기 위해 필요한 질문
   Metric Question에 답할 수 있는 측정치

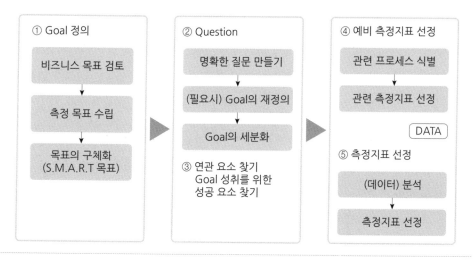

[그림 3-4] GQM 기법

GQM을 통한 측정지표 도출의 예는 다음과 같다.

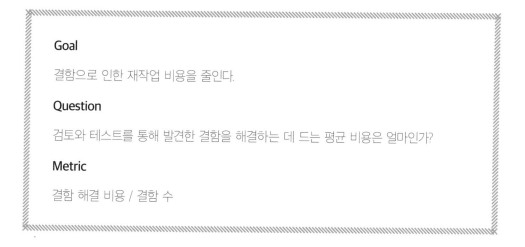

Goal

결함으로 인한 재작업 비용을 줄인다.

Question

검토와 테스트를 통해 발견한 결함을 해결하는 데 드는 평균 비용은 얼마인가?

Metric

결함 해결 비용 / 결함 수

우수한 조직은 꼭 필요한 지표 위주로 관리를 한다. "무엇을 측정한다."가 아니라 "왜 측정하는가?"라는 물음을 가지고 이해관계자와 소통한 후에 요구사항에 부합하는 소수 지표를 선정한다. 많은 수의 지표를 한꺼번에 활용하기보다는 가장 중요하고 효과가 높은 소수 지표를 선정하여 효과를 본 후에 다른 지표로 확산하는 전략을 취한다.

지표를 잘 관리하는 조직은 지표에 대한 오너(Owner)를 명확히 정의한다. 해당 지표에 이해관계가 있는 조직이나 담당자를 지표 오너로 지정하고 지표에 책임을 갖고 지표 측정 결과를 수집하도록 독려한다. 또한, 지표 분석과 평가 시 지표 오너를 참여시켜서 지표 오너가 개선의 주체가 될 수 있도록 한다. 그렇지만 지표 평가 시 이를 구성원 평가와 연결시키지는 않는다. 인력 평가로 이어지는 순간 데이터는 왜곡될 확률이 높아지기 때문이다.

성숙한 조직은 제품과 프로세스 상태를 객관적인 지표에 근거하여 정량적으로 관리하며 이를 수집하기 위한 시스템을 구축하여 활용하고 있다. 지표 관련 데이터를 사람이 수동으로 등록하지 않고, 일상적인 업무를 시스템에서 처리할 때 자동으로 데이터가 수집되도록 체계를 구축하여 운영한다.

측정지표를 만드는 것은 그리 어려운 일이 아니지만 조직에서 실제로 유용하고 의미 있는 측정지표 수립은 어려운 작업이다. 왜 해당 측정지표를 선정했는지, 어떻게 데이터를 수집할 것인지, 어떻게 사용할 것인지에 대해 구성원들을 납득시켜야 한다.

측정지표를 수집하고, 분석하고, 활용하기 위해서는 많은 설득과 오랜 시간이 필요하다. 따라서 측정과 관련된 활동은 포기하지 않고 꾸준히 수행하면서 개선하는 것이 중요하다.

측정할 수 없는 것은 통제할 수 없다. 측정은 과거의 데이터를 통해 현재를 파악하고 미래를 예측함으로써 조직이 목표하는 성과를 이루어 낼 수 있는 기반이 된다.

3.3 측정 산출물

1) 측정지표 명세서

지표의 정확한 측정과 분석을 위해서는 지표의 목표, 주기, 산식, 출처 등을 명확히 정의해야 한다.

[표 3-5] 측정지표 명세서 예시

측정지표	관련 프로세스	대상	필수	측정목표	측정주기
요구사항 변경률	요구사항관리	개발	O	변경관리	월
동료검토 실시율	검증 및 확인	개발	M	동료검토 대상 산출물 중 실제 동료검토가 실시된 산출물의 비율을 파악	월
주결함 조치율	검증 및 확인	개발	M	발견된 주결함 중 제거된 결함 비율 파악	월
주결함 밀도	검증 및 확인	개발	O	특정 기간 동안 제품의 크기 대비 발견되는 주결함 개수 파악	월
S/W 유지보수 적기 시행률	유지보수	유지보수	M	서비스 품질 제고	반기
릴리스 성공률	릴리스 관리	유지보수	O	측정주기 동안 일정과 예정된 자원을 활용하여 릴리스가 구현된 총수 중 성공적으로 릴리스가 완료된 수의 비율 파악	월

[표 3-5] 측정지표 명세서 예시(계속)

측정 단위	측정 산식	측정 데이터	분석도구	담당자	출처
%	누적B / 누적A	A: 요구사항 식별 건수 B: 요구사항 변경 건수 및 추가 건수	EXCEL	사업 관리자	변경 요청서
%	(A / B) * 100	A: 실제 동료검토가 실시된 개수 B: 총 이슈 개수	EXCEL	동료검토 담당자	검증 및 확인 결과서
%	(A / B) * 100	A: 조치된 주결함 건수 B: 발견된 주결함 건수	EXCEL	개발자	결함관리 목록
%	A / B	A: 발견된 주결함 개수 B: 제품의 크기	EXCEL	개발자	결함관리 목록
일	(1-(지체일수/유지보수 계획일수))*100	유지보수 지체일수	SLM 시스템	SLM 담당자	형상관리 시스템

측정 단위	측정 산식	측정 데이터	분석도구	담당자	출처
%	(A / B) * 100	A: 성공적으로 완료된 릴리스 건수 B: 전체 릴리스 건수	EXCEL	형상 관리자	릴리스 보고서

2) 측정 모니터링 양식

프로젝트 모니터링 및 통제를 위해 기본 측정지표인 진척률, 공수, 비용 등을 주기적으로 측정한다.

[표 3-6] 진척률 모니터링 예시

월	1월	2월	3월	4월
계획 진척률	5%	8%	6%	10%
실적 진척률	4%	8%	4%	11%
계획 진척률 누계 (A)	5%	13%	19%	29%
실제 진척률 누계 (B)	4%	12%	16%	27%
차이 (A - B)	1%	1%	3%	2%
계획 대비 실적	80%	92%	84%	93%

[표 3-7] 비용 모니터링 예시

월		1월			2월		
		계획	실적	차이	계획	실적	차이
인건비	당사	20	20	0	20	20	0
	협력사	10	10	0	10	8	2
재료비		10	10	0	10	8	2
경비		10	8	2	10	8	2
원가 합계		50	48	2	50	44	6

월	1월			2월		
	계획	실적	차이	계획	실적	차이
원가 누계 (B)	50	48	2	100	92	8
월별 투입률 (실적 / 계획)		96%			88%	
전체 대비 투입률 (B / A)		24%			46%	
원가 준수율		96%			92%	

[표 3-8] 공수(M/M) 모니터링 예시

월		1월			2월		
		계획	실적	차이	계획	실적	차이
협력사	특급	0	0	0	0	0	0
	고급	0	0	0	0	0	0
	중급	1	0	1	1	2	-1
	초급	0	0	0	0	0	0
	계	1	0	1	1	2	-1
당사	특급	0.5	0.5	0	0.5	0.5	0
	고급	1	1	0	1	1	0
	중급	1	1	0	1	1	0
	초급	0	0	0	0	0	0
	계	2.5	2.5	0	2.5	2.5	0
투입공수 합계		3.5	2.5	1	3.5	4.5	-1
투입공수 누계 (B)		3.5	2.5	1	7	7	0

프로젝트의 비용, 납기, 공수, 품질 등 어떤 분야가 되든지 간에 프로젝트를 효과적으로 통제하려면 프로젝트 내에 관심사가 되는 상황을 정량적으로 표현해주는 측정치들을 수집, 분석하여 현재의 상태를 정확하게 파악하는 하는 것이 가장 기본적인 전제가 된다. 측정하지 못하는 것은 통제하지 못한다는 사실을 잊지 말아야 한다.

Chapter 04

품질관리 및 형상관리

소프트웨어 프로젝트를 수행하는 과정에서 생성하게 되는 결과물들의 품질과 형상을 관리하는 일은 프로젝트 관리자가 대단히 신경을 써야 하는 활동이다. 각 단계 결과물들의 품질이 일정 수준을 만족하지 못하면 이는 성공적인 프로젝트로 귀결되기 어렵고, 결과물들의 형상이 무결성을 갖추지 못하면 이해관계자와 의사소통 측면에서의 혼선은 물론 상당한 재작업을 수행해야 하는 경우가 발생하기도 한다. 이 장에서는 품질을 계획하고, 계획된 품질을 확보하기 위해 수행하는 활동들과 형상관리에 대한 구체적인 내용을 사례를 통해 알아보고자 한다.

1. 품질관리

품질 조직은 어떻게 품질활동을 수행해야 할까? 세계 최고 수준의 기업 또는 소프트웨어 개발 조직의 활동 관행을 모아 놓은 CMMI (Capability Maturity Model Integration) 모델을 살펴보면 좋은 참고가 될 수 있다. CMMI의 프로세스 중 하나인 PPQA (Process and Product Quality Assurance)는 프로세스와 제품에 대한 품질보증 활동으로서 목적을 두 가지로 정의하고 있다.

- 프로세스와 작업 산출물을 객관적으로 평가한다. (프로세스를 객관적으로 평가하고 작업 산출물 및 서비스를 객관적으로 평가한다.)
- 객관적인 통찰력을 제공한다. (부적합 이슈에 대해 의사소통이 되고 해결을 보장한다.)

품질활동의 생명은 객관성이다. 객관성이란 사실을 기반으로 보편적인 잣대와 기준으로 공정성을 보장하는 것이다. 품질활동의 핵심은 이해관계 부서에 편향되지 않는 객관적인 활동을 통해 결과적으로 직원들의 신뢰를 얻는 것이다. 또한, 문제에 대해 의사소통을 하고 해결에 대한 실마리와 대안에 대한 통찰력을 제공해야 품질활동의 부가가치가 높아진다. 우수한 조직의 품질 인력은 기본적으로 문제 해결 능력을 갖추고 있다.

품질 조직을 별도로 운영할 수 없다면 품질관리를 위한 프로세스를 정립해서 전 개발자가 프로세스에 의해 관리되도록 해야 품질 향상에 충분히 도움이 될 수 있다.

주로 테스트를 수행하는 품질 조직은 단순 기능 테스트뿐만 아니라 비기능 테스트를 수행할 수 있는 역량을 갖춰야 제품의 질적 향상을 도모할 수 있다. 예를 들어 어떤 품질 조직이 프로젝트에서 비기능 요구사항에 대한 시스템 테스트를 수행할 때, 도구를 사용하여 테스트 스크립트를 생성하고 테스트 결과를 분석하여 보고서를 작성하고 있다면, 일반적인 개발자가 할 수 없는 전문 영역을 품질 조직이 지원해주고 있으니 만족도가 높은 상황이 될 것이다.

1.1 품질활동 종류

품질활동은 먼저 QC를 기반으로 수행하고, 표준 프로세스를 수립한 후에 QA 활동을 병행해야 하며, 나아가 EPG (Engineering Process Group) 조직을 통해 프로세스의 지속적 개선 활동(QI, Quality Improvement)과 사업 목표 달성을 위한 QM (Quality Management)을 수행하는 방향으로 나아가야 한다. 품질활동의 역할별로 별도의 조직이 구성되어 있을 수 있으며 하나의 조직이 QC, QA, QI 등의 역할을 모두 수행할 수도 있다.

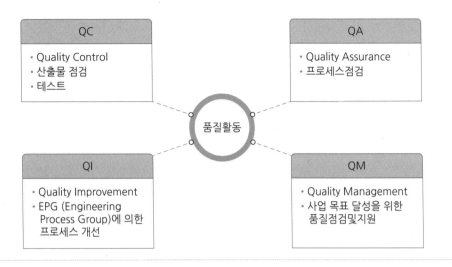

[그림 4-1] 품질활동의 종류

QC

품질활동의 기본으로서 제품을 대상으로 다음과 같은 활동을 수행한다.

- 제삼자 테스트(기능, 비기능 테스트 포함)
- 코드 인스펙션(Code Inspection)
- 소스 커버리지(Coverage) 검증
- 작업 산출물에 대한 검토
- 부적합 사항에 대한 시정조치 발부 및 조치 여부 확인

QA

QA는 QC 활동이 기반이 되어야 한다. QA가 없이도 QC는 이행될 수 있으나 QC 없는 QA는 불가능하다. QA는 프로세스를 대상으로 다음과 같은 활동을 수행한다.

- 프로젝트 특성을 고려한 프로세스 조정(Tailoring) 지원
- 예상되는 프로젝트 문제점과 주요 현안에 대한 대안 제시
- 점검 체크리스트에 의한 정기적인 프로세스 심사/평가(프로세스 및 규정 준수 여부 확인 및 필요 시 가이드, 산출물의 내용/무결성/정확성 수준 평가)

QI

엔지니어링 프로세스 그룹(EPG)을 통해 조직의 프로세스 자산을 정립하고 현행 프로세스의 개선을 통하여 변화관리를 주도하기 위한 활동을 전개한다. 구체적으로 다음과 같은 활동을 수행한다.

- 전사 프로세스를 정립하고 개선 활동을 수행한다.
- 프로세스 개선을 위해 조직의 프로세스 강점과 약점을 파악한다.
- 전사 표준 프로세스를 전 직원에 교육한다.
- 개선된 프로세스를 현장에 적용하고, 전사 표준 프로세스를 정착시킨다.
- 지속적 개선을 위해 현장에 적용한 프로세스를 평가하고 측정한다.

EPG 조직은 프로세스 개선사항과 프로젝트 적용 결과 및 교훈(Lessons Learned), 우수사례(Best practices)를 수집하고 공유하여 변화관리와 지식의 재사용에 효과적으로 활용해야 한다. 중요한 품질활동 중의 하나는 사례, 즉 이야기를 수집하는 것이다. 이야기는 사람을 빠져들게 하고 기억에 남게 하는 힘이 있다. 특히 종합적이며 감성적인 우뇌의 시대에서는 논리보다 이야기가 설득의 도구로 효과적이다. 평소 현장에서 품질활동을 수행할 때 점검 이외에 교훈이나 사례 같은 이야기를 수집해야 한다. 참고로, 다음과 같은 재미있는 이야기를 한 번 살펴보자.

한 랍비가 유명한 설교자인 친구에게 "여보게, 야곱! 자네는 설교할 때마다 어떻게 그렇게 주제에 꼭 맞는 예를 찾아내나?"하고 물었다. 그러자 그 설교자는 다음과 같은 예화를 하나 들어 친구에게 대답했다. "어떤 명사수가 있었다네. 그는 오랫동안 수련을 받고 사격대회에서 여러 번 우승을 한 다음 휴식을 취하려고 고향에 돌아왔어. 그런데 어떤 집 앞마당에 있는 벽에 분필로 많은 원이 그려져 있는데, 모든 원의 한가운데 총탄 자국이 나 있었다네. 그는 깜짝 놀라 수소문한 끝에, 사격수를 찾아냈어. 그런데도 놀랍게도 맨발에 누더기를 걸친 소년이었다는 거야. 그래서 누구에게 사격술을 배웠는지 물었다네. 그러자 소년은 "아무에게도 배우지 않았어요. 저는 먼저 담벼락에 총을 쏘고 난 다음 분필로 총구멍 주위에 원을 그렸어요."하고 대답했다네. 사실은 나도 마찬가지야. 나는 평소에 재치 있는 비유나 사례를 모아 놓았다가 거기에 알맞은 주제를 찾아 교훈을 한다네."

보통은 하고 싶은 말을 하고 거기에 걸맞는 사례를 찾아 부연 설명을 하는 게 일반적인 화법인데, 앞선 이야기는 정반대를 말한다. 이야기 자체가 훌륭한 것들을 평소에 모아서 거기에 맞는 메시지를 전달하는 게 더 효과적이다. 평소 품질활동을 통해 그 자체로 설득력 있는 이야기를 모아서 교훈을 붙이고, 프로젝트 사례집이나 직원들의 역량 강화를 위한 매뉴얼로 제작하여 직원들에게 배포하여 교육을 시행하면 품질에 대한 마인드를 높일 뿐만 아니라 현장 지식이 범용적으로 적용되어 조직의 역량이 크게 향상된다. 전사 품질 조직에서 프로젝트 사례집을 정기적으로 발간하고 필요 시 PM(프로젝트 관리) 수행을 위한 가이드북이나 직원들의 역량(예를 들어 동료검토, 위험관리, 커뮤니케이션, 제안서 작성 등)을 강화하기 위한 매뉴얼을 제작하여 지식과 경험을 공유하면 업무 생산성을 크게 향상시킬 수 있다.

QM

프로젝트 또는 회사 사업의 목표를 식별하고 이를 달성하기 위한 핵심 성공 요소를 도출한 후, 이를 달성하기 위한 품질 점검 및 지원 활동을 중점적으로 수행한다. QM은 사업에 대한 깊은 이해가 바탕이 되어야 한다. 기술과 업무에 대한 능력을 갖추고 컨설팅 형태로 진행되는 고난도 활동이다. QM 활동을 수행하는 조직은 극소수지만 품질활동은 이 방향을 지향해야 한다. 그래야 사업 성공에 복무하는 활동이 되기 때문에 품질활동의 가치가 커진다.

1.2 품질활동 절차

품질활동은 시간적인 순서로 볼 때 품질보증 계획 수립 – 품질점검 – 품질평가 – 품질보증 결과 분석 등의 단계로 진행하는 것이 일반적이다.

세부 프로세스	품질보증 계획 수립	품질 점검	품질평가	품질보증 결과 분석
품질경영 부서장	• 품질보증 조직구성	• 품질 점검 활동결과 보고	• 품질평가 보고	• 품질보증 결과 분석 보고
품질담당자	• 품질 요구사항 조사 • 품질보증 계획 수립	• 품질보증 오리엔테이션 실시 • 계획/표준/절차 지원 및 검토 • 프로세스 점검 • 산출물 점검 • 품질점검 보고서 작성	• 프로세스 평가 • 산출물 평가 • 품질평가 보고서 작성	• 품질보증 결과 자료 수집 • 품질보증 결과 분석
프로젝트 관리자	• 계획서 검토	• 품질보증 오리엔테이션 요청 • 품질 점검 요청 • 보고서 검토	• 품질평가 요청 • 보고서 검토	
출력물	• 품질보증 계획서	• 품질 점검 보고서	• 품질평가 보고서 / 내부 품질감리 보고서	• 품질보증 결과 분석 자료 • 연간 품질보증 계획

[그림 4-2] 품질활동 절차

1) 품질보증 계획 수립

품질담당자는 제안요청서, 제안서, 계약서, 프로젝트 수행계획서(초안) 등 관련 문서를 참조하여 고객의 품질관련 요구사항을 정의한다. 필요한 경우, 고객을 포함한 프로젝트 관련 조직과의 인터뷰를 통하여 요구사항을 정의할 수 있다.

이렇게 정의된 고객의 품질 요구사항을 토대로 품질담당자는 프로젝트 생명주기 전 과정에서 품질보증 활동 항목을 식별하고 품질보증 계획서를 작성한다.

품질보증 계획서에는 일반적으로 다음과 같은 내용이 포함된다.

① 품질보증 조직: 역할 및 책임

② 품질 목표: 품질 요구사항을 반영한 품질 특성, 품질 기준, 측정방법 등

③ 프로젝트 품질관리 활동 계획(검증 및 확인 활동 계획)

④ 품질보증 활동 계획 : 프로젝트 계획/표준/절차 수립 지원 일정, 품질 점검 일정, 품질평가 일정, 내부 품질감리 일정 등

⑤ 시정조치 활동 절차

2) 품질 점검

품질담당자는 프로세스 점검활동과 산출물 점검활동을 통해 프로젝트 계획, 표준 및 절차 준수 여부, 적합성 및 편차를 점검하고, 이전 단계 부적합 사항에 대한 시정 여부도 확인한다. 단계별 주요 점검 사항은 다음과 같다.

[표 4-1] 단계별 품질점검 사항 예시

단계	점검 사항
계획	조직의 정책, 프로젝트 표준 프로세스(PDSP), 고객 요구사항과의 부합성 점검 프로젝트 계획, 절차, 표준의 적합성 점검 계획단계 산출물 점검
분석	부적합 사항 식별 및 시정조치 확인 계약 사항 이행 점검 프로젝트 표준 프로세스 이행 점검 　• 범위관리, 일정관리, 위험관리, 이슈관리, 인력관리, 형상관리, 요구사항 관리, 의사소통관리의 적정성 　• 프로젝트 표준 준수, 방법론 적용, 품질관리 활동 등의 적정성 단계별 산출물 점검 <응용시스템> 　• 사용자 요구사항 반영의 적정성 　• 분석/설계의 적정성 　• 사용자 인터페이스 설계의 적정성 　• 시험계획 수립의 적정성 등
설계	<데이터베이스> 　• 데이터베이스 표준 수립 및 준수의 적정성 　• 데이터 모델의 적정성 　• 데이터베이스 논리/물리 설계의 적정성 　• 데이터베이스 백업 및 복구계획 수립의 적정성 등 <시스템 아키텍처 및 보안> 　• 시스템 요구사항 분석의 적정성 　• 목표 시스템 구조 설계, 인터페이스 설계의 적정성 　• 보안 요구사항 분석의 적정성 　• 사용자 인증 및 접근통제 설계의 적정성 등

단계	점검 사항
구축	부적합 사항 식별 및 시정조치 확인 계약 사항 이행 점검 프로젝트 표준 프로세스 이행 점검 　• 범위관리, 일정관리, 위험관리, 이슈관리, 인력관리, 형상관리, 요구사항 관리, 　　의사소통관리의 적정성 　• 방법론 적용, 프로젝트 품질관리 활동, 운영준비의 적정성 등
구현	단계별 산출물 점검 <응용시스템> 　• 업무기능 구현의 충분성 및 완전성 　• 사용자 인터페이스의 편의성 　• 시험활동 및 결과의 적정성 　• 타 시스템과 인터페이스 구현의 적정성 등 <데이터베이스> 　• 초기 데이터 구축(전환)의 적정성 　• 테이블 구현의 적정성 　• 데이터베이스 성능의 적정성 등 <시스템 아키텍처 및 보안> 　• 시스템 도입 및 설치의 적정성 　• 시스템 가용성 및 확장성 확보 여부 　• 사용자 접근권한 관리 및 인증체계의 적정성 　• 보안 아키텍처 구성의 적정성 등
완료	부적합 사항 식별 및 시정조치 확인 프로젝트 완료 처리의 적정성 확인 　• 검수, 납기, 잔금회수의 적정성 　• 완료보고의 적정성 　• 최종 산출물 제출의 적정성 　• 산출물 재사용 가능성 　• 산출물 우수사례(Best Practice) 발굴 등

3) 품질평가

품질평가를 객관적으로 수행하기 위하여 품질 담당자는 프로세스 체크리스트 및 산출물 체크리스트를 활용하여 평가를 수행한다. 수행한 품질평가 결과를 정리하여 품질평가 보고서를 작성하고, 관련자와 내용을 검토한다.

4) 품질보증 결과 분석

품질보증 활동에 대한 자료를 정기적으로 수집하여 취합하는 것이 필요하다. 품질활동에 대한 자료로는 품질보증 실적, 부적합 사항, 프로젝트 내 품질활동 실적, 프로젝트 교훈(Lessons Learned) 결과 등이 있을 수 있고, 품질 담당자는 이에 대한 내용 및 측정 데이터를 수집한다. 품질 부서는 품질보증 결과 분석자료를 토대로 연간 품질보증 계획을 수립한다.

1.3 품질관리 산출물

품질활동에 필요한 산출물 중에 가장 핵심이 되는 산출물은 체크리스트와 시정조치 관리대장이라고 할 수 있다. 체크리스트는 산출물 체크리스트와 프로세스 체크리스트로 구분하여 활용하는 것이 일반적이다. 이렇게 핵심이 되는 품질 산출물에 대해 예를 통해 알아보자.

1) 산출물 체크리스트

산출물 체크리스트는 소프트웨어 개발 산출물의 품질 점검을 위한 체크리스트를 말하며, 사업관리, 응용 시스템, 데이터베이스, 아키텍처 및 보안 등 감리 영역별로 점검항목을 관리하고 평가하는 목적으로 활용한다. 단, 개발 방법론별로 점검항목이 다를 수 있으며 산출물별로 점검항목을 관리할 수도 있다.

[표 4-2] 산출물 체크리스트 예시

순번	점검항목	점검대상	중요도	평가	평가점수
1	착수 시 정의된 분석 산출물은 누락 없이 모두 작성되었습니까?	산출물 목록	A		0.00
2	분석 산출물은 산출물 사이에 연계성 및 일관성을 유지하고 있습니까? • 요구사항 정의서, 기술서 • 프로세스 정의서, 분해도, CRUD 매트릭스 • 엔티티 목록, 엔티티 정의서, 엔티티 관계도(ERD), CRUD 매트릭스	분석 산출물	A		0.00
3	분석 산출물이 고객의 요구사항을 모두 반영하여 작성되었습니까?	요구사항 추적표	A		0.00

순번	점검항목	점검대상	중요도	평가	평가점수
4	현행 업무의 분석 및 현재 운영 중인 시스템에서 제공되고 있는 업무 및 기능에 대한 분석이 적절하게 이루어졌습니까? • 업무절차 흐름(입력, 처리, 출력 등 정의) • 업무영역, 업무기능, 사용자 그룹 • 예외처리 현황 • 업무처리 및 시스템 개선 필요사항	AS-IS 업무 흐름도 AS-IS 프로세스 흐름도	B		0.00
5	면담 및 회의 내용이 문서화되었습니까? • 대상업무 특성별 적절한 참여 여부 • 사용자의 면담 횟수 및 면담 방법 • 사용자의 적극적인 참여 여부	회의록	B		0.00

2) 프로세스 체크리스트

프로세스 체크리스트는 프로젝트 관리, 지원 영역의 프로세스(프로젝트 계획 수립, 위험관리, 형상관리 등)에 대한 준수 여부를 평가하기 위한 체크리스트를 말하며, 궁극적으로 프로세스별로 목표(Goal) 달성 여부를 평가, 집계하여 소프트웨어 개발 조직의 능력 성숙도를 평가할 목적으로 활용한다.

[표 4-3] 프로세스 체크리스트 예시

활동	순번	점검항목	점검대상	중요도	가중치	평가	평가점수
프로젝트 수행준비	1	프로젝트 관리자로 선정된 직후, 프로젝트 관리자는 품질경영 부서장에게 프로젝트 품질보증 활동에 대한 지원을 요청하였습니까?	전자문서	C	1		0.00
	2	영업 대표와 프로젝트 관리자 간의 영업정보 및 해당 프로젝트 관련 사항들에 대한 인수인계가 실시되고 있습니까? • RFP와 제안서, 계약서의 차이점 정리	프로젝트 인수 인계서 RFP, 제안서, 계약서	C	1		0.00

활동	순번	점검항목	점검대상	중요도	가중치	평가	평가점수
프로젝트 수행준비	3	해당 프로젝트에 적용할 적합한 생명주기와 방법론이 선정되어 있습니까? • 해당 프로젝트 특성 및 유형 고려 • 고객의 요구사항 고려	생명주기 모델선정 체크리스트 프로젝트 수행 계획서	C	1		0.00
	4	프로젝트 표준 프로세스(PDSP) 재정의 결과를 바탕으로, 조직의 표준 프로세스(OSSP)와의 편차가 식별되어 있습니까? • 프로세스 및 방법론 테일러링(Tailoring) 근거 • 작성예정 산출물의 적정성 및 충분성	프로세스 테일러링 대비표	A	1.5		0.00

3) 시정조치 관리대장

시정조치 관리대장은 부적합 사항을 등록하고 조치 여부를 확인(권고 및 시정조치 내용, 탐지 공정, 결함 원인, 조치 예정일, 조치 확인일, 조치내용 등의 항목을 관리)하기 위한 목적으로 활용한다.

[표 4-4] 시정조치 관리대장 예시

식별시점	식별일자	점검대상자	점검영역	점검항목	점검대상물	점검속성	결과유형	권고 및 시정조치 내용	탐지공정	결함원인(원인공정 및 발생원인)	결과상태(조치여부)	조치예정일자	확인일	확인자	조치내용
수시점검	20150717	홍길동	프로세스	1.1 프로젝트 계획	프로젝트계획서	완전성	시정조치사항	글로벌/현지화 요구사항에 대한 테스트를 일정(WBS) 및 총괄 테스트 계획에 반영할 것	구현	계획-불충분한 계획	조치완료	20150814	20150820	홍길동	총괄 테스트 계획서에 글로벌화, 현지화 테스트 계획을 확인함

2. 동료검토

동료검토는 소프트웨어 개발 단계(계획, 분석, 설계, 코딩, 테스트 등)에서 생성되는 여러 가지 작업 산출물들에 잠재된 잘못과 결함들을 동료의 도움을 받아서 발견, 제거할 목적으로 수행하는 검토 활동을 말한다.

동료검토의 정의

"같은 작업을 수행하는 지식 및 기술을 보유한
다른 사람에 의해 작업 산출물을 검토하는 것"

review of work products performed by others qualified
to do the same work

ISO/IEC 20246:2017(en) <Software and systems engineering - Work product reviews>

"소프트웨어 작업 산출물의 결함(규격 또는 표준에서 벗어나
는 것)을 찾아 개선하기 위해 작성자 이외의 사람들이 해당
소프트웨어 작업 산출물을 세밀하게 조사하는 것"

An examination of a software work product By people other than its
author in order to Identify defects (departures from specifications or
from standards) and improvement opportunities.

《Peer Reviews in Software》, 칼 위거스(Karl Wiegers)

동료검토라는 용어는 미국을 비롯한 서양으로부터 소프트웨어 품질을 향상시키는 주요 수단으로 "Peer Review"라는 활동이 소개되면서, 우리나라에서는 이 영어 명칭을 사전의 의미대로 번역하여 "동료검토"라는 용어로 사용하게 되었다.

사실 "Peer"라는 영어 단어는 단순히 '동료'라는 의미보다는 '나이 또는 지위가 비슷한 사람'이라는 의미를 함축하고 있는데, 이는 산출물에 잠재된 결함을 지적하는 활동 자체가 작성자에게 심적으로 편안한 상황은 아니기에 산출물 작성자의 '상사 또는 관리자'보다는 '작성자와 대등한 위치에 있는 사람'들에 의해 주로 수행되기 때문에 Peer라는 단어를 사용한다. 상사나 관리자가 수행하는 검토는 Management Review라는 또 다른 검토의 형태가 있다.

2.1 동료검토를 수행하는 이유

동료검토를 수행하는 가장 큰 이유는 SW 개발 단계에서 생성되는 여러 가지 산출물들에 잠재된 오류 제거를 통해 품질을 향상시키고, 이 덕분에 후속 단계에서 일어날 수 있는 수정 재작업을 최소화할 수 있기 때문이다. 아울러 작성자 이외의 인원은 산출물 생성 과정에 참여하지는 않았지만 산출물 검토 과정을 통해 그 내용을 자연스럽게 공유하게 되어 제품에 대한 Insight가 높아지게 되고, 이는 자신이 참여하는 부분과 연관되는 부분을 더 잘 개발할 수 있게 하는 효과가 있을 수 있다.

1) SW 결함 제거를 통한 품질 향상

기능적/비기능적 요구사항을 만족하면서 적용 받아야 할 표준 및 묵시적 요구사항에 들어맞으면 품질이 있다고 말한다. 이러한 사항에 들어맞지 않으면 결함이 되는 것이다. 즉, 기능적/비기능적 요구사항을 충족하지 못하는 결함, 적용 받아야 할 표준 및 묵시적 요구사항을 충족하지 못해도 결함이 되는 것이다. 따라서 품질을 확보하려면 이러한 결함들을 발견, 제거, 예방하는 일련의 과정이 바로 품질관리 활동이 되는 것이다.

소프트웨어 개발 라이프사이클에서 품질확보를 목적으로 결함을 발견하고 제거하기 위해 동료검토와 테스트라는 수단을 활용하는 것이고, 구조적 차원에서 결함예방을 목적으로 감사(Audit), 평가(Assessment)와 같은 수단을 활용하는 것이다.

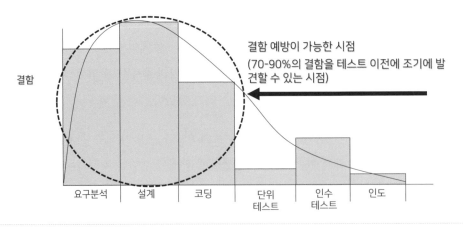

[그림 4-3] Software Life Cycle에서 결함의 분포

소프트웨어 라이프사이클에서 사실상 대부분 결함은 분석, 설계 등 라이프사이클의 초기 단계에서 집중적으로 발생한다. 결함을 발견, 제거하는 수단을 구현 단계 이후의 테스트에만 의존하는 것보다는 동료검토를 잘 활용하면 개발하려는 소프트웨어의 품질을 훨씬 향상시킬 수 있게 되는 것이다.

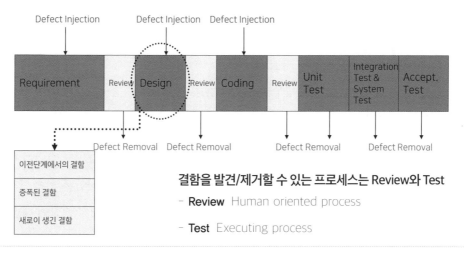

[그림 4-4] 개발과정에서 결함의 생성, 발견, 제거

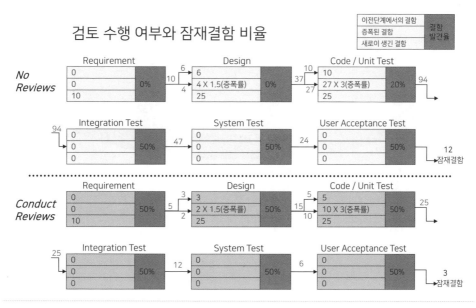

[그림 4-5] 동료검토 수행 여부와 품질 (출처: *Quality Software Project Management 5th Edition, chapter 23*, Robert T. Futrell)

소프트웨어 개발 과정에서 계획, 분석, 설계, 구현, 테스트 등 어느 단계에서나 결함이 생성될 수 있는 개연성을 가지고 있다. 잘못된 프로젝트 계획, 잘못된 요구분석, 잘못된 설계, 잘못된 소스코드, 잘못된 테스트케이스 등을 포함해서 다양한 형태의 결함들이 작업 산출물 내에 만들어질 수 있다. 한번 생긴 결함이 수정되지 않을 경우, 후속 단계 작업에 영향을 미쳐서 더 많은 결함을 만들어 낼 수도 있다(**그림 4-4** 및 **그림 4-5** 참조). 따라서 중요한 작업 결과물이 생성되면 그때그때 잠재결함을 찾아 수정하면서 전체적인 품질을 확보하는 노력이 대단히 중요하다.

2) 후속 단계 재작업 최소화

동료검토가 해결해야 할 가장 중요한 사항은 궁극적으로 고객에게 전달되는 결함 수를 줄일 수 있는가이다. 작업 과정에서 생성된 잠재 결함들은 적용하는 동료검토 기법에 따라 좌우될 수 있지만 동료검토를 통한 결함 발견 및 제거 그리고 이로 말미암은 후속 단계의 재작업 감소는 이미 많은 연구를 통해 입증되어 있다. 전체 개발 공수에서 결함에 대한 재작업이 비율이 30%~80% 수준이라고 보고되고 있다. 재작업의 감소는 결국 프로젝트 비용 절감으로 연결되므로 동료검토의 중요성은 아무리 강조해도 지나치지 않을 것이다. 요구사항 결함의 경우, 재작업으로 말미암은 추가 비용의 예시를 그림으로 나타내었다.

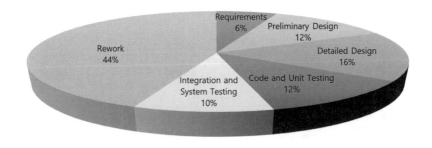

[그림 4-6] 개발단계 재작업(Rework) 비율 (출처: *Improving Software Productivity, Computer, Vol.20*, B. W. Boeh)

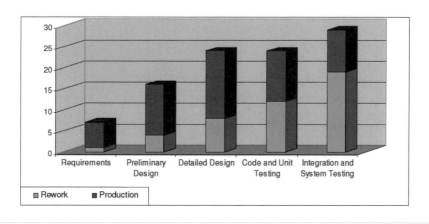

[그림 4-7] 요구사항 결함으로 말미암은 재작업 비용 예시 (출처: *Improving Software Productivity, Computer, Vol.20*, B. W. Boehm)

3) 개발 SW에 대한 인사이트 확보

동료검토가 줄 수 있는 또 다른 가치는 비록 정량화해서 표현하기는 어렵지만, 동료검토 과정에서 동료들이 작업 산출물에 대해 전달해주는 다양한 피드백을 통해서 기술적 지식 및 역량이 향상될 수 있다는 점이다. 기술적인 문서에 대해 이해를 같이한다는 점은 개발 하려는 제품에 대해 광범위한 인사이트를 서로 다른 개발 영역을 담당하는 검토 참여자들 에게 제공해 줄 수 있게 된다. 이는 자신이 담당한 개발 역할을 수행하면서 상호작용으로 커다란 시너지를 발휘할 수 있고, 나아가 프로젝트의 기술적인 리스크를 줄일 수 있게 된 다. 아울러, 동료검토는 상호 교육과 지식의 교환(Cross-Training & Knowledge Exchange)이라는 여건을 만들어 주기 때문에 개인의 역량 향상에도 큰 도움을 주게 된다.

2.2 동료검토의 종류

동료검토와 관련된 도서 또는 표준마다 각 저자의 관점에 따라 동료검토의 종류와 명칭을 약간씩 다르게 소개하고 있어서, 이것들만이 동료검토의 종류라고 한정해서 말하기에는 조심스러운 측면이 있다. 그렇지만, 큰 범주에서 "비정형 검토(Informal Review)"와 "정형 검 토(Formal Review)"로 구분하여 동료검토를 구분하고, 정형적 리뷰의 대표적인 종류가 "인스 펙션(Inspection)"이라는 것에는 누구도 이견을 제시하지는 않을 것으로 생각한다. 비정형

검토와 정형 검토에 대한 설명은 그림을 참조하고, 그림에서 제시된 각 동료검토의 종류는
세부적으로 소개하기로 한다.

비정형 검토와 정형 검토

비정형 검토

- 정의된 프로세스, 혹은 참여자의 역할 정의 없음
- 계획적이기 보다는 애드혹…
- 예시: 워크스루, 피어 데스크 체크, 패스 어라운드

정형 검토

- 문서화된 검토 프로세스에 따라 진행
- 참여자의 역할 및 훈련된 검토팀
- 결함 발견을 위한 체크리스트, 규칙, 분석적 방법 사용
- 데이터 수집(품질 및 프로세스 개선)
- 예시: 인스펙션

[그림 4-8] 비정형 검토와 정형 검토(출처: *Peer Review in Software*, Karl Wiegers)

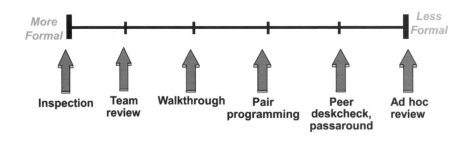

[그림 4-9] 동료검토의 종류 (출처: *Peer Review in Software*, Karl Wiegers)

애드혹 리뷰

애드혹 리뷰(Ad hoc Review)는 즉각적인 검토를 말한다. 특정한 절차가 있지 않고 작성자가 스스로 발견하지 못한 이슈들을 찾을 목적으로 검토가 필요한 상황이 있을 때마다 협업의 차원에서 수행하는 검토이며, 가장 비정형적인 검토 유형이다. 시간적인 소모를 크게 들이지 않고 이슈들을 즉시 찾을 수는 있겠으나 그 이상의 가치는 크게 없는 검토 방법이라 할 수 있다.

패스 어라운드

패스 어라운드(Pass Around)의 사전적인 의미는 "어떤 것을 여러 사람이 볼 수 있도록 돌린다."라는 뜻이 있는데, 이 검토 방식은 작성자가 여러 명의 검토자에게 산출물을 배포(하드카피, e-mail, 파일 폴더 공유 등)하고, 검토자들은 시기적절하게 작성자에게 코멘트를 전달해주는 방법으로 보면 된다. 검토 시점에서 개별 검토자들은 다른 검토자들이 제시하는 코멘트를 볼 수도 있어서 같은 내용을 중복해서 검토하는 경우를 최소화할 수 있다. 최종적으로 작성자는 모인 코멘트를 참고해서 산출물을 수정하게 되는데, 이 검토 방법은 공식적인 그룹 미팅을 하기 곤란한 상황에서 유용한 방식이긴 하지만 검토자 상호 간의 의견 교환이 없어서 검토로 얻을 수 있는 시너지 효과가 그리 크지는 않은 방법이다.

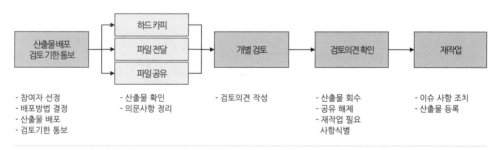

[그림 4-10] 패스 어라운드 동료검토 방법

피어데스크체크

피어데스크체크(Peer Desk Check) 검토 방식은 작성자가 산출물 검토 요청을 하면 검토자들이 개별적으로 검토하고, 그 결과를 구두 또는 코멘트가 기록된 산출물을 작성자에게 통보해주는 검토 방식이다. 패스 어라운드 방식과 다른 점은 다른 검토자들의 코멘트가 어떠한지는 신경 쓰지 않고, 자기의 검토 영역에 집중해서 개별검토를 한다는 차이가 있다. 개별검토의 요령은 1) 산출물을 퀵 리뷰(Quick Review)해서 산출물의 전체 개요를 먼저 이해하도록 한다 2) 두 번째 리뷰를 통해서 일반적인 이슈들을 찾는다(예: 형식상의 이슈, 오탈자 등) 3) 세 번째 리뷰를 통해서 특정 영역 또는 특정 아이템에 집중하여 이슈를 찾아낸다 4) 세 번째 스텝을 다른 부분으로 옮겨서 반복한다. 이 검토 방식은 검토자 개인의 스킬과 검토에 투입하는 공수에 따라 그 효과에 많은 차이가 날 수가 있다는 점을 염두에 두어야 한다. 경우에 따라서는 검토 과정 전반을 작성자가 주관하지 않고, 품질관리자 또는 개발관리자가 주관할 수도 있다. 뒤에 소개하는 워크스루나 인스펙션의 개별검토 단계를 데스크 체크 방식으로 수행하는 경우가 많다.

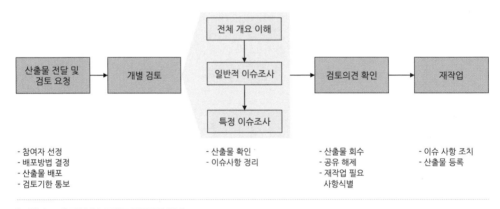

[그림 4-11] 피어데스크체크 동료검토 방법

페어 프로그래밍

페어 프로그래밍(Pair Programming)은 두 명의 개발자가 하나의 컴퓨터에서 같은 제품을 동시에 개발하는 것을 말하는데, 각자의 아이디어에 대해 지속적인 검토를 수행하면서 개발을 가능하게 하는 비정형적인 검토 방법이다. 말 그대로 "두 사람의 머리가 한 사람의 머리보다 낫다"는 아이디어를 적용한 것인데, 한 줄의 코드를 두 사람이 함께 작업해서 더 나은 제품을 만들어내는 개념이다. 협업 상태를 훨씬 좋게 하고 모든 구성원이 품질활동에 참여를 유도하게 하는 효과가 있다. 최소한 두 명의 팀원이 코드의 모든 부분에 익숙해지므로 한 사람이 이직할 때 리스크를 줄일 수 있고, 실시간 검토라는 점 때문에 신속한 수정작업을 가능하게 한다는 장점이 있다.

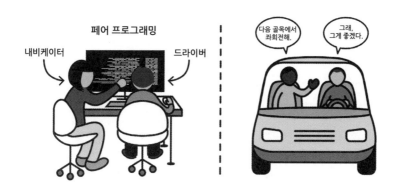

[그림 4-12] 페어 프로그래밍 (출처: https://blog.galvanize.com/pair-programming-two-heads-better-one/)

워크스루

워크스루(Walkthrough)는 작성자가 한 명 이상의 동료와 미팅을 통해 산출물을 검토하는 방법이다. 앞에 소개한 패스 어라운드나 피어데스크체크와 가장 큰 차이는 미팅이라는 형태를 보인다는 점이다. 검토자들은 개별검토(인스펙션보다는 상대적으로 개별 검토를 덜 강조) 과정을 통해 사전에 산출물들을 리뷰해서 미팅에 참석하게 되고, 작성자는 산출물의 개요를 설명하고 동료의 피드백을 구하는 형태로 진행한다. 워크스루의 사전적 의미가 "어떤 것을 배울 수 있도록 단계적으로 보여준다."라는 뜻이 있는 것처럼 워크스루의 주목적은 검토 미팅에 참석한 사람들이 산출물의 내용을 더욱 깊이 알도록 디자인된 것이 특징이다. 경우에 따라서는 참석자가 20명 이상이 되는 일도 있다. 검토자 개인의 스킬이나 개별검토 투입 공수에 영향을 덜 받고, 대신 여러 참석자와의 상호 작용을 통해 얻는 시너지 효과를 얻을 수 있는 장점이 있다. 작성자의 발표 및 참석자들의 질의응답 과정에서 산출물의 결함, 이슈들이 자연스럽게 도출되기 때문에 동료검토의 방식으로 널리 활용되고 있다.

검토자들의 관심을 유도해서 산출물을 검토하도록 하는 것이 핵심인데, 프로세스가 구조화되지 못해서 결함 검출 효율이 높지 않다는 것이 리스크이다.

미팅 시간을 제한하지 않고 검토요건(예: 체크리스트), 정해진 절차 등을 딱히 규정하지도 않고, 검토 관련 측정치(Metric)들을 수집하지도 않는 아주 비정형적인 형태의 워크스루도 있고, 더 정형적인 형태로 진행하는 워크스루 형태도 있다. 아래 그림은 정형적 워크스루의 예시를 나타낸다.

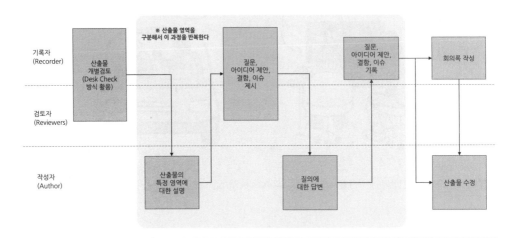

[그림 4-13] 워크스루 검토 방법 (출처: *The Certified Software Quality Engineer Handbook*, Linda Westfall)

팀 리뷰

팀 리뷰(Team Review(Structured Walkthrough))는 경량화된 인스펙션(Inspection-lite)의 한 형태이다. 앞에 소개한 검토 방식과 비교했을 때 계획 수립 과정도 있고, 체계적이긴 하지만 인스펙션보다는 상대적으로 덜 정형적인 검토방식인데, "Structured Walkthrough" 또는 간단히 "리뷰"로 부르기도 한다(물론 이러한 명칭조차도 저자들마다 다르므로 절대적인 명칭은 아니라는 점은 염두에 두어야 한다). 팀 리뷰에서는 목표가 정해져 있고, 검토 참여자는 진행자(moderator), 기록자(Criber), 발표자(Presenter), 검토자(Reviewer), 작성자(Author), 사용자 대표(User Representative) 등의 역할을 가진 자들이 참여하게 된다. 팀 리뷰는 인스펙션에서 볼 수 있는 몇 가지 단계를 따른다. 검토 참여자는 검토회의 이전에 산출물을 전달받아 검토를 수행하게 된다. 검토공수, 발견 결함수 등과 같은 측정치(Metric)도 수집하지만 인스펙션에서 볼 수 있는 시작회의나 후속조치 등의 절차는 아주 간단히 수행하거나 생략하기도 한다. 코디네이터가 검토를 주관하긴 하나 인스펙션 리더와 같은 역할을 수행하는 것은 아니다. 팀 리뷰는 데스크 체크 방식보다 수행하는 비용(공수)이 더 많이 들긴 하지만 여러 참가자가 다양한 오류들을 발견하게 되는 장점이 있다. 수행 절차는 다음과 같다.

코디네이터가 검토 참여자들에게 산출물을 전달하고 검토 일정을 정하면, 참여자들은 개별검토를 수행하고, 개별검토를 마치면 그룹검토에서 작성자가 산출물의 내용을 설명하고 참여자들에게 특정 섹션이나 페이지에 대한 의견이 있는지 묻는 과정으로 수행하면서 산출물에 대한 이슈 제시 및 토론을 하게 된다. 이슈 목록을 작성자에게 전달해서 수정작업이 수행하게 된다.

검토공수나 결함수 등의 제한된 측정치들을 수집하지만, 조직 차원의 프로세스 개선을 위한 피드백은 주지 않는 것이 인스펙션과 다른 점이라 할 수 있다. 팀 리뷰는 인스펙션과 비교시 2/3 정도의 결함검출 효과가 있다고 알려졌다.

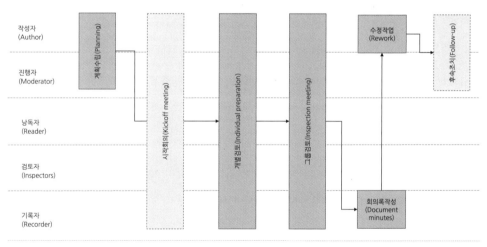

[그림 4-15] 팀 리뷰 검토 방법

인스펙션

소프트웨어를 동료검토 한다는 개념은 1976년 마이클 패건(IBM)이 〈Design and code inspection to reduce errors in program development〉라는 논문에서 처음 소개하였는데, 이

때 소개한 검토 방식을 패건 인스펙션이라 부르게 되었고, 그 후 소프트웨어 산업계에서는 이를 모범 사례(Best Practice)로 널리 적용하게 되었다. 당시 패건이 인스펙션을 통해 얻고자 한 목적 역시 소프트웨어 품질 개선과 개발자의 생산성 향상 이 두 가지였다.

인스펙션은 동료가 상세하게 개별검토를 수행하고 나서, 미팅을 통한 그룹검토를 수행하게 되는 대단히 정형적인 동료검토 방식이다. 교육 목적보다는 오직 산출물의 결함 발견에만 집중하고, 사전 개별검토에는 체크리스트의 활용 및 검토 역할 구분을 강조하는 것이 가장 큰 특징이다. 워크스루와의 차이점은 아래 표와 같다.

[표 4-5] 워크스루와 인스펙션의 차이점

구분	Walkthrough	Inspection
Formal / Informal	Formal 또는 Informal	Formal
검토 수행 시점	산출물 작성 시점 초기	다음 단계 활동으로 넘기기 전
목적	산출물 내용 공유 및 결함 도출	결함 도출
산출물에 대한 개요 설명	작성자	인스펙션 리더
개별검토에 대한 강조	덜함	대단히 강조
검토 관련 측정치 수집	크게 강조되지 않음	측정 및 활용
후속 조치	작성자 주관으로 수정작업	절차가 있고 인스펙션 리더의 확인

인스펙션은 Spec의 충족 여부, 규정된 품질속성 충족 여부, 규정, 표준, 지침, 계획, 절차 충족 여부 등을 검증(Verify)하게 되는데, Engineering Data를 수집해서 궁극적으로 프로세스 개선에 활용하게 되도록 하는 몇 단계의 구조화된 절차들로 구성하여 진행한다. 이 절차들은 인스펙션을 다루는 도서의 저자들마다 약간씩 다르게 명칭들을 부여하지만, 대체로 계획수립(Planning) − 시작회의(Kickoff) − 개별검토(Individual Meeting) − 그룹검토(Logging Meeting) − 후속조치(Edit & Follow Up) 등의 절차로 구성된다(**그림 4-16** ~ **그림 4-18** 참조).

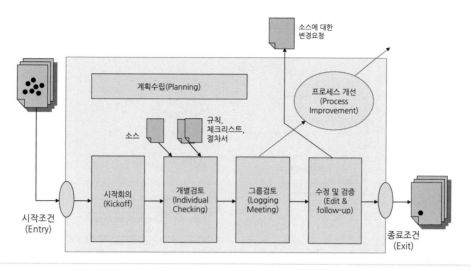

[그림 4-16] Inspection 동료검토 방법 (Tom Gilb) (출처: *Software Inspection*, Tom Gilb & Dorothy Graham)

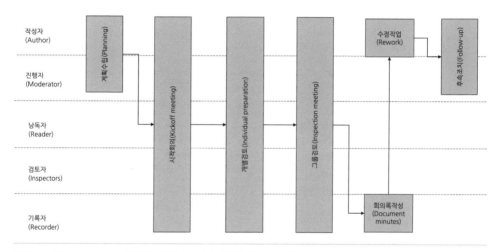

[그림 4-17] Inspection 동료검토 방법 (Linda) (출처: *The Certified Software Quality Engineer Handbook*, Linda Westfall)

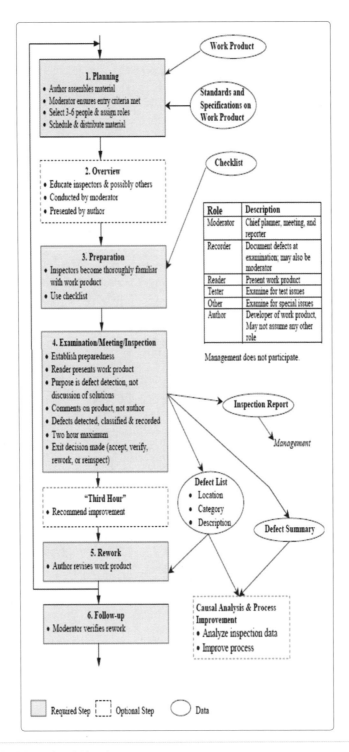

[그림 4-18] 인스펙션 동료검토 방법(IEEE)

지금까지 살펴본 것처럼 인스펙션에도 대단히 다양한 방식이 있다는 것을 알 수 있다. 그러나 어떠한 형태의 인스펙션 방식이든 간에 공통으로 적용되는 한가지 사실은 어떠한 작업 산출물 초안이 완성되었을 때(요구사항, 상위설계, 상세설계, 코드, 테스트계획, 테스트케이스 등), 반드시 그때그때 인스펙션을 수행하여 그 산출물에 잠재된 결함을 제거하고 다음 단계로 넘어간다는 점이다(**그림 4-19** 참조). 이렇게 해야만 해당 작업 산출물의 품질 확보, 후속단계의 재작업 최소화 및 비용 절감이라는 동료검토의 궁극적인 목적을 달성할 수 있다.

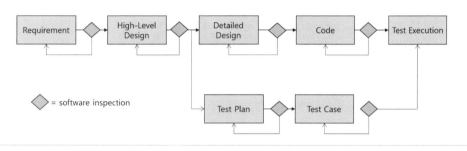

[**그림 4-19**] 소프트웨어 개발단계에서의 인스펙션 개념도

2.3 인스펙션 수행절차

인스펙션은 여러가지 동료검토 방법 중에서 가장 정형적이고, 그래서 결함검출 효율 또한 가장 높은 검토 방식이다. 검토 방법이 정형적이라는 뜻은 수행하여야 할 절차들이 체계적으로 정의되어 있고, 이 절차들을 준수하면서 진행하는 방식이라는 의미이다. 앞 장에서 인스펙션의 절차는 저자들마다 차이가 있고, 표현방식도 약간 다르다고 소개하였는데, 여기서는 톰 길브(Tom Gilb)와 도로시 그레이엄(Dorothy Graham)이 저술한 "Software Inspection"을 기준으로 하되 부분적으로 린다 웨스트폴(Linda Westfall)의 "The Certified Software Quality Engineer Handbook"의 내용도 일부 인용해서 이해를 돕고자 한다. 여기에서 소개하는 인스펙션 수행 절차만 올바르게 이해하고 있으면, 다른 검토방법은 수행하는데 큰 어려움이 없을 것으로 생각한다.

[그림 4-20] *Software Inspection*, Tom Gilb & Dorothy Graham

계획 수립

계획 수립(Planning)은 인스펙션 전체 과정을 계획하는 단계인데, 계획해야 할 항목이 무엇인지 잘 이해하는 것과 각각의 계획 항목에 합리적인 방안을 수립하는 것이 계획 수립 단계의 가장 큰 핵심이다. 일반적으로 계획의 중요성에 대해서 간과하기 쉬운데, 인스펙션의 전체적인 효과를 좌우할 수 있는 것이 계획 수립 단계이다.

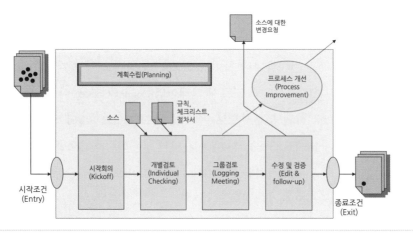

[그림 4-21] 인스펙션 절차 (계획수립) (출처: *Software Inspection*, Tom Gilb & Dorothy Graham)

기본 계획

우리가 흔히 계획 수립하면 떠오르는 가장 기본적인 계획 항목 요소가 있는데, 바로 "언제", "어디서", "무엇을 대상으로", "누가" 하는가이다. 즉, 인스펙션에 대한 "전체 일정", "장소", "대상 산출물", "검토 참여자"를 정하는 것을 말한다. 크게 어려운 부분이 아니므로 아래 그림의 예시 자료를 통해 확인하도록 한다.

[그림 4-22] 인스펙션 계획서 ("기본계획" 예시)

필요 문서 파악

1장에서 "기능적/비기능적 요구사항을 만족하면서 적용받아야 할 표준 및 묵시적 요구사항에 들어맞으면 품질이 있다."라고 설명한 바 있다. 이러한 사항에 들어맞지 않으면 결함이 되므로, 인스펙션에서는 검토 대상 산출물 이외에 함께 참고하여야 할 문서들이 필요해진다.

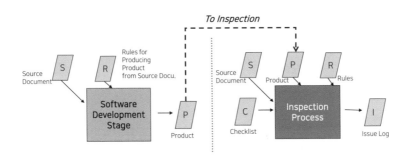

[그림 4-23] 인스펙션에 필요한 문서들을 파악해야 하는 이유

그림 4-23의 왼쪽 부분은 소프트웨어 개발 과정을 단순하게 개념화해서 표현한 것인데, 어떤 개발 과정(단계)이던 그 과정을 거치면 결과물(Product)이 나오게 된다. 이 결과물은 요구사항 정의서, 설계서와 같은 문서 산출물의 형태가 될 수도 있고, 구현단계라면 소스코드와 같은 형태의 결과물도 될 수 있을 것이다. 그런데 이 결과물은 그냥 생성되는 것이 아니라 선행 산출물(Source Document)을 참조해서 프로젝트 또는 조직의 규칙(방법론, 표준, 템플릿 등)에 따라 생성하게 된다. 인스펙션은 결국 이 결과물을 대상으로 검토하는 것이 주된 활동이다. **그림 4-23**의 오른쪽 부분은 인스펙션 과정을 단순하게 개념화해서 표현한 것인데, 현재 생성된 결과물이 적용받아야 하는 선행 산출물 및 표준, 규칙(Rule) 등에 들어맞는지를 체크리스트에 따라 세밀히 조사해서 이슈들을 도출해내는 과정으로 요약할 수 있겠다. 따라서 인스펙션에서는 아래와 같은 문서들이 필요해지고 인스펙션 계획수립 과정에서 이러한 문서들을 수배하여야 한다.

- Product Document: 인스펙션을 하려고 하는 대상 산출물

- Source Documenet: Product Document를 생성하기 위해서 참조했어야 했던 선행 산출물 (예: Product Document가 요구사항 정의서라면 제안서, 사업계획서 등)

- Rule: Product Document를 작성하기 위해 따라야 하는 표준, 방법론, 템플릿 등

- Checklist: Product Document를 인스펙션하기 위한 검토 항목을 모아둔 것

[그림 4-24] 인스펙션 계획서 ("필요 문서" 예시)

역할 분담

인스펙션은 검토 참여자의 역할을 구분해서 수행한다. 이러한 역할 구분은 개별검토와 그룹검토 과정에서 각각의 검토자들에게 특정한 임무를 배정함으로써, 보다 더 결함 발견에 집중할 수 있도록 하는 효과가 있게 한다. 역할 분담은 개별검토 시 역할과 그룹검토에서

의 역할로 구분해서 배정할 수 있다.

개별검토 단계에서 역할 배정은 Product Document마다 달라질 수 있는데, 검토 대상 산출물을 어떤 관점으로 검토할 것인지를 검토 참여자들에게 역할을 배정하게 된다. 개별검토에서의 세밀하고 합리적인 역할 배정은 인스펙션에서 결함 발견의 효율을 좌우할 수 있는 아주 중요한 요소가 된다. 요구사항 정의서를 예를 들자면 아래와 같은 역할들이 있을 수 있다.

- 개별검토에서 역할 배정의 예시(요구사항 정의서가 Product Document일 경우)

　사용자 관점: 사용자 or 고객의 관점에서 검토

　시험자 관점: 시험의 현실성, 시험의 순서 등 시험의 관점

　시스템 관점: 시스템 구현의 관점(하드웨어, 문서, 납기 준수 등)

　재무 관점: 비용 및 예산, 일정, 수량 등의 관점

　서비스 관점: 서비스, 유지보수, 납품, 설치 등의 관점

그룹검토에서의 참여자 개인별 역할은 회의 진행을 더욱 더 효율적으로 진행하기 위한 목적으로 배정하게 되는데, 개별검토에서의 역할 배정보다는 형식적인 측면이 훨씬 강하다. 일반적으로 아래와 역할들로 구분하게 된다.

- 그룹검토에서 역할 배정의 예시

　인스펙션 리더(Inspection Leader): 인스펙션 계획 수립 및 전제 과정을 주관할 사람

　검토자(Reviewer/Inspector): 개별 검토 및 그룹검토에 참여할 사람

　작성자(Author): 검토 대상 산출물을 작성한 사람

　낭독자(Reader/Presenter): 그룹검토 시 검토영역을 적정 속도로 읽으면서 해석을 해 주는 사람

　기록자(Recorder): 그룹검토 시 도출된 모든 결함을 기록으로 정리할 사람

　수집자(Collector): 그룹검토가 열리지 않을 때 개인별 발견 결함을 취합할 사람

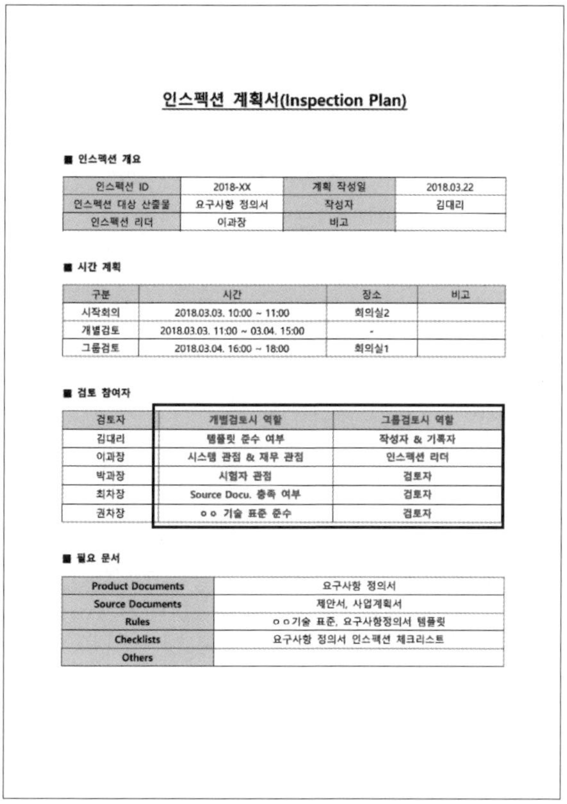

인스펙션 계획서(Inspection Plan)

■ 인스펙션 개요

인스펙션 ID	2018-XX	계획 작성일	2018.03.22
인스펙션 대상 산출물	요구사항 정의서	작성자	김대리
인스펙션 리더	이과장	비고	

■ 시간 계획

구분	시간	장소	비고
시작회의	2018.03.03. 10:00 ~ 11:00	회의실2	
개별검토	2018.03.03. 11:00 ~ 03.04. 15:00	-	
그룹검토	2018.03.04. 16:00 ~ 18:00	회의실1	

■ 검토 참여자

검토자	개별검토시 역할	그룹검토시 역할
김대리	템플릿 준수 여부	작성자 & 기록자
이과장	시스템 관점 & 재무 관점	인스펙션 리더
박과장	시험자 관점	검토자
최차장	Source Docu. 충족 여부	검토자
권차장	ㅇㅇ 기술 표준 준수	검토자

■ 필요 문서

Product Documents	요구사항 정의서
Source Documents	제안서, 사업계획서
Rules	ㅇㅇ기술 표준, 요구사항정의서 템플릿
Checklists	요구사항 정의서 인스펙션 체크리스트
Others	

[그림 4-25] 인스펙션 계획서 ("역할 배정" 예시)

(4) 체크리스트 확보

체크리스트는 검토 대상 산출물(Product)에 대한 개별검토 또는 그룹검토에서 검토를 집중해야 할 검토 관점들을 모아 놓은 문서이다. 체크리스트는 개별검토의 역할 배정과 함께 인스펙션의 결함 발견 효율을 좌우하는 아주 중요한 요소이다. 인스펙션에서는 반드시 체크리스트를 활용하여야 한다. 항목이 너무 많아도 검토 효율을 떨어뜨릴 수 있기 때문에 25문항 이내로 작성하는 것이 바람직하다. 산출물마다 일반적인 검토항목을 정리한 General Checklist와 제품 관점에 국한하여 검토항목을 정리한 Specific Checklist로 구분될 수 있는데, 이 두 가지를 하나로 종합해도 무방하다. 중요한 점은 Specific Checklist를 잘 개발하여 인스펙션에 적용하게 되면 프로젝트에서 인스펙션이 발휘하는 가치를 극대화할 수 있다는 점이다.

Organization and Completeness

1	모든 요구사항의 구체적인 정도가 적절하고, 일관성이 있는가?
2	설계의 근간으로 삼기에 적절한가?
3	각 요구사항의 구현에 관한 우선순위는 정의되었는가?
4	외부 하드웨어, 소프트웨어, 통신 인터페이스는 모두 정의되었는가?
5	기능 요구사항에 고유한 알고리즘은 정의되었는가?
6	고객 / 시스템의 요구를 다 포함하였는가?
7	예상되는 에러 조건 작성을 위하여 예견되는 행위들을 문서화 하였는가?

Correctness

1	요구사항이 상호 간에 충돌이 나거나 다른 요구사항을 중복한 것은 없는가?
2	각 요구사항은 명백하고, 모호함이 없이 기술되었는가?
3	각 요구사항은 입증할 수 있는가?
4	각 요구사항은 프로젝트 범위 안에 드는 사항들인가?
5	각 요구사항은 내용상/문법상 오류가 없는가?
6	각 요구사항에 추가로 필요한 정보는 있는가? 그럴 경우 TBD로 표현하였는가?
7	모든 요구사항은 구현 가능한가?

Quality Attributes

1	성능 목표가 적절히 규정되었는가?
2	안전성 및 보안성에 관한 고려사항이 규정되었는가?
3	관련되는 품질목표가 분명하게 문서로 만들어 졌는가?

Traceability

1	각 요구사항은 고유하고 정확하게 식별되었는가?
2	기능적인 요구사항은 모두 상위 레벨의 요구사항으로 추적이 되는가?

[그림 4-26] 요구사항 정의서의 General Checklist 예시

순	항목
1	요구사항정의서가 사업계획서 표5.4 EU MRV monitoring requirements(LR.2015)를 충족하는가?
2	각 요구사항은 테스트가 가능한가?
3	운용시나리오를 충족하는가?(시나리오 6. 선박운영보고서)
4	사업계획서에 MRV 관련 기능을 다 충족하는가?
5	요구사항 ID, 요구사항 명 등이 구분되는가?
6	MRV 보고서 생성을 위한 데이터 수집에 관한 요구사항이 있는가?, 자동이 안될 경우의 처리 방법 등
7	수집 데이터로 계산된 결과를 검증하는 기능에 대한 요구사항이 있는가?
8	최종보고서의 생성 이력을 조회/관리 하는 기능에 대한 요구사항이 있는가?
9	모니터링, 리포팅, verification 필수 포함내용에 대한 요구사항이 명시되었나?
10	MRV의 결과 제공방식에 대해 명시되었는가 보고서 파일 type이 정의되었나?(예:word, Excel, PDF 등) 출력 기능이 정의되었나?
11	MRV의 결과 표현방식에 대해 명시되었는가 MRV 표준보고양식(템플릿)이 정의되었나?
12	MRV 결과생성을 위한 데이터 수집에 대한 요구사항이 있는가?
13	외부로 리포트 전달방식에 대한 요구사항이 있는가? 보고서를 구성하는 데이터의 송수신에 따른 제약사항이 명시되었나?
14	보고서 검증자에 대한 요구사항이 있는가?
15	MRV보고서 중 이산화탄소 배출량 계산방법에 대한 요구사항이 있는가?
16	MRV 보고서의 결과값을 통계로 분석하는 것에 대한 요구사항이 있는가?
17	설계자가 이 요구사항으로 설계를 할 수 있는 수준으로 기술되었나?

[그림 4-27] 요구사항 정의서의 Specific Checklist 예시

(5) 제품에 특화된 체크리스트 개발 및 역할 배정 사례

이 절에서는 "○○○ 생성 모듈" SRS의 인스펙션을 위한 체크리스트를 개발한 사례를 소개하고자 한다.

시작회의 시 인스펙션 리더 주관으로 체크리스트를 개발하는데 30분의 시간을 할당하여 아래와 같은 순서로 제품에 특화된 체크리스트를 개발하였고, 각 체크리스트 항목들을 기준으로 개별검토 시 역할로 배정하였다.

1. 인스펙션 리더는 이 "○○○ 생성 모듈" SRS에 꼭 반영이 되어야 있어야 한다고 생각하는 항목을 15분 동안 생각하고 나서 각자 엑셀 서식에 작성하여 인스펙션 리더에게 제출하여 달라고 요구한다.

2. 이때, 인스펙션 리더는 검토 참여자들에게 "○○○ 생성 모듈"이 가져야 할 기능, 예외사항, 과제를 둘러싸는 여러 여건을 모두 고려해서 반드시 개인당 최소 5개 이상은 도출해 내라고 요구한다.

3. 정 차장, 홍 과장, 이 사원 3명은 자신이 생각하는 "○○○ 생성 모듈"의 SRS에 꼭 포함되어야 할 것으로 믿는 내용을 자유롭게 엑셀 서식에 기록하여 인스펙션 리더인 정차장에게 제출한다.

4. 인스펙션 리더는 각자 제출한 체크리스트 초안을 모두 병합하여 하나의 엑셀로 편집한 다음, 빔 프로젝트를 활용 첫 항목부터 하나씩 참여자들과 살펴보면서 이 항목이 체크리스트의 항목으로 반영되는 것이 타당한지를 결정한다.

5. 위 과정을 거치면서 개인 간에 중복된 내용, 또는 이번 SRS의 체크리스트로써 불필요한 항목 등을 제외해가면서 체크리스트 항목을 완성한다.

6. 개발된 체크리스트 항목들을 기준으로 인스펙션 리더가 참여자들의 개별검토 및 그룹검토 시 역할을 배정한다.

순	항목	검토자	역할
	생성 모듈 요구사항정의서 Inspection 체크리스트		2017.09.01
1	요구사항정서가 사업계획서 표5.4 EU MRV monitoring requirements(LR.2015)를 충족하는가?	홍과장	테스터 관점
2	각 요구사항은 테스트가 가능한가?	홍과장	
3	운용시나리오를 충족하는가?(시나리오 6. 선박운영보고서)	홍과장	
4	사업계획서에 MRV 관련 기능을 다 충족하는가?	홍과장	
5	요구사항 ID, 요구사항 명 등이 구분되는가?	홍과장	
6	MRV 보고서 생성을 위한 데이터 수집에 관한 요구사항이 있는가?(자동이 안될 경우의 처리 방법 등)	정차장	시스템 관점
7	수집 데이터로 계산된 결과를 검증하는 기능에 대한 요구사항이 있는가?	정차장	
8	최종보고서의 생성 이력을 조회/관리 하는 기능에 대한 요구사항이 있는가?	정차장	
9	모니터링, 리포팅, verification 필수 포함내용에 대한 요구사항이 명시되었나?	정차장	
10	MRV의 결과 제공방식에 대해 명시되었는가 보고서 파일 type이 정의되었나?(예:word, Excel, PDF 등) 출력 기능이 정의되었나?	정차장	
11	MRV의 결과 표현방식에 대해 명시되었는가 MRV 표준보고양식(템플릿)이 정의되었나?	이사원	사용자 관점
12	MRV 결과생성을 위한 데이터 수집에 대한 요구사항이 있는가?	이사원	
13	외부로 리포트 전달방식에 대한 요구사항이 있는가? 보고서를 구성하는 데이터의 송수신에 따른 제약사항이 명시되었나	이사원	
14	보고서 검증자에 대한 요구사항이 정의되어 있는가?	이사원	
15	MRV보고서 중 이산화탄소 배출량 계산방법에 대한 요구사항이 정의되어 있는가?	이사원	
16	MRV 보고서의 결과값을 통계로 분석하는 것에 대한 요구사항이 정의되어 있는가?	이사원	
17	설계자가 이 요구사항으로 설계를 할 수 있는 수준으로 기술되었나?	이사원	

[그림 4-28] "○○○ 생성 모듈" SRS를 위한 인스펙션 체크리스트 개발 사례

2) 개별검토

개별검토(Individual Checking)는 검토 참여자 개인들이 인스펙션 계획에서 정의한 역할과 필요 문서들을 동원해서 검토 대상 삼출물에 세심하게 조사하고 잠재 결함들을 발견해나가는 과정이다. 발견된 잠재결함들을 이슈 목록으로 작성하게 되면 개별검토 과정이 종료된다.

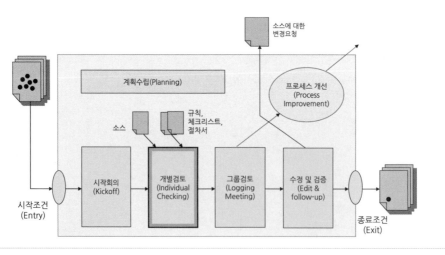

[그림 4-29] 인스펙션 절차 (개별검토) (출처: *Software Inspection*, Tom Gilb & Dorothy Graham)

(1) 개별검토의 기본 개념

인스펙션에서 검토는 그야말로 검사(Inspection)를 하는 것이다. 검사는 검사기준이 존재하고 검사 대상이 그 기준을 충족하는지를 확인하는 것이므로, 검사의 기준을 잘 활용하여야 한다. 인스펙션 계획수립 단계에서 정의한 체크리스트, 필요 문서 등 Source Documents가 바로 검사의 기준이 된다. 따라서 체크리스트, 필요 문서 등을 검토 대상 산출물과 비교해서 그에 들어맞지 않는 것들을 발견해서 이슈로 제시하는 것이다. 물론 검토자 개인이 주관적으로 생각하는 더 좋은 개선 아이디어나 제안사항도 포함될 수는 있겠으나, 객관적인 기준에 따라 검토가 수행되어야 한다는 점이 검토의 기본 사항이라는 점을 반드시 기억하여야 한다. 인스펙션에서 개별검토를 수행하지 않고 회의 형태의 그룹검토만 수행한다면 이는 인스펙션이 아니고 워크스루나 패스 어라운드와 같은 비정형적인 검토가 되고 마는 것이다. 앞에서 필요 문서 부분을 설명하면서 소개한 그림이 바로 인스펙션에서 검토의 기본 개념을 함축하고 있다. 다시 한번 그림을 잘 살펴보고 검토의 기본 개념을 숙지하도록 하자.

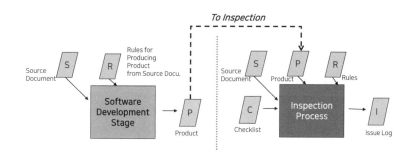

[그림 4-30] 인스펙션에서 개별검토의 기본 개념

(2) 개별검토 방법

개별검토에서는 검토 방법은 계획수립단계에서 부여받은 각자 역할에 따라 Source Documents, Rule 등을 동원해서 Checklist에 따라 세심하게 Product를 비교 평가하는 것이다. 특정한 검토 역할(예: 인터페이스를 주요 관점으로 검토, 추적성 관점에서 검토, 일관성 관점에서 검토, Source Doc. 부합 여부 검토 등 검토 대상 산출물에 따라 다양한 검토 역할이 이미 배정되어 있을 것이다)을 배정 받은 자는 그 역할에 충실하게 검토를 수행하여야 한다. 그렇지 않으면 해당 항목에 대한 검토는 누락되고 말 것이고, 이는 잠재 결함을 안은 채 후속 단계로 넘어가게 되는 결과이므로 언젠가는 그 잠재결함 때문에 재작업을 해야만 하는 상황을 맞이하게 된다. 개별검토의 요령은 2장에서 소개한 Peer Desk Check 방법과 같이 1) 산출물을 Quick Review해서 산출물의 전체 개요를 먼저 이해하도록 한다 2)두 번째 리뷰를 통해서 일반적인 이슈들을 찾는다 (예 : 형식상의 이슈, 오탈자 등) 3) 세 번째 리뷰를 통해서 특정 영역 또는 특정 Item에 집중하여 이슈를 찾아낸다 4) 세 번째 스텝을 다른 부분으로 옮겨서 반복한다.

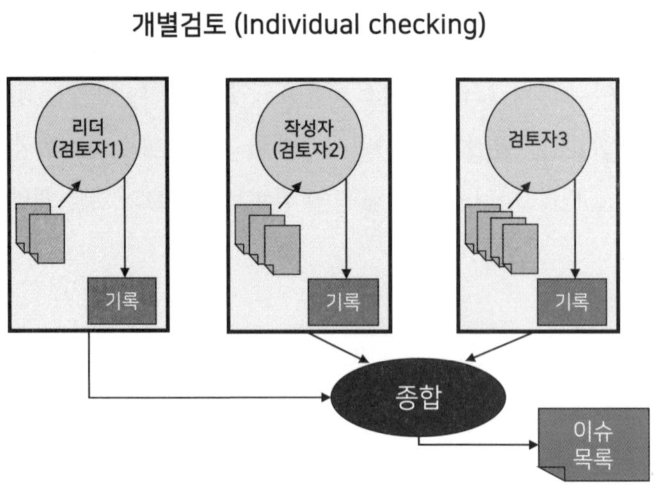

[그림 4-31] 인스펙션에서 개별검토 방법

(3) 이슈 목록 작성

이슈 목록은 개별검토 때 발견한 체크리스트, Source Document, 부여받은 역할에 의한 검토 결과에서 위반되는 사항들을 정리한 문서이다. 따라서 각각의 이슈에는 이슈의 근거가 반드시 기록되어야 앞으로 그룹검토에서 논쟁의 소지를 최소화할 수 있다. 여기에 더해 검토자 자신이 주관적으로 생각하는 추가적인 아이디어나 더 나은 제안을 포함하여도 된다.

SW Inspection 이슈목록

Item No.	검토 산출물 명	Page	이슈 위치	이슈 형태	이슈 근거	이슈 내용	작성자 조치
1	MRV보고서 생성모듈 요구사항명세서	5	2.2.2	Major, Minor 의문사항 개선요청	사업계획서 표54 EU MRV monitoring requirements (LR, 2015)	요구사항명세서가 사업계획서 표54를 만족하지만 요구사항명세서상의 항목이 더 많음 (오버스펙인지 확인필요)	
2	MRV보고서 생성모듈 요구사항명세서	5	2 3	Major, Minor 의문사항 개선요청		각 항목별 결과에 대한 시각적인 결과 요구사항이 없고, '이산화탄소 배출량' 같은 항목의 검증방식에 대한 요구사항이 없어서 테스트할 수 없음	
3	MRV보고서 생성모듈 요구사항명세서	-	-	Major, Minor 의문사항 개선요청		스마트RMS데모시나리오의 6. 선박운영보고서의 항목에 대한 요구사항 누락	
4	MRV보고서 생성모듈 요구사항명세서	-	-	Major, Minor 의문사항 개선요청	사업계획서 Page54. MRV 보고서 생성모듈 설계	보고서 생성에 필요한 데이터 취득 및 템플릿에 대한 요구사항 누락	
5	MRV보고서 생성모듈 요구사항명세서	-	-	Major, Minor 의문사항 개선요청	-	요구사항 명세서상의 제목으로 구분이 가능하지만 상세한 ID나 요구사항 명이 정의되어 있지 않음	
6	MRV보고서 요구사항명세서	4/6	Ch 2.1	개선요청	실선 환경	센서로부터 데이터 수신이 가능하지 않을 경우 매뉴얼로 데이터 입력하는 기능	
7	MRV보고서 요구사항명세서	6/6	Ch 3	개선요청	계산 데이터 검증 기능	보고서 생성을 위한 계산식에 대한 검증 기능이 없음	
8	MRV보고서 요구사항명세서			개선요청	-	이력조회 기능 필요	
9	MRV보고서 요구사항명세서	All	-	Minor	내용 보충 필요	설계서 작성을 위한 상세 요구사항 보충 필요	
10	MRV보고서 요구사항명세서	All	-	Minor	정의 필요	-보고서 표준양식 정의 필요(기재 항목 등) -보고서 표준양식의	

[그림 4-32] 이슈목록 예시

3) 그룹 검토(Logging Meeting)

그룹검토는 개별검토 이후에 진행하는 또 다른 형태의 검토이다. 이슈(잠재적 결함), 작성자에 대한 질문, 개선 제안사항 등을 수집하기 위한 목적이며, 모든 검토자는 개별검토를 사전에 완료하여야 한다. 소정의 교육을 통해 인스펙션의 지식을 확보한 인스펙션 리더가 검토 과정 전반을 통제한다. 검토가 완료되고 나서 후속조치에 활용할 수 있도록 이슈 목록을 작성하여야 한다.

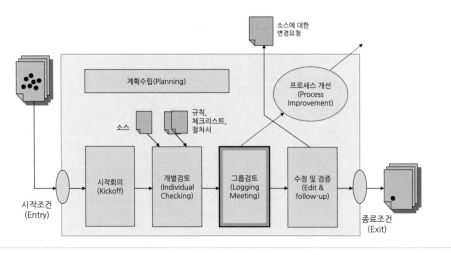

[그림 4-33] 인스펙션 절차 (그룹검토) (출처: *Software Inspection*, Tom Gilb & Dorothy Graham)

(1) 그룹 검토 진행 방식

그룹검토는 개별검토를 완료한 참여자들이 인스펙션 리더 주관으로 회의 형태로 진행하면서 추가적인 이슈들을 발견하는 단계이다. 진행 순서는 다음과 같다.

1. 인스펙션 리더는 회의 개회를 선언하고 개별검토 완료 상태를 각 참석자에게 확인(검토 공수, 발견한 이슈의 개수 등)해서 개별검토의 충실도를 판단한다.

2. 만일, 다수 인원이 개별검토를 충실히 수행하지 않은 것으로 판단되면 추가적인 개별검토를 수행하고 나서 다시 그룹검토를 개최할 것인지를 판단한다.

3. 인스펙션 리더가 이번 검토의 목표를 설명하고(시간, 검토 범위 등) 질문 사항이 있는지 확인한다.

4. 인스펙션 리더가 검토 시작을 지시한다.

5. 낭독자(Reader)가 검토 대상 산출물의 영역을 일부분으로 분할해서 천천히 읽어 나간다.

6. 낭독자가 해당 부분을 다 읽고 나면 검토 참여자들은 잠재결함, 아이디어, 이슈, 질의사항들을 제시한다.

7. 기록자는 제시되는 내용을 이슈목록에 기록한다.

8. 앞의3번부터 5번까지의 과정을 산출물 전체를 보완할 때까지 반복한다.

9. 인스펙션 리더는 전체 과정에서 검토자의 부적절한 태도, 해결 방법에 대한 토론·논쟁 등이 발생하지 않도록 통제한다.

10. 최종적으로 그룹검토의 목표가 달성되었는지를 확인하고 후속조치를 지시하고 폐회한다.

(2) 인스펙션 참여자의 역할

앞에서 설명한 비정형적인 대부분의 동료검토 방식과 달리 인스펙션에서는 검토 참여자들에게 역할을 구분해서 검토를 수행한다. 대다수의 동료검토 전문 서적들에서 "통상적으로 제시하는 인스펙션 역할"(리더, 작성자, 검토자, 낭독자, 기록자 등)이 있고, 잠재결함을 실제로 더 잘 발견하기 위해 인스펙션 리더가 검토 대상 산출물의 특성을 반영해서 부여하는 "검토 관점에 입각한 역할"이 있을 수 있다.

가) 통상적인 역할 구분

그룹검토의 효과적인 진행을 위해 통상적으로 다음과 같은 역할 구분을 하게 된다.

A. 인스펙션 리더(Inspection Leader)

1. 인스펙션을 위한 계획서 작성, 일정 수립 및 인스펙션 전체를 이끌어간다.
2. 작성자와 함께 검토자 선정 및 역할 배분을 수행한다.
3. 검토에 필요한 산출물들을 종합하여 최소한 검토자에게 전달한다.
4. 그룹검토를 주재한다. 부적절한 행위가 있으면 시정시킨다. 낭독자가 읽은 부분에 대하여 검토자의 의견을 내놓도록 유도한다.
5. 검토 중에 제기되는 미해결 사항이나 부수적인 이슈들을 정리한다.
6. 작업 산출물에 대한 승인 결정을 위해 검토팀을 지휘한다.
7. 후속조치의 확인자 역할을 한다. (경우에 따라서는 다른 사람에게 위임할 수도 있다)
8. 완성된 인스펙션 결과보고서를 작성하고 전달한다.

B. 작성자(Author)

1. 검토 대상 작업 산출물의 작성자 또는 유지보수자를 말한다.
2. 인스펙션 리더에게 인스펙션 요청을 통해 인스펙션 프로세스가 착수되도록 한다.
3. 작업 산출물 및 관련된 Spec. 또는 이전 단계 문서들을 인스펙션 리더에게 전달한다.
4. 인스펙션 리더와 함께 검토자 선정 및 역할 배분을 수행한다.
5. 후속조치 후 이슈목록 각 항목에 대한 조치결과를 인스펙션 리더에게 보고한다.
6. 수정작업 시간 및 최종 결함 개수 등을 인스펙션 리더에게 보고한다.

C. 검토자(Reviewer)

1. 개별검토에서 부여받은 역할에 따라 검토를 수행한다.

2. 발견된 이슈(잠재적 결함, 질의사항, 추가적인 아이디어, 제안사항 등)를 이슈목록으로 정리하고, 기록자에게 전달한다.

3. 그룹검토에서 부여받은 역할 대로 산출물에 대한 추가적인 이슈들을 제시한다.

D. 낭독자(Reader)

1. 그룹검토 단계에서 산출물을 검토자들에게 소개할 부분을 적당한 분량으로 구분한다.

2. 검토팀에게 작업 산출물 중 검토 대상 부분을 자신이 이해한 대로 자신의 언어로 소개한다. (낭독자 자신이 이해한 대로 본인의 언어로 산출물을 소개하게 되면 애매모호한 부분, 감춰진 가정사항 등이 도출되고, 형식 등의 부적절한 문서화 측면, 수정이 필요한 부분들이 자연스럽게 밝혀지게 되는 효과가 있다. 따라서 낭독자는 개별검토 과정 등을 활용하여 그룹검토 시작 이전에 산출물에 대하여 본인 나름의 해석할 시간을 가져야 한다.)

3. 대다수 조직에서는 인스펙션에서 따로 낭독자를 지정하지 않는 경우도 많다.

E. 기록자(Recorder)

1. 개별검토에서 작성된 검토자 개인별 이슈목록을 수집하여 종합하고, 그룹검토 과정에서 이슈가 아닌 것으로 밝혀진 항목들은 제거한다.

2. 그룹검토에서 새롭게 발견된 이슈들을 추가로 작성한다.

3. 최종 정리된 이슈목록을 작성자에게 전달한다.

나) 검토 관점에 입각한 역할 구분

낭독자, 기록자 등과 같은 인스펙션 진행과 관련된 역할 구분은 형식적인 측면이 강해서 실제 결함 발견 효율을 높이는데 기여하는 정도가 제한적일 수가 있다. 더욱 중요한 역할 구분은 검토자의 역할을 보다 구체적으로 지정하면 잠재결함을 도출하는 효과가 훨씬 향상될 수 있다. 즉, 대상 산출물에 대한 특정한 검토 관점을 도출하여 배분하는 것이 효과적인 결과를 가져온다.

A. 검토 관점의 역할 도출

검토 관점은 개발하려는 제품이 무엇이고, 검토 대상 산출물이 무엇인가에 따라 대단히 다르게 도출될 수 있다. 이는 개발하려는 제품의 고객, 사용환경, 기술적 특성 등 다양한 항목 중에서 인스펙션을 통해 검증해야 할 중요성이 있는 항목들로부터 검토 관점을 도출하기 때문이다. 산출물의 경우에도, 요구사항, 설계, 소스코드 등 검토 대상에 따라 도출하여야 할 검토 관점이 많이 달라진다. 따라서 인스펙션 리더는 제품과 산출물이 특성을 잘 파악하여 핵심적인 검토를 통해 검토자에게 역할을 배분할 수 있는 통찰력을 가지는 것이 중요하다.

B. 도출된 역할의 예

■ 요구사항

사용자 관점: 사용자 시나리오. 사용 편의성 등의 검토

발주자 관점: RFP 등 요청사항의 충족 등의 검토

시스템 관점: 연동, 하드웨어, 협력업체 등의 검토

테스트 관점: 테스트 소요 장비, 테스트 수행의 현실성 등의 검토

기술적 관점: 적용받아야 할 표준 부합성, 최신 기술 적용 등의 검토

재무적 관점: 소요 비용 등의 검토

기타: 용어의 일관성, 가독성, 서식 등의 검토

■ 설계

요구사항 관점: 요구사항의 충족, 요구사항으로 추적성 등의 검토

일반적 관점: 코딩의 기본자료로 활용 가능한 구체성, 일관성, 누락 여부 등의 검토

로직 측면: 로직의 정확성, 완전성, 정확성 등의 검토

데이터 측면: 데이터 요소의 형식, 누락 등의 검토,

인터페이스 관점: 사용자 인터페이스, 모듈 간 인터페이스 등의 검토

예외사항 측면: 예외적인 특수한 조건에 대한 검토

기타: 용어의 일관성, 가독성, 서식, 설계 표준 준수 등의 검토

■ 소스코드

설계 관점: 설계사항의 충족, 설계사항으로 추적성 등의 검토

일반적 관점: 구조화된 코딩, 일관성, 누락 여부 등의 검토

변수 측면: 의미있는 변수 정의, 명백한 명칭, 초기화, 디폴트 값 등의 검토

연산 측면: 사사오입에 의한 영향, "0"으로 나누는 경우 등의 검토

함수 측면: 일고리즘의 논리구조, 루프 종료조건, 인덱스 초기화 등의 검토

재사용 측면: 재사용 컴포넌트, 라이브러리 활용 등의 검토

예외사항 측면: 예외적인 특수한 조건에 대한 검토

기타: 코딩표준의 준수, 가독성, 유지보수 용이성 등의 검토

(3) 검토 방법

개별검토에서는 각 검토자가 자신에게 부여된 역할마다 검토 부분이 달라질 수 있으므로 일반적으로 검토 대상 산출물의 전체 영역을 다 보지 못하는 것이 자연스럽고 일반적인 상황이다. 따라서 낭독자가 발표해주는 산출물의 해당 영역을 집중해서 듣고 보면서 자신이 생각하는 잠재 결함, 더 좋은 아이디어, 질문사항 들을 제시한다. 특히 자신이 개별검토에서 검토한 부분과 지금 낭독자에 의해 검토가 진행되고 있는 부분과의 연관관계를 생각하면서 이슈들을 제시할 수 있어야 한다. 작성자에 대해 비난하는 태도 또는 특정 이슈를 해결하기 위한 구체적인 해결 방안 등을 제시하게 되면 그룹검토가 논쟁으로 발전하게 되므로 이와 같은 행위는 절대로 하면 안 된다.

(4) 그룹검토 시 참고할 사항

다음과 같은 사항들은 생산성 있는 그룹검토가 될 수 있으므로 참고하는 것이 좋다.

1. 인스펙션 리더는 2명 이상이 개별검토를 충실하게 완료하지 못한 경우, 그룹검토 일정을 연기할 것인지를 판단한다.

2. 인스펙션 리더는 논쟁, 비난, 방어적 자세, 거부 등이 발생치 않도록 잘 통제하여야 한다.

3. 2시간 이내에 완료할 수 있도록 검토 범위를 한정한다.

4. 이슈들이 기록될 때마다 검토자들이 내용을 인지할 수 있도록 하여 중복된 이슈가 제기되지 않도록 리더가 잘 통제하여야 한다.

5. 이슈에 대한 해결방안 등의 토론은 그룹검토의 생산성 저하로 연결되므로 제기하지 못하도록 통제한다. 그룹검토에서는 이슈의 해결이 아닌 발견에 집중한다.

6. 이슈의 해결방안을 찾는 것은 작성자의 몫이므로 그룹검토가 종료된 이후에 작성자가 해당 전문가를 찾아 문의하거나 브레인스토밍과 같은 또 다른 세션을 활용하는 것이 바람직하다.

7. 가독성 향상을 위해 비전문가를 참여시키는 것도 바람직하다.

(5) 이슈 목록 작성

이슈목록은 그룹검토의 최종 결과물이다. 개별검토에서 각 개인들이 작성한 이슈목록(ⓐ)들은 그룹검토 과정을 거치면서 사실 여부, 중복된 사항 등의 확인을 거쳐서 이슈로 확정되고 여기에 그룹검토 과정에서 추가로 발견하게 된 이슈들을 추가해서 최종 이슈목록(ⓑ)이 완성된다. 이슈목록에는 일반적으로 이슈의 경중(예: critical, major, minor 등), 이슈의 내용, 질의사항, 개선 아이디어 등이 포함된다.

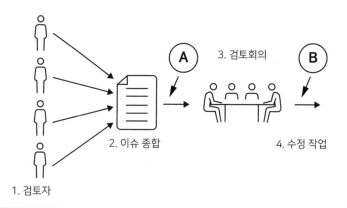

[그림 4-34] 두 단계의 이슈목록

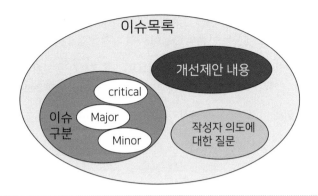

[그림 4-35] 이슈목록의 구성 요소들

4) 후속 조치(Edit & Follow up)

후속조치는 개별검토와 그룹검토를 거치면서 작성된 이슈목록의 내용을 실제 산출물에 반영하여 수정하는 작업과 해당 이슈들이 적절하게 조치되었는지를 인스펙션 리더에 의해 확인하는 작업의 두 가지로 나누어진다.

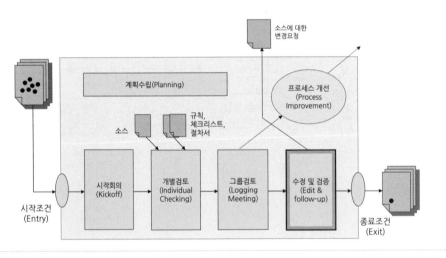

[그림 4-36] 인스펙션 절차(후속조치) (출처: *Software Inspection*, Tom Gilb & Dorothy Graham)

(1) 산출물 수정

인스펙션 검토 과정에서 발견된 이슈들을 실제로 조치하는 단계인데, Editor(일반적으로 작성자)가 이슈의 분류 및 조치에 대한 책임을 지고 모든 이슈에 대해 적절한 조치를 수행하는 과정을 말한다. 여기서 적절한 조치란 본인이 작성한 산출물의 결함 제거는 작성자가 직접 수정을 하지만, Source Document, Rule, Checklist 등에서 발견된 이슈들은 해당 프로세스 오너에게 개선 요청을 해야 한다는 의미이다. 작성자는 제기된 이슈의 올바른 해결방안을 찾고자 해당 전문가에게 문의하거나, 별도의 브레인스토밍 과정을 거쳐서 대안을 찾고서 산출물에 반영하는 것이 바람직하다.

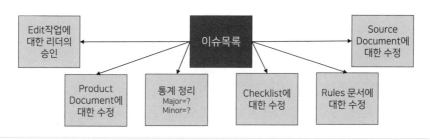

[그림 4-37] 이슈목록의 처리

(2) 이슈조치에 대한 검증

이슈조치에 대한 검증은 작성자가 아닌 인스펙션 리더에 의해 수행되는 작업이다. 즉, 이슈목록의 전체 내용에 대해서 조치가 되었는지를 확인하는 것과 각각의 조치 내용이 적절해졌는지를 확인하는 것이다. 앞 절에서 설명한 작성자 본인의 산출물의 결함 제거는 작성자가 수정을 완료했고, Source Document, Rule, Checklist 등에서 발견된 이슈들은 해당 프로세스 오너에게 개선 요청이 되었는지를 확인하는 것이다.

유의할 사항은 개별 이슈들이 올바른 기술적 방법으로 해결 방안을 적용하였는지 그 타당성까지 인스펙션 리더가 확인하지는 않는다는 점이다. 인스펙션 리더가 모든 방면의 기술적인 지식을 보유하고 있지 않기 때문에 해당 전문가 또는 브레인스토밍의 결과를 신뢰하는 것이 바람직하다. 이번에 수정된 산출물은 다른 후속 산출물의 인스펙션에서 Source Document로 또 한 번 인스펙션 과정에 제시되므로 자연스럽게 한 번 더 볼 기회가 있다는 점을 고려하는 것이 전체적으로 효율적인 인스펙션을 보장하는 결과가 된다.

5) 성공적인 동료검토의 핵심

동료검토가 성공적으로 조직 또는 프로젝트의 관행으로 정착하려면 많은 노력이 필요하고, 주의해야 할 사항도 많이 있다. 이 장에서는 동료검토 진정한 가치를 발휘하기 위해 반드시 해야 할 것과 하지 말아야 할 것을 정리하였다. 이 실무 가이드에 소개한 모든 것들을 처음부터 완벽하게 잘 수행하기는 쉬운 일이 아니므로, 작은 것부터 시작하고 차츰 범위를 넓혀 가면서 지속적으로 동료검토를 수행해 볼 것을 권장한다.

(1) 해야 할 것

1. 제품 관점의 고유한 체크리스트를 개발해서 활용한다.
2. 형식상의 역할이 아닌 검토 관점의 다양한 역할을 잘 배정한다.
3. 검토 중에는 해결방안 논의로 시간을 쓰지 말고 결함 발견에만 집중한다.
4. 형식상의 이슈(예: 오탈자 등)에 집중하지 않는다.
5. 필요한 문서들을 잘 수배해서 검토자들에게 배포한다.
6. 동료검토에 대한 교육을 지속적으로 실시한다.

(2) 하지 말아야 할 것

1. 일정상의 압박으로 동료검토를 생략한다.
2. 동료검토를 수행하기에는 내 프로젝트 적합하지 않다는 생각한다.
3. 이슈와 관련하여 작성자의 역량을 비난한다.
4. 검토자가 상대방을 가르치는 듯한 태도로 언행을 한다.
5. 발견된 결함을 개인의 성과와 연관 짓는다.
6. 시간이 없다는 이유로 개별검토를 생략한다(그룹검토에만 의존한다).
7. 검토 대상 산출물만 준비한다(선행 산출물, 체크리스트 등이 준비되지 않는다).

3. 형상관리

형상(Configuration)이라 함은 '기술적인 문서화 작업에 표현되고 생산에 수행되는 하드웨어와 소프트웨어의 기능적, 물리적 특성'을 말하는데 여기서는 소프트웨어 형상에 초점을 둔다. 소프트웨어 형상항목에는 "소스 코드", "문서", "데이터" 등이 있으며, 해당 소프트웨어 형상을 재생산할 수 있음을 보장하기 위한 "환경 정보" 및 "지원 도구" 등도 포함될 수 있다. 소프트웨어에서 형상관리는 개발 중 발생하는 모든 산출물이 변경됨으로써 점차 변해가는 소프트웨어의 형상을 체계적으로 관리하고 유지하는 방법을 말한다. 즉, 소프트웨어 개발 생명주기 전반에 걸쳐 생성되는 모든 산출물의 통합 및 변경 과정을 체계적으로 관리하고 유지하는 일련의 개발 관리 활동으로서, 소프트웨어에 가시성과 추적 가능성을 부여하여 제품의 품질과 안전성을 높이는 활동을 의미한다.

3.1 형상관리의 필요성

대규모 시스템 개발은 소수가 아닌 팀에 의해 개발되기 때문에 커뮤니케이션이 효율적으로 이루어지지 않으면 업무에 혼선을 초래할 위험이 크다. 따라서 의사소통 및 정보 공유, 작업 산출물의 무결성 확보, 진행상태에 대한 가시성 확보를 위해 형상관리 시스템이 필수적이지만 많은 조직이 소프트웨어 생명주기에 걸쳐 소프트웨어 형상을 잘못 관리함으로써 다음과 같은 문제점이 발생하고 있다.

- 문서와 소스 코드의 최신 버전을 알지 못한다.
- 큰 비용을 수반하는 버그가 다시 발생한다.
- 잘 운영되던 기능이 갑자기 작동하지 않는다.
- 코드의 잘못된 버전을 테스트한 적이 있다.
- 요구사항, 설계, 소스 코드 간의 추적성이 관리되지 않는다.
- 릴리스 이후에 문제가 발생한다.

예를 들어 A 프로젝트 관리자는 계획대로 개발이 착착 진행되어 시스템 오픈은 큰 문제가 없으리라 판단했다. 그런데 오픈을 불과 일주일 남겨둔 시점에 프로젝트에 투입된 지 얼마되지 않은 개발자의 PC에서 바이러스가 발견되어 소스가 날아가 버렸다. 형상관리 도구로 소스를 관리했지만 개인 컴퓨터에 최종 소스를 저장해 놓은 것이 화근이었다. 부랴부랴 서버에 저장해 놓은 파일을 확인해보니 일주일 전의 소스가 있었다. 소스를 주기적으로 업데이트하지 않고 각자 컴퓨터에 보관하여 최신 버전을 복구하지 못했다. 결국 오픈을 연기하고 며칠 밤을 새운 끝에 간신히 오픈하였다. 한 번의 방심이 일 년 농사를 망칠 뻔했다.

프로젝트에 참여하면서 문서나 소스의 변경을 제대로 관리하지 못해 곤란을 겪었던 경험이 누구나 한 번쯤은 있을 것이다. 흔하게 범하는 실수가 이전 자료로 최신 자료를 덮어써서 재작업을 하게 되는 경우다.

B 프로젝트에서는 문서를 파일 서버에 보관하였는데 문서의 최신 버전에 대한 관리가 제대로 되지 않아 팀원 간에 커뮤니케이션 혼선이 자주 발생하였다. 스프린트 백로그 2개의 파일을 보면 버전이 각각 1.0과 1.1이지만 작성날짜가 동일하여 둘 중의 어느 파일이 최신인지 판단하기가 어렵다. 작성자가 아닌 제삼자가 문서를 봐야 한다면 작성자에게 물어보기 전에는 알 도리가 없다.

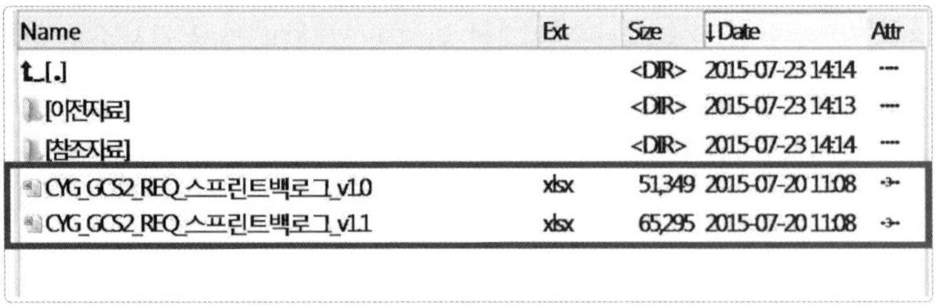
Name Ext Size Date Attr
[.] <DIR> 2015-07-23 14:14
[이전자료] <DIR> 2015-07-23 14:13
[참조자료] <DIR> 2015-07-23 14:14
CYG_GCS2_REQ_스프린트백로그_v1.0 xlsx 51,349 2015-07-20 11:08
CYG_GCS2_REQ_스프린트백로그_v1.1 xlsx 65,295 2015-07-20 11:08

[그림 4-4] 형상(Configuration) 예시

C 회사에서 촉망받던 개발자가 급성질환으로 갑작스럽게 퇴사하게 되었다. 당장 일을 대신할 사람을 찾았지만 개발자가 작성한 문서와 소스 코드에 대한 체계적인 관리가 되지 않아 대체 인력을 구하기가 쉽지 않았다. 우여곡절 끝에 개발자가 담당한 업무를 여러 명이 나누어 맡게 되었고, 업무를 파악하면서 동시에 개발을 신속하게 진행해야 했다. 일의 진척은 더딜 수밖에 없었고 개발자들의 사기는 급격히 저하되었다.

3.2 형상관리 개요 및 절차

형상관리를 버전관리, 변경관리와 동일한 개념으로 이해하는 경우가 많은데, 우수한 조직은 엄밀한 차이를 알고 있으며 버전관리 → 변경관리 → 형상관리 순서로 관리 수준을 높인다.

[표 4-5] 형상관리의 수준

버전관리 (Version Management)	파일이나 문서의 이력 및 차이점을 관리하는 것을 말하며, 언제라도 과거의 릴리스 버전에 접근하여 변경 및 수정 작업을 반복할 수 있고, 최종의 버전과 특정 릴리스 버전의 파일에 대한 차이점을 인식할 수 있도록 관리한다.
변경관리 (Change Management)	문서나 파일에 가해질 수 있는 모든 변경 작업과 그 이력 및 사유를 관리하는 것을 말한다.
형상관리 (Configuration Management)	형상항목을 식별하여 체계적으로 형상의 변경을 통제하고, 프로젝트 생명주기 전반에 걸쳐 형상의 추적성과 통합성을 유지하는 활동이다. 형상관리 영역은 버전관리, 변경관리, 빌드관리(Build Management), 릴리스관리(Release Management)를 포함한다.

형상관리는 1960년대에 등장, 1970년대에 미 국방부 표준(Military Standard)의 일부로 만들어졌고, 현재 CMMI Level 2 프로세스에 포함되어 적용되고 있다. IEEE에서는 "형상관리란 형상항목을 식별하여 그 기능적, 물리적 특성을 문서화하고, 그러한 특성에 대한 변경을 제어하고, 변경 처리 상태를 기록 및 보고하고, 명시된 요구사항에 부합하는지 확인하는 일련의 사항에 대해 기술적, 행정적인 지침과 사후 관리를 적용하는 원칙(IEEE Standard Glossary of Software Engineering Terminology, 1991)"이라고 정의하고 있다. 요약하자면 형상관리는 다음과 같은 4가지 절차에 따라 진행되는 프로세스로 볼 수 있다.

⑴ **형상식별** 모든 산출물 및 컴포넌트를 확인하여 형상관리 대상, 즉 형상항목을 선정한다.

⑵ **형상통제** 형상변경 절차에 따라 형상변경에 대한 요청, 접수, 심의, 실시, 확인 등의 작업을 진행한다. 고객과 프로젝트 팀원을 포함하여 형상통제위원회를 구성하고 변경에 대한 영향도를 평가하여 비용과 인력, 기간, 다른 요구사항과의 Trade Off 등의 대처방안을 수립, 추진한다.

⑶ **형상상태 기록/보고** 형상상태를 정기적으로 추적하여 기록, 보고한다.

⑷ **형상감사** 형상관리 절차를 제대로 준수하고 있는지 감사를 실시하고 미진한 사항에 대해서는 시정조치를 내린다.

3.3 형상관리 시스템

형상관리 시스템은 형상 데이터를 관리하는 데 사용되는 도구를 말하는데, 일반적으로 형상항목과 관련하여 사용자가 관심이 있는 데이터 및 상태 정보들을 수집, 저장, 관리, 업데이트할 수 있는 편의 기능들을 보유한 자동화된 컴퓨터 도구를 활용한다.

1) 파일 서버를 통한 구성

형상관리 시스템을 굳이 사용하지 않더라도 파일 서버를 이용하여 변경을 효과적으로 통제할 수 있다. 다음과 같이 세 개의 라이브러리(디렉터리)를 구성하여 담당자별로 적절한 권한을 관리하면 변경을 체계적으로 관리할 수 있다. 물론 이것은 초보적 관리 수준이다.

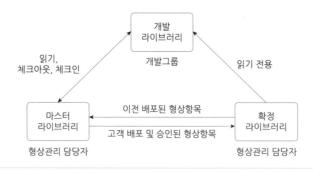

[그림 4-5] 형상관리 시스템 개념도

[표 4-6] 형상기준선(베이스라인)

베이스라인 구분	라이브러리	내용	개발 그룹	형상관리 담당자
베이스라인 전	개발 라이브러리	개발그룹이 형상항목을 개발/수정하는 라이브러리를 말한다. 개발 라이브러리에서는 해당 형상항목에 대한 책임을 지는 개발그룹이 자유롭게 형상항목을 개발/수정할 수 있다. 버전관리만 수행한다.	읽기/ 쓰기	읽기/ 쓰기
베이스라인 후	마스터 라이브러리	일반적인 형상관리 라이브러리에 해당하며, 베이스라인에 대한 관리와 베이스라인 내의 형상항목에 대한 변경관리를 목적으로 구축된다. 형상관리 담당자가 관리하며, 개발그룹의 접근은 제한된다.	읽기	읽기/ 쓰기
	확정 라이브러리	고객에게 배포된 베이스라인을 모아놓은 것을 말한다. 이곳의 형상항목은 형상관리 담당자에 의해 관리되며, 개발그룹의 접근권한은 엄격히 통제된다.	-	읽기/ 쓰기

2) 도구를 통한 구성

우수한 조직은 상황에 맞는 형상관리 시스템을 구축하여 사용한다. 현재 각자 조직의 특성에 맞는 다양한 형상관리 시스템을 활용하고 있지만 여기서는 그 중 가장 대중적으로 사용되고 있는 서브버전(SVN, Subversion)과 깃(Git)을 소개하고자 한다. 이 두 가지 도구는 특징과 장단점에 차이가 있으므로 상황에 따라 적합한 시스템을 사용하는 것이 좋다. SVN은 중앙 버전 관리 시스템이며 SVN 서버가 구동되어야만 커미트(Commit) 등의 작업을 수행할 수 있다. Git은 서버 구동과 관계없이 로컬 저장소에 작업할 수 있다. 즉, 저장소가 하나가 아니라 로컬 저장소와 원격 저장소로 분산되어 있다. SVN은 저장소가 서버에 하나 존재하기 때문에 자신이 작업한 것을 Commit하면 다른 사람에게 영향을 끼치기 때문에 될 수 있는 한 완전한 코드를 업로드해야 한다. Git은 Commit하면 자신만의 로컬 저장소에 저장되기 때문에 다른 사람에게 영향을 끼치지 않으면서 저장된다. Push하는 경우에만 원격 저장소에 반영된다.

SVN과 Git 시스템 구성의 차이는 다음 그림과 같다.

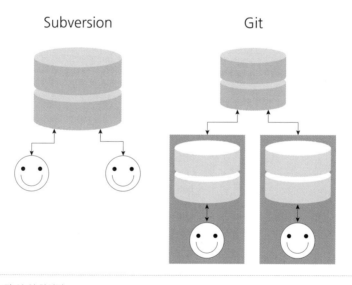

[그림 4-6] SVN과 Git의 차이점

3.4 형상관리 산출물

형상관리에 필요한 산출물 중에 가장 기본이 되는 산출물은 '형상관리 대장'과 '형상변경 요청서 및 결과서'라고 할 수 있다. 두 가지 산출물에 대해 예를 통해 살펴보자.

1) 형상관리 대장

주요 형상항목을 프로젝트 초기에 식별하고 계획, 분석, 설계, 구현 등의 각 단계 말에 형상 항목에 대한 최종 버전을 목록으로 관리한다.

[표 4-7] 형상관리 대장 예시

구분	형상항목	작성 담당	파일명 (날짜 및 버전 제외)	계획 2014.4.7	구현 (3.2~10.23) 2014.9.7	구현 (3.2~10.23) 2014.10.20
01. 계획	01. 사업계획서	PMO	2017년 통합금융상품 관리시스템 개발_사업계획서	v1.0		v1.3
	02. 개발계획서	PMO	ABC_02_개발계획서	v1.0		v1.0
	03. 품질관리계획서	PMO	품질관리계획서_2차년도_ABC	v1.0		v1.3
	04. 교육계획서	PMO	ABC_02_교육계획서	v1.0		v1.0
	05. CI 시스템 운영 계획서	PMO	ABC_02_CI시스템 운영계획서	v1.0		v1.4
02. 요구사항 추적관리		Romio	ABC_02_REQ_기능요구사항추적표_Romio		v2.1	v2.2
		Juliet	ABC_02_REQ_기능요구사항추적표_Juliet		v2.1	v2.1
		Scalet	ABC_02_REQ_기능요구사항추적표_Scalet		v2.1	v2.1
		공통	ABC_02_REQ_비기능요구사항추적표		v2.1	v2.1

2) 형상변경 요청서 및 결과서

요구사항 등 형상항목을 공식적으로 확정한 후에 발생하는 변경 처리는 변경 내용을 구체화하고, 일정이나 비용 등에 미치는 영향을 분석하고, 변경을 처리하기 위한 합리적 방안을 다음 양식에 기록한다.

[표 4-8] 형상변경 요청서 및 결과서 예시

변경 요청 내용					
변경사유	PMS ID 체계와 통합을 위함		변경유형	■ 수정 □ 추가 □ 삭제	
요청내용	PMS 시스템에서 관리하는 위험 및 이슈 관리체계와 통일화하기 위하여 프로젝트의 위험 및 이슈의 식별 ID를 PMS 시스템 ID 부여기준과 동일하게 통일함				
영향평가	소요시간	2 M/H			영향도
	추가비용	없음			하
	기대효과	공통된 ID 체계하에 위험/이슈 관리 가능			
	변경산출물	프로젝트 수행계획서, 위험추적서, IssueActionItem List			
	기타				

형상통제위원회 변경 심의					
검토자	이순신	결정사항	■ 승인 □ 기각 □ 보류	승인일자	2017-07-05
영향분석 및 평가결과	- 변경에 따른 프로젝트 영향이 미미한 반면, 변경 후 관리차원의 유용성이 인정되는바 해당 변경 요청을 승인하고 변경하기로 하였음				

변경 실시					
형상항목 ID	변경 형상항목 이름	버전	변경완료일자	변경담당자	투입공수
LIS-PP-TP-01	프로젝트 수행계획서	1.1	2017-06-27	이순신	2 M/H
LIS-RSKM-FM-01	위험추적서	1.1	2017-06-27	이순신	

결과 합의			
변경 요청자	홍길동	확인일자	2017-06-27
형상관리 담당자	이순신	확인일자	2017-06-27
PM	강감찬	확인일자	2017-06-27
고객		확인일자	

중소 규모 조직의 프로젝트 관리자 입장에서는 소프트웨어의 품질과 형상을 관리하는 일에 자원을 투입하는 것이 선뜻 내키지는 않는 일이다. 그러나 수행한 작업 결과물들의 품질이 일정 수준을 만족하지 못하거나 형상이 무결성을 갖추지 못하면 훨씬 더 많은 시간과 비용을 들여서 재작업을 해야만 하는 결과를 가져오게 된다. 당장의 자원 투입이 부담스럽더라도 프로젝트의 품질관리자와 형상관리자를 지정하여 이 장에서 소개한 내용과 같은 활동이 수행될 수 있도록 보장해 주는 것이 오히려 현명한 프로젝트 관리자가 되는 방법이다.

요구사항 분석

"요구사항이란 도대체 무엇이고, 어떻게 수집 정리하고, 관리해야 하나요? 그리고 프로젝트에서 얼마나 중요한 것인가요?"라고 누군가가 묻는다면, 정말 답변하기 어려운 질문이다. 이번 파트에서는 전반적으로 요구사항에 초점을 두고, 성공적인 SW 개발 프로젝트 수행을 위하여 어떻게 효과적으로 요구사항을 도출하고 분석하여, 이를 어떻게 명세화, 검증, 관리를 하는지에 대해 살펴본다. 요구공학에 대한 지식과 방법을 알게 되면, 프로젝트의 종류나 프로젝트 팀, 개발 방법론과 관계없이 프로젝트를 성공적으로 이끌 수 있는 하나의 무기를 가지게 되는 것이다. 또한, 이와 더불어 요구사항 개발과 관리에 대해 실무에 적용할 때 필요한 관련 기법도 함께 알아본다.

Chapter 05

요구사항 도출

요구사항 도출은 여러 이해관계자로부터 제시되는 추상적인 요구에 대한 정보를 식별, 수집하고 구체적인 요구사항으로 만들어 나가는 활동이다. 이번 장에서는 여러 가지 요구사항에 대해 알아보고, 고객의 요구사항을 효과적으로 수집하고 도출하기 위해 사용하는 프로세스를 이해한다. 또한, 요구사항 도출 기법의 종류들을 살펴보고 각각의 구체적인 실행방법을 살펴본다.

1. 요구사항의 정의와 중요성

1.1 프로젝트의 성공 실패와 요구사항

소프트웨어 개발에서 '소프트웨어의 위기(software crisis)'라는 말을 많이 들어 보았을 것이다. 시스템 대규모화에 따라 소프트웨어의 신뢰성과 생산성이 저하되고, 개발비는 증대되고, 계획이 지연되는 등의 현상이 현저하여, 개발 계획의 수행을 매우 어렵게 만드는 현재의 상황을 말한다. '무엇이 이런 소프트웨어의 위기, 프로젝트 실패의 원인이 되는가?' Standish Group의 보고서에 따르면 개발 중인 프로젝트의 31%가 완성 전에 취소되었고, 58%는 처음에 설정된 기능이 변경되었다. 그리고 개발 완료된 프로젝트의 40%는 사용되지 못하였다. 이러한 프로젝트 실패에 따른 경제적 손실은 810억 달러, 변경에 따른 초과 비용 손실은 590억 달러에 달하였고 평균 프로젝트 비용은 189%, 기간은 222% 초과하였다.

이와 같은 실패의 원인을 분석해보면, 불충분한 사용자 의사표현(12.8%), 불완전한 요구사항(15.3%), 요구사항 변경(18.2%), 분석 설계의 잘못된 이해(12.3%), 프로그래머의 실수(15.6%), 잘못된 입력(13.4%), 테스터의 실수(12.4%)로 조사되었으며, 그중 46.3%가 요구사항과 관련되어 있음을 알 수 있다.

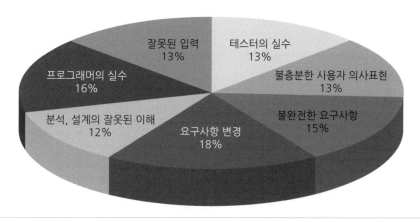

[그림 5-1] 프로젝트 실패의 원인 [출처: standish report]

또한, 프로젝트 초반에 요구사항을 제대로 파악하지 못하면 뒤로 갈수록 잘못된 프로그래밍 작업이나 테스트로 들어가는 비용이 훨씬 많아지게 된다. 통계적으로 요구사항 결함 1개의 해결 비용은 프로그래밍 오류 50~100개의 해결 비용과 비슷하다고 한다.

[표 5-1] 프로젝트 단계별 오류 수정 비용

프로젝트 단계	상대적 오류 수정 비용
요구사항 단계	1-2
설계 단계	5
코딩 단계	10
단위 테스트 단계	20
시스템 테스트 단계	50
유지보수 단계	200

그럼 어떻게 해야 프로젝트를 성공시킬 수 있을까? 프로젝트의 성공 요인은 과연 무엇일까? 라는 의문이 자연스럽게 들 수 있는데, Nasir와 Sahibuddin 교수는 "Critical success factors for software projects: comparative study (2011)"이라는 논문을 발표하였다. 이 논문은 76개 사례연구(case study)를 대상으로 SW 개발을 다룬 43개 논문을 뽑아 26개의 프로젝트 성공 요인을 정리하였는데, 그중 상위 Top10은 다음과 같다.

[표 5-2] 프로젝트 성공 요인 Top10

성공 요인	빈도	비율(%)
1. 명확한 요구사항과 명세	26	60.5
2. 명확한 비즈니스 목표와 목적	24	55.8
3. 현실적인 일정	23	53.5
4. 효과적인 프로젝트 관리 기술 및 방법(프로젝트 관리 전문가)	23	51.2
5. 경영층의 지원	22	46.5
6. 사용자와 고객의 참여	20	46.5
7. 효과적인 의사소통과 피드백	20	44.2
8. 현실적인 예산	19	41.9
9. 기술과 경험을 갖춘 스태프	18	41.9
10. 요구사항 통제	17	39.5

앞의 표를 살펴보면 프로젝트의 성공 요인은 다양하지만, 그중 명확한 요구사항과 스펙, 명확한 비즈니스 목표와 목적, 요구사항 통제라는 부분이 요구 공학에 속하고, 이것이 어느 정도로 중요한지를 알 수 있다. 이는 프로젝트의 규모와 상관없이 신규 개발이든 개선 프로젝트이든, 전통적 방법론이든 애자일 방법론을 사용하든 대부분의 모든 프로젝트에 유용하다.

1.2 요구사항의 정의

소프트웨어의 탄생 이후로 지금까지도 많은 전문가가 요구사항에 대해 논쟁을 벌이고 있어서, 유용하다고 생각하는 요구사항의 정의에 대한 몇 가지 견해를 다음과 같이 소개한다.

"Something required; something wanted or needed"
"요구되는 것; 원하거나 필요로 하는 것"
　　　　– Webster's 9th New Collegiate Dictionary

"Condition or capability needed by a user to solve a problem or achieve an objective"
"사용자가 문제를 해결하거나 목표를 달성하는 데 필요한 조건 또는 기능"
　　　　– IEEE Standard 729

"Complete statement of WHAT the system will do without referring to HOW it will do it"
"시스템이 어떻게 할 것인가를 언급하지 않고 무엇을 할 것인지에 대한 완벽한 진술"
　　　　– A traditional definition

"Externally observable characteristic of a desired system"
"만들기 원하는 시스템의 외부에서 관찰 가능한 특성"
　　　– Prof. A. Davis, author of Just Enough Requirements Management

요구사항은 해결되어야 하는 문제를 정의한다. 시스템은 어떤 목적을 위해 필요한 모든 것을 정의할 뿐이지 문제를 해결하는 솔루션을 정의하는 것이 아니다.

요구사항의 정의에 대해 여전히 논쟁이 있지만 여러 가지 정의를 살펴보면, 요구사항은 무엇이 구현되어야 하는지에 대한 명세이며, 시스템이 따라야 하는 특징, 속성, 행위, 제한사항이라 볼 수 있다.

1.3 요구사항의 종류

소프트웨어의 요구사항은 고객을 비롯한 다양한 이해관계자와 개발 방법론 등의 차이로
용어에 대한 혼란을 일으킬 수 있다. 현업에서는 소프트웨어 요구사항의 종류를 크게 기능
요구사항과 비기능 요구사항으로 나누어 개발하고 관리하는 방법과 Karl Wiegers의 요구
사항 분류를 이용하여 개발하고 관리하는 방법 두 가지가 많이 쓰인다. Karl Wiegers의 요
구사항 분류를 이해한다면, 요구사항의 종류에 대해서 더는 신경 쓸 일은 없을 것이다.

Karl Wiegers는 다음과 같이 단순화 모델을 통해 요구사항을 분류하고, 정보관계를 정의하
고 있다. 소프트웨어 요구사항을 비즈니스 요구사항, 사용자 요구사항, 시스템 요구사항,
기능 요구사항, 비기능 요구사항, 비즈니스 규칙, 품질속성, 외부 인터페이스, 제약사항으
로 계층적으로 분류한다.

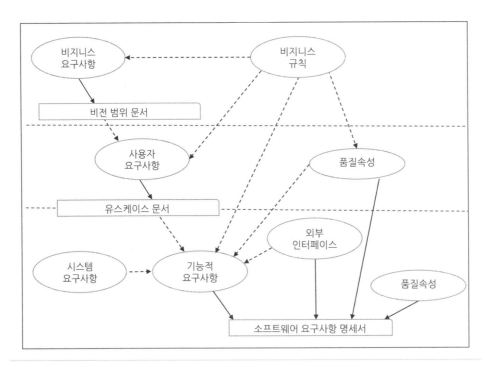

[그림 5-2] 요구사항의 종류

비즈니스 요구사항

조직에서 프로젝트를 수행하는 이유에 대해 설명하고, 그로 인해 고객이 프로젝트에서 나온 제품이나 서비스를 통해 얻을 가치를 식별한다.

[표 5-3] 비즈니스 요구사항의 예시 - A 보험사 비즈니스 요구사항

Scope Item	Example
Needs	• 보험 비즈니스에서 수입을 증대할 필요가 있다.
Goal	• 현재 고객에 대해 보험 상품 판매를 증대시킬 수 있도록 한다.
Objective	• Agent가 매출 기회를 더 쉽게 알 수 있도록 한다.
Business rule	• 주택을 보유한 보험 고객에게 자동차보험을 판매한다. • 자동차보험 가입 고객에게 주택보험을 판매한다.
Operation concept	• 고객이 현재 보험에 대해 문의했을 때 추가 영업 기회에 주의를 기울일 수 있도록 보험 agent에게 완전한 고객 프로파일을 출력한다. • Agent는 추가로 고객에게 적합한 보험 조건을 제시하고 고객이 선택한 보험의 판매를 조절한다.
Assumption	• 자동차보험 고객은 주택을 소유하고 있다. • 주택보험 고객은 자동차를 소유하고 있다.
Constraints	• 현재 인원을 사용한다. • 현재 컴퓨터 시스템을 사용한다.

사용자 요구사항

사용자가 제품이나 서비스를 이용해서 무엇을 할 수 있는지에 대한 설명이며, 사용자들이 수행하려는 업무를 말한다.

기능 요구사항

시스템이 반드시 수행해야 하거나, 시스템을 이용하여 사용자가 반드시 할 수 있어야 하는 것들에 관한 것으로, 시스템 동작에 대한 설명으로 볼 수 있다. 이는 사용자 요구사항으로부터 나온다.

(예) 신용 대출 기능

> 스마트폰으로 오프라인에서 하는 필수 절차(대면 신원 확인 및 동의)를 하고, 대출 상품을 판매할 수 있어야 한다. (단, 금액 한도는 2,000만 원 이내이다.)

비기능 요구사항

시스템이 제공해야 하는 속성이나 특징, 시스템이 고려해야 하는 제약조건에 대한 설명이다.

(예) 시스템 성능

> 서버는 동시 사용자 1,000명을 수용해야 하고, 실시간에 처리할 수 있는 최대건수인 시간당 10,000건을 초과할 경우 오류가 발생하는 것을 막기 위해 Queue에 저장해서 들어오는 순서대로 처리하고 예외적으로 우선순위가 높은 주문은 들어오는 순서에 관계없이 먼저 처리한다.

시스템 요구사항

시스템 요구사항(또는 제품 요구사항)은 다수의 구성요소나 서브시스템으로 이뤄진 제품에 대한 요구사항을 설명한다 (ISO/IEC/IEEE 2011). 시스템 요구사항은 SW, HW 서브시스템 모두를 포함할 수 있으며, SW 요구사항들은 시스템을 구성하는 SW 컴포넌트들에 할당된 기능/비기능 요구사항을 나타낸다.

(예) 시스템 인프라, 소프트웨어 인프라, 개발환경, 운영환경과 관련된 요구사항

> 시스템은 AP, 웹 서버, 데이터 서버와 개발 서버, 백업 서버로 구성되어야 하며, 장애대비 이중화 및 HA 구성이 필수이다.

비즈니스 규칙

비즈니스 규칙은 회사의 정책, 정부 법규, 산업 표준 및 알고리즘 등을 포함한다.

(예) 재난 관리

> 기업 재난 관리 시스템은 [국민안전처 고시 제2016-82호, 2016.6.30.]을 준수해야
> 한다.

품질속성

품질속성은 서비스 요구사항의 품질과 제약조건이라고 할 수 있으며, 적용성, 성능, 사용성, 효율성, 무결성 등이 있다.

품질	요구사항 명칭	요구사항 설명	난이도	중요도
가용성	시스템 안정성 확보	중앙 서버는 시스템이 의도하지 않은 상황에서 다운되어서는 안 된다.	중	상
안전성	백업 기능 지원	지역 서버, 중앙 서버 관리자가 데이터를 매주 일요일 새벽 0시에 백업 받을 수 있는 기능을 지원하고, 관련 로그(전문 로그, 전문 정보)를 남겨야 한다.	중	중
신뢰성 (유지보수)	복구 기능 지원	유사시에 백업 받은 데이터를 이용하여 문제가 발견된 시점을 기준으로 4시간 이내에 복구할 수 있어야 한다.	하	중
사용성	사용자 편리성	본문 작성 시 Text 외에 표, 그림 등의 객체를 삽입할 수 있어야 한다.	하	중

외부 인터페이스

외부 인터페이스는 시스템과 외부 세계 사이의 인터페이스를 설명한다. 통신 인터페이스, 기타 다른 소프트웨어 시스템, 하드웨어 구성요소, 사용자 간의 연결을 포함한다.

(예) 시스템 연동

> 사용자 인증은 금융감독원의 인증 시스템을 사용하여 처리해야 한다.
> 결제 대행(PG) 시스템과의 연계를 통한 결제 처리가 가능해야 한다.

1.4 요구사항 이해관계자

"프로젝트 실패의 가장 큰 요인이 요구사항 관리의 실패"라는 것은 이미 앞에서 살펴보았다. 실제로 프로젝트를 진행할 때 소프트웨어 업체들이 가장 힘들어하는 부분은 "요구사항이 명확하지 않다."라는 것이다. 프로젝트 방향이 명확하지 않다 보니 프로젝트 중간에 변경 요구가 이어지고, 이는 시간초과, 인력초과로 이어진다. 일반적으로 발주기관의 요구사항은 제안요청서(RFP)에 담겨 있다. 시스템 구축업체나 솔루션 공급업체는 RFP를 보고, 고객이 어떤 시스템을 요구하고 있는지 어떤 기술을 필요로 하는지 파악할 수 있다. 하지만 프로젝트에 실패한 기관, 기업의 RFP는 대체로 '두루뭉술'하다. 고객 스스로 어떤 시스템이 필요한지 모르는 상황에서 구축기관이 고객의 입맛에 딱 맞는 시스템을 구축하는 것은 사실상 불가능한 일이다.

요구사항과 이해관계자와 관련하여 한 번쯤 보았을 매우 널리 알려진 유명한 카툰을 소개하려고 하는데, projectcartoon.com 사이트의 'How Projects Really Work'라는 제목의 카툰이다. 나무 그네 설치를 예로 들어 서로 다른 이해관계자들의 요구사항 이해가 어떻게 다른지에 대해 잘 표현하였다. 고객은 나무에 타이어를 매다는 것을 원하지만, 시스템 공급업체에 '나무 그네'가 필요하다고 요구사항을 설명하고, 이것을 프로젝트 매니저, 분석가, 개발자 등등을 거치면서 결국 원래의 취지와 다르게 개발되는 모습을 볼 수 있다.

고객이 정말 필요한 것

고객이 설명한 요건

프로젝트 리더의 이해

분석가의 디자인

프로그래머의 코드

영업의 표현, 약속

프로젝트의 서류

[그림 5-3] 이해관계자에 따른 요구사항의 이해(projectcartoon.com 'How Projects Really Work')

프로젝트 내부에 존재하는 프로젝트 관리자, 개발자, 테스터, 요구사항 분석가부터 프로젝트 외부에 존재하는 고객, 투자자, 회계감사관, 마케팅, 생산, 세일즈 등 많은 이해관계자가 있다. 요구사항 분석가는 의사소통의 중심에 있으며, 모든 이해관계자와 상호작용할 책임이 있다. 또한, 프로젝트 시작과 함께 핵심 관계자 그룹과 각 그룹의 대표자들을 식별해야 한다. 반드시 충족되어야 하는 요구사항에 혼선이 있을 때 이를 처리할 수 있는 결정권자들이 필요하다.

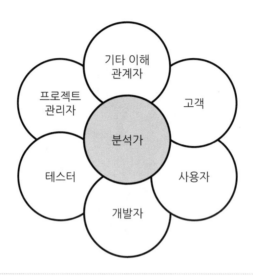

[그림 5-4] 요구사항과 이해관계자

1.5 요구사항과 고객 참여 유도

프로젝트 관리자나 개발자가 제품 개발을 완료해 놓고, 고객에게 마지막 시연을 하게 되는 경우에 고객 중의 몇 그룹은 만족을 나타냈고 나머지 그룹은 불만족을 나타냈다면, 무엇이 잘못된 걸까? 사용자 그룹을 제대로 파악하지 못했거나, 요구사항 도출에 있어서 사용자의 적극적인 참여와 의사표현을 유도해 내지 못한 것이다. 실제로 이런 일이 많이 있다. 다음은 여러 유형의 적절한 대상 고객으로부터 다양한 관점의 요구사항을 도출하는 데 도움이 되는 사항이다.

사용자 계층의 식별

사용자는 서로 구별되는 요구에 따른 사용자 계층으로 나눌 수 있으며, 누락된 사용자 그룹이 있다면 출시된 제품에 실망하는 사람들이 나타날 가능성이 크다. 어떤 사용자 그룹의 니즈도 놓치고 싶지 않다면, 다양한 그룹을 식별해야 한다. 이들은 사용하는 기능, 빈도, 경험 등이 다를 수 있다.

제품 챔피언의 선택

각 고객 계층의 목소리를 대변할 수 있고, 정확히 전달할 수 있는 사람을 결정하면 좋다. 이런 사람들을 제품 챔피언이라고 부르며, 이상적인 제품 챔피언은 실제 사용자들이다.

프로토타입 제작

이는 사용자 대표들이 시스템의 일부 또는 시뮬레이션을 사용해볼 기회를 제공하는 것이다. 프로토타입은 요구사항 명세서와 비교하면 훨씬 현실적이긴 하지만, 요구사항 문서화의 대안이 될 수는 없다. 프로토타입은 요구사항을 검증할 때도 도움이 되고, 개발자와 사용자가 해결할 문제에 대해 서로 이해할 수 있게 한다.

고객권리와 책임에 대한 합의

분석가는 프로젝트 초기에 고객 대표자들과 합의를 통해 요구사항 프로세스 측면에서 각 측의 책임 소재를 명확히 해야 한다.

2. 요구사항 개발과 관리

프로젝트가 어떤 개발 방법론(폭포수, 객체지향, 애자일 등)을 사용하든지 간에 요구사항과 관련된 작업을 해야 한다. 요구사항과 관련해서 전체 영역을 아울러 얘기할 때 요구공학이라 부르며, 요구공학을 크게 요구사항 개발과 요구사항 관리로 분리하여 다룬다.

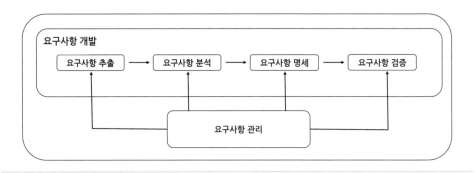

[그림 5-5] 요구사항 개발 프로세스

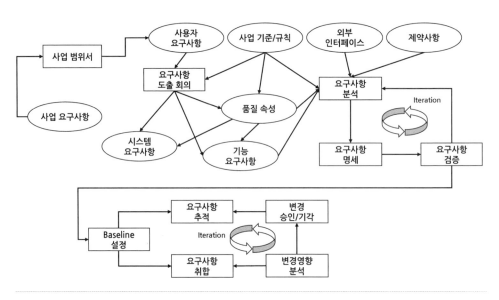

[그림 5-6] 요구사항 개발과 관리 프로세스

2.1 요구사항 개발

요구사항 개발 프로세스는 제품 구현을 위한 요구사항을 개발하는 데 포함되는 구조화된 활동의 집합이다. 요구사항 개발을 도출, 분석, 명세 작성, 검증으로 더욱 세분화할 수 있다(Abran et al., 2004). 요구사항 도출은 인터뷰, 워크숍, 프로토타이핑과 같이 요구사항을 찾아내기 위한 모든 관련 활동을 포함한다. 요구사항 분석에서는 요구사항을 보다 자세하고 정확하게 이해하며, 요구사항을 다양한 방법으로 분해, 분석한다. 요구사항 명세에서는 지속적으로 수집된 요구사항을 문서화하고 여러 가지 다이어그램으로 표현한다. 요구사항 검증은 명세화된 문서를 검토하고, 비즈니스 목표에 부합하는 요구사항 정보가 준비되었는지를 확인하는 것이다. 중요한 것은 고객의 기대수준을 맞추고 만족시킬 수 있는가 하는 관점에서 요구사항이 제품이나 시스템 개발 전 활동의 출발점이란 것이다. 바로 이러한 요구사항 개발을 통해서 비즈니스와 개발이 연계되는 것이다.

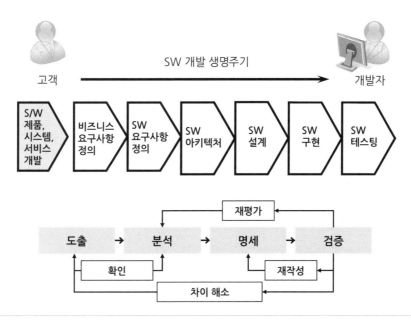

[그림 5-7] SW개발 생명주기와 요구사항 개발

2.2 요구사항 관리

요구사항 관리는 프로젝트 생명주기 전체에서 프로젝트를 계획 관리하기 위해 고객의 공통 이해 및 상호 동의의 과정으로부터 시작하여, 요구사항 변경, 관리, 추적, 협의 및 계획된 내용이 제대로 진행되고 있는지에 대한 검증을 포함하고 있다.

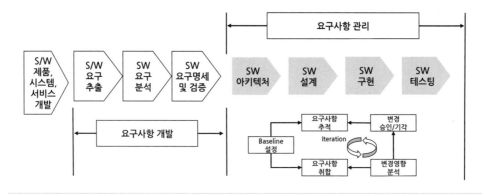

[그림 5-8] 요구사항 관리

3. 요구사항 도출

앞 절에서 요구사항 개발과 관리라는 주제로 전체적인 숲을 보았으므로, 이번 절부터는 요구사항 개발로 다시 돌아가서, 요구사항 도출부터 개별적으로 더 자세히 살펴보겠다. 요구사항 도출은 요구 분석가가 목표 시스템에 바라는 고객의 요구를 수집하는 활동으로, 다양한 이해관계자들의 요구와 제약사항을 식별하는 요구사항의 핵심이 되는 활동이다. 고객의 요구는 아직 정제되지 않았으며 일관되고 명확하게 표현되지 않았으므로, 고객의 요구사항을 기반으로 분석을 수행하기 위해 요구사항을 정제해야 한다. 요구사항 도출 단계의 목적은 요구사항 분석 이전에 시스템이 구축 가능한지를 판단하고 고객의 요구에 중심을 두어 요구사항을 추출하기 위한 것이다.

요구사항은 다양한 소스(source)에서 도출될 수 있다. 고객, 최종 사용자, 비즈니스 목적, 조직 규정, 법규 등이 이러한 소스의 일부가 된다. 좋은 요구사항을 정의하려면 필요한 많은 정보를 획득해야 하며, 추상적인 요구사항을 점점 구체적 요구사항으로 바꿔나가야 한다. 이러한 요구사항은 사회적 커뮤니케이션 메커니즘에 기반하여 쉽게 수집할 수 있는 경우도 있지만, 능동적이고 창의적인 활동을 통해 도출해야 할 수도 있다.

요구사항을 도출할 때는 여러 가지 방법을 활용하는데, 요구사항의 크기, 복잡도, 도메인, 유형별 포함된 인원을 고려해 기법을 선정한다. 다음은 포함된 인원으로 기법을 선정하는 방식의 예이다.

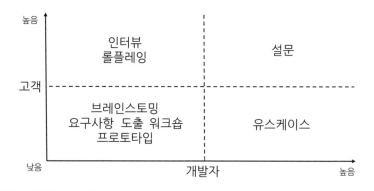

[그림 5-9] 요구사항 도출 기법과 적용

여러 가지 다양한 기법을 가지고 요구사항 도출 작업을 진행하며, 구체적으로 다음과 같은 기법을 사용한다.

- 인터뷰(Interviews)
- 설문(Questionnaires)
- 브레인스토밍(Brainstorming)
- 스토리보드(Storyboards)
- 롤플레잉(Role playing)
- 요구사항 도출 워크숍(Requirements workshop)

3.1 인터뷰

인터뷰는 프로젝트 이해관계자들로부터 직접적으로 그들이 원하는 것을 얻을 수 있는 가장 유용한 방법이고, 직접 대화를 통하여 상세정보를 도출한다. 요구사항 분석가는 요구사항 도출을 위해 개인이나 소그룹 인터뷰를 마련할 것이고, 이는 요구사항 워크숍 같은 대규모 그룹 활동보다 일정이나 통솔 측면에서 쉽다. 인터뷰는 사용자, 고객 등의 관점에서부터 이미 이해하고 공감하고 있어야 한다. 대답하기 어려운 뻔한 질문은 피하고, "왜요?"를 남발하지 말아야 하며, 개방형 질문(Open-Ended Questions)을 사용하고, 말을 하는 것보다 듣는다는 자세를 가지고 임해야 한다.

개방형 질문의 예시

좋은 인터뷰 결과를 위해서 질문은 폐쇄적이지 않고, 개방적이어야 한다.

사용자 관련 질문

- 시스템의 사용자는 누구입니까?
- 시스템 사용 측면에서 각 사용자의 역할이나 임무는 무엇인가요?
- 사용자의 시스템에 대한 지식, 사용 능력, 운영환경은 어떤가요?

프로세스 관련 질문

- 프로세스상의 문제는 무엇인가요?
- 그 문제를 현재는 어떻게 처리하나요?
- 문제가 어떤 방향으로 해결되길 바라나요?
- 또 어떤 해결책이 있을까요?

소프트웨어 프로덕트 관련 질문

- 해당 SW 프로덕트가 어떤 비즈니스 문제를 해결할 수 있을까요?
- 해당 SW 프로덕트가 운영될 환경은 어떻습니까?
- 해당 SW 프로덕트를 운영한다고 가정했을 때 야기될 수 있는 비즈니스 측면의 문제가 있을까요?
- 프로덕트 사용에서 용이성과 신뢰성은 어느 정도로 기대하고 있습니까?

범용적인 질문

- 인터뷰 질문 사항은 적절했습니까?
- 본인이 인터뷰 질문에 답변해야 할 적임자라고 생각합니까?
- 본인이 원하는 바가 인터뷰를 통해서 모두 전달되었다고 생각합니까?
- 그 외에 시스템에 반영되기 바라는 것이 있습니까?

폐쇄적 질문의 예시

좋은 인터뷰 결과를 위해서는 다음과 같은 폐쇄적인 질문은 하지 않는다.

- **특정 답변을 유도하는 질문**
  좀 더 버튼이 커야 하지 않을까요?

- **질문에 답을 포함하는 질문**
  주문처리 되어야 하는 상품이 100가지 정도 되죠?

- **인터뷰 흐름을 제어하기 위한 질문**
  (답변을 막고) 다시 제가 질문해도 될까요?

- **너무 길거나 복잡한 질문**
  제가 전체 영역에서 여러 가지 질문을 드릴 텐데요. 첫 번째는 ~ 이고, 두 번째는 ~, 세 번째는 ~입니다.

심층 인터뷰 (예시)

심층 인터뷰는 질문과 관찰을 동시에 사용하여 사람들의 행동과 동기를 파악하는 등 삶에 대한 깊고 풍부한 이해를 돕기 때문에 대부분 조사 단계에서 매우 중요한 역할을 한다. 심층 인터뷰를 활용하여 사용자 또는 이해관계자의 이용 특성과 내재된 요구사항을 파악하고, 핵심 이슈를 추출할 수 있다.

(1) 심층 인터뷰 사전준비

퍼실리테이터란 인터뷰를 기획하고, 시행하는 데 있어서 촉진자로 이끌어가는 사람이다. 퍼실리테이터는 심층 인터뷰 질문 가이드를 만들고, 인터뷰를 진행하게 된다. 준비할 것은 심층 인터뷰 질문 가이드(또는 노트, 스케치북), 펜, 녹음기, 포스트잇 등이며, 심층 인터뷰 사전준비는 다음과 같은 순서로 진행한다.

① 조사대상을 선정하기 위한 기준을 작성한다.
대표성이 있는 인터뷰 대상을 선정하기 위해 이해관계자 그룹을 식별하고, 이에 따른 인터뷰 섭외 계획을 세운다.

② 심층 인터뷰 질문 가이드를 작성한다.

심층 인터뷰의 성공은 인터뷰 대상자가 자신의 생활을 얼마나 편안하게 공유할 수 있는지에 달렸기 때문에, 사전에 질문 리스트를 작성하여 전체적인 인터뷰 흐름을 조율한다.

>> 구체적으로 시작하기 위한 질문

대화를 시작하기 위해 물어볼 구체적인 질문을 준비한다.

(예) 시스템을 만들려고 계획하기 전에 어떻게 일하셨나요?

>> 범위 넓히기를 위한 질문

그 사람의 바람, 두려움과 열망에 대하여 이해할 수 있는 질문은?

(예) 당신의 작업에서 좋아하는 것과 싫어하는 것을 말해주세요.

>> 깊게 확인하기 위한 질문

그 사람의 관점을 더 잘 확인하기 위해 대화를 더 깊이 있게 진행하는 방법은?

(예) 당신의 작업 중에서 가치가 있다고 생각되는 것을 이야기해 주세요.

　　반대로 이건 낭비다라고 생각하는 일이 있나요?

---

③ 조사자의 역할을 분담한 후 상세 계획표를 검토한다.

조사팀원 각자가 분명한 목적을 가지고 인터뷰를 수행하도록 '인터뷰 진행자', '내용 기록', '촬영'과 같이 역할을 분담한 후, 모든 탐험대원이 공유하여 최종적으로 확인한다.

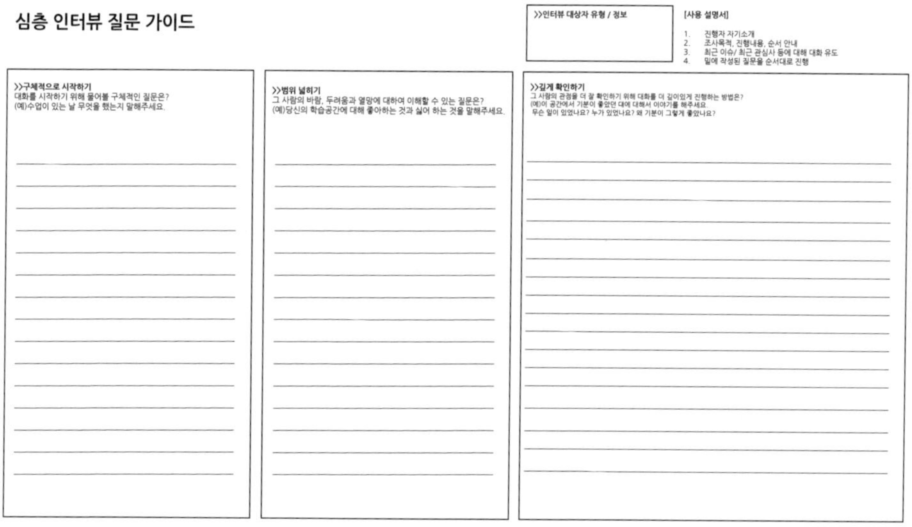

심층 인터뷰 질문 가이드

>>인터뷰 대상자 유형 / 정보

[사용 설명서]
1. 진행자 자기소개
2. 조사목적, 진행내용, 순서 안내
3. 최근 이슈/ 최근 관심사 등에 대해 대화 유도
4. 밑에 작성된 질문을 순서대로 진행

>>구체적으로 시작하기
대화를 시작하기 위해 물어볼 구체적인 질문은?
(예)수업이 있는 날 무엇을 했는지 말해주세요.

>>범위 넓히기
그 사람의 바람, 두려움과 열망에 대하여 이해할 수 있는 질문은?
(예)당신의 학습공간에 대해 좋아하는 것과 싫어 하는 것을 말해주세요.

>>깊게 확인하기
그 사람의 관점을 더 잘 확인하기 위해 대화를 더 깊이있게 진행하는 방법은?
(예)이 공간에서 기분이 좋았던 대해 대해서 이야기를 해주세요.
무슨 일이 있었나요? 누가 있었나요? 왜 기분이 그렇게 좋았나요?

[그림 5-10] 심층 인터뷰 질문 가이드

(2) 심층 인터뷰 실행

퍼실리테이터가 인터뷰어가 되고, 기록자 1명, 필요 시 비디오/사진 촬영자 1명을 대동하여 인터뷰를 진행한다. 심층 인터뷰 실행 순서는 다음과 같다.

① 인터뷰 시작 전 인터뷰 대상자로부터 동의서에 승낙 사인을 받는다.

② 가능한 한 인터뷰 대상자들이 편안해하는 분위기 속에서 질의응답을 리드하고, 되도록 깊이 있는 논의를 유도할 수 있는 환경을 고려한다.

(예) 업무 관련 이야기를 할 때 사무실에서 진행하거나 가능하면 "보여줄 수 있나요?"라는 질문을 많이 한다.

③ 인터뷰가 끝난 후 인터뷰 대상자에게 감사한 마음의 표현을 전달한다.

④ 되도록 인터뷰 당일에 다른 대원들과 조사내용을 공유하고 정리한다. 인터뷰가 끝나면 사진, 노트, 녹취된 내용에서 중요한 코멘트 등을 정리하고, 조사를 통해서 무엇을 보고, 듣고, 배웠는지 팀원들과 바로 공유한다.

3.2 설문

인터뷰를 하기에는 대상자가 너무 많아 광범위한 불특정 다수로부터의 의견 수집이 필요할 경우 사용하는 방법이다. 무엇보다 즉각적인 질문이 어렵기 때문에 미리 설문 항목을 미리 준비해야 하고, 원래 묻고자 하는 내용이 응답자에게 잘 전달될 수 있어야 한다. 설문 기법은 응답이 적을 때 누락자의 의견 파악이 어려운 단점이 있다.

설문의 특징과 유의사항은 다음과 같다.

통계적 분석 기법 기반

- 정량적 데이터의 제시가 필요할 때 사용한다.
- 많은 인원으로부터 요구사항 도출이 필요할 때 사용한다.
- 잘 정의된 이슈에 대해 응답이 필요할 때 사용한다.
- 특정 결과를 원할 때 사용한다.
- 제한된 인터뷰 결과를 검증할 때 사용한다.

유의사항

- 위협을 주는 것이 아니라 흥미를 유발하는 질문으로 시작한다.
- 각 질문을 논리적인 섹션으로 그룹화한다.
- 중요한 질문을 설문의 끝에 두지 않는다.
- 한 페이지에 너무 많은 내용을 담지 않는다.
- 약어를 피한다.
- 치우치거나 제안하는 듯한 질문이나 단어를 피한다.
- 혼돈 피하기 위하여 질문에 번호를 매긴다.
- 응답자에게 익명을 보장한다.

3.3 브레인스토밍

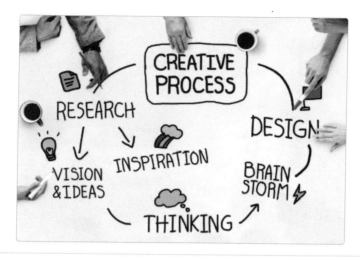

[그림 5-11] 브레인스토밍 (출처: http://dreambigcreative.net/creative-process/)

브레인스토밍은 소수 그룹(2~4, 4~20명)에서 짧은 시간에 최대한 많은 아이디어를 이끌어 내기 위한 방법이다. 여러 가지 제약에서 벗어나 자유롭게 생각을 확장할 수 있도록 도와주는 방법론으로 콘셉트를 구체화하기 위한 아이디어를 도출하고 영감을 얻기에 유용하다. 예를 들어, 새로운 시스템 구축 시 시스템이 구현해야 할 요소, 특징(feature) 도출, 요구사항 도출에 사용할 수 있다. 브레인스토밍을 통해 아이디어와 요구사항 수집뿐만 아니라, 특징 및 요구사항 분류, 요구사항 우선순위 결정 등의 작업도 함께할 수 있다.

브레인스토밍 프로세스

브레인스토밍은 아이디어 생성단계와 정리단계로 나뉜다. (아이디어는 의견일 수도 있고, 요구사항일 수도 있다.)

생성단계: 짧은 시간에 최대한 많은 아이디어를 획득한다.

① 각 메모지에 한 가지 아이디어만을 적는다.

② 각 메모지를 아이디어에 따라 서로 연결한다.

③ 목록 중에서 최고의 아이디어를 선정한다.

④ 더 많은 아이디어를 적고 연결한다.

통합단계

①아이디어를 분류하고 논의한다.

②아이디어를 구조화한다.

③아이디어의 우선순위를 정한다.

브레인스토밍을 위한 7가지 규칙

창의적인 아이디어를 내기 위해서 부단히 노력하지만 좋은 아이디어가 전혀 나오지 않는 경우가 있다. 평가에 두려워서 의견 말하기를 주저할 수 있고, 정말 괜찮을 때까지 숙고하기도 한다. 좋은 아이디어를 내려면 어떻게 해야 할까? 먼저 비판으로부터 자유롭고 안전하게 느끼며 즐겁고 창의적인 분위기가 필요하다. 그리고 이러한 분위기를 만들기 위해서는 다음과 같은 적절한 규칙이 필요하다.

①판단은 뒤로 미뤄라!

브레인스토밍을 실행하는 동안에는 나쁜 아이디어란 없다. 팀원들과 합의하여 평가단계로 들어가기 전까지는 아이디어를 평가하지 않는다.

②다듬어지지 않은 아이디어를 장려하라!

때때로 다듬어지지 않은 아이디어가 혁신을 만들어 낸다. 나중에 아이디어를 현실적으로 검토하는 것은 어렵지 않다.

③다른 사람의 아이디어를 발전시켜라!

'그러나' 대신에 '그리고'를 염두에 둔다. 만약 다른 사람의 아이디어가 마땅치 않다면 그것을 발전시켜 더 좋게 만드는 것에 도전한다.

④주제에 계속 집중하라!

모든 사람이 이 원칙을 지키면 더 좋은 결과를 얻을 수 있다.

⑤시각적으로 표현하라!

좌뇌와 우뇌, 논리와 창조적인 측면을 같이 사용하도록 노력한다.

⑥ 한 번에 하나씩 의견을 나눠라!

아이디어를 경청하고 나서 발전시킬 수 있도록 한다.

⑦ 되도록 많은 의견을 공유하라!

아이디어의 개수에 대한 목표를 크게 잡고 목표를 넘을 수 있도록 한다. 아무도 아이디어에 대해 판단하지 않으므로 장황하게 설명할 필요가 없다. 빠르게 아이디어를 공유한다.

브레인스토밍 고려사항과 실행 순서

브레인스토밍을 할 때 몇 가지 중요한 고려사항과 구체적인 실행 순서는 다음과 같다.

고려사항

① 회의 중 나오는 아이디어를 시각화한다. 아이디어들을 간단하게라도 시각화할 수 있도록 유도하고, 아이디어가 더 구체적으로 공유되어 새로운 해결책을 찾아내도록 한다.

② 번뜩이는 아이디어는 대부분 어리석고 불가능해 보이는 100개 이상의 아이디어들을 기반으로 만들어진다. 따라서, 효과적인 브레인스토밍을 위해서는 비현실적 아이디어라도 많은 양의 아이디어를 떠올리는 연습과 마음의 준비가 필요하다.

실행 순서

① 기회 문장을 미리 준비한다.

"이 시스템을 만들기 위해 어떤 기능이 필요한가?"라는 기회 문장을 준비한다. 각각의 문장을 별도의 벽이나 보드에 붙이고, 모두에게 포스트잇과 마커를 나누어 준다.

② 사람들에게 구체적인 아이디어를 제안하도록 요청한다.

각 포스트잇에 하나의 아이디어를 쓰게 한다. 굵은 마커를 사용하여 모든 사람이 아이디어가 무엇인지 볼 수 있도록 한다. 이때, 브레인스토밍 7가지 규칙을 따르도록 하여 참가자들을 보호한다.

③ 아이디어 도출 속도를 조율한다.

아이디어가 나오는 속도가 느려지면 사람들에게 워밍업하는 동안, 각 아이디어에 대한 장애 요소를 포스트잇에 써서 붙이도록 한다. 또는 조사 단계에서 작성된 이야기를 공유하며 생각을 촉진한다.

④ 새로운 기회 영역으로 전환한다.

아이디어가 정말 나오지 않으면, 다음 기회 문장으로 전환한다. 각 기회 문장당 15~30분 정도 브레인스토밍을 진행한다.

3.4 스토리보드

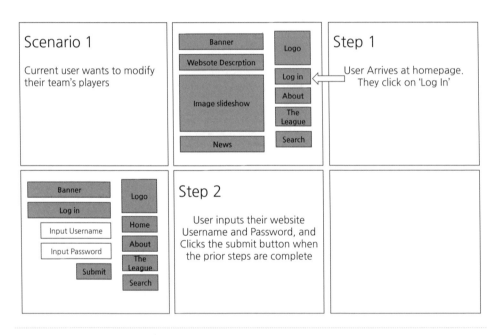

[그림 5-12] 스토리보드(출처: http://www.storyboardthat.com/)

스토리보드는 구현할 SW의 서비스를 사용자 관점으로 설명하기 위해 그림이나 사진을 이용해서 시나리오를 시각화하는 방법론이다. 주로 그림이나 도식을 그리는 형식으로 표현되며, 웹 기반 시스템인 경우 사용자가 주요 화면을 통해 어떻게 서비스 기능을 사용하느지에 대한 흐름을 표현하기도 한다. 이를 기반으로 서비스 상황을 예측하고 검토하는 것을 목적으로 한다.

스토리보드는 현재는 존재하지 않는 미래의 서비스 경험을 설명하거나 검토하기에 좋은 방법이며, 고객의 요구사항을 사용자에게 친근한 형태를 빌어 수집하고 정제하는 데 도움을 준다. 또한, 식별된 시스템 특징들을 용이하고 직관적인 방식으로 실제로 시스템으로 구현할 수 있으며, 원하는 바를 가시적으로 이끌어 낸다.

스토리보드 실행 순서

스토리보드를 작성할 때 좋은 팁을 하나 소개하자면, 각 장면을 카드(또는 포스트잇) 형식으로 만들 수도 있다는 것이다. 스토리보드를 구성할 때, 팀원들과 서로 의논을 하다 보면 이야기의 앞뒤 순서가 바뀌는 경우가 많은데 이때 각각의 장면을 분리된 카드형식으로 만들어 두면, 새로운 아이디어가 생각났을 때 쉽고 빠르게 이야기를 재구성할 수 있다. 일반적으로 스토리보드를 작성할 때 구체적인 실행 순서는 다음과 같다.

① 중요한 장면들을 구상한다.
큰 종이를 벽에 붙이고, 4개의 사각 프레임을 그린다. 그리고 각각의 프레임 아래에 '이 화면에서 어떤 일이 벌어지고 있는가?'에 대해서 간단한 설명을 적는다.

② 4개의 사각 프레임에 다음 내용을 참고해 넣어본다.

- 첫 번째 프레임: 주인공 및 등장인물에 대해 소개한다.
- 두 번째 프레임: 문제가 발생하는 상황을 그린다.
- 세 번째 프레임: 여러분이 만든 아이디어를 사용하는 모습을 그린다.
- 네 번째 프레임: 아이디어를 사용한 등장인물에게 어떤 일이 일어나는지 그린다.

③ 다른 사람들에게 이야기를 들려주고, 고칠 부분(오류)은 없는지 검토한다.
팀원 외의 다른 사람들에게 스토리보드를 보여주면서 설명해주고, 꼭 필요한데 빠진 부분이나 의도와는 다르게 해석되는 부분은 없는지 확인한다.

3.5 요구사항 워크숍

요구사항 도출기법 중 요구사항 워크숍은 개발범위, 위험, 주요 특징에 대한 개발팀 전체의 동의를 이끌어내는 목적을 가진다. 요구사항 워크숍을 통하여, 사용자 요구사항을 나타내는 산출물(모델, 명세서 등)을 생성하고, 핵심 이해관계자와 전문가가 참여하여 요구사항을 정제를 통하여 완성하는 회의라고 보면 된다.

요구사항 워크숍의 준비와 실행

요구사항 워크숍에서도 퍼실리테이터가 반드시 필요하다. 퍼실리테이터는 워크숍을 기획하고 참가자를 선별하고 성공적인 결과가 나올 수 있도록 유도하는 중요한 역할을 한다. 그 외에도 퍼실리테이터를 도와 회의와 토론에 집중하여 참여하는 비즈니스 분석가, 기록을 하는 서기 등이 미리 정해져 있어야 한다. 왜냐하면 퍼실리테이터가 한 번에 참여 유도, 토론 촉진, 기록 등 많은 일을 할 수는 없기 때문이다.

요구사항 워크숍은 다수의 인원으로 수일에 걸쳐 진행될 수 있으므로, 자원과 시간 낭비를 막기 위해서 자료의 초안과 계획을 잘 만들어 놓아야 한다.

참가자가 적극적 참여의식을 가지고, 일정한 주제에 대한 토론을 통하여 결론을 도출한다. 이때, 다양한 기법 적용 후 도출된 요구사항에 대해 이해관계자 사이에 최종 합의를 하고, 이해관계가 대립되면 타협안을 모색한다.

워크숍 수행 고려사항

워크숍을 수행할 때는 규칙을 정해 놓고 해당 주제에 한정하여 토론을 통해 요구사항을 정제하는데, 이때 다음과 같은 구체적인 사항을 고려해야 한다.

① 진행규칙을 정한다.

- 한 번에 하나의 대화만 진행한다.
- 모든 사람이 참여하게 한다.
- 개인이 아닌, 문제에 대한 사항만 언급/비판한다.

② 워크숍의 수행범위를 넘지 않는다.

- 주제별로 제한시간을 정하여 효율적인 토론을 유도한다.
- 토론 내용을 모니터링하여 진행을 제한한다.

③ 토론팀의 규모를 작게 유지한다.

- 5~6명 이상의 워크숍은 의견 숨기기, 동시대화, 언쟁 등의 부정적 효과를 야기한다.
- 불필요한 상세사항 토론은 워크숍 지연의 원인이 된다.

④ 기록 시 향후 고려항목을 위한 공간을 준비한다.

- 요구사항별 품질 특성, 업무규칙, 제약조건, UI 아이디어 등

워크숍 산출물

워크숍 진행 후 나오는 산출물에는 다음과 같은 문서와 모델이 있다.

- 문제 분석서(Problem Statement)
- 시스템의 주요 특징(Key features)
- 초기 비즈니스 객체 모델(BOM)
- 유스케이스 다이어그램
- 우선순위가 부여된 위험(Risk) 목록

브레인스토밍과의 차이점

브레인스토밍과는 그 목적과 참석 인원에서 기본적인 차이가 발생한다.

목적의 차이

브레인스토밍은 소수 인원의 그룹에 의한 다량의 의견 생성 세션인 데 비해, 요구사항 워크숍은 일정 주제 기반의 의견 공유 및 합의 세션이다.

참석 인원의 차이

브레인스토밍은 소수 인원이 참석하고(2~5명, 10명 이하) 워크숍은 다수 인원(~20명 이상)이 참석한다.

요구사항 워크숍의 특징과 장점

- 유스케이스 워크숍, 브레인스토밍, 스토리보드와 같은 다른 요구사항 도출 기법을 적용할 수 있는 프레임워크를 제공한다.
- 정해진 시간 동안 집약적인 프로젝트 이해관계자들 간의 의견교환이 가능하다.

3.6 유스케이스 워크숍

유스케이스 워크숍은 단독으로 하기보다 앞에서 살펴본 요구사항 워크숍 중 일부로 진행되는 경우가 대부분이다. 유스케이스 워크숍의 목적은 빠른 시간에 명확한 시스템 영역을 결정짓는 것이 목적이며, 10명 미만의 작은 그룹에 효과적이다. 이는 유스케이스를 도출하는 목적이 크다.

유스케이스 개념

유스케이스에 대해서는 요구사항 분석과 명세를 다룰 때 자세히 알아볼 것이므로 여기서는 간략하게만 살펴보겠다.

유스케이스는 1960년대 후반 Ivar Jacobson 박사에 의해 만들어진 개념이며, 1980년대 후반 요구사항 정립의 수단으로 OOP 커뮤니티에서 각광을 받기 시작하였다. 1990년대 중반 Ivar Jacobson 박사가 Rational에 합류하면서 유스케이스가 UML에 편입된다. 유스케이스는 현재 UML과 RUP의 핵심적인 개념이 되었으며, 사용자 관점의 (기능적) 요구사항의 단위로써, 시스템 기능을 명확하고 일관성 있게 표현하여 개발 시스템의 기능 요구사항을 최종 사용자와 개발자 간의 합의로 결정하고 표현한다. 또한, SW 개발 이해관계자와의 의사소통 수단이자 시스템의 기능을 검사하고 검증하는 수단이 된다.

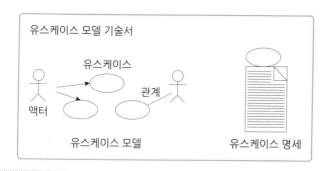

[그림 5-13] 유스케이스 모델 기술서

유스케이스 워크숍의 역할

워크숍에 참여하는 인원들은 액터, 유스케이스, 관계 등을 식별한다. 또한, 유스케이스 워크숍을 통해 만들어진 유스케이스와 그에 대한 개략적인 설명에 대해 서로의 합의를 도출해야 한다. 유스케이스 워크숍 이후에는 프로젝트가 진행됨에 따라 유스케이스의 정제가 진행되고 변경이 있을 수 있으나, 핵심적인 유스케이스에 대한 변화는 없어야 한다.

이번 장을 통해서 요구사항이 프로젝트의 성공과 실패를 좌우할 만큼 중요한 관리요소임을 알아보았고, 요구사항에는 어떤 종류가 있으며 요구사항을 효율적으로 도출하기 위해 어떤 기법을 사용하는지 살펴보았다. 또한, 다양한 이해관계자들 사이에서 어떤 사람을 대상으로 요구사항과 제약사항을 어떻게 효과적으로 도출해야 하는가 하는 문제를 고민해보았다. 요구사항 도출은 소프트웨어 개발에서 가장 어려우면서도 중요하고 의사소통이 많이 필요한 활동이다. 워크숍을 마쳤다고 요구사항 도출이 끝났다고 생각하지 말아야 한다. 뭔가 빠진 요구사항은 없는지 확인하고 추가적인 요구사항을 도출하는 것이 중요하다. 요구사항 개발은 도출과 더불어 다음 장에서 살펴볼 분석과 명세와 함께 순환되고 반복되어 보다 완벽해지게 된다.

Chapter 06

요구사항 분석과 명세

요구사항 분석은 모든 이해관계자가 이해할 수 있게 요구사항을 정제하고, 요구사항의 누락이나 오류 등이 있는지 부족한 부분이 있는지를 세밀히 검토하는 것이다. 요구사항 분석에는 상위 요구사항을 적절한 수준으로 분해하고 구체화하고 우선순위를 평가하는 것 등이 포함된다. 요구사항 명세는 이렇게 분석된 요구사항을 문서화하는 것을 말한다. 기능, 비기능 요구사항의 세부적인 내용은 요구사항 명세서라는 형태로 기록되며, 이는 시스템 구현의 베이스라인으로서 관리된다. 이번 장에서는 요구사항 분석을 위한 여러 가지 요구사항 모델링(자료흐름도, ERD, 유스케이스 다이어그램 등)을 알아보며, 요구사항 명세를 위한 유스케이스 명세서, 요구사항 명세서 작성법을 살펴보겠다.

1. 요구사항 분석

요구사항 분석은 도출된 불완전하고 추상적인 요구사항들에 대해 충돌, 중복, 누락 등에 대한 분석을 통해 완전성과 일관성을 가지고 참여자들 사이에 동의된 요구사항을 구성하는 활동이다. 한마디로 요약하면, 불완전한 초기 요구사항(Candidate Requirement)을 합의된 요구사항(Agreed Requirement)으로 정제하는 것을 말한다. 올바르게 요구사항을 도출하였는가에 대한 자세한 요구사항의 명세보다는 참여자 요구를 만족시키는 것에 초점을 둔다.

소프트웨어 개발에서 가장 중요한 것은 무엇을 개발할지를 명확히 결정하고, 시스템에서 만족시킬 요구사항을 완벽히 이해하는 것이다. 요구사항 분석은 완벽한 시스템 구현보다는 개발과정에서 발생할 수 있는 오류를 최소한으로 방지하고, 목표시스템에 대한 접근 기반을 만드는 것이다. 요구사항 분석 활동으로는 크게 추상적 요구사항을 구조화하고 상세화하는 요구사항 모델링, 위험관리 및 충돌 해결을 위한 우선순위 결정, 릴리스에 포함할 요구사항을 결정하는 요구사항 선정이 있다.

1.1 요구사항 모델링

요구사항 모델링은 요구의 분석과 이해를 기반으로 추출된 추상적 요구사항에 대해 구조적인 체계를 만들고 분해하여 정제한다. 주로 다이어그램을 많이 활용하며, 이는 이해관계자별로 요구의 명확한 이해와 확인을 위해 가시화하고 최적화시킨다.

요구사항 분석과 요구사항 모델링

요구사항 분석과 요구사항 모델링은 서로 떼어낼 수 없는 관계이다. 요구사항 모델링을 통해서 요구사항이 보다 구체화되고 가시화되어 요구사항 분석을 원활히 할 수 있게 해준다.

요구사항 분석

- 개발할 시스템의 명세를 구축하는 프로세스이다.
- 시스템에 관한 고객의 요구를 만족시킨다.
- 시스템을 개발하기 위하여 충분한 정보를 제공한다.
- 요구사항 분석 결과는 고객에게 직접적으로 이해되지는 않는다.

요구사항 모델링

- 고객과 개발자가 개발할 시스템에 동의할 수 있도록 하는 것이다.
- 시스템에 관한 고객의 요구를 만족시킨다.
- 시스템을 개발하기 위하여 충분한 정보를 제공한다.

이는 고객과 개발자 모두에 의해 같은 방법으로 이해되어야 하며, 정형 및 비정형 모델링 기법을 사용한다.

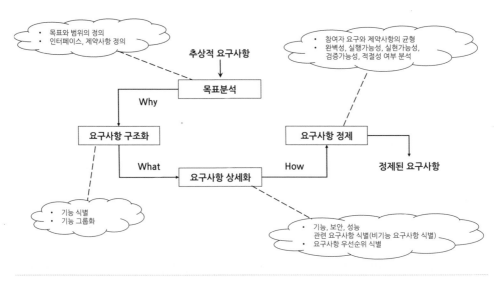

[그림 6-1] 요구사항 모델링 활동

1.2 요구사항 모델링 기법

요구사항 모델링 기법은 크게 세 가지로 분류할 수 있으나, 여기에서는 주로 사용하는 구조적 분석 모델링과 유스케이스 분석 모델링에 대해 알아보겠다.

1) 구조적 분석 모델링

구조적 분석 모델링은 다이어그램을 통해 정보의 흐름과 변환을 제시하며, 하향식(Top-Down) 방법으로 높은 차원의 기능을 작은 기능 단위로 쪼개 나간다. 구조적 분석 기법에서 시스템은 받아들인 정보를 가공 처리하여 새로운 정보를 내보내는 하나의 큰 프로세스(Process)이며, 이 프로세스는 세부 기능을 수행하는 작은 프로세스들로 나누어진다. 이와 같이 시스템이 반복적으로 분할되는 것을 자료 흐름의 상세화(data flow refinement)라 한다. 일반적으로 큰 시스템을 상세화하면서 계층적인 배열을 두어 서로의 종속 관계를 표시하는 것을 레벨화(leveling) 또는 계층화라 한다. 큰 시스템을 분석하기 위해서 분할의 개념은 필수적이며 이때 요구되는 개념이 레벨화이다.

예를 들어 회사의 구조를 분석해 보자면, 일반적으로 기능과 정보의 흐름을 관리하기 위하여 여러 부서로 나누어져 있다(예를 들어 인사부, 총무부 등). 이들 부서는 각자가 고유 기능을 수행하고 있으며, 필요하면 서로 정보를 주고받기도 한다. 이러한 관점의 분석을 모델링으로 말하자면 구조적 분석 모델링으로 볼 수 있다.

이러한 구조적 분석 모델링의 특징은 다음과 같다.

- 하향식 방법(Top-Down)
- 자료 흐름의 상세화(Data Flow Refinement)
- 레벨화(Leveling, 계층화)
- 분할 정복

① 자료흐름도(DFD: Data Flow Diagram)

자료흐름도는 데이터가 소프트웨어 내의 각 프로세스를 따라 흐르면서 변환되는 모습을 나타낸 그림으로, 소프트웨어 및 정보시스템의 분석과 설계에서 매우 유용하게 사용되는 다이어그램이며 구조적 방법론을 대표하는 다이어그램이다. 자료흐름도는 정보가 입력되어 적용되는 변화와 그 결과(출력)를 그림으로 묘사하는 도식적 기법이라 할 수 있다. '시스템이 어떠한 기능을 수행하는가?'와 같은 데이터에 대한 수행 계산에 초점을 맞추며, '주어진 입력에 대하여 어떤 결과가 나오는가?'와 같은 연산과 제약조건을 묘사한다. 따라서 기능들 간의 데이터 흐름을 표현하는 다이어그램으로 필요한 데이터 및 처리 프로세스를 간략히 나타내고, 업무 흐름 중심의 애플리케이션을 위한 요구사항에 유용하다.

자료흐름도의 구성요소

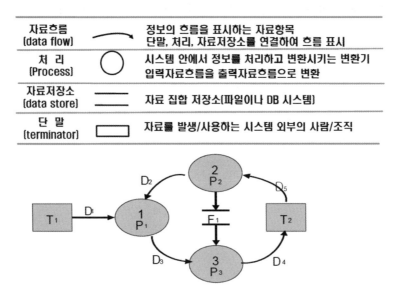

자료흐름 (data flow)	⟶	정보의 흐름을 표시하는 자료항목 단말, 처리, 자료저장소를 연결하여 흐름 표시
처 리 (Process)	◯	시스템 안에서 정보를 처리하고 변환시키는 변환기 입력자료흐름을 출력자료흐름으로 변환
자료저장소 (data store)	▬	자료 집합 저장소(파일이나 DB 시스템)
단 말 (terminator)	▭	자료를 발생/사용하는 시스템 외부의 사람/조직

[그림 6-2] 자료흐름도의 구성

자료흐름도의 상세화

자료흐름도의 상세화는 요구사항 분석이 진행됨에 따라 하나의 자료흐름도를 더욱 자세히 표현하기 위해 또 다른 자료흐름도를 생성하는 것을 말한다. 단계(Level) 0의 자료흐름도는 기본 시스템 모델 또는 배경도라고 하며, 전체 소프트웨어 요소를 표시하는 하나의 프로세스(원)와 입·출력을 나타내는 화살표로 표현된다. 각각의 프로세스에 대하여 개별적인 상세화가 가능하며 세분화 단계가 많아질수록 소프트웨어 설계와 구현 작업이 쉬워진다.

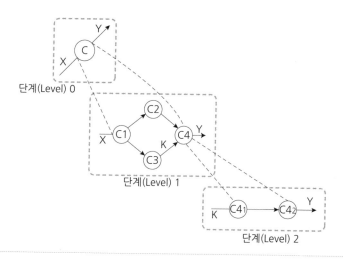

[그림 6-3] 자료흐름도의 상세화

예를 들어 자판기 제품 요구사항을 기술하면, 다음과 같은 자료 흐름이 될 것이다.

1. 음료수를 뽑는다.

이 기능은 고객이 자판기에 첫 번째 동전을 넣었을 때 시작된다.

- 자판기는 금액 표시란에 입력된 금액(총액)을 보여준다.

- 고객이 자판기에 동전을 더 넣으면, 자판기는 금액을 증가시키고, 금액란에 총액을 보여준다.

- 표시된 총금액이 고객이 원하는 음료수의 가격과 같거나 더 많을 때, 고객은 음료수 버튼을 누르고 음료수를 선택할 수 있다.

- 고객이 원하는 음료수에 대한 버튼을 누를 때, 자판기는 음료수를 제공한다.

- 음료수가 제공된 후, 자판기는 현재 총액에서 음료수의 가격을 뺀 나머지 수정된 총액을 보여준다.

- 고객은 잔돈 회수 버튼을 누르고, 자판기는 금액 표시란에 보이는 총액과 같은 금액을 되돌려 준다.

- 마지막으로, 자판기는 거래를 기록한다. 고객에게 제공된 음료수의 총 양을 증가시키고, 고객에게 지출된 거스름돈 양만큼 거스름돈의 총액을 감소시킨다.

2. 하루 동안의 음료수 거래량을 출력한다.

- 이 기능은 관리자가 열 때 시작된다. 관리자는 암호를 입력한 후 시스템 모드 스위치를 '관리'로 설정한다.

- 관리자는 그날의 거래 보고서를 얻기 위해 변환 설정 버튼을 '거래량 출력'으로 놓는다. 그날 고객에게 제공된 음료수의 종류별 숫자와 각 음료수에 대한 매출액, 그리고 그날 팔린 음료수의 총 금액을 포함한 정보가 출력된다.

- 관리자는 음료수의 숫자와 총 양을 초기화시킨다.

- 마지막으로 관리자는 시스템 모드 스위치를 '운영'으로 설정하고 자판기를 잠근다.

3. 음료수 가격을 바꾼다.

- 이 기능은 관리자가 열 때 시작된다.

- 관리자는 암호를 입력한 후 시스템 모드 스위치를 '관리'로 설정한다.

- 관리자는 음료수의 가격을 바꾸기 위해 변환 설정 버튼을 '음료수 가격 변환'으로 놓는다.

- 관리자는 음료수의 종류와 새로운 가격을 입력한다.

- 마지막으로, 관리자는 시스템 모드 스위치를 '운영'으로 설정하고, 자판기를 잠근다.

이러한 자판기의 자료 흐름은 다음과 같다.

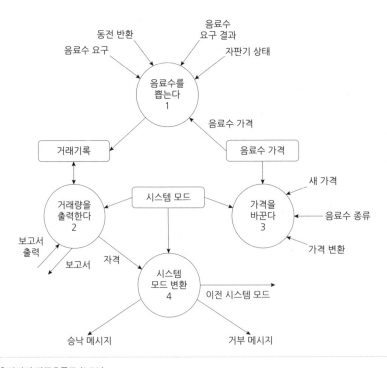

[그림 6-4] 자판기 자료흐름도 (DFD)

② ERD (Entity Relationship Diagram)

자료흐름도가 기능 관점이라면 ERD는 정보 관점으로 시스템의 정적인 정보구조를 분석한다. 그래서 자료흐름도는 프로세스가 주였고, ERD는 시스템 데이터의 Relationship이 주가 된다. ERD는 시스템에 사용되는 정보객체의 식별, 객체의 특성, 객체들 사이의 연관성 분석을 통해 실세계를 정확히 묘사한다. 이는 시스템의 기능보다 시스템을 구성하는 정보와 데이터에 초점을 둔다.

ERD의 구성요소

개체란 단순히 데이터 수집의 대상이 되는 정보 세계에 존재하는 사물이다. 여기에는 장소, 사건 등과 같은 눈에 보이지 않는 개념적 개체와 물건 등과 같은 눈에 보이는 현실 세계에 존재하는 물리적 개체가 있다. 이러한 개체는 다음과 같이 직사각형으로 나타내고 이름을 붙인다.

기호	일반
부양 가족	강한 개체 타입(보통 개체 타입하면 강한 개체 타입을 말한다.)
사원	약한 개체 타입

[그림 6-5] 개체 유형

속성이란 개체 또는 관계에 대한 특성을 기술하는 데이터 항목이다.

기호	의미	설명
사원명	속성	• 일반적인 속성을 나타냄 • 속성의 이름은 타원 중앙에 표시
사원번호	키(key) 속성	• 속성이 개체를 유일하게 식별할 수 있는 키일 경우 속성 이름에 밑줄을 그음
부양가족	약한 개체의 식별자	• 약한 개체는 키를 갖지 못하고 대신 식별자를 가짐 • 식별자의 아래에 점선을 그음
취미	다중값 속성	• 취미(수영, 자전거)와 같이 여러 개의 값을 갖는 속성 • 이중 타원으로 표현
나이	유도 속성	• 나이와 같이 출생년도로 유도가 가능한 속성 • 점선 타원으로 표현
주소 / 시 동 번지	복합 속성	• 주소(도시, 동, 번지)와 같이 여러 속성으로 구성된 속성 • 큰 타원 아래 작은 타원으로 연결

[그림 6-6] 속성 유형

개체와 속성은 각 개체의 구조를 나타내는 특성들을 다음과 같이 직사각형(개체)에 실선으로 연결된 타원형(속성)으로 표현한다.

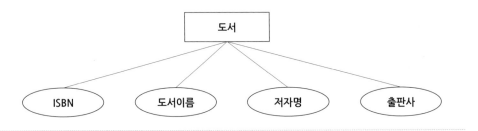

[그림 6-7] 개체와 속성

관계란 개체들 사이에 존재하는 연관성을 의미한다. 두 개체를 실선으로 연결하고, 그 사이에 마름모 모양으로 표시한다.

기호	의미
주문	관계 타입

기호	의미	설명
1 ── 관계 ── 1	일대일 관계	하나의 개체가 하나의 개체에 대응
1 ── 관계 ── N	일대다 관계	하나의 개체가 여러 개체에 대응
N ── 관계 ── 1	다대일 관계	여러 개체가 하나의 개체에 대응
M ── 관계 ── N	다대다 관계	여러 개체가 여러 개체에 대응

[그림 6-8] 관계유형

ERD의 예시

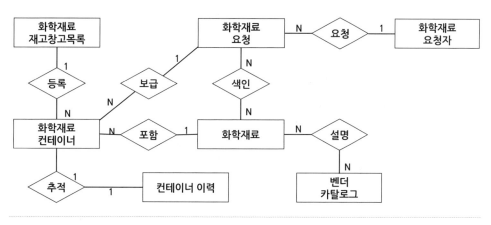

[그림 6-9] 화학재료 관리시스템 ERD

③ STD (State Transition Diagram)

자료흐름도가 기능 관점이고 ERD는 정보 관점이라면, 상태전이도(STD)는 시스템이 시간에 따라 변환되는 과정, 시간의 흐름에 따른 객체와 클래스들 사이의 변환 과정을 기술한다. 따라서 시스템에서 발생하는 사건들과 행동에 초점을 두고, 시스템의 전반적인 상태 변화를 이해한다. 상태전이도는 특정시간에 여러 상태 중의 하나에 주어진 입력에 대해 출력 및 상태 변화를 표현한다.

상태전이도의 구성요소

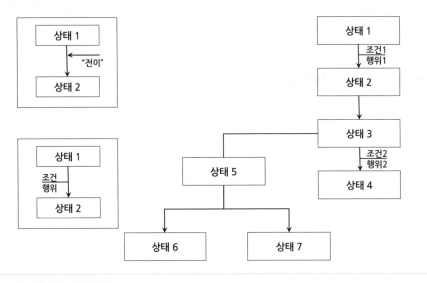

[그림 6-10] 상태전이도와 구성요소

예를 들어 자동차의 자동변속기 조작에 따른 자동차 속도의 상태 변화를 상태전이도로 다음과 같이 표현할 수 있다.

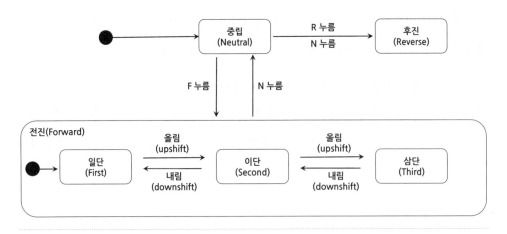

[그림 6-11] 자동차 속도 상태전이도

다음은 화학재료 관리시스템의 상태전이도 예이다. 화학재료 주문에 따른 화학재료 관리 시스템의 상태는 다음과 같이 7가지가 있다. 주문이 발생하면, 화학재료 재고 여부에 따라 다음과 같이 상태를 확인한 후 처리가 진행된다.

① 준비

신규주문에 대한 주문자 생성

② 지연

주문 완료 이전 저장, 보류

③ 승인

주문 정보 정상, 승인

④ 주문

구매자가 벤더에게 주문

⑤ 완료

주문요청에 대한 재료 수령

⑥ 주문대기

벤더에게 물품이 없는 경우 벤더가 구매자에게 향후 납기로 주문하겠다고 통보

⑦ 취소

주문취소, 주문대기 취소

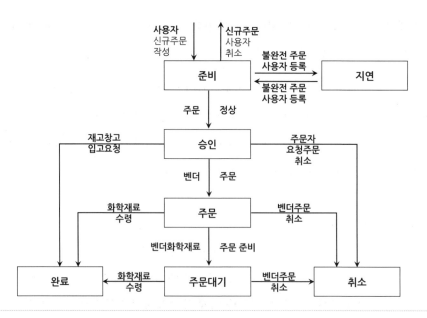

[그림 6-12] 화학재료 관리시스템의 상태전이도

2) 유스케이스 분석 모델링

유스케이스 분석 모델링은 객체지향 분석 개발(OOAD)이 유행하면서 요구사항 개발에 많이 사용하게 되었다. 유스케이스는 어떤 비즈니스 업무를 완수하기 위한 액터와 시스템 간일련의 상호작용에 대한 기술이다. 이는 시스템의 기능적인 요구사항을 추출하는 데 효율적이다.

유스케이스 분석 모델링은 표준화 그룹 중의 하나인 OMG (Object Management Group)에서 시스템의 분석 및 설계를 위한 도구로 제정한 UML (Unified Modeling Language)의 유스케이스를 기반으로 시스템을 분석 및 명세화하는 방법이다.

유스케이스 명세서는 UML의 다른 모델링 도구나 자연어 형태로 명세화한다. 유스케이스의 시나리오를 분석한 후, 각 유스케이스에서 공통으로 하는 유스케이스는 별도의 유스케이스로 분할하여 공통 유스케이스로 모델링하여 표현한다. 유스케이스 모델링은 시스템의 기능적 요구사항을 유스케이스라는 기능단위로 식별하고, 이를 기반으로 시스템을 분석하고 명세화함으로써 설계와의 추적성을 명확하게 하며, 재사용성을 제고할 수 있는 논리적 기능의 식별이 가능하게 한다.

요구사항과 유스케이스 활용

① 시스템이 해야 할 것이 무엇인지에 대한 고객과 사용자의 동의를 획득한다.
   시스템의 요구사항을 적절한 단위로 식별, 나열하고 다이어그램 형태로 만들면 고객이나 사용자와의 커뮤니케이션을 쉽게 할 수 있다.

② 개발자가 시스템의 요구사항에 대해 충분한 이해를 한다.

③ 시스템 기능을 정의한다.

④ 반복의 계획과 기술적인 내역을 위한 기반을 제공한다.

이뿐만 아니라, 유스케이스를 통해 우선순위를 설정하거나 가장 복잡한 유스케이스를 선정하고 조기 검증을 선택하는 등의 방법을 통해 계획 수립의 입력 요소로도 사용된다.

유스케이스 모델

유스케이스 모델은 유스케이스 다이어그램과 유스케이스 명세서로 이루어진다. 이들 각각을 구성하는 구성요소는 다음과 같다.

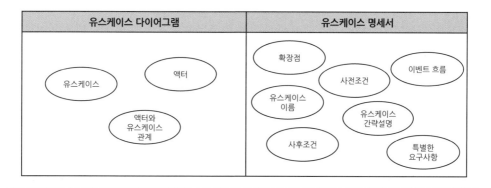

[그림 6-13] 유스케이스 다이어그램과 명세서의 구성요소

유스케이스 다이어그램

사용자의 관점에서 시스템의 서비스 혹은 기능 및 그와 관련한 외부 요소를 보여주는 다이어그램이다. 유스케이스는 시스템의 쓰임새로서, 시스템 밖에 존재하는 액터(Actor)라는 외부 객체가 요구하는 시스템의 기능단위이다. 유스케이스 다이어그램은 각 액터와 그에

연관되는 유스케이스와의 관계를 나타내는 모델링 도구다. 유스케이스 다이어그램은 유
스케이스와 액터의 관계를 나타내는 것 이외에는 어떠한 내용도 포함되지 않으며, 유스케
이스에 대한 세부적인 시나리오나 비즈니스 로직은 유스케이스 명세서에 정의한다.

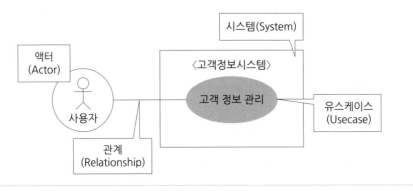

[그림 6-14] 유스케이스 다이어그램

유스케이스 다이어그램 구성요소

① 액터(actor)

시스템의 외부에 있으면서 시스템과 상호 작용을 하는 사람 또는 다른 시스템을 의미한다.
사람 모양으로 표현하며, 그 위 또는 아래에 액터명을 표시한다.

[그림 6-15] 액터(actor)

② 시스템(system)

유스케이스를 둘러싼 사각형의 틀을 그리고, 시스템 명칭을 사각형 안쪽 상단에 기술한다.

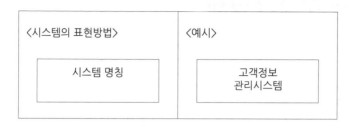

[그림 6-16] 시스템

③ 유스케이스(Usecase)

시스템이 액터에게 제공해야 하는 기능의 집합이며, 시스템의 요구사항을 보여 준다. 타원으로 표시하고 그 안쪽이나 아래쪽에 유스케이스명을 기술한다. 각 유스케이스가 개발될 기능 하나와 연결될 수 있도록 한다.

[그림 6-17] 유스케이스

④ 관계(Relationship)

액터와 유스케이스 사이의 의미 있는 관계를 나타낸다.

연관 관계(association)는 유스케이스와 액터 간에 상호작용이 있음을 표현해주며, 유스케이스와 액터를 실선으로 연결한다.

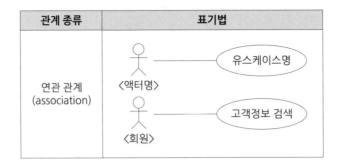

관계 종류	표기법
연관 관계 (association)	〈액터명〉 ——— 유스케이스명 〈회원〉 ——— 고객정보 검색

포함 관계(include)는 유스케이스가 다른 유스케이스를 포함하는 경우이다. 이때 포함되는
유스케이스는 포함하는 유스케이스를 실행하기 위해 반드시 실행되어야 한다. 포함하는
쪽에서 포함되는 쪽으로 점선으로 된 화살표를 그리고 〈〈include〉〉라 표시한다.

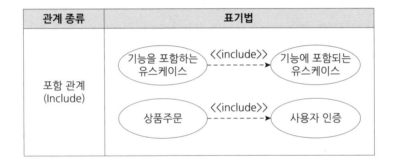

관계 종류	표기법
포함 관계 (Include)	기능을 포함하는 유스케이스 〈〈include〉〉→ 기능에 포함되는 유스케이스 상품주문 〈〈include〉〉→ 사용자 인증

확장 관계(extend)는 어떠한 유스케이스로부터 다른 유스케이스가 특정 조건에서 생성되는
경우이다. 이때 확장된 기능을 가지는 유스케이스는 특정 조건이나 액터의 선택에 따라
발생한다. 확장된 기능을 가지는 유스케이스에서 확장 대상이 되는 원래의 기능을 가진 유
스케이스 쪽으로 점선 화살표를 그리고 〈〈extend〉〉 라고 표시한다.

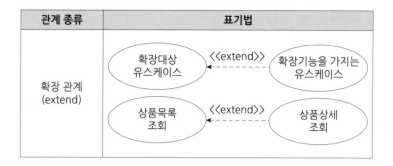

관계 종류	표기법
확장 관계 (extend)	

일반화 관계(generalization)는 액터나 유스케이스가 구체화된 다른 여러 액터나 유스케이스로 구성된 경우이다. 이때 구체적인 유스케이스로부터 추상적인 유스케이스 쪽으로 속이 비어 있는 삼각형 모양으로 된 실선 화살표를 그려 표현한다.

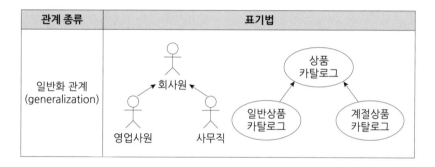

관계 종류	표기법
일반화 관계 (generalization)	

액터를 식별하기 위한 방법

액터를 식별할 때는 만들려는 SW나 시스템과 주로 관련이 있는 이해관계자를 머릿속으로 그리면서 스스로 질문을 해 보면 효과적으로 액터를 도출할 수 있다. 이때 사용할 수 있는 질문은 다음과 같다.

① 누가 정보를 제공하고 사용하고 삭제하고 수정하는가?

② 누가 또는 어떤 조직에서 개발된 시스템을 사용할 것인가?

③ 누가 요구사항에 대해 관심을 두고 시스템이 만들어낸 결과에 관심이 있는가?

④ 누가 시스템이 잘 운영될 수 있도록 유지보수 및 관리를 하는가?

⑤ 개발될 시스템과 상호작용하는 하드웨어 또는 소프트웨어 시스템은 무엇인가?

유스케이스를 식별하기 위한 방법

유스케이스를 식별하기 위해서는 만들려고 하는 SW나 시스템이 제공하는 기능과 사용자에게 노출시킬 서비스 등을 중심으로 생각한다. 또한, 노출되지는 않지만, 시스템 관리나 운영 등을 위해 필요한 부가적인 기능도 있을 수 있다. 앞서 도출된 액터를 생각하고, 이러한 액터에게 필요한 기능이 무엇인지를 생각하면 조금 더 쉽게 도출할 수 있다.

① 액터가 원하는 시스템 제공기능은 무엇인가?

② 액터는 시스템에 어떤 정보를 생성, 수정, 조회, 삭제하고 싶어 하는가?

③ 액터는 시스템의 갑작스러운 외부 변화에 대해 어떤 정보를 필요로 하는가?

④ 시스템이 어떤 기능을 제공하면 액터의 일상 작업이 효율적이고 편리해지는가?

⑤ 모든 기능 요구사항을 만족할 수 있도록 유스케이스가 모두 식별되었는가?

관계를 식별하기 위한 방법

액터와 유스케이스 간에 상호 작용이 존재하면 연관 관계(Association)가 있다. 유스케이스를 실행하기 위하여 반드시 실행되어야 하는 유스케이스가 존재한다면 포함 관계(Include)가 있다. 유스케이스를 실행함으로써 선택적으로 실행되는 유스케이스가 존재하면 확장 관계(Extend)가 있다. 액터 또는 유스케이스가 구체화된 다른 여러 액터나 유스케이스를 가지고 있다면 일반화 관계(Generalization)가 있다.

유스케이스 다이어그램

예를 들어 다음과 같은 시스템의 설명을 듣고 유스케이스 다이어그램을 그려보기를 권장한다. 한번 그려보면, 유스케이스를 어떻게 그려야 할지 감이 온다. 여러분은 어떻게 그릴 것인가?

A사는 주로 오프라인 판매를 위주로 하는 회사였는데, 새롭게 고객이 온라인으로 주문할 수 있게 하려고 인터넷 쇼핑몰 시스템을 만들려고 한다. 생각하는 시스템은 다음과 같다.

쇼핑몰 관리자는 인터넷 쇼핑몰에 상품을 등록해서 상품의 판매를 쉽게 진행할 수 있으며, 구매자 또한 인터넷 쇼핑몰에 등록된 상품 중에서 구매하고자 하는 상품을 간편하게 구매할 수 있다.

인터넷 쇼핑몰을 사용하는 사용자는 일반 고객(비회원), 회원, 관리자로 나뉜다. 일반 고객은 상품 구매와 같은 기능을 수행하기 위해서 회원으로 가입할 수 있다. 관리자는 상품 관리(등록, 수정, 삭제)나 회원 관리(조회, 삭제), 카테고리 관리 등과 같은 활동을 수행한다.

상품에 대한 조회 및 검색은 쇼핑몰에 가입한 회원뿐만 아니라 가입하지 않은 비회원 및 관리자도 수행할 수 있다. 상품 조회는 특정 카테고리의 선택 과정을 통해 이루어지며, 상품 검색은 특정 검색어의 입력을 통해 이루어진다. 관리자는 카테고리의 분류 체계를 관리하고, 상품을 특정 카테고리에 포함시켜 등록한다. 상품 구매는 회원만 할 수 있고, 상품을 구매하려면 먼저 원하는 상품을 장바구니에 담고, 장바구니에 담긴 상품 중에서 선택적으로 주문할 수 있다. 상품 구매 시 결제 수단은 온라인 입금과 신용카드 결제로 구분한다. 온라인 입금은 뱅킹 시스템을 통해 입금 여부를 확인한 후 결제 처리하며, 신용카드결제는 신용카드 인증회사로의 결제승인 서비스를 통해 즉시 처리가 가능하도록 한다.

필자는 다음과 같이 도출하였다. 여기에서 이견이 있을 수 있다. 관리자의 상품 관리, 회원 관리, 카테고리 관리 부분을 생성, 수정, 삭제, 조회(CRUD)로 분할하여 유스케이스화하는 사람도 있을 것이다. 이것도 하나의 방법이나, 관리하는 포인트가 많아지는 단점이 있고 보다 명확하게 하는 장점도 있다. 선택은 여러분의 몫이라 생각하지만, 필자는 이렇게 유스케이스를 작성하는 것을 추천한다.

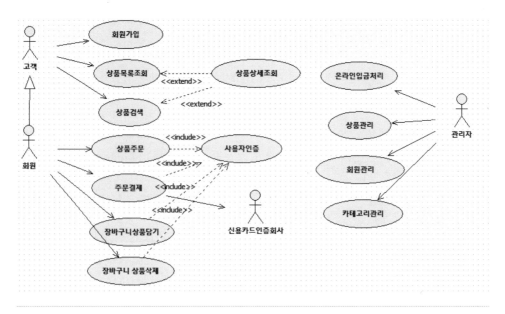

[그림 6-18] 인터넷 쇼핑몰 시스템 유스케이스 다이어그램(예시)

유스케이스 식별자 목록

다음은 앞선 예시의 유스케이스 식별자 목록을 정리한 것이다.

식별자	행위자	설명
UC-01	관리자	카테고리관리
UC-02	관리자	상품관리
UC-03	관리자	회원관리
UC-04	관리자	온라인입금처리
UC-05	고객	회원가입
UC-06	고객, 회원	상품목록 조회
UC-07	고객, 회원	상품검색
UC-08	고객, 회원	상품상세조회
UC-09	관리자, 회원	사용자 인증
UC-10	회원	장바구니상품담기
UC-11	회원	장바구니상품삭제
UC-12	회원	상품주문
UC-13	회원	주문결제

[그림 6-19] 유스케이스 식별자

유스케이스 명세서

유스케이스 명세서란 다이어그램에 표현되어 있는 액터와 유스케이스가 어떤 상호작용을 하는지, 어떤 요청과 응답을 주고받는지에 대한 문서이다. 구성요소는 다음과 같다.

① 유스케이스 이름

② 유스케이스에 대한 간략한 설명

③ 이벤트의 흐름

– 기본흐름

– 대안흐름

④ 특별한 요구사항

⑤ 사전조건

⑥ 사후조건

⑦ 확장점

다음은 카테고리 등록 유스케이스 명세서를 작성한 예시이다.

[표 6-1] 카테고리 등록 유스케이스 명세서

유스케이스 식별자/명	UC-02 카테고리 관리(등록) 유스케이스
개요	상품분류를 위한 카테고리는 여러 계층으로 구성될 수 있으며, 카테고리 등록 시 상위 카테고리를 지정해야 한다. 최상위 카테고리로 등록하고자 할 때에는 상위 카테고리를 지정하지 않는다. 카테고리를 등록할 때 기존에 등록된 카테고리들의 목록을 조회할 수 있어야 한다. 카테고리명은 시스템을 통틀어 유일해야 한다. 신규 등록 시 카테고리명의 중복 여부를 확인해야 한다.
주 행위자	관리자
부 행위자	해당 사항 없음
사전 조건	관리자는 관리 권한을 가진 ID로 로그인하고, 카테고리 등록 기능을 실행한다.

기본흐름
1. 시스템: 최상위 카테고리 목록(카테고리명)을 출력한다.
2. 행위자: 조회하고자 하는 카테고리를 선택한다.
3. 시스템: 선택된 카테고리의 하위 카테고리 목록(카테고리명)을 출력한다.
4. 행위자: 등록할 카테고리의 상위 카테고리를 찾을 때까지 2~3번의 흐름을 반복한다.
5. 행위자: 등록하고자 하는 카테고리명을 입력하고 저장 기능을 실행한다.
6. 시스템: 등록한 카테고리가 포함된 카테고리 목록을 갱신하여 출력한다.
대안흐름
[A1. 최상위 카테고리를 등록하고자 하는 경우]
2. 행위자: 상위 카테고리를 선정하지 않고 카테고리명을 입력한 후 저장 기능을 실행한다.
3. 시스템: 기본 흐름 6을 수행한다.
예외상황 시나리오
[E1. 등록하고자 하는 카테고리명이 이미 존재하는 경우]
5. 행위자: 기 등록된 카테고리명을 입력하고 저장 기능을 실행한다.
6. 시스템: 이미 동일한 이름의 카테고리가 존재한다는 메시지를 출력한다.
7. 시스템: 카테고리 목록에서 동일한 이름의 카테고리가 존재하는 위치를 출력한다.
사후조건
해당 사항 없음

유스케이스 시나리오

하나의 유스케이스에는 여러 가지 시나리오가 존재할 수 있다. 이는 기본 시나리오와 대안 시나리오로 구성된다. 기본 시나리오는 유스케이스에 내포된 다양한 상황 중 가장 일반적이고 정상적인 하나의 상황을 뜻한다. 대안 시나리오는 기본 시나리오가 아닌 다른 모든 시나리오를 뜻하므로 일반적이지 않은, 즉 특수한 상황, 비정상적인 상황을 뜻한다.

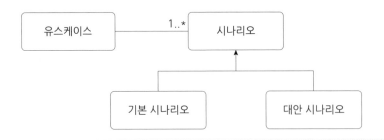

[그림 6-20] 유스케이스와 시나리오의 관계

다음은 온라인 쇼핑몰의 주문 결제에 대한 유스케이스 시나리오 흐름을 나타내 본 것이다.

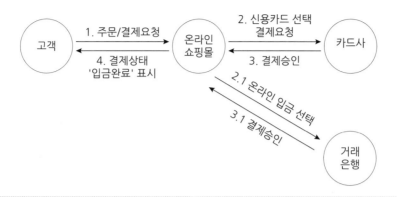

[그림 6-21] 유스케이스 시나리오 흐름

앞의 유스케이스 흐름을 보고, 유스케이스 시나리오를 작성해 보기를 권장한다. 유스케이스 명세서보다 자세하게 나오며, 이는 테스트 케이스를 작성할 때 사용된다.

다음은 이러한 주문 결제 유스케이스 시나리오를 작성한 예시이다.

회원은 주문정보가 저장된 상태에서 결제방식(신용카드결제. 온라인입금)을 선택한 후 결제를 수행한다. 주문에 대한 결제는 상품 주문 후 바로 수행된다.

회원과 신용카드 인증회사에 사전 조건으로 주문서 작성이 완료된 상태여야 한다(주문서 작성 후 결제 화면으로 이동한 상태). 주문에 대한 결제정보가 생성되고 신용카드 결제를 선택한 경우 결제 승인이 이루어지면 결제상태가 '입금완료'로 저장되며, 온라인 입금 결제를 선택한 경우는 '입금대기'로 저장된다.

기본흐름

①결제방식('신용카드 결제'와 '온라인 입금')을 선택할 수 있는 화면이 나타난다.

②결제방식으로 '신용카드 결제'를 선택한다.

③신용카드 정보(신용카드사, 신용카드 번호, 유효기간, 비밀번호, 할부기간) 입력 화면을 보여준다.

④신용카드 정보를 입력하고 '결제' 기능을 실행한다.

⑤신용카드 정보를 신용카드 인증회사에 보내 결제 승인을 요청한다.

⑥ 신용카드 인증회사는 신용카드 정보를 파악하고 주문총액만큼 결제 승인 처리를 수행한다.

⑦ 성공적으로 승인된 경우, 결제정보(결제방식, 결제상태, 승인번호, 신용카드사, 신용카드번호, 주문번호, 승인일자)를 저장한다. 결제상태는 '입금완료'로 저장된다.

⑧ 주문이 완료되었음을 회원에게 알린다.

대안흐름

A1. 결제방식으로 온라인 입금을 선택한 경우

① 결제방식('신용카드결제'와 '온라인 입금')을 선택할 수 있는 화면이 나타난다.

② '온라인 입금'을 선택한다.

③ 거래은행별로 하나의 입금 가능 계좌를 보여주고 고객은 입금하고자 하는 계좌를 선택한다.

④ 온라인 입금 정보(입금자성명, 입금예정일)를 입력할 수 있는 화면을 보여준다.

⑤ 온라인 입금 정보를 입력하고 결제를 신청한다.

⑥ 결제정보(결제방식, 입금자성명, 입금은행, 입금예정일, 주문번호, 결제상태)를 저장한다.

⑦ 결제상태는 '입금대기'로 저장된다.

예외흐름

E1. 신용카드 번호 오류

■ 회원이 입력한 카드번호에 오류가 있음을 알리고, 신용카드정보 재입력을 요청한다.

E2. 신용카드 유효기간 오류

■ 회원이 입력한 유효기간에 오류가 있음을 알리고, 신용카드정보 재입력을 요청한다.

E3. 신용카드 비밀번호 오류

■ 회원이 입력한 비밀번호에 오류가 있음을 알리고, 신용카드정보 재입력을 요청한다.

E4. 신용카드 한도 오류

■ 신용카드의 이용한도가 초과되었음을 알리고, 신용카드정보 재입력을 요청한다.

2. 요구사항 명세

요구사항 명세는 동의된 요구사항을 하나 이상의 형태로 저장하여 정형화된 요구사항을 생성하는 활동으로, 시스템이 반드시 제공해야 하는 기능과 능력, 특징과 꼭 고려해야 하는 제약조건을 명시한다. 참여자 간의 의사소통과 시스템 구현의 베이스라인으로 모든 참여자가 이해할 수 있도록 요구사항 명세서(Software Requirements Specification, SRS)를 작성한다. 요구사항 명세서(SRS)는 프로젝트 계획, 설계, 구현, 테스트를 위한 기반이 된다. 소프트웨어 요구사항 명세는 누구나 해야 한다는 사실은 알지만 쉽지 않으며, 요구사항을 명세화하는 세부 실천 방법은 저마다 차이가 있다. 고객에게 제품을 인도할 때 그들이 늘어놓는 가장 큰 불평 중의 하나는 "제품이 우리의 요구사항을 다 반영하지 못하고 있다."라는 것이다. 여러 이유가 있겠지만, 가장 큰 이유는 프로젝트 착수 시점에서 상세한 명세는 불가능하고, 요구사항의 비가시성이 존재하기 때문이다. 그 밖에도 명세 작성의 훈련과 경험 부족, 조직에 맞는 명세 표준 부재, 요구사항 관리 도구를 사용하지 않거나 초반에 작성하고 변경된 사항을 업데이트하지 않는 등 많은 원인이 있다.

테스트 방법론에서 결함이 없는 소프트웨어는 없다는 기본 전제를 가지고 테스트를 진행하는 것처럼, 요구공학에서도 완벽한 요구사항 명세는 없다는 기본 전제를 가지고 부단히 반복해서 목적을 명확하게 표현하는 요구사항을 개발하는 것으로 해야 한다.

2.1 요구사항 명세서

요구사항 명세서는 고객과 개발자 사이에 공통의 이해를 제공하고 고객과 개발자가 같은 기대와 목적을 가지게 만드는 중요한 문서이다. 동의된 의사소통과 개발의 베이스라인으로서 시스템 구현의 기반이 되고, 사용자 중심의 명세이며, 또한 고객이 최종 산출물을 인수할 때까지 테스트의 베이스라인이 되며, 변경 시 관리가 되어야 한다. 사용자, 분석가, 개발자 및 테스터 모두에게 공동의 목표를 제시하고, 시스템이 어떻게(How) 수행될 것인가가 아닌 무엇(What)을 수행할 것인가에 대해 기술하여야 한다. 단, 시스템이 이루어야 할 목표를 기술하지만 목표를 달성하기 위한 해결 방법은 기술하지 않는다.

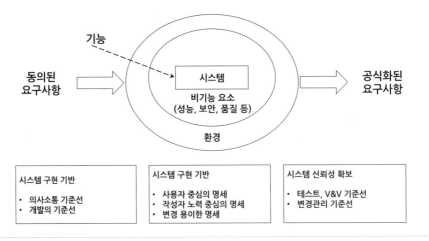

[그림 6-22] 요구사항 명세서

요구사항 명세서 표준(IEEE Std 830)

요구사항 명세서 또한 표준이 존재하는데, IEEE Std 830-1998이다.

권고되는 요구사항 명세서는 다음과 같은 레이아웃을 가진다. 물론, 이것과 똑같이 하라는 것은 아니다. 이 표준은 권고사항이지 필수사항이 아니다. 따라서 조직의 환경에 맞는 명세의 테일러링이 필요하다.

```
1. 소개(Introduction)                          3. 상세한 요구사항(Specific requirements)
  1.1 SRS의 목적(Purpose of SRS)                  3.1 기능적 요구사항(Functional requirements)
  1.2 산출물의 범위(Scope of product)                3.1.1 기능적 요구사항1(Functional requirements1)
  1.3 정의, 두문자어, 약어(Definitions, acronyms and    3.1.1.1 개요
      Abbreviations)                              3.1.1.2 입력물
  1.4 참조문서(References)                          3.1.1.3 프로세싱(Processing)
  1.5 SRS 개요(Overview of SRS)                    3.1.1.4 산출물(Outputs)
                                                  3.1.1.5 수행 요구사항(Performance
                                                          requirements)
2. 일반적인 기술사항(General Description)            3.1.1.6 디자인 제약사항(Design constraints)
  2.1 제품의 관점(Product Perspective)              3.1.1.7 속성(Attributes)
  2.2 제품의 기능(Product Functions)               3.1.1.8 기타 요구사항(Other requirements)
  2.3 사용자 특성(User Characteristics)
  2.4 제약사항(Constraints)
  2.5 가정 및 의존성(Assumptions and Dependencies)   3.2 외부적인 인터페이스 요구사항( External interface
                                                       requirements)
                                                  3.2.1 사용자 인터페이스(User interfaces)
                                                  3.2.2 하드웨어 인터페이스(Hardware interfaces)
                                                  3.2.3 소프트웨어 인터페이스(Software interfaces)
                                                  3.2.4 커뮤니케이션 인터페이스(Communications
                                                          interface)
```

[그림 6-23] IEEE Std 830 명세 표준

소프트웨어 요구사항 패턴에서 추천되는 요구사항 명세서 템플릿에 써야 할 내용은 다음과 같다.

Software Requirements Specification

1. 소개(Introduction)

1.1 목적(Purpose)

이 문서에 요구사항이 명시되어 있는 제품 또는 애플리케이션을 설명한다. 이 SRS가 전체 시스템 중 일부에만 관련된 것이라면 그 부분 또는 하위시스템을 설명한다.

1.2 문서규칙(Document Convention)

텍스트 스타일, 하이라이트 또는 주석과 같은 모든 표준 또는 표기규칙을 설명한다.

1.3 대상 독자와 읽는 방법(Intend Audience and Reading Suggestion)

SRS가 대상으로 하고 있는 다양한 독자 계층을 나열한다. SRS의 나머지 부분과 SRS가 조직되어 있는 방법을 설명하고, 각각의 독자 계층에 대해 가장 적합한 읽기 순서를 설명한다.

1.4 프로젝트 범위(Project Scope)

설명되고 있는 소프트웨어와 그 목적에 대해 간단하게 설명한다. 소프트웨어를 사용자 또는 기업의 목표, 비즈니스 목표, 전략과 연계시킨다. 별도의 비전과 범위 문서를 사용할 수 있다면 그 내용을 중복시키지 말고 그것을 참조하게 한다. 진화하는 제품의 특정 버전을 설명하는 SRS는 장기적인 전략적 제품 비전의 하위집합으로 자신만의 범위 선언을 가지고 있어야 한다.

1.5 참조(Reference)

이 SRS가 참조하고 있는 모든 문서 또는 다른 리소스를 나열하며, 가능한 경우에는 하이퍼링크도 포함시킨다. 여기에는 사용자 인터페이스 스타일 가이드, 계약, 표준, 시스템 요구사항 명세, 유스케이스 문서, 인터페이스 명세, 운영개념 문서, 또는 관련 제품의 SRS도 포함된다. 읽는 사람이 제목, 저자, 버전 번호, 날짜, 소스 또는 위치 등의 참조를 이용할 수 있도록 충분한 정보를 제공한다.

2. 전체 설명(Overall Description)

2.1 제품 조망(Product Perspective)

제품의 구성과 유래를 설명한다. 제품이 확장되는 제품군의 다음 구성제품인지, 완성된 시스템의 다음 버전인지, 기존 애플리케이션을 대체하는 것인지, 완전히 새로운 제품인지를 설명한다. 이 SRS가 대규모 시스템의 컴포넌트를 정의하는 것이라면, 이 소프트웨어가 전체 시스템과 어떻게 연계되는지를 설명하고 둘 간의 주요 인터페이스를 설명한다.

2.2 제품 기능(Product Feature)

제품이 가지고 있는 주요 기능 또는 제품이 수행하는 중요한 기능을 나열한다. 상세한 내용은 SRS의 3번 절에 설명되어 있기 때문에, 여기에서는 추상적인 요약만 하면 된다. 요구사항의 주요 그룹과 그 그룹이 연결된 방법을 설명하는 최상위 데이터 플로 다이어그램, 유스케이스 다이어그램, 클래스 다이어그램 등이 도움된다.

2.3 사용자 계층과 특징(User Classes and Characteristic)

이 제품을 사용할 것으로 예상되는 사용자 계층을 파악하고 그들의 특징을 설명한다. 일부 요구사항은 특정 사용자 계층에만 해당할 수 있기 때문에, 선호하는 사용자 계층을 파악한다. 사용자 계층은 비전과 범위 문서에 설명되는 관련자들의 하위집합을 의미한다.

2.4 운영환경(Operation Environment)

하드웨어 플랫폼, 운영체계와 버전, 사용자, 서버와 데이터베이스의 지리적 위치 등과 같이 소프트웨어가 동작하는 환경을 설명한다. 시스템이 아무런 문제 없이 연동해야 하는 다른 소프트웨어 컴포넌트 또는 애플리케이션을 나열한다. 비전과 범위 문서는 추상적인 수준에서 이 정보를 포함하고 있을 수 있다.

2.5 설계 및 구현 제약사항(Design and Implementation constraint)

개발자가 선택할 수 있는 사항을 제약하는 모든 요소와 각 제약조건의 이유를 설명한다. 제약조건은 다음과 같다.

- 반드시 사용하거나 피해야 하는 특정 기술, 도구, 프로그래밍 언어와 데이터베이스
- 사용될 웹 브라우저의 유형이나 버전과 같은 제품의 운영환경으로 인한 제약

- 필요한 개발 규칙 또는 표준(예를 들면 고객의 조직이 소프트웨어를 유지보수할 예정이라면, 그 조직은 하청업체가 따라야 하는 설계 표기법과 코딩 표준을 명시할 수 있다.)
- 이전 제품과의 호환성
- 비즈니스 규칙에 따른 제약
- 메모리 또는 프로세스의 제약이나 크기, 무게, 비용과 같은 하드웨어의 제약
- 기존 제품을 개선하는 경우에 따라야 하는 기존 사용자 인터페이스 규칙
- XML과 같은 표준 데이터 교환 형식

2.6 사용자 문서(User Documentation)

소프트웨어와 함께 제공할 사용자 문서를 나열한다. 사용자 문서로는 사용자 매뉴얼, 온라인 도움말, 교재 등이 있으며 따라야 하는 문서 전달 형식, 표준 또는 도구가 있다면 그것들을 설명한다.

2.7 가정과 종속관계(Assumptions and Dependencies)

가정은 물증 또는 확실한 지식이 없는 경우에 사실이라고 믿는 선언으로, 이 가정이 잘못되거나 이것을 공유하지 않는다면 문제가 발생할 수 있기 때문에 어떤 가정은 프로젝트 위험으로 간주된다. SRS를 읽은 사람은 그 제품이 특정 사용자 인터페이스 규칙을 따르고 있다고 가정할 수 있는 반면에, 다른 사람은 다른 생각을 할 수 있다. 개발자는 특정 기능들이 사용자 정의로 작성된다고 가정하지만, 분석가는 이것들이 이전의 프로젝트로부터 재사용된다고 믿고 있으며 프로젝트 관리자는 상업용 함수 라이브러리를 구매해야 한다고 생각할 수 있다.

운영체계의 다음 버전 발표 또는 산업표준 발표와 같이 프로젝트가 통제할 수 없는 외부 요소에 어느 정도 종속되는지를 설명한다. 다른 프로젝트가 개발하고 있는 어떤 컴포넌트를 시스템에 통합하려고 한다면, 그 프로젝트가 해당 컴포넌트를 제시간에 제공하는 것을 기다려야 한다. 이런 종속 관계가 프로젝트 계획과 같은 다른 문서에 이미 정리되어 있다면 그 문서들을 참조하도록 한다.

3. 유스케이스(Usecase)

3.1 유스케이스 이름

가. 요약 시나리오

나. 이벤트 흐름

　① 기본흐름

　② 예외흐름

다. 사전조건

라. 사후조건

마. 쟁점

바. 현실화

4. 시스템 특징(System Feature)

4.1 시스템 특징

가. 설명과 우선순위(Description and Priority)

기능에 대해 간단하게 설명하고 그것이 높은 우선순위인지 낮은 우선순위인지를 나타낸다. 우선순위는 프로젝트 중에 변할 수 있는 동적인 것으로, 요구사항 관리 툴을 사용한다면 요구사항 특성의 우선순위를 정의한다.

나. 자극/응답 순서(Stimulus/Response Sequence)

입력 자극(사용자 행동, 외부 장비의 신호 또는 다른 자극)의 순서와 이 기능에 대한 동작을 정의하는 시스템 반응을 나열한다. 이 자극들은 유스케이스의 초기 대화 단계 또는 외부 시스템 이벤트에 해당한다.

다. 기능 요구사항(Functional requirement)

이 기능과 관련된 상세한 기능 요구사항을 항목으로 나열한다. 이것들은 사용자가 기능의 서비스를 수행하기 위해 또는 유스케이스를 수행하기 위해 사용하는 소프트웨어의 기능들이다. 제품이 예상되는 오류 상황이나 무효한 입력과 동작에 대해 어떻게 응답해야 하는지를 설명한다. 각각의 기능 요구사항에 유일한 레이블을 붙인다.

5. 외부 인터페이스 요구사항(External Interface Requirement)

5.1 사용자 인터페이스

- 시스템이 요구하는 각각의 사용자 인터페이스의 논리적인 특징을 설명한다. 따라야 할 GUI 표준 또는 제품 스타일 가이드에 대한 참조
- 폰트, 아이콘, 버튼 레이블, 이미지, 색상 체계, 필드 탭 순서, 공통으로 사용되는 컨트롤 등에 대한 표준
- 화면 레이아웃 또는 해상도 제약조건
- 도움말 버튼과 같이 모든 화면에 나타나는 표준 버튼, 기능 또는 탐색 링크
- 단축키
- 메시지 표시 규칙
- 소프트웨어 번역을 원활하게 하는 레이아웃 표준
- 시각장애인을 위한 기능

사용자 인터페이스의 설계 상세내용은 SRS가 아닌 별도의 사용자 인터페이스 명세에 문서로 정리한다.

5.2 하드웨어 인터페이스(Hardware Interface)

시스템의 소프트웨어와 하드웨어 컴포넌트 간의 모든 인터페이스의 특징을 설명한다. 설명에는 지원되는 장비, 유형 소프트웨어와 하드웨어 간의 데이터와 컨트롤 연동, 사용될 통신 프로토콜 등이 포함된다.

5.3 소프트웨어 인터페이스(Software Interface)

이 제품과 다른 소프트웨어 컴포넌트(데이터베이스, 운영체제, 툴, 라이브러리, 통합 상업용 컴포넌트) 간의 연결을 설명한다. 소프트웨어 컴포넌트 간에 교환되는 메시지, 데이터와 컨트롤 항목을 설명한다. 외부 소프트웨어 컴포넌트가 요구하는 서비스와 컴포넌트 간의 통신 성격을 설명하고 소프트웨어 컴포넌트들이 공유할 데이터를 파악한다.

5.4 통신 인터페이스(Communications Interface)

이메일, 웹 브라우저, 네트워크 통신 프로토콜, 전자 문서와 같이 제품이 사용할 모든 통신 기능에 대한 요구사항을 설명한다. 관련된 모든 메시지 형태를 정의하고 통신 보안 도는 암호화 문제, 데이터 전송률과 동기화 메커니즘을 명시한다.

6. 기능 이외의 다른 요구사항 (Other Nonfunctional Requirement)

6.1 성능 요구사항(Performance Requirement)

다양한 시스템 운영에 대한 특정 성능 요구사항을 설명한다. 개발자들이 적합한 설계를 선택할 수 있게 만든 논리를 설명한다. 예를 들면 엄격한 데이터베이스 응답시간 때문에 설계자들은 여러 위치에 데이터베이스를 미러링하거나 더 빠른 질의응답을 위해 데이터베이스 테이블의 정규화를 해제시킬 수 있다. 지원되어야 하는 초당 트랜잭션 수, 응답 시간, 연산의 정확도와 실시간 시스템의 속도 조절 관계를 명시한다. 또한, 메모리와 디스크 공간 요구사항, 동시 사용자 부하 또는 데이터베이스 테이블에 저장되는 최대 row 수를 명시한다.

성능 요구사항은 가능한 분명하게 계량적으로 표현한다. 예를 들면 "MS XP의 1GHz P4 환경에서 메모리가 60%의 여유가 있는 상태에서 데이터베이스의 질의 중 95%가 3초 내에 완료된다."라는 식으로 표현한다.

6.2 안전 요구사항(Safety Requirement)

반드시 방지해야 하는 잠재적으로 위험한 행동뿐만 아니라 반드시 취해야 할 모든 안전장치 또는 행동을 정의한다. 제품이 따라야 하는 보안인증, 정책 또는 규제를 정의한다.

6.3 보안 요구사항(Security Requirement)

제품에 대한 접속과 제품사용에 영향을 미치는 보안, 무결성 또는 사생활 문제, 제품이 사용하거나 만드는 데이터에 대한 보호를 모두 명시한다. 보안 요구사항은 일반적으로 비즈니스 규칙에서 만들어지기 때문에, 제품이 준수해야 하는 모든 보안, 사생활 정책 또는 규제를 모두 명시한다. 이것 대신에, 무결성이라고 부르는 품질 특성을 통해 이 요구사항들을 해결할 수 있다. 다음은 보안 요구사항의 예이다.

> ■ SE-1 모든 사용자는 첫 번째 로그인에 성공한 후, 처음에 할당한 로그인 암호를 즉시 변경해야 한다. 초기 암호는 절대로 재사용되지 않는다.

6.4 소프트웨어 품질 특성(Software Quality Attribute)

고객 또는 개발자에게 중요한 모든 별도의 품질 특성을 설명한다. 이런 특성들은 명확하고 계량적이며 확인할 수 있어야 한다.

7. 다른 요구사항(Other Requirement)

SRS의 다른 부분에서는 다루지 않는 모든 요구사항을 정의한다. 예를 들어 국제화 요구사항, 법적 요구사항 등이 있다. 제품설치, 구성, 시작과 종료, 복구와 장애 극복, 로깅과 모니터링 운영에 대한 요구사항을 다루는 운영, 관리와 유지보수에 대한 내용을 추가할 수 있다.

8. 부록 A: 용어집(Glossary)

9. 부록 B: 분석모델(Analysis Model)

데이터 플로 다이어그램, 클래스 다이어그램, 상태전이도 등과 같은 관련된 분석모델을 설명한다.

10. 부록 C: 데이터 사전

11. 부록 D: 문제 목록(Issues List)

2.2 요구사항 명세 고려사항

요구사항 명세에 반드시 포함되어야 할 내용으로는 인터페이스, 기능, 성능, 품질속성, 설계제약 등이 있으며 이를 설명하자면 다음과 같다.

- **인터페이스** SW는 사람이나 HW, 다른 시스템과 어떻게 인터페이스 하는가?
- **기능** 제공되는 소프트웨어는 무엇을 수행하는가?
- **성능** 속도, 유용성, 응답시간, 소프트웨어 기능의 복구시간 등은 어떠한가?
- **속성** 이식성, 정확성, 유지성, 보안성 등에 대해 고려하고 있는가?
- **설계제약** 실행언어, DB에 대한 정책, 자원제한, 운영환경 등과 같은 것에 대하여 어떤 요구되는 표준이 있는가?

요구사항 명세에서 제외되어야 할 내용으로는 프로젝트 요구사항, 프로덕트 보증 계획, 구체적인 설계내용 등이 있으며 이를 설명하자면 다음과 같다.

- **프로젝트 요구사항** 요구사항 명세서와 프로젝트 요구사항은 다른 생명주기를 가진다.
  (예) 인원, 일정, 비용, 이정표, 활동, 단계, 보고처리
- **프로덕트 보증계획** 프로덕트 보증계획 관련 인원은 요구사항 명세 인원과 다르다.
  (예) 형상관리 계획, 검증 계획, 테스트 계획, 품질보증 계획 등
- **설계내용** 요구사항 명세는 설계내용을 제한한다.

요구사항 문서화 지침

요구사항 문서화 지침(Kovitz 1999)은 다음과 같다.

- 문장이나 단락을 간결하고 직설적으로 표현하라.
- 실제 현장에서 사용하는 언어로 표현하라.
- 문법, 절차, 억양 등을 규칙에 맞게 표현하라.
- 용어는 해설집을 작성하고 일관성 있게 사용하라.
- 일관성 있는 술어를 사용하라. "하여야 한다.", "할 수 있다." 등의 용어를 일관성 있게 사용하라.
- 애매모호하거나 주관적인 용어는 배제 또는 축소하라.
  (예) 사용자에게 친근한, 쉬운, 간결한, 빠른, 효과적인, 지원, 다수의, 예술적으로, 월등한, 수용 가능한, 견고한 등
- 비교하는 단어를 배제하라.
  (예) 보다 개선, 최대화, 최소화, 최적화 등

※ 최대한 계량적인 수치로 표현하거나 상대적인 비교 등으로 표현하는 것이 좋다.

요구사항 명세서 작성 방법

- 시스템이 수행할 모든 기능과 시스템에 영향을 미치는 제약조건을 명확하게 기술한다.

- 명세 내용은 고객과 개발자 사이에서 모두가 이해하기 쉽고 간결하게 작성한다.

- 기술된 모든 요구사항은 검증이 가능하기 때문에 원하는 시스템의 품질, 상대적 중요도, 품질의 측정, 검증 방법 및 기준 등을 명시한다.

- 요구사항 명세서는 시스템의 외부 행위를 기술하는 것으로 특정한 구조나 알고리즘을 사용하여 설계하지 않도록 한다.

- 참여자들이 시스템의 기능을 이해하기 쉽게 하고, 변경에 대한 영향 분석 등을 위하여 계층적으로 구성한다.

- 요구사항을 쉽게 참조할 수 있도록 고유의 식별자를 가지고 번호화하고, 모든 요구사항이 동등한 것이 아니기 때문에 요구사항을 우선순위화한다.

요구사항 부가정보 관리

요구사항 식별정보, 속성정보, 상태정보, 요구사항 리스트 관리 등을 관리한다.

Attribute	Description	High-Level	Mei-Level	Detail (Testable)
유니크 아이디	요구 사항에 대한 고유 식별자	x	x	x
생성일자	요구 사항이 처음으로 캡처 된 날짜	x	x	x
소스/소유권	요구 사항이 발생한 사람의 이름, 조직 부서 또는 변경 요청	x	x	
기능	기능적 기능 또는 제약 (비 기능적 범주)		x	x
유구사항 유형	기능 / 비즈니스, 비 기능 / 기술, 전환, 이해 관계자, ...	x	x	x
요구사항	공통된 이해를 보장하기 위해 비즈니스 용어로 표현 된 요구 사항에 대한 간략한 설명	x	x	
지위	요구 사항의 현재 상태를 반영합니다. 예 : 제안, 검토 중, 승인 됨, 거부 됨, 확인 됨, 구현 됨	x	x	
우선순위	요구 사항의 중요도를 나타냅니다 (Critical, High, Medium, Low)	x	x	x
이론적근거/원점	후진 (원산지 출처) 재 훈련을 재확인하고 요구 사항을 정당화합니다.		x	
난이도/복잡성	요구 사항의 구현이 얼마나 어려운지에 대한 Quitative 측정		x	
안정	요구 사항이 얼마나 성숙한 것인지 나타냅니다.	x	x	
테스트케이스ID	수락 단계에서 사용 된 유효성 검사 테스트 케이스에 대한 추적 성을 반영합니다.			x
할당	요구사항을 완료한 담당자		x	
리스크	예상되는 관련 노력 수준 및 / 복잡성 / 어려움에 따라 지정		x	
임포트	요구 사항을 이행하기위한 비즈니스 또는 기술적 효과	x	x	
마감일	요구 사항과 관련된 인도 물의 목표 날짜		x	
이해 관계자	요구 사항에 영향을 미치는 변경 사항을 승인 할 책임이있는 확인 된 비즈니스 직원		x	
승인자	요권를 승인한 사람		x	
승인날짜	요구 사항이 승인 된 날짜		x	
출시 번호/빌드	요구 사항의 구현을 목표로하는 응용 프로그램 릴리스 번호		x	x
종속성	영향을받을 수있는 다른 시스템 요소 및 / 또는 요구 사항 식별이 요구 사항의 변경		x	
맷글	요구 사항과 관련된 분석가, 승인자 등의 메모 필드에 사용할 수있는 텍스트 필드	x	x	
검증	요구 사항을 테스트하는 방법에 대한 설명 (예 : 데모, 분석, 검사, 연습, QA 테스트 스크립트 / 테스트 사례)		x	
서브 시스템	요구 사항이 구현되는 응용 프로그램 / 시스템	x	x	
실제반복	계획 반복 (릴리즈 번호 / 빌드)보다는 실제 (실제) 번호를 식별합니다. 요구 사항이 구현되었습니다		x	
개정번호	사용자가 요구 사항의 다른 버전을 추적합니다.		x	
비용	요구 사항에 기인한 정량화 된 비용	x	x	
결합	관련 결합 (들)의 ID			x
폐기	요구 사항이 제거되었거나 더 이상 활성화되어 있지 않음을 나타냅니다.	x	x	x
이익	요구 사항이 지원하는 요구 또는 계량	x		
ROI/ROE	요구 사항이 구현 될 때 예상되는 투자 / 노력 / 관련 수익	x		

[그림 6-24] 요구사항 속성정보(예시)

요구사항 부가정보는 다음과 같은 범주로 구성된다.

① 요구사항 식별정보

- ID: Numbering 체계
- 일관성 있는 계층구조 Level

② 요구사항 속성정보

- 요구사항 유형: 기능 / 성능 / 품질 / 제약사항
- Compliance Level: 필수, 선택, 희망
- 우선순위 / 중요도(1~10) / Risk

③ 요구사항 상태정보

- 현재 상태: TBD, TBR, Defined, Approved, Verified, Deleted
- 합의 상태: 제안, 평가, 합의
- 검토 상태: 검토 예정, 수락, 거부

④ 기타정보

- 요구사항 리스트 관리
- Rejected / Postponed 요구사항 관리

2.3 품질 특성 명세

소프트웨어 품질 점검에 필요한 베이스라인을 제공하려면 요구사항은 정형화가 이루어져야 한다. 따라서 소프트웨어 시스템의 특성, 업무 목표, 사용자 유형 그리고 상위 요구사항에 따라 품질 요구사항 목표를 정의해야 한다. 품질 특성은 소프트웨어 시스템의 목표를 달성하기 위하여 반드시 고려해야 할 사항으로, 전체 시스템 품질 목표를 고려하여 품질 특성과 부특성을 정의한다. 품질 특성은 시스템의 목적과 운영 환경 등에 따라 작성 기준이 달라지기 때문에 본 표준에서는 소프트웨어 품질 국제 표준을 기반으로 속성을 정의해야 한다.

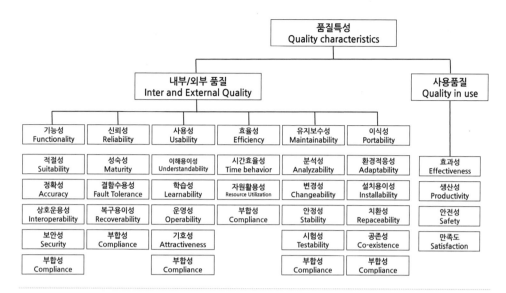

[그림 6-25] 소프트웨어 품질 특성

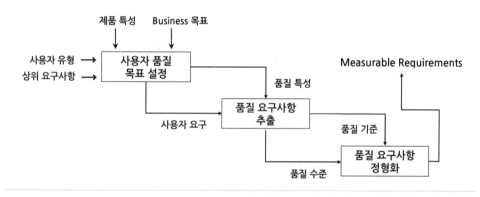

[그림 6-26] 품질 요구사항 정형화

품질 특성	품질 부특성	요구사항 내용
효율성(efficiency)	시간효율성 처리효율성 자원효율성	시스템이 특정 조건에서 제공할 시간과 자원에 대해 기술한다.
신뢰성(reliability)	가용성 오류허용성 복구성	시스템 사용 시 필요한 시간과 자원에 대해 목표를 기술한다.
사용성(usability)	이해성 학습성	사용자가 시스템을 쉽게 운용하거나 사용법을 쉽게 배울 수 있도록 관련된 요구사항을 기술한다.
유지보수성 (maintainability)	변경성 안전성 운영성	시스템의 변경 수행 절차 또는 문제 발생의 해결 방안을 기술한다.
이식성(portability)	설치성 적응성 상호운용성	시스템의 설치와 운용이 가능한 플랫폼이나 기술과 함께 기존 시스템이나 정보와의 호환성을 기술한다.
보안성(Security)	기밀성 무결성	시스템 및 시스템 데이터에 대한 보호와 데이터 무결성 관련 요구사항을 기술한다.
준수성(Compliance)	표준적합성	시스템과 관련된 각종 표준 관련 요구사항을 기술한다.

2.4 요구사항 명세 작성 (예시)

이제 예를 통해 각 요구사항 유형별 요구사항 명세를 살펴보자.

1) 기능 요구사항 명세

요구사항 번호	요구사항 이름	요구사항 내용
FR-1	인사관리업무 - 사용자 정보 관리	1. 시스템은 인사관리 시스템을 이용하는 사용자들의 기본정보를 관리해야 한다. • 사용자 기본정보는 인적사항, 가족관계, 학력, 경력 등을 관리한다. • 사용자는 시스템 등록에 필요한 자신의 기본정보를 직접 입력할 수 있어야 한다. • 사용자는 아이디와 주민번호를 제외하고 등록된 자신의 기본정보를 변경할 수 있어야 한다. • 사용자는 등록된 자신의 모든 기본정보를 조회할 수 있어야 한다. • 사용자는 시스템 이용을 원하지 않을 경우 등록된 모든 기본정보를 삭제할 수 있어야 있다. 2. 시스템은 인사관리 시스템을 이용하는 사용자들의 인사정보를 관리해야 한다. • 사용자들의 인사정보는 승진, 고과, 발령 및 상벌사항 등을 관리한다. • 사용자가 시스템에 처음 기본정보를 등록할 때, 인사담당자는 사용자의 인사정보를 등록해야 한다. • 사용자의 인사정보가 변경될 때, 인사담당자는 사용자의 인사자료를 수정해야 한다. • 사용자 인사정보는 접근이 허가된 관리자만이 조회할 수 있어야 한다. • 사용자가 시스템에서 기본정보를 삭제할 때, 사용자의 인사정보는 백업 후 삭제해야 한다.

2) 비기능 요구사항 명세

① 성능 요구사항

요구사항 번호	요구사항 이름	요구사항 내용
PR-1	평균 응답 시간	1. 시스템은 정상 상태에서 사용자의 질의요청에 대한 결과 페이지를 화면에 출력할 때 4초 이내에 보여주어야 한다. 2. 평균 응답시간은 시스템을 사용하는 동시 사용자가 최대 사용자 수의 90%를 초과하는 경우에는 적용되지 않는다.

요구사항 번호	요구사항 이름	요구사항 내용
PR-2	평균 처리 시간	1. 시스템은 정상 상태에서 사용자의 건별 등록 요청에 대한 처리를 3초 이내에 해야 한다.
PR-3	동시 처리	1. 시스템의 전체 사용자 수는 최대 1,000명으로 한다. 2. 시스템은 정상 상태에서 최대 100명의 동시 로그인 사용자를 수용해야 한다.
PR-4	최대 처리	1. 초기 시스템은 초당 최소한 100건의 사용자 기본정보 입력 기능을 처리할 수 있어야 한다. 2. 시스템은 최대 부하 상태에서 초당 50건의 사용자 기본정보 입력 기능을 처리할 수 있어야 한다.
PR-5	자원 사용률	1. 시스템의 메모리는 최대 부하 시점에서도 90% 이상은 사용되지 않아야 한다. 2. 시스템은 정상 상태에서 백그라운드 작업을 위하여 CPU를 50% 이하로 사용해야 한다.

② 품질 요구사항(신뢰성)

요구사항 번호	요구사항 이름	요구사항 내용
QRR-1	시스템 무중단 운영	1. 시스템은 정상상태에서 근무시간(8:00~22:00) 동안 무중단 서비스를 제공해야 한다. 2. 시스템은 장애 발생 시 5분 이내에 대체 작동하여 서비스의 무중단 기능을 제공해야 한다. 3. 시스템은 정상 상태에서 예상하지 못한 외부 메시지가 수신되면, 운영자에게 알리고 진행 중이던 동작을 중단 없이 계속 수행해야 한다.
QRR-2	시스템 백업	1. 시스템은 신속한 장애 대응을 위하여 2차 백업 환경을 구축해야 한다. 2. 시스템은 DISK 안정성을 확보하기 위하여 RAID1 (Redundant Array of Independent Disks)을 구성한다. 3. 시스템은 자동화된 백업 장비를 이용하여 MEDIA 백업을 한다. • 1차 백업은 디스크 순간 복제 솔루션을 통하여 저장한다. • 2차 백업은 가상백업 미디어(VTL)나 테이프백업 장치(LTO)에 저장한다.

요구사항 번호	요구사항 이름	요구사항 내용
QRR-3	시스템 장애 복구	1. 시스템은 장애 발생 시 3시간 이내에 정상 상태로 복구되어야 한다. 2. 시스템은 장애 복구 시간 중에 장애 상황을 공지할 수 있어야 한다. 3. 시스템의 전체 사용자 수는 최대 1,000명으로 한다. 4. 시스템은 정상 상태에서 최대 100명의 동시 로그인 사용자를 수용해야 한다.

③ 품질 요구사항(사용성)

요구사항 번호	요구사항 이름	요구사항 내용
QUR-1	웹 호환성	1. 시스템은 전자정부 서비스 호환성 준수지침(행안부 고시)을 준수해야 한다.
QUR-1	사용자 운영성	1. 시스템은 빠른 기능 찾기를 위한 내비게이션 기능을 제공해야 한다. 2. 시스템은 실행 시에 오류를 최소화하기 위하여 사용자가 시스템 동작을 취소할 수 있는 기능을 제공해야 한다. 3. 시스템은 취소 동작을 1초 이내에 수행해야 한다.
QUR-1	장애인 접근성	시스템은 다음 지침에 따라서 장애인 접근성을 준수해야 한다. 1. 장애인, 고령자 등의 정보 접근 및 이용 편의 증진을 위한 지침(행안부 고시) 2. 인터넷 웹 콘텐츠 접근성 지침 3. 웹 접근성 향상을 위한 국가표준기술 가이드라인
QUR-1	언어 지원	1. 시스템은 한국어뿐만 아니라 외국인을 위하여 일본어, 중국어, 영어 화면을 제공해야 한다.
QUR-1	도움말 제공	1. 시스템에서 제공하는 사용자 기능은 온라인 도움말을 제공해야 한다. 2. 시스템에서 제공하는 인터페이스 기능과 방법은 관리자 매뉴얼에 포함해야 한다.
QUR-1	정보 제공	1. 시스템은 온라인 오류 메시지 기능을 제공해야 한다. 2. 시스템은 콘텐츠의 모양이나 배치를 논리적으로 이해하기 쉽게 구성해야 한다. 3. 온라인 서식을 포함하는 콘텐츠는 서식과 관련한 모든 정보를 제공해야 한다.

④ 품질 요구사항(유지보수성)

요구사항 번호	요구사항 이름	요구사항 내용
QMR-1	시스템 업그레이드	1. 시스템은 새로운 기능을 구현하기 위해 필요한 경우 업그레이드를 해야 한다. 2. 시스템은 보안사고 예방, 성능 개선 등이 발생하는 경우 패치를 해야 한다.
QMR-2	무상 보증	1. 시스템의 무상 보증기간은 검수 완료일로부터 12개월로 한다. 2. 시스템의 유지보수 범위는 개발 소프트웨어, 운영 하드웨어 및 네트워크를 포함하는 시스템 전체로 한다. 3. 기존 시스템의 소프트웨어와 하드웨어의 유지보수를 승계해야 한다.
QMR-3	시스템 확장	1. 시스템 확장 시 데이터의 재분배 없이 수평적인 확장이 가능해야 한다. 2. 시스템이 확장될 때 성능저하 없이 처리용량이 선형적으로 증가해야 한다.

⑤ 품질 요구사항(이식성)

요구사항 번호	요구사항 이름	요구사항 내용
QPR-1	시스템 이식성	1. 시스템은 호환 가능한 LINUX 운영체제에서 수행될 수 있어야 한다.
QPR-2	시스템 상호운용	1. 시스템은 기존 인사업무 시스템의 데이터베이스 자료를 재사용할 수 있어야 한다. 2. 시스템은 서버, 외장디스크 및 백업장치 사이에 호환성을 제공해야 한다. 3. 시스템의 소프트웨어와 하드웨어는 전체 정보화 사업과 관련된 장비와 상호 호환성을 제공해야 한다.

⑥ 품질 요구사항(보안성)

요구사항 번호	요구사항 이름	요구사항 내용
QSR-1	사용자 인증	1. 시스템은 사용자가 접근을 시도할 때 인증을 해야 한다. 2. 시스템은 인증할 때 개인정보 보호지침을 준수해야 한다.

요구사항 번호	요구사항 이름	요구사항 내용
QSR-2	사용자 접근 제어	1. 시스템은 사용자의 업무 권한에 따라 데이터의 접근 수준을 구분해야 한다. 2. 시스템은 사용자가 일정 회수 이상 로그인 정보가 틀린 경우 접근을 제한해야 한다.
QSR-3	데이터 무결성	1. 시스템은 인가된 사용자가 외부에서 사용자 정보를 변경하려고 할 때 감사추적을 해야 한다. 2. 시스템은 이용자 ID, 이용 시간, 조회 내용, 사용 현황 등의 조회 이력을 관리해야 한다. 3. 시스템은 데이터 변경 이력과 데이터 접근 현황에 대한 로그 관리를 해야 한다.
QSR-4	데이터 복구	1. 시스템은 대량 데이터 Unload 및 데이터 복구를 관리해야 한다. 2. 시스템은 보안 사고가 발생하여 데이터가 위변조, 손실되면 2시간 이내에 데이터를 복구해야 한다.
QSR-5	도움말 제공	1. 시스템에서 제공하는 사용자 기능은 온라인 도움말을 제공해야 한다. 2. 시스템에서 제공하는 인터페이스 기능과 방법은 관리자 매뉴얼에 포함해야 한다.
QSR-6	보안 정책 및 지침 준수	1. 시스템은 발주기관의 보안정책에 따라 개발되어야 한다. 2. 시스템은 소프트웨어 개발 보안가이드를 준수하여 개발해야 한다.

⑦ 인터페이스 요구사항

요구사항 번호	요구사항 이름	요구사항 내용
IR-1	시스템 인터페이스	1. 시스템은 입력된 사용자의 실명확인을 위해서 외부 실명확인 시스템과 인터페이스 한다. 2. 시스템은 인사팀 담당자가 의료비를 승인할 때 의료비 신청자 정보와 회사지원분 금액 정보를 전송하기 위하여 회계 시스템과 인터페이스 한다. 3. 시스템은 인사팀 담당자가 의료비를 승인한 후 수령 예정일 정보를 생성하여 의료비 신청자에게 발송하기 위해 메일 시스템과 인터페이스 한다.

요구사항 번호	요구사항 이름	요구사항 내용
IR-1	사용자 인터페이스	1. 시스템은 사용자 이용이 편리하도록 웹 기반으로 구축한다. 2. 시스템의 모든 기능은 웹브라우저를 통하여 작동되도록 구현한다. 3. 시스템의 모든 기능은 키보드 또는 대체 키보드 인터페이스를 통해 사용할 수 있어야 한다.

⑧ 데이터 요구사항

요구사항 번호	요구사항 이름	요구사항 내용
DR-1	데이터베이스 구축	1. 시스템은 내부 DB인 '회원정보 DB'와 '복지정보 DB'를 구축해야 한다. 2. 시스템은 외부 DB인 '연말정산 시스템'의 '급여 DB'로부터 데이터를 제공받아야 한다. 3. 시스템은 이전 시스템에서 운용하던 '회원정보'를 새로운 시스템에서도 운용해야 한다.
DR-2	데이터 저장	1. 시스템은 저장된 사용자 정보를 보관한다. 2. 사용자 기본정보는 영구보존한다. 3. 사용자 인사정보는 3년간 보존한다.
DR-3	데이터 보존	1. 시스템은 자료의 파손, 변질, 분실 등에 대비하기 위하여 백업 기능을 제공해야 한다. 2. 사용자 기본정보는 자동으로 백업한다. 3. 사용자 기본정보는 30일 단위로 백업한다. 4. 보존 기간이 경과한 정보는 백업한 후 디스크에서 삭제한다.
DR-4	데이터 무결성	1. 시스템은 외부 데이터를 연계할 때 데이터의 정합성을 검증해야 한다. 2. 시스템은 대량 데이터 Unload 및 데이터 복구를 관리해야 한다. 3. 시스템은 보안 사고가 발생하여 데이터가 위변조, 손실되면 2시간 이내에 데이터를 복구해야 한다.

⑨ 운영 요구사항

요구사항 번호	요구사항 이름	요구사항 내용
OR-1	운영 하드 웨어	1. 서버 종류 및 사양 | 서버 종류	수량	최소 사양
AP 서버	2	CPU: 787,273tpmC 이상 메모리: 47,756MB 이상
DB 서버	1	CPU: 198,363tpmC 이상 메모리: 157,750MB 이상
웹 서버	2	CPU: 249,389tpmC 이상 메모리: 5,793MB 이상
개발서버	1	CPU: 184,865tpmC 이상 메모리: 4,010MB 이상 | 2. 주변장치 종류 및 사양 | 장치 종류	수량	최소 사양
외장디스크	1	Usable 41TB
백업장치	2	LTO4(드라이브 6개 이상) 가상백업장치(VTL) Usable 42TB
SAN 스위치	2	128 Port 이상
L4 스위치	4	16 Port 이상 | 3. 하드웨어 플랫폼 환경 • 기존 시스템과 호환성을 고려하여 개방형 LINUX 운영체제를 사용한다.
OR-2	운영 소프트 웨어	1. DBMS • LINUX 환경의 대용량 데이터 처리가 가능한 RDBMS를 사용한다. • 온라인 백업 및 복구 기능을 제공해야 한다.
OR-3	시스템 운영 및 안정화	1. 시스템은 자료의 파손, 변질, 분실 등에 대비하기 위하여 백업 기능을 제공해야 한다. 2. 사용자 기본정보는 자동으로 백업한다. 3. 사용자 기본정보는 30일 단위로 백업한다. 4. 보존 기간이 경과한 정보는 백업한 후 디스크에서 삭제한다.

⑩ 제약사항

요구사항 번호	요구사항 이름	요구사항 내용
CO-1	개발 제약 사항	1. 시스템은 컴포넌트 기반 개발(CBD) 방법론을 적용한다. 2. 시스템은 제시된 방법론의 절차와 과정(개발표준, 기술표준 문서화)에 따라 개발되어야 한다. 3. 시스템은 이전 시스템에서 사용하던 데이터를 신규 시스템에서도 동일하게 사용하기 위하여 데이터 마이그레이션을 해야 한다.
CO-2	표준 제약 사항	1. 시스템은 기존의 국가표준 및 정보화 기술지원 기관에서 확정한 표준화 내용을 준수해야 한다. 2. 시스템은 웹 접근성 관련 표준인 '인터넷 웹콘텐츠 접근성 지침 1.0 (KICS.OT-10.0003, 제정일: 2005년 12월)'을 준수해야 한다. 3. 시스템은 웹 콘텐츠에 접근하려는 장애인 등이 비장애인 등과 동등하게 접근하여 이용할 수 있도록 '웹 접근성 향상을 위한 국가표준기술 가이드라인 (KICS.OT-0003R1, 제정일: 2009년 3월)'을 준수해야 한다. 4. 시스템은 통화코드를 사용할 때 국제표준인 'ISO 4217:2008 Codes for the representation of currencies and funds'를 준수해야 한다.
CO-3	법적 제약 사항	1. 시스템은 개인정보 보호를 위하여 '개인정보 보호법, 시행일: 2011.9.30)'을 준수해야 한다. 2. 시스템은 전자정부 서비스 호환성 준수지침(행안부 고시)을 준수해야 한다.

이번 장에서는 추상적인 요구사항을 어떻게 구체화하고, 명세화하는지에 대해 자세히 살펴보았다. 고객한테서 나온 추상적 요구사항에 대해 구조적 체계를 설정하고, 모델링을 통해 구체화하고, 요구사항에 대한 우선순위 선정 및 정의, 명세서 작성 등을 알아보았다. 이제 다음 장에서는 이렇게 분석, 명세화된 요구사항을 어떻게 검증하는지 살펴볼 것이다.

Chapter 07

요구사항 검증

요구사항 검증은 요구사항 명세서에 사용자의 요구사항이 정확하고 올바르게 작성되었는지 확인하고 검토하여, 베이스라인으로 설정하는 활동이라 할 수 있다. 작성할 당시 괜찮게 정의된 요구사항이라도 여러 사람과 같이 검증을 하게 되면 모호한 부분 혹은 오류가 발견되기도 한다. 따라서 요구사항은 개발 후에 인스펙션을 통해 검토해야 하고, 프로토타입, 시뮬레이션 등으로 검증해야 할 필요성이 있다.

1. 요구사항 검증 개요

요구사항 검증은 사용자 요구가 요구사항 명세서에 올바르게 기술되어 있는지를 고객과 같이 검토하여 동의를 구하는 단계이다. 요구사항의 도출(Elicitation), 분석(Analysis), 명세화(Specification) 수행 중에 실시하게 되며 요구사항 명세서(SRS)가 의도하는 시스템의 작용과 특성을 올바르게 설명하고 있는지, 소프트웨어 요구사항이 시스템 요구사항 또는 타 출처로부터 올바르게 도출되었는지, 요구사항들은 제품의 설계와 구축, 시험으로 진행하기 위한 기본을 반영하고 있는지 검증을 수행한다.

요구사항 검증은 다음과 같이 3가지 검증 기법을 통해 수행한다.

- 인스펙션을 통한 요구사항 검토
- 프로토타입 개발을 통한 고객 요구사항의 가시화
- 유스케이스 및 기능 요구사항으로부터 개발된 개념적 테스트 케이스

여기에서는 주로 많이 사용하는 인스펙션을 통한 요구사항 검토를 집중적으로 살펴본다.

2. 인스펙션을 통한 요구사항 검토

정의

인스펙션은 산출물의 결함 발견 및 개선이 필요한 영역을 식별하기 위하여 산출물 담당자와 동료에 의하여 수행되는 검토 활동이다. 인스펙션 대상 산출물에는 프로젝트 제안서, 프로젝트 계획서, 요구사항 관련 문서, 주요 설계 문서 등 고객에게 인도되는 주요 산출물이 포함된다. 또한, 개발 소스 코드도 인스펙션 대상 산출물이 된다.

목적

요구사항 명세에 대한 프로젝트 인원 간의 이해 및 결함 예방 능력을 향상하고, 요구사항 명세의 결함을 초기에 효과적으로 제거하기 위해 요구사항 명세서 전체의 완전성, 일관성, 변경 가능성, 추적 가능성을 점검하도록 한다.

책임 및 권한

인스펙션에 참여하는 인원은 가능한 한 7명 이내의 팀으로 제한하는 것이 좋다. 대규모 팀은 정말 문제인가와는 상관없이 토론이나 문제 해결, 논쟁 중에 쉽게 결론을 도출하지 못할 수 있다. 각 인원의 구성과 권한 및 역할은 다음과 같다.

① 인스펙션 진행자(Moderator)

- 필요 시, 사전 검토 Overview를 실시한다.
- 인스펙션에 앞서 준비 사항을 확인하고, 사전 검토가 적절히 수행되었는지 파악한다.
- 인스펙션 참여자의 의견을 종합하여 결함 유형, 심각도, 결함 유입 단계, 결함 원인에 대한 판단을 내린다.
- 인스펙션 수행 중 기술적인 토론 시 조언을 할 수 있다.

② 산출물 작성자(Author)

- 인스펙션 대상 산출물을 작성 및 보완한다.
- 인스펙션 수행 시 검토자에게 대상 산출물의 내용에 대하여 설명한다.

③ 검토자(Reviewer)

■ 인스펙션 대상 산출물에 대한 사전 검토를 수행한다.

■ 인스펙션 회의 시 의견을 제시한다.

④ 낭독자(Reader)

■ 인스펙션 회의 진행 시 검토 대상 산출물을 읽어 주어, 산출물의 검토 위치를 지정하고, 검토 속도를 조절한다.

⑤ 서기(Recorder)

■ 인스펙션 회의 진행 시 발견된 결함이나 의견 사항을 '인스펙션 계획 및 결과서'에 기록한다.

⑥ 참관자(Observer)

■ 인스펙션 회의 참관자로서 의견을 제시할 수 없고, 인스펙션 공수에 포함되지 않는 인원이다.

⑦ 프로젝트 품질 담당자

■ 인스펙션 활동 및 결과를 프로젝트와 독립적인 관점에서 검토한다.

⑧ QA

■ 필요 시 프로젝트의 인스펙션 수행을 위한 교육을 지원하며, 인스펙션 프로세스가 프로젝트에 적절히 적용되도록 개선한다.

인스펙션 수행 흐름도

인스펙션 각 단계별 수행 참여 인원의 역할은 다음과 같다.

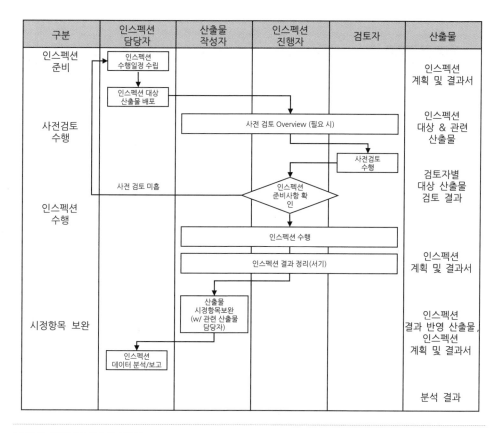

[그림 7-1] 인스펙션 수행 흐름도

인스펙션 세부 프로세스

① 인스펙션 준비: 수행일정을 수립하여 공지하고, 대상 산출물을 관련 검토자 인원들에게 배포한다.

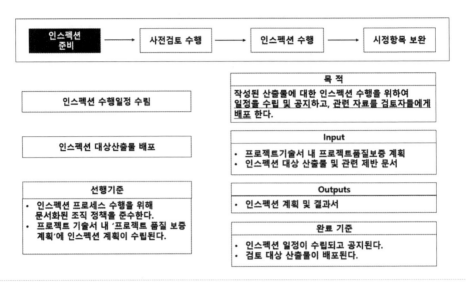

[그림 7-2] 인스펙션 프로세스: 인스펙션 준비

② 사전검토 수행: 대상 산출물에 대한 개별 검토를 수행하고, 검토 결과를 기록한다.

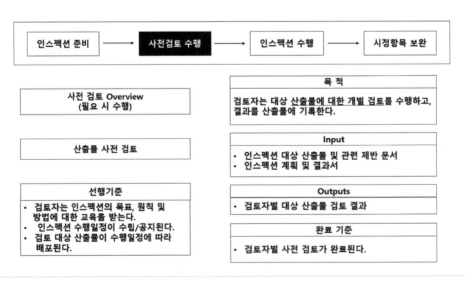

[그림 7-3] 인스펙션 프로세스: 사전검토 수행

사전검토는 다음과 같은 요구사항 검토 체크리스트(안)를 확정하여 요구사항 타당성 검증을 수행한다.

검증사항	체크리스트
무결성(correctness)과 완전성(completeness)	사용자의 요구를 오류 없이 완전하게 반영하고 있는가?
일관성(consistency)	요구사항이 서로 간에 모순되지 않는가?
명확성(unambiguous)	요구분석의 내용이 모호함 없이 모든 참여자에 의해 명확하게 이해될 수 있는가?
기능성(functional)	요구사항 명세서가 "어떻게"보다 "무엇을"에 관점을 두고 기술되었는가?
검증 가능성(verifiable)	요구사항 명세서에 기술된 내용이 사용자의 요구를 만족하는가? 개발된 시스템이 요구사항 분석 내용과 일치하는지를 검증할 수 있는가?
추적 가능성(traceable) 및 변경 용이성	시스템 요구사항과 시스템 설계 문서를 추적할 수 있는가?

③ 인스펙션 수행: 역할 및 기준에 따라 인스펙션을 수행하여, 사전검토 항목별 결함 여부와 심각도, 유형, 발생원인 등을 결정하고, 해당 결함 항목에 대한 시정, 보완 계획을 수립한다.

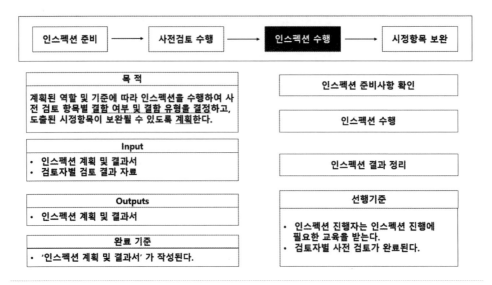

[그림 7-4] 인스펙션 프로세스: 인스펙션 수행

결함 심각도(안)

심각도	세부 설명
High	인스펙션 시 발견되지 않았다면, 나중에 테스트 단계나 고객에 의해 발견될 수 있는 결함 ※ 시스템에 미치는 충격의 효과 또는 수정에 소요되는 시간과는 무관함
Low	High가 아닌 모든 결함

결함 유입 단계(안)

결함 유입 단계	세부 설명
분석	시스템의 요구사항을 분석하고 명세화하는 과정에서 발생된 결함
설계	시스템을 설계(데이터베이스 설계, 보안 설계, 워크플로 디자인, 프로덕트 아키텍처 디자인)하는 과정에서 발생된 결함
개발	프로그램을 코딩하는 과정에서 발생된 결함

분석/설계 결함 유형(안)

결함 유형	세부 설명
Standard	표준 관련 결함 (문서 작성 표준, UI 표준, 용어 표준 등을 따르지 않는 경우)
Consistency	산출물 간 일관성 결함 (산출물마다 동일한 내용이 다른 경우, 불필요하거나 누락된 내용이 있는 경우)
Interface	UI 및 시스템 간 인터페이스 결함(* UI 표준 결함 제외) (불필요하거나 누락 및 개선이 필요한 UI/인터페이스 내용이 있는 경우)
Function	기능 결함(* UI 및 시스템 간 인터페이스 결함 제외) (요구 기능 누락, Logic 또는 Algorithm 오류, 불필요한 기능 등이 있는 경우)
Performance	성능 결함 (성능에 문제가 있는 분석/설계 내용이 있는 경우)
E (Etc.)	기타 (그 외 분류가 어려운 항목을 기술함)

※ 결함이 여러 유형에 중복되어 속하는 경우에는 보다 근본 원인을 제공한 것을 선정토록 한다. 예) 표준 미준수(Standard)로 인한 성능저하(Performance)가 우려되는 경우는 Standard 선택.

코드 결함 유형(안)

결함 유형	세부 설명
Standard	프로젝트 표준/공통 팀에서 정의한 개발 표준을 따르지 않은 경우 (명명 규칙, 선언, 문장, 들여쓰기, 공백, 주석과 관련된 문제들)
Syntax	언어 문법을 따르지 않은 경우 (데이터, 선언, 조건문, 반복문, 연산자 사용과 관련된 문제들)
Performance	Syntax(문법) 상에 문제는 없으나 성능을 저하시키는 경우 (메모리 할당/해제, 반복문 내의 변수 선언, SQL 문 등과 관련된 문제들)
Structure	표준 소스 파일 구조를 따르지 않거나 가독성이 좋지 않은 경우 (성능이 동일할 경우 불필요한 로직 구현 등)
Logic	비즈니스 로직 구현이나 공통 모듈에 오류가 있는 경우 (Input/Output 오류, 공통 모듈(DB 처리, 로그 처리 등)의 기본요건을 만족하지 못하는 경우)
E (Etc.)	기타 (그 외 분류가 어려운 항목을 기술함)

※ 결함이 여러 유형에 중복되어 속하는 경우에는 보다 근본 원인을 제공한 것을 선정토록 한다. 예) 주석, 멤버 변수, 메서드 선언 위치 등의 소스 파일 구조와 관련된 오류는 결함 유형을 Structure로 하고, 나머지 경우에는 Standard로 선택.

결함 발생 원인(안)

결함 원인	세부 설명
COMM	의사소통(Communication) 실패 예) 잘못된 정보, 유실된 정보, 정보 변경에 대한 의사소통 실패 등
OVER	간과(Overlook) 예) 무엇이 간과되거나 잊혀짐, 모든 원인과 조건이 고려되지 않음
EDUC	교육(Education)과 관련된 무엇에 대한 지식 또는 이해의 부족 예) 새로운 기능에 대한 이해 부족, 기존 시스템의 어떤 측면에 대한 이해 부족, 프로그래밍 언어/프로그래밍 표준/툴 등에 대한 부적절한 지식
TRAN	복사(Transcription) 오류 예) 무엇인가 잘못 복사함, 무엇을 할지는 알았으나 실수를 함
PROC	프로세스(Process)의 부적합 예) 프로세스 정의가 무엇인가를 포함하지 못하였거나 산출물의 결함으로 이끎

④ 시정항목 보완: 파악된 결함에 대한 시정항목 보완과 시정 결과에 따른 정보를 기록한다.

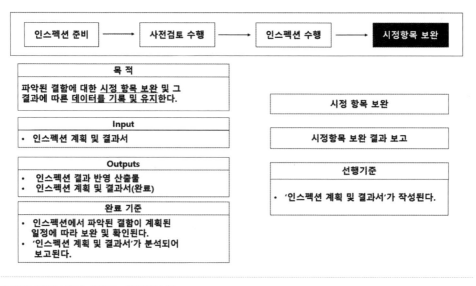

[그림 7-5] 인스펙션 프로세스: 시정항목 보완

인스펙션 수행 관련 문서 및 서식(안)

① 프로젝트 품질보증 계획서

프로젝트 산출물 인스펙션
본 활동은 산출물의 결함을 초기에 효과적으로 발견/제시하고, 산출물에 대한 프로젝트 팀원간 이해증진을 통해 결함을
예방하고 프로젝트 수행결과의 품질을 향상시키는데 있다.
수행 절차는 '인스펙션 프로세스 정의서'를 참조한다. 그 수행시기는 각 산출물 작성 완료 후, 고객인도(승인) 이전으로
삼세 작업 일정 상세 작업 일정 WBS를 참조한다.

Guide : 아래는 프로젝트의 각 단계에서 작성되는 산출물 중 인스펙션 대상으로 선별한 예이다.
    이들은 산출물 중 일부에 해당하며, 특히 고객에게 인도되는 주요 산출물을 포함 시키도록한다.
    상세 일정은 상세 작업 일정 WBS에 표기한다.
    선행산출물의 품질이 후 속 산출물에 영향(재작업 시간 등)을 미치게 되므로, 인스펙션은 단계별 산출물을 한번에
    몰아서 수행치 말고, 가능한 산출물이 작성 완료되는 즉시 수행하는 것이 권장된다. 특히 공통 모듈 등의 개발이
    그러하다. 자세한 사항은 '인스펙션 수행가이드'를 참조한다.

단계	대상산출물	검토자	비고(산출물)
착수/계획수립	프로젝트 기술서 Kick-off Meeting 자료	검토대상 문서 작성자 관련프로젝트 팀원	인스펙션 계획 및 결과서, 보완된 각 대상 산출물
요구사항 분석	요구사항 정의서 요구사항 명세서		
설계	기능설계 명세서 프로그램 명세서 테스트 계획서 테이블 정의서 테이블 명세서 프로그램 명세서		
분석/설계 단계 완료보고	1차 중간 보고		
테스트 (단위/통합/시스템/인수)	테스트 결과서 테스트 실행파일		

[그림 7-6] 프로젝트 품질보증 계획서(예시)

② 인스펙션 계획서

수행단계	산출물명	버전	참조산출물	산출물배포예정일	검토 예정일	Moderator	검토 예정자
계획	사업수행계획서	1	사업수행계획서	2006-09-15	2006-09-16	김기범	김기범,조용성,고향석,이유림
분석	비전기술서	0.3	비전기술서	2006-09-29	2006-09-30	김기범	김기범,조용성,고향석,이유림
분석	테스트 전략	1.2	테스트 전략	2006-10-07	2006-10-08	김기범	김기범,조용성,고향석,이유림
분석	테스트 계획서	1.2	테스트 계획서	2006-10-08	2006-10-09	김기범	김기범,조용성,고향석,이유림
분석	시스템 요구사항 기술서	1.2	시스템 상세 사항 기술서	2006-10-15	2006-10-16	김기범	김기범,조용성,고향석,이유림
분석	소프트웨어 아키텍처 정의서	1.2	소프트웨어 아키텍처 정의서	2006-10-31	2006-11-01	김기범	김기범,조용성,고향석,이유림
분석	시스템 테스트 설계서	1	시스템 테스트 시나리오	2006-11-06	2006-11-07	김기범	김기범,조용성,고향석,이유림
설계	설계 지침서	1		2006-11-12	2006-11-13	김기범	김기범,조용성,고향석,이유림
설계	개발표준 정의서	1		2006-11-20	2006-11-21	김기범	김기범,조용성,고향석,이유림
설계	컴포넌트 설계서	1		2006-11-25	2006-11-26	김기범	김기범,조용성,고향석,이유림
설계	재사용 컴포넌트 명세서	1		2006-11-27	2006-11-28	김기범	김기범,조용성,고향석,이유림
설계	통합테스트 계획서	1		2006-11-30	2006-12-01	김기범	김기범,조용성,고향석,이유림

[그림 7-7] 인스펙션 계획서(예시)

③ 인스펙션 결과서

수행단계	분석	Insp.유형	Inspection
산출물명	요구사항명세	버전	0.9
참조산출물	제안서,회의록	검토예정일	2009-04-03
산출물베포일	2009-04-01	산출물유형	문서산출물
Insp.일시	2009-04-03	산출물 크기	59페이지

No.	참석자 성명	역할	검토시간	Insp.시간
1	김 기범	MOD	60	40
2	조 용성	ATH	55	40
3	고 항석	REV	45	40
4	이 유림	REV	60	40

No.	Page	위치	의견	결함유형	심각도	유입단계	발생원인	담당자	완료일	작업시간	비고
1	3	21~33	기초데이터 관리 및 평가프로세스로 통합	S	H	분석	COMM	조용성	03월 06일	10	
2	8, 9	66~78	담보재평가액 조회 프로세스 추가	C	H	분석	COMM	조용성	03월 06일	30	
3	10, 11	87~89	(아파트 제외)건물평가 프로세스 추가	S	H	분석	COMM	조용성	03월 06일	21	
4	12	97~100	코드 관리 프로세스 추가	F	H	분석	COMM	조용성	03월 06일	40	
5	1~22	전체	Relation이 표현되지 않음 -> 향후 전산PM의 지시에 따라 보완 여부 결정	C	L	분석	COMM	조용성	03월 06일	100	
6	21	-	신규 개발화면인 경우 관련 모듈, Trigger사항을 표시하지 않음(단계 종료시 정의 예정)	S	H	분석	OVER	조용성	03월 06일	15	
7	39	우상단	GUI ID 미 정의	S	H	분석	OVER	조용성	03월 06일	43	
8	40	GUI	신청금액 항목 누락	C	H	분석	EDUC	조용성	03월 06일	23	
9	45	GUI	여신등급 -> EL 등급 변경된 것을 화면에 미반영	C	L	분석	OVER	조용성	03월 06일	22	
10	50	-	TO-BE 사항 미반영 부분 존재	F	H	분석	OVER	조용성	03월 06일	15	

[그림 7-8] 인스펙션 결과서(예시)

인스펙션 수행에 대한 관리자 지침

- 효과적인 인스펙션 프로세스를 개발, 구현 및 지원하기 위해 자원과 시간을 제공한다.

- 검토 활동에 대한 정책, 기대 효과 및 목표를 정한다.

- 프로젝트가 시간에 쫓기는 경우에도 검토 활동은 유지한다.

- 프로젝트 일정수립 시, 검토를 위한 추가적인 시간을 확보한다.

- 팀원이 관련 교육에 참석하게 한다.

- 검토 결과를 결코 개인의 능력을 평가하는 자료로 사용해서는 안 된다.

- 인스펙션에 참가하고 발전적으로 기여하도록 지원한다.

- 기대효과를 증진시키기 위해 인스펙션의 초기 적용 시 공개적으로 보상한다.

- 검토의 필요에 대해 의심하는 다른 관리자 및 고객과의 마찰을 조정한다.

- 문서 품질에 대한 검토 팀의 평가를 존중한다.

- 검토에 대한 운영 방법, 비용 및 팀의 이익에 대한 상태 보고서를 요청한다.

3. 프로토타입 개발

소프트웨어 프로토타입은 제안된 신규 제품의 일부이거나 가능성이 있는, 혹은 선행 구현체다. 프로토타입은 다음과 같은 세 가지 주요 목표를 제공할 수 있으며, 각 목표는 처음 단계부터 명확해야 한다.

① 요구사항을 명확하게 이해하고 완전하게 정의한다.

- 사용자가 도출 요구사항의 문제점을 평가할 수 있다.

② 설계 대안을 탐색한다.

- 엔지니어가 사용자 인터페이스 기법, 시스템의 사용 편의성 최적화 등에 대한 대안을 개발하여 평가할 수 있다.

③ 최종 제품의 기능 및 성능을 향상한다.

- 엔지니어가 최종 제품이 갖추어야 하는 기능 및 성능 요구사항의 누락 여부를 평가하여 그 결과를 타 구성품의 구축과정에서 반영할 수 있다.

[그림 7-9] 종이 프로토타입(예시)

(출처: https://wiki.smu.edu.sg/is306/AY1213-T2_G1_Team8_Paper_Prototype)

프로토타이핑 구분

프로토타이핑은 명확한 요구사항 파악 목적의 수평적 프로토타입과 기술적 타당성 평가
목적의 수직적 프로토타입으로 구분된다.

유형	별칭	목적	구현 방법
Horizontal Prototyping (수평적 프로토타입)	행동적 프로토타입 (Behavioral Prototype) 또는 모형(Mock-up)	명확한 요구사항 파악 목적 • 의도한 시스템의 특정 행동 탐색 • 요구사항의 구체화 • Missing, Wrong, Unnecessary 기능 판단 • 개발자의 구현방법을 사용자가 평가한 후, 대안 유스케이스, 누락 프로세스 단계, 과거에 발견하지 못한 예외상황 등을 찾아냄	사용자와 인터페이스 하고자 하는 화면의 외관만을 보여주고 가능한 내비게이션을 파악
Vertical Prototyping (수직적 프로토타입)	구조적 프로토타입 (Structural Prototype) 또는 개념검증(Proof of Concept)	기술적 타당성 평가 목적 • 알고리즘의 최적화 • 제안 데이터베이스 스키마 평가 • 핵심적인 요구사항의 시험	운영환경에서 목표 시스템과 유사한 결과 를 개발하여 평가

프로토타입 유형별 적용

프로토타입은 수명을 기준으로 일회성 프로타입과 진화형 프로토타입 유형으로 나눌 수 있다. 일회성 프로토타입은 대부분 팀이 요구사항에 대해 불확실성이나 불명확성, 불완전성, 모호함을 발견하거나 요구사항만으로 시스템을 상상하기가 어려울 때 적합하며, 진화형 프로토타입은 웹 개발 프로젝트에 매우 적합하다.

유형	Throwaway (일회용)	Evolutionary (진화형)
수평적	• UC 및 기능 요구사항 명확화 및 구체화 • 누락 기능 파악 • 사용자 인터페이스 기준 파악	• 핵심 UC 구현 • 우선순위를 토대로 추가적인 UC 구현 • 웹 사이트 개발 및 정련 • 신속하게 변화하는 비즈니스 요구에 따라 시스템 변경
수직적	• 기술 타당성 입증	• 핵심 클라이언트/서버 기능 및 커뮤니케이션 레이어 구현 및 발전 • 핵심 알고리즘 구현 및 최적화 • 성능 테스트 및 조율

프로토타입의 SW 개발 프로세스 통합 경로

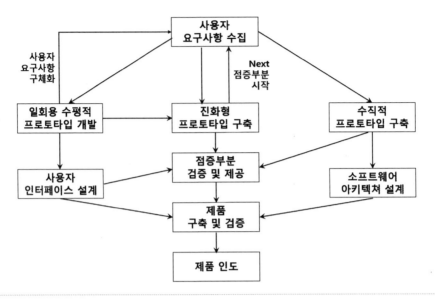

[그림 7-10] 프로토타입의 SW 개발 프로세스

프로토타입 기법

요구사항의 불확실성을 해결하기 위해서 항상 실행 가능한 프로토타입이 필요한 것은 아니다. 기능과 흐름을 찾으려면 충실도가 낮은 프로토타입을 사용하고, 좀 더 정밀한 외형을 결정하려면 충실도가 높은(high-fidelity) 프로토타입을 사용한다.

유형	상세 내용
Paper 프로토타입	• 종이, 색인, 포스트잇, 화이트보드, 마커 등을 사용한 스케치를 활용한 프로토타입
재사용 소프트웨어 컴포넌트	• 기존 시스템 또는 재사용 라이브러리에 존재하는 데이터 구조, 화면, 보고서, 모듈 등을 활용한 프로토타입
4세대 기법	• 비주얼 베이직, 델파이 등과 같은 프로그램 언어 • Perl, Python과 같은 Scripting 언어 • 상업용 도구 활용: Prototyping Toolkits, Screen Painters, Graphical user interface builders. • HTML을 활용한 웹 기반 접근(Web-based approaches)

이번 장에서는 요구사항이 정확하고 올바른가를 어떻게 검증하는지 살펴보았다. 인스펙션을 통한 기법과 프로토타입을 통한 검증은 현업에서 많이 쓰이므로 반드시 이해하고 있어야 한다. 다음 장에서는 이렇게 검증된 요구사항을 어떻게 관리하는지 살펴볼 것이다.

Chapter 08

요구사항 관리

지금까지 요구사항 도출, 분석, 명세, 검증 단계를 통해 초기의 승인된 요구사항을 획득하였다. 하지만 이후에 본격적인 개발이 진행되는 동안 요구사항은 이해관계자들, 특히 고객에 의해 계속해서 변경 요청을 받게 된다. 이러한 변경 요청 중에는 정말 쓸데없는 것도 있고, 변경을 불가피하게 수용해야만 하는 것들도 있다. 효율적인 요구사항 변경관리는 요구사항이 정확하게 지정된 의사결정 프로세스에 따라 관리해야 하며, 요구사항 변경을 통한 비용 증가, 변경 영향도 등을 면밀히 살펴야 한다. 또한, 변경에 대한 이력, 버전 등이 관리되어야 하며, 상태와 이슈가 추적 관리되어야 한다. 이번 장에서 효율적인 요구사항 관리에 대해 자세히 알아보자.

1. 요구사항 관리 개요

개발하거나 유지보수를 하고 있는 소프트웨어는 그 과정 동안 새로운 요구사항이 계속 추가되거나 변경되며, 이러한 것들이 항상 개발이나 유지보수의 범위 왜곡을 발생시키거나, 기존에 개발된 시스템이나 기능에 영향을 미쳐 충돌을 발생시킬 가능성을 가지고 있다. 필자는 요구사항 변경을 알지 못하여 쓸모없어진 기능을 계속 개발하다가 뒤늦게 알게 되어 황당했던 기억이 존재한다.

요구사항은 요구사항 개발도 중요하지만 요구사항을 얼마나 효율적으로 잘 관리하고 프로젝트 이해관계자 간에 효과적으로 전달되는지가 프로젝트의 성공에 중요한 요소가 된다. 이러한 요구사항 관리는 프로젝트 내내 요구사항의 무결성, 정확성, 현재성을 유지하는 모든 활동을 말하며, 조직이 프로젝트에 부여한 요구사항뿐만 아니라 수락된 요구사항 또는 프로젝트에 의해 산출된 모든 기능적, 비기능적 요구사항을 관리하는 것이다. 그중 핵심은 요구사항 정의 단계에서 베이스라인으로 설정된 요구사항 명세를 변경과 관련하여 일관성 있게 관리하는 것이다. 요구사항 베이스라인에 포함되는 것은 비즈니스 요구사항, 사용자 요구사항, 기능 요구사항, 비기능 요구사항, 분석모델, 데이터 사전 등이 있고, 이것들은 집합을 이루며, 또한 이해관계자들이 동의한 것이다. 동의가 이루어져 한번 베이스라인으로 설정되면, 그 이후의 변경은 요구사항 관리 프로세스를 통하여 이루어져야 한다.

요구사항 변경이나 추가를 받아들이게 되면, 기존의 완료 일정과 품질 수준을 만족시키지 못할 확률이 커지게 되는데, 이를 해결하기 위해 여러 가지 방법을 사용할 수 있다. 하지만 그러기 위한 중요한 전제가 되는 것이 요구사항의 우선순위가 구분되고 설정되어 있어야 한다는 것이다.

우선순위가 구분되어 있으면, 다음과 같은 조정이 가능하다.

① 요구사항 중에 우선순위가 낮은 것을 제거하거나 다음으로 연기한다.
② 인원을 추가 투입하여 개발한다.
③ 일정 연기 및 반복 주기 계획을 추가한다.
④ 품질 수준을 낮춘다.

2. 요구사항 관리 프로세스

요구사항 관리 프로세스의 목적은 프로젝트의 제품과 그 구성요소에 대한 요구사항과 프로젝트 계획 및 작업 산출물 간의 일관성을 확보하는 것으로, 다음 그림과 같이 변경관리, 버전관리, 요구사항 추적, 요구사항 상태추적 등 같은 네 가지 주요 범주를 통해 수행된다. 이들을 간략히 요약해서 살펴보면 다음과 같다.

요구사항 변경관리는 요구사항 변경에 대해 식별하고 영향도의 분석, 평가, 제어 등을 수행하는 것을 말한다. 요구사항 버전관리는 형상관리를 기반으로 하여 요구사항 베이스라인과 요구사항 개발 관리 전 과정에 축적된 모든 요구사항을 관리한다. 요구사항 추적 관리는 요구사항 변경에 의해 영향을 받는 요구사항을 식별하여 추적하는 연계 관리이며, 이는 요구사항과 관련된 설계, 테스트 관련 산출물 및 프로그램 소스까지 시스템 요소와의 링크를 관리한다. 요구사항 상태추적 관리는 가능한 요구사항 상태와 요구사항의 실제 개발 단계에서의 구현, 검증에 대한 진행 상태를 관리하는 것을 의미한다.

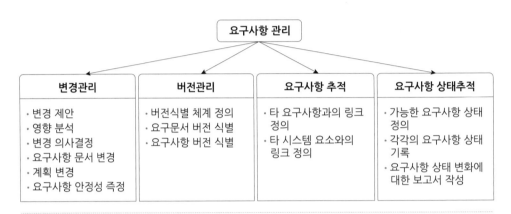

[그림 8-1] 요구사항 관리

3. 요구사항 변경관리

SW 개발을 진행하면서 요구사항 변경에 대해 다들 적지 않은 경험을 가지고 있을 것이다. 예를 들어 고객이 공개적인 과정을 통해 요구사항 변경을 요구하지 않고, 개발자나 PM에게 살며시 다가와 개선을 요구하곤 한다. 그러면 개발자나 PM은 그러한 변경이 쉽게 보여서 구두로 바꿔 주겠다고 동의하지만, 막상 수정을 해보니 아주 많은 부분과 관련이 있어서 이러한 변경이 쉽지 않음을 깨닫게 되고, 많은 일정을 소모하게 되는 뼈아픈 경험을 하는 경우가 의외로 많다. 이러한 일들이 발생하게 되면 보통 혼자만의 일로 끝나지 않고, 프로젝트에 참가한 여러 구성원에게 영향을 주며, 일정 지연, 구성원들의 불화를 비롯해 품질 수준이 떨어지게 만드는 큰 요인이 된다.

이러한 변경이 과연 필요한 것인가? 필요보다는 어쩔 수 없다가 아닐까 생각한다. 회계 시스템에서 회계 관련 법, 규제, 정책의 변화가 생기면, 그 요구사항은 바뀔 수밖에 없는 것이다. 시장이 요구하는 트렌드나 필자가 생각하는 변경관리에서 크게 중요한 것은 두 가지이다. 첫 번째는 변경관리 위원회(CCB)를 수립하여 변경에 대한 의사결정을 내리는 그룹의 구성과 권한을 공식적으로 하고, 변경관리 위원회(CCB)를 통한 변경이 이루어져야 한다는 것이다. 변경관리 위원회는 신규 요구사항이나 요구사항의 변경에 대한 승인을 결정하는 권한을 가지며, 개인이 될 수도 있고 여러 사람으로 이루어진 그룹일 수도 있다. 두 번째는 공개적이고 공식적인 변경 관리 프로세스에 따라 변경관리가 되어야 한다는 것이다.

합리적인 변경관리는 프로젝트 리더가 생명주기 비용과 프로젝트 일정을 관리하면서 모든 제안된 변경사항의 상태를 추적할 수 있게 함으로써, 제안된 변경사항의 상태를 누락하거나 간과하지 않도록 해야 한다.

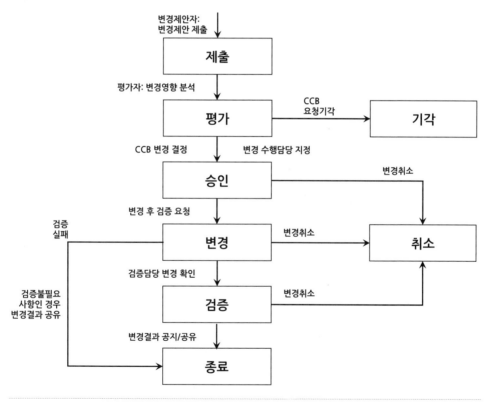

[그림 8-2] 요구사항 변경관리 프로세스

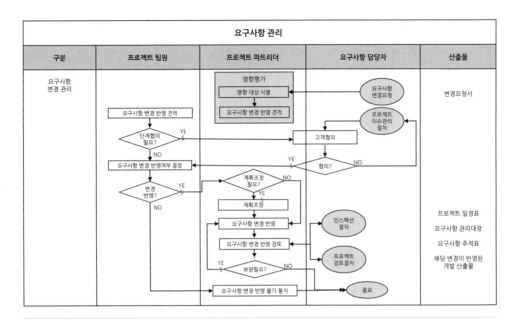

[그림 8-3] 요구사항 변경관리 프로세스(사례)

요구사항 변경관리 프로세스(사례)에서 중요한 세부 프로세스를 살펴보면 다음과 같다.

① 영향 대상 식별

요구사항 변경(추가, 수정, 삭제)을 반영할 때 영향을 받는 개발 요구사항을 식별하도록 한다. 영향을 받는 개발 요구사항을 기준으로 변경 작업 또는 추가 작업이 수행되어야 하는 문서 또는 대상을 식별하도록 한다.

② 요구사항 변경 반영 견적

요구사항에 대한 변경(추가, 수정, 삭제)을 제대로 반영하기 위하여 필요한 공수 및 일정을 파악하도록 한다. 이때 필요한 공수 및 일정에는 변경을 수행하는 공수 및 일정 외에도 정확한 변경 반영을 위해 필요한 분석과 검토에 대한 공수 및 일정까지 포함해야 한다.

③ 요구사항 변경 반영 검토

영향 평가 결과를 바탕으로 반드시 반영되어야 하는 요구사항인지, 고객 요구사항 변경 반영 시 향후 프로젝트 수행에 차질이 발생할 가능성이 있는지, 프로젝트 개발 범위에 대한 조정이 필요한 사항인지를 검토하도록 한다.

④ 고객 협의

구체적인 변경 계획안에 대해 고객과 합의가 이루어지지 않을 경우, 해당 사항은 프로젝트의 이슈로 등록되며, 종료 시까지 추적되어야 한다. 고객과의 협의는 합의점을 찾을 때까지 이루어져야 한다.

⑤ 요구사항 변경 반영 여부 결정

요구사항 변경 반영 여부에 대한 결정을 수행한다.

⑥ 계획 조정

적절한 요구사항 변경 반영과 원활한 향후 프로젝트 수행을 위하여 사전에 고객과 합의된 결과에 따라 조정하도록 한다.

⑦ 요구사항 변경 반영

변경된 요구사항에 대해서 "요구사항 관리 대장"과 "요구사항 추적표"에 반영하도록 한다.

⑧ 요구사항 변경 반영 검토

요구사항 변경에 대한 반영이 불가하다고 결정되었을 경우 프로젝트 수행팀은 해당 요구사항 변경 요청자에게 요구사항 변경 반영 불가를 공지하도록 한다.

4. 요구사항 버전관리

요구사항의 모든 버전은 고유하게 식별되어야 한다. 변경사항은 명확하게 문서화하고 영향을 받는 모든 이에게 전달되어야 한다. 지정된 개인에게만 요구사항 갱신을 허용하고, 요구사항이 갱신될 때마다 버전 식별자가 변경되어야 한다.

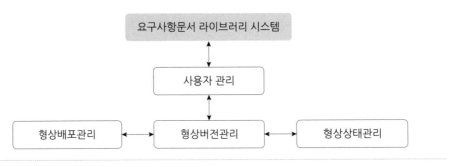

[그림 8-4] 요구사항 버전관리

요구사항 버전관리와 연관되는 주요 관리에 대에 살펴보면 다음과 같다.

① 사용자 관리

산출물에 접근하는 사용자 유형 및 권한을 관리한다.

② 형상배포관리

산출물(요구사항 명세서, 설계, 테스트 관련 산출물 및 프로그램 소스)등을 배포, 관리한다.

③ 형상버전관리

산출물의 변경에 따른 버전을 관리한다.

④ 형상상태관리

요구관리 도구(RM)를 점검하고, 형상관리 도구를 점검한다.

5. 요구사항 추적

요구사항 추적성은 요구사항과 개발 산출물 간의 관계를 파악하고 연관 지어 관리하는 것으로서, 요구사항이라는 개념에서 실질적으로 동작하는 시스템으로 구현되는 과정과 함께, 구현된 결과물(기능)이 요구사항을 만족하는지 파악하고 검증할 수 있도록 하는 것을 말한다. 이때 추적 정보는 제안된 요구사항 변경사항을 구현하기 위해 수정해야 하는 모든 작업을 파악하는 것을 도와 영향 분석을 용이하게 한다. 요구사항 추적이 가능하려면 프로젝트 전반에 걸쳐 모호하지 않도록 각각 지속적이고 고유한 이름으로 명명되어야 한다.

이러한 요구사항 추적을 위하여 요구사항 추적 매트릭스(표)를 작성한다. 요구사항 추적 매트릭스는 모든 요구사항에 대해 양방향 추적이 가능하도록 구성되어야 하며, 요구사항과 모든 개발 산출물 간 또는 개발 산출물 간의 매핑이 가능하도록 구성해야 한다. 모든 개발 산출물을 포함시키려 노력해야 하고, 빠지게 되면 양방향 추적을 하는 것이 어렵게 된다. 요구사항 추적 매트릭스는 개발을 종료하고 운영할 때 영향 평가의 중요한 자료로 활용된다. 여기서 프로그램에 대한 추적 항목 구성은 개발 시스템의 아키텍처, 개발 방법론에 따라 구성된다.

요구사항 추적 매트릭스를 꼭 작성해야 하는 중요한 이유는 모든 요구사항이 구현되었는지 검증하고, 모든 기능이 요구된 사항인지 검증하며, 영향을 받는 요소를 파악하고, 모든 요구사항이 테스트되었는지 검증하기 위해 반드시 필요하기 때문이다.

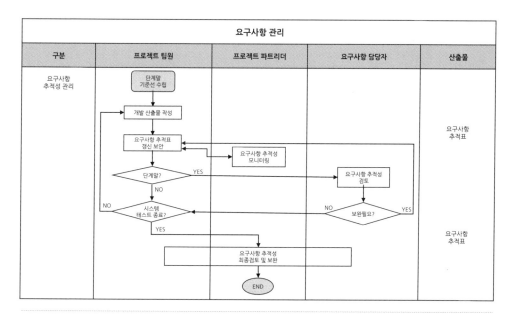

[그림 8-5] 요구사항 추적 관리 프로세스(사례)

요구사항 추적 관리 프로세스(사례)의 주요 세부 프로세스를 살펴보면 다음과 같다.

① 요구사항 추적표 갱신 보완

요구사항의 변경으로 인한 산출물의 변경에 따른 추적성을 보완한다.

② 요구사항 추적성 모니터링

요구사항 산출물의 갱신 시 추적 매트릭스 관리가 이루어지는지 모니터링한다.

③ 요구사항 추적성 검토

요구사항 산출물과 추적표의 현행화를 검토한다.

요구사항 추적 유형

요구사항 추적은 순방향 추적성과 역방향 추적성으로 구분하여 볼 수 있다. 이를 위해 대표적으로 요구사항 추적 매트릭스를 사용하는데, 정의된 요구사항과 시스템 컴포넌트 사이에 링크 식별을 제공한다. 따라서 이 추적 매트릭스를 사용하여, 순방향, 역방향으로 요구사항과 구현, 테스트 등의 일관성을 검사할 수 있다.

① 순방향 추적성

요구사항을 기준으로 다음 단계(설계, 구현, 테스트 등)로의 추적을 의미하며, 요구사항을 기준으로 시스템이 구현되고 있음을 검증하는 데 사용한다. 대표적으로 사용자 변경 요청으로부터 시스템 요구사항을 추적을 하는 것을 들 수 있다.

다음에 나오는 요구사항 추적 매트릭스 그림으로 설명하면, 요구사항 ID로부터 프로그램 ID, 테스트 케이스 ID를 통해 요구사항 명세서 확인, 프로그램 분석, 설계, 구현 명세 확인, 테스트 케이스 확인 순으로 진행 방향성을 가진다.

② 역방향 추적성

요구사항 추적 매트릭스 상의 항목을 기준으로 이전 단계로의 추적을 의미하며, 상위 문서에 정의되지 않은 기능이 하위 산출물에 반영되지 못하게 하며 영향 분석 시 영향 범위를 파악할 때 사용된다. 다음의 요구사항 추적 매트릭스 그림으로 설명하면, 테스트 케이스

ID를 통한 테스트 케이스부터 요구사항 방향으로 진행 방향성을 가진다.

	요구사항 ID	요구사항 명	출처	Entity ID	프로세스 ID	테이블 ID	프로그램 ID	메뉴 ID	테스트 케이스 ID
2	reg0001	통합검색	interview_01	ent0001	p0001	tb001	pg0002	mn0048	tc0001
3	reg0001	통합검색	interview_01	ent0001	p0002	tb001	pg0002	mn0048	tc0002
4	reg0001	통합검색	RFP_p11	ent0001	p0003	tb001	pg0002	mn0048	tc0003
5	reg0001	통합검색	interview_01	ent0001	p0004	tb001	pg0002	mn0048	tc0004
6	reg0001	통합검색	RFP_p11	ent0001	p0005	tb001	pg0002	mn0048	tc0005
7	reg0001	통합검색	RFP_p11	ent0001	p0006	tb001	pg0002	mn0048	tc0006
8	reg0001	통합검색	RFP_p11	ent0001	p0010	tb001	pg0002	mn0048	tc0010
9	reg0001	통합검색	RFP_p11	ent0001	p0011	tb001	pg0002	mn0048	tc0001
10	reg0001	통합검색	RFP_p11	ent0001	p0012	tb001	pg0002	mn0048	tc0002
11	reg0001	통합검색	Contract_p04	ent0001	p0013	tb001	pg0002	mn0048	tc0003
12	reg0001	통합검색	Contract_p04	ent0001	p0014	tb001	pg0002	mn0048	tc0004
13	reg0001	통합검색	Contract_p04	ent0001	p0015	tb001	pg0002	mn0048	tc0005
14	reg0001	통합검색	Contract_p04	ent0001	p0016	tb001	pg0002	mn0048	tc0006
15	reg0001	통합검색	Contract_p04	ent0001	p0017	tb001	pg0002	mn0048	tc0007
16	reg0001	통합검색	RFP_p11	ent0001	p0018	tb001	pg0002	mn0048	tc0008
17	reg0001								
18	reg0001								
19	reg0001								
20	reg0001								
21	reg0001								
22	reg0001								
23	reg0001								
24	reg0001								
25	reg0001								
26	reg0002								
27	reg0002								
28	reg0002								
29	reg0002								
30	reg0003	기술 자료방	RFP_p11	ent0003	p0118	tb003	pg0128	mn0048	tc0003
31	reg0003	기술 자료방	interview_01	ent0003	p0119	tb003	pg0128	mn0049	tc0003
32	reg0003	기술 자료방	interview_01	ent0003	p0120	tb003	pg0128	mn0081	tc0003
33	reg0003	기술 자료방	RFP_p11	ent0003	p0121	tb003	pg0128	mn0082	tc0003
34	reg0004	전문가 상담방	interview_01	ent0004	p0122	tb004	pg0006	mn0048	tc0004
35	reg0004	전문가 상담방	interview_01	ent0004	p0123	tb004	pg0006	mn0049	tc0004

> ☞ 고객의 요구사항이 누락되지 않고 명확히 반영되어, Scope 분쟁이나
> 프로젝트 위험으로 전가되지 않도록, 주요 산출물 간 추적성을
> 유지하는 사례임.
> ※ 프로젝트에서는 필요에 따라 본 추적 매트릭스 외(사례)들을 참고하여
> 필요 항목들을 관리할 수 있다.

[그림 8-6] 요구사항 추적 매트릭스

6. 요구사항 상태추적

요구사항의 상태를 추적하는 것은 프로젝트 진행 상태의 정확한 수치를 제공한다. 구현에 영향을 미치는 모든 유형의 개별 요구사항에 대해 하나의 레코드 저장소를 구축하고 각 요구사항에 대한 핵심 속성과 이들의 상태(제안됨. 승인됨. 구현됨 등)를 저장하면, 언제든지 각 상태 범주의 요구사항 수를 추적 관찰할 수 있다. 각 요구사항의 상태를 추적하는 것은 전반적인 프로젝트 상태의 통찰력을 제공한다.

요구사항 상태 정보

다음은 요구사항 상태추적에서 대표적으로 사용하는 상태의 종류와 의미이다.

상태	정의
제안 Proposed	요구사항을 제공하는 권한을 가진 자가 요구사항을 제안하였다.
승인 Approved	요구사항이 프로젝트에 미치는 영향을 분석하고, 특정 빌드 또는 제품배부를 위한 베이스라인에 할당하였다. SW개발자가 요구사항의 구현을 약속하였다.
구현 Implemented	요구사항 구현을 위해 설계, 코딩, 단위시험을 실시하였다.
검증 Verified	요구사항의 구현여부를 선정방법(시험 또는 검사 등)에 따라 검증하였다. 요구사항이 관련된 시험항목과 추적되었다. 요구사항이 완전한 것으로 간주되었다.
삭제 Deleted	계획된 요구사항을 베이스라인으로부터 삭제하였다. 요구사항의 삭제를 결정한 자와 그 이유에 대한 설명을 포함하고 있다.
거부 Rejected	요구사항 변경제안에 대해 구현을 기각 기각을 결정한 사람과 그 이유를 기술한다.

요구사항의 상태를 이처럼 관리하고 프로젝트 개발 및 유지보수 일정에 맞추어 상태관리를 하려면, 각 요구사항에 대한 상태를 계속해서 점검하여, 기록 관리해야 한다.

이번 장에서는 효율적인 요구사항 관리에 대해 알아보았다. 필자는 요구사항 매트릭스를 통해 요구사항에서부터 실제 구현 코드, 테스트 케이스까지 양방향성을 가지고 관리하여, 요구사항에 대한 구현 및 검증을 수행하기를 추천한다. 또한, 여력이 된다면, 요구사항 관리 도구를 사용하여 다양한 요구사항을 관리하고 자동화하는 것도 고려해 볼만하다.

설계

본 파트에서는 시스템 구축을 위해 필요한 구조 정의 및 설계와 상세 구현 작업을 위한 설계 절차와 관련 기법을 소개한다. 일반적으로 시스템 설계란 시스템 요구사항을 충족시키기 위해 시스템을 위한 아키텍처, 구성 요소, 모듈, 인터페이스 및 데이터를 정의하는 프로세스와 그 산출물을 지칭하게 된다. 이는 소프트웨어, 하드웨어, 기타 상호 작용하는 시스템 및 사용자와의 관계에 대한 설명을 포함한다. 특히, 소프트웨어 설계는 시스템을 구성하는 하나 이상의 문제에 대한 소프트웨어 솔루션을 구현 프로세스와 그 관련 산출물을 말한다. 이때 비즈니스 요구사항, 기술적 고려 사항 및 소프트웨어 품질 면에서 요구사항을 소프트웨어에 구현하는 방법에 중점을 두고 설계 절차를 진행하며, 다른 시스템과의 상호 작용 메커니즘은 적정한 소프트웨어 기술관련 표현 방식에 의해 제공하게 된다.

Chapter 09

SW 아키텍처 설계

SW 아키텍처는 SW 설계를 위한 절차 중에서 고객 요구사항을 수집 및 분석하고 이러한 요구사항을 충족하게 하는 시스템의 기본 구조를 제공하는 일련의 산출물과 그 과정을 말한다. 성공적인 소프트웨어 설계는 상충하는 여러 요구사항으로 말미암아 발생하는 필연적인 타협점 간의 균형을 맞추는 작업이 반드시 수반되며, 규정된 원칙과 기법에 따라, 최신 하드웨어, 네트워킹 및 관리 시스템을 보완하여 작성된다.

최적의 SW 아키텍처에는 이론 및 실무 주제에 대한 풍부한 경험과 막연한 비즈니스 시나리오 및 요구사항을 구체적이고 실용적인 설계로 변환하는 데 필요한 비전이 필요하다.

SW 아키텍처는 소프트웨어가 달성해야 하는 목표와 코드로서의 구현 세부 사항을 연결하는 역할을 하게 되며, 적정 SW 아키텍처를 확보하게 될 때 요구사항과 결과물 간의 연결을 최적화할 수 있다. 본 장에서는 SW 아키텍처 설계와 관련한 기본 지식을 전달하게 되며, 적정 산출물 작성을 위한 표현방식과 기법에 대해 설명한다.

1. SW 설계의 분류

SW 설계 작업은 목적, 범위, 대상에 따라서 여러 가지의 형태로 수행될 수 있다. 크게는 전체 구조를 설계하는 기본설계, 구조설계, 아키텍처 설계 등과 세부적인 구현대상을 설계하는 상세설계, 컴포넌트 설계 등으로 나눌 수 있다. 전체적인 설계 대상에 주요 목적을 달성하기 위한 요소나 특징 등에 따라서 구분된다. 예를 들어 'EA 설계'라고 하면 기업형 업무 시스템에서 전체 시스템 구축에 필요한 주요 요소에 대한 설계 프레임워크를 제공하기 위해서 수행한다고 할 수 있으며 상세한 구현내용보다는 전체 구조에 초점을 맞추고 있다고 볼 수 있다. 다음과 같이 여러 형태의 명칭으로 설계 방안을 구분하기도 한다.

- 기업단위 아키텍처 설계(Enterprise Architecture Design)
- 시스템 아키텍처 설계(System Architecture Design)
- 소프트웨어 아키텍처 설계(Software Architecture Design)
- 상위 수준 설계(High Level Design: HLD)
- 낮은 수준 설계(Low Level Design: LLD)
- 컴포넌트 설계(Component Level Design)
- 상세 설계(Detail Design)

1.1 기본설계 – High Level Design (HLD)

기본설계는 소프트웨어를 개발하기 위한 초기 구조를 설계하는 작업을 지칭한다. 전체구조와 인터페이스 등 주요 구성요소를 식별하여 전체 시스템의 개요를 구성하는 작업이다. 설계 목적으로 초기 설계단계에서 요구사항과 프로젝트 규모를 식별하고 시스템의 위험요소와 소요기간 등을 파악기 위해서 수행한다.

컴포넌트 수준에서 중요한(abstract) 상호작용을 설계한다. 전체 플랫폼, 시스템, 제품, 서비스를 설명할 수 있는 자료를 만드는 것이며 세부적인 구현방안 등은 낮은 수준 설계(Low Level Design)에서 수행하게 된다. 다음과 같은 내용이 일반적으로 기본설계 시에 수행하는 작업이다.

- 개괄적인 시스템 초기설계
- 시스템 구조와 DB 설계 수행
- 서브시스템, 컴포넌트(모듈)와 그들 간의 관계를 설계
- 시스템의 중용한 상호 작용을 설계

1.2 상세설계 – Detail Design

소프트웨어 설계 단계 중 상세화 수준에 따라 다양한 용어로 정의할 수 있다. 일반적으로는 낮은 수준 설계(Low Level Design) 혹은 설계 대상물인 컴포넌트에 초점을 맞추어 컴포넌트 설계(Component Level Design)라고도 정의한다. 초기의 시스템 기본설계를 상세화하는 작업으로 컴포넌트 수준에서 상세내역과 컴포넌트 내부의 로직을 설계한다. 구현되는 클래스, DB 등 구체적인 설계 대상에 따라서 모듈설계, 컴포넌트 설계, 데이터 설계, 인터페이스 설계 등 여러 가지 설계가 가능하다.

2. SW 아키텍처 설계

소프트웨어 아키텍처란 프로그램 혹은 컴퓨팅 시스템의 구조로서 소프트웨어 요소, 속성, 그리고 이들 간의 관계로 이루어진다. 즉, 모든 시스템과 SW는 아키텍처를 가지고 있으며 설계 시부터 구성 의도를 반영하여 목적한 시스템 구조를 구현할 수 있도록 할 수도 있으며, 구현에만 초점을 맞추어도 결과적으로 특정한 구조를 가지게 된다. 이러한 아키텍처를 수립한다는 것은 전체 SW와 시스템의 구조를 결정하는 작업을 지칭한다.

소프트웨어 아키텍처 설계는 ISO/IEC 25010:2011과 SEI (Software Engineering Institute, Quality Attributes [Barbacci 95])에서 정의된 품질속성의 적절한 구성을 통해 시스템 목적을 달성하기 위한 노력을 말한다. 즉, 요구되는 품질속성을 중심으로 시스템 컴포넌트를 구성하게 되며, 컴포넌트 간의 구성과 연결 관계를 설계하는 것을 말한다. 시스템이 요구하는 주요 품질속성을 도출하기 위하여 이해관계자별로 아키텍처에 유의한 영향을 미치는 요구사항을 찾아 확인 및 분석한다. 이렇게 도출한 품질속성을 만족시키기 위해 시스템 구조와 디자인 패턴 등을 결정하고 세부명세를 작성하는 작업을 수행한다.

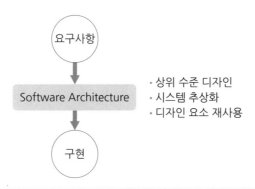

[그림 9-1] 소프트웨어 아키텍처 관계 개념

여기서 시스템의 구조란 설계 시 내부 요소 및 배열을 정의하는 정적 구조가 존재하며, 해당 요소로는 모듈, 객체지향 클래스, 서비스 등이 될 수 있다. 내부 데이터 요소는 클래스, 데이터베이스 개체 및 테이블, 데이터 파일 등을 포함하고 있다. 내부 하드웨어 요소에는 컴퓨터나 컴퓨터 부품, 네트워크 요소 등을 포함한다. 이런 요소들의 배열은 문맥에 따라 달라지는데, 문맥은 요소 간의 연결, 관계 등이 될 수 있다.

또한, 시스템의 다른 형태의 구조는 시스템이 실제로 어떻게 동작하는지를 보여주는 동적 구조가 있다. 즉, 실시간 요소와 요소 간의 상호 연동을 정의하고 있다. 이런 연동은 병렬 혹은 순차적인 관계로 표현될 수 있다.

아키텍처를 수립하는 절차는 개발 방법론에서 해당 공정이 별도로 정의되어 있는 경우도 있다. 또한, 세부 개발과는 별도로 아키텍처의 설계와 구현만을 대상으로 하는 방법론도 있다. 방법론 등에 별도의 절차가 정의되어 있지 않은 경우 아키텍처에 반영할 요구사항을 식별하고 아키텍처를 설계하는 절차를 별도로 정의하여야 한다.

설계단계의 작업은 크게 전체 구조를 설계하는 것과 세부내역을 설계하는 공정으로 나누어 본다면 아키텍처 설계는 전체 구조를 설계하는 것의 한 종류라고 볼 수 있다. 전체 구조를 설계하는 방법 중에서 아키텍처 설계의 특징은 기능적 요구사항뿐만 아니라 비기능적인 요구사항을 명시적으로 반영하는 것이 강조된다는 것이다. 비기능적인 요구사항은 SW 품질속성 중에서 기능적인 요구사항을 제외한 성능, 가용성, 신뢰성 등이 있다. 아키텍처를 설계 단계에서는 기능적인 요구사항을 구현할 수 있는 개괄적인 시스템과 SW의 구조를 설계할 뿐만 아니라 여기에 비기능적인 요구사항을 만족하기 위한 전략과 구현방안도 반영하여 설계 결과물을 만드는 작업을 수행한다.

2.1 아키텍처 설계 접근법

시스템 구축의 일반적인 절차는 우선 시스템 구조를 설계하고, 각 부분의 상세 설계를 수행한 내역에 따라 개발하고 통합하는 것이다. 즉, 시스템 설계는 기능 속성과 품질속성에 대한 전반적인 요구사항을 충족시키는 데 목적이 있으며, 비즈니스 및 기술적 제약사항을 고려하여 수행한다. 아키텍처 설계 시 이러한 일련의 방법을 선택하여 적용하는 것을 설계 접근법이라 하며, 완성될 시스템이 어떤 기능적, 비기능적 품질요구사항을 만족시켜야 하는지에 따라 달라진다. 소프트웨어 아키텍처는 시스템 속성을 분석하는 데에도 도움이 되며 유지보수, 개선, 해체 및 시스템 전환 시에도 시스템 설계내용을 잘 이해하게 도움을 준다.

2.2 아키텍처 설계 절차

아키텍처를 설계하는 것은 비교적 어렵다. 아키텍처 설계는 프로젝트 생명주기에서 범위와 요구사항이 여전히 불명확한 이른 시점에 이루어진다. 그래서 현재 시스템의 뷰와 결과적으로 만들어질 것이 다를 수도 있다.

아키텍처 설계 절차에는 다음과 같은 지침 원칙이 있다. 첫째, 아키텍처 설계 절차는 이해 당사자의 관심에서 이루어져야 한다. 이해 당사자의 관심은 서로 충돌하거나 모순되는 의미를 내포할 수 있다. 그러므로 이런 관심의 균형을 맞추어야만 한다. 둘째, 아키텍처 의사 결정, 원칙, 해결 방법을 위해 효과적인 전달에 초점을 맞추어야 한다. 셋째, 생명주기에 걸쳐 아키텍처 의사 결정과 원칙은 지켜져야 한다. 넷째, 하나 이상의 단계나 작업으로 구조화되어야 하고, 명확한 목적, 입력, 출력이 기술되어야 한다. 다섯째, 실용적이어야 한다. 여섯째, 특정 환경에 적용할 수 있도록 유연해야 한다. 일곱째, 관련 기술에 중립적이어야 한다. 여덟째, 선택한 소프트웨어 개발 생명주기와 통합할 수 있어야 한다. 아홉 번째, 좋은 소프트웨어 공학 실습과 ISO 9001과 같은 품질 관리 표준을 준수해야 한다.

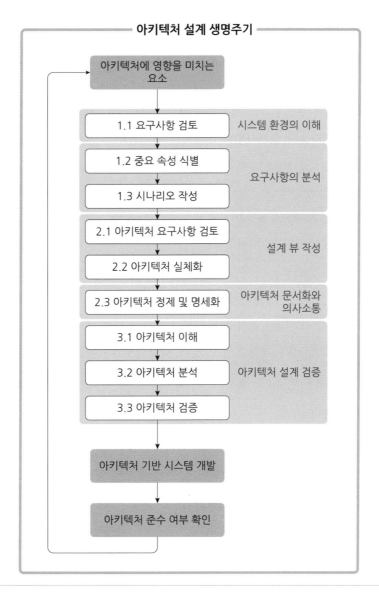

[그림 9-2] SW 아키텍처 설계 생명주기

2.3 아키텍처 드라이버 선정

아키텍처 드라이버는 소프트웨어 아키텍처가 가져야 하는 요구사항들이라고 할 수 있다. 기능적인 부분과 비기능적인 부분이 모두 포함되며 아키텍처가 가져야 하는 특징은 다음과 같이 분류할 수 있다.

1) 기능적 요구사항

기능적 요구사항은 시스템이 동작할 기능을 지칭한다. 일반적으로 입력값과 출력값, 요청과 응답으로 기술할 수 있는 요구사항이 기능적인 요구사항이다. 아키텍처 설계 단계에서는 상세기능이 아니라 상위수준의 기능을 고려해야 한다. 아키텍처를 구성하고 정련작업을 수행하면서 상세기능의 요구사항에 대해서 구체화한다. 세부적인 기능이 요구사항에 구체적으로 명시되어 있다면 아키텍처 설계 단계가 아닌 상세설계 단계에서 반영하는 것이 바람직하다. 상위 수준의 요구사항으로 도출하는 작업 방법으로, 기능 유스케이스 작성을 통해 기능적 요구사항을 서로 연결하여 구성할 수 있다.

2) 제약사항

SW 시스템의 설계 전에 이미 결정되어 있는 전제 사항들을 지칭한다. 이러한 제약사항은 요구사항에 구체적으로 식별되어 있지 않을 수도 있으며 시스템 구성 전체를 대상으로 하여 간단한 조건 형태로 기술되어 있는 경우도 많다. 제약사항의 출처는 다양하지만 모든 제약사항은 초기 아키텍처 의사결정에 영향을 미치게 된다. 대표적인 제약사항은 다음과 같다.

- 법률 및 규약(Regulation)
- 기술적인 제약사항(가장 직접적으로 설계에 영향을 미침)
- 조직, 시장, 비즈니스 이해관계 등(간접적으로 설계에 영향을 미침)

(1) 기술적 제약사항

기술적으로 미리 결정되어 있는 사항들로 설계영역에서 내력벽 같은 존재라고 할 수 있다. 이러한 기술적인 제약사항은 전체 개발에 적용될 시점의 시스템 환경, 개발언어, 표준 등이 해당한다. 대표적인 기술적 제약사항은 다음과 같다.

- 레거시 시스템의 활용 및 통합
- 필수 기술요소
- 개발 언어
- 프로토콜
- 표준

(2) 비즈니스 제약사항

비즈니스 제약사항은 개발 외적인 요소에 대한 제약에 해당하며 아키텍처 설계에 항상 분명한 영향을 미치는 것은 아니다. 주로 전체 일정, 개발환경, 프로젝트 상황 등에 기인하는 경우가 많다. 대표적인 비즈니스 제약사항은 다음과 같다.

- 타깃 시장, 출시시기
- 비용 대비 효과
- 프로젝트 전체 일정
- 전문가의 배치와 개발팀 조직

3) 품질 요구사항(품질속성)

품질속성이란 시스템이 기능에 더해서 가지는 특성을 말한다. 많은 SW 구조가 기능적인 요구사항을 만족 시키는 반면, 종합적인 요구(성능, 가용성, 수정용이성 등)를 만족시키는 경우는 많지 않다. 품질속성은 다른 아키텍처 드라이버와 비교해서 식별해 내기가 어려우며 명세서 작성과 테스트도 상대적으로 어렵다. 기능적 요구사항은 식별하고 반영하기 쉬우며 개발단계에서 수정하더라도 전체 구조에 영향을 미치는 경우는 많지 않다. 반면에 품질속성과 제약사항은 기능적 요구사항보다 아키텍처 구조에 미치는 영향이 크며 시스템이 개발된 후에는 품질속성을 반영하기 위해서 아키텍처를 바꾸거나 수정해야 하는 경우가 발생한다. 즉, 품질속성은 시스템의 외부 관점에서 인지할 수 있는 시스템의 비기능적인 속성을 뜻하며 다음과 같은 것들을 고려할 수 있다.

- 작업량에 대해 시스템은 얼마나 성능을 낼 수 있는가?
- 특정 주어진 하드웨어에서 최대 처리량은 얼마인가?
- 악의적인 사용에 대해 시스템은 정보를 어떻게 방어하는가?
- 얼마나 자주 문제가 발생하는가?
- 얼마나 관리, 유지 보수, 보완하기 쉬운가?

소프트웨어의 기능적 요구사항들 가운데 여러 기능이 서로 상충되어 작동하는 경우는 많지 않은 반면, 품질속성은 여러 가지 특성 간의 보완적 혹은 상쇄적 특성에 따라 상충되는 관계에 있는 경우도 많다. 예를 들어 변경용이성과 성능은 함께 향상되기보다는 하나의 속성이 잘 반영되면 다른 품질속성은 반영되지 못하는 경우가 발행한다.

즉, 하나의 품질속성을 향상시키기 위해서 시스템 구조를 변경하게 되면 다른 품질속성이 영향을 받게 된다. 종합적인 품질속성을 만족시키기 위해서는 아키텍처 설계 과정에서 품질속성 간의 상호 충돌(Trade-Off)에 대한 조정 작업을 핵심적으로 수행하여야 한다.

2.4 주요 소프트웨어 품질속성 정의

아키텍처 설계에서 품질속성으로 분류하면 시스템 품질속성, 비즈니스 품질속성 및 아키텍처 품질속성으로 분류할 수 있으며, 각각의 품질속성의 정의는 다음과 같이 분류하여 정리할 수 있다.

1) 시스템 품질속성

시스템의 구동과 운영의 측면에서 영향을 주게 되는 품질 특성을 포함한다.

가용성(Availability)

가용성은 시스템의 장애(system failure)와 이로부터 영향을 받는 것들과 연관된다. 시스템이 더는 명시된 서비스를 제공하지 않는 경우 시스템 장애가 발생한다. 이러한 장애는 시스템의 사용자(사람 혹은 타 시스템)로부터 관측할 수 있다. 시스템의 가용성이란 시스템이 필요할 때 운용될 수 있을 확률로써 가용성이 99.9%이면 시스템이 필요할 때 동작하지 않을 확률이 0.1%이다.

변경용이성(Modifiability)

변경가능성(용이성)은 변경에 대한 비용과 연관된다. 특정 변경요구사항이 시스템에 반영될 수 있도록 하는 소프트웨어의 능력을 의미한다. 변경해야 할 내용이 확인되면 새로운 프로그램을 설계, 구현, 테스트, 배포되어야 하므로 많은 시간과 비용이 소모된다.

성능(Performance)

성능은 주로 응답 시간과 관련되며, 컴포넌트 간에 얼마나 많은 상호작용이 필요한지, 컴포넌트마다 어떤 기능이 할당되는지, 공유 자원이 어떻게 사용되는지, 어떤 알고리즘이 구현되는지 등의 요소와 관련이 있다.

보안성(Security)

보안성은 올바른 사용자에게 서비스가 제공되는 동안 승인되지 않은 사용에 대응하는 시스템 능력의 정도이다.

시험용이성(Testability)

소프트웨어가 용이하게 시험될 수 있는 소프트웨어의 능력을 의미한다. 결함을 찾아내기 위하여 시험이 얼마나 효과적으로 수행되는지, 그리고 기대수준만큼의 범위를 시험하기 위해 소요되는 시간이 얼마큼인지에 대한 것이다.

사용편의성(Usability)

사용편의성은 사용자가 원하는 작업을 수행하기 위해 얼마나 쉽게 시스템을 사용할 수 있는지를 의미한다.

2) 비즈니스 품질속성

비즈니스 품질속성은 주로 비용, 일정, 시장, 마케팅 등과 같이 소프트웨어나 시스템과는 별개로 업무환경이나 비즈니스 환경에서 나타나는 특징들을 의미한다.

시장적시성(Time to market)

시스템이나 제품이 시장에 진입하는 시간은 상용기성품(COTS)이나 이전 프로젝트에서 개발 재사용 컴포넌트와 같이 기 개발된 요소를 사용함으로써 줄일 수 있다. 시스템 일부를 새롭게 추가하거나 배치하는 능력은 시스템의 분할에 의존한다.

비용과 이익(Cost and benefit)

서로 다른 방식의 아키텍처 구성 간에 투입되는 비용에 대한 효과 비교를 통해 효율성 부분을 비교하여 산출하게 된다. 통상적으로 유연한 아키텍처는 유연하지 못한 아키텍처에 비해 구축비용은 많이 들지만, 유지보수 및 수정 비용은 적게 드는 경향이 있다.

시스템의 프로젝트 생명주기(Projected lifetime of the system)

오랜 기간 시스템 사용을 원하는 경우 변경용이성(Modifiability), 확장성(Scalability), 이식성(Portability)이 주요한 품질 특성이 된다. 그러나 추가적인 하부구조의 구축은 제품의 시장진입 시점을 늦추게 할 것이다. 반면에 이로 인해 얻어지는 수정 및 확장이 가능한 제품은 사용기간을 연장시켜 해당 시장에서 오랜 시간 생존하게 될 것이다.

목표 시장(Targeted market)

만약 목표 시장이 플랫폼이라면, 이식성(Portability)과 기능성(Functionality)은 시장 점유를 위한 주요 요소이다. 관련 제품군으로 대규모 시장을 공략하려면 생산 라인(Product line) 방식도 고려해야 할 것이다.

신규발매 일정(Roll-out Schedule)

현재는 제품이 기본적인 기능을 제공하고 차후에 많은 기능이 릴리즈 될 예정이라면 아키텍처의 유연성(Flexibility)과 특화성(Customizability)이 주요한 품질속성이 될 것이다. 즉, 출시 일정에 따라 제품의 특성이 달라질 수 있다.

노후 시스템과의 통합(Integration with legacy systems)

새로운 시스템이 기존의 시스템과 통합되어야 한다면 적절한 통합 메커니즘이 정의되어야 한다. 특히 아키텍처의 중요한 제약사항이 되므로 반드시 분석하여야 한다.

3) 아키텍처 품질속성

아키텍처 품질속성은 아키텍처 철학에 가까운 부분이며 시스템 품질속성이 뒷받침해 주어야 달성할 수 있다.

개념적 무결성(Conceptual integrity)

개념적 무결성은 흔히 일관성이라고도 하며, 모든 레벨의 시스템 설계를 통합하는 데 근간이 되는 개념이다. 아키텍처는 다양한 기능이 구성되더라도 통합된 일련의 설계 방식으로 구성되고 일괄된 방식으로 구동될 수 있는 품질 특성이 있다.

정확성과 완전성(Correctness and Completeness)

이 두 가지 품질속성은 아키텍처가 시스템의 요구사항과 런타임 자원에 대한 제약사항 모두를 만족해야 한다는 가장 중요한 품질속성이다.

개발용이성(Buildability)

구축 가능성은 개발용이성을 말하는 것으로 개발할 능력이 있는 팀이 적절한 시기에 시스템을 완성하도록 하며, 개발이 진행되는 가운데 요구사항에 따른 변경이 가능하도록 하는 특성이다.

3. SW 아키텍처 패턴과 뷰, 설계전술

3.1 아키텍처 패턴 및 설계전술

아키텍처 패턴은 다양한 상황에서 소프트웨어 아키텍처 수립 방식을 정형화한 것을 말하며, 소프트웨어 시스템의 기본구조와 관련된 것을 다룬다. 설계전술이란 품질속성의 응답을 제어하는 데 영향을 주는 설계결정 사항을 말하며 품질속성을 만족시키기 위한 전략적인 접근방법이라 할 수 있다.

1) 아키텍처 패턴

설계단계에서 패턴이란 이미 검증된 솔루션으로 설계전술들을 포함한 집합, 구현물이라고 할 수 있다. 패턴은 특정한 설계 상황(context)에서 반복적으로 발생하는 설계 문제를 제기하며 그 문제에 대한 해법을 제시한다. 즉, 패턴이란 시스템 디자인 시에 자주 발생하는 문제들에 대한 '재사용 가능한 해결책'이라고 이해할 수 있다. 새로운 시스템을 설계할 때 기존의 여러 소프트웨어 엔지니어에 의해서 검증된 설계방법인 패턴을 활용하게 된다.

또한, 패턴은 복잡한 설계를 위한 빌딩블록(Building-Block)으로 사용할 수 있는데, 이를 통해 이미 검증된 설계 방식을 활용하게 되어 새로운 설계에 들어가는 노력을 줄이고 품질은 향상시킬 수 있다. 특정한 문제에 확인된 솔루션으로서의 패턴이 항상 최고의 해답일 수는 없지만, 설계 방안을 검토할 때 충분히 참고하거나 적용할 만한 가치가 있으며, 모든 패턴은 컴포넌트들과 그것들 사이의 역할 및 관계를 정의해 놓고 있다.

그러나 패턴은 문제 해결을 돕는 것이지, 완전한 해법을 제공하지는 않는다. 패턴이 특정 문제에 대한 해법의 기본 구조를 결정할지라도 해법의 세부 내용까지 모두 정의하고 있지는 않다. 패턴은 특정 문제 유형의 일반적인 해법에 대한 스키마(scheme)만을 제공할 뿐이지, 사전에 미리 제조되어 그대로 가져다 쓰기만 하면 되는 완전한 조립식 모듈은 아니다. 그러므로 패턴을 적용하려는 개발자는 설계의 구체적인 세부 내용은 스스로 구현해야 한다. 패턴은 아키텍처 수준의 설계를 돕기 때문에 패턴을 적용한 해법의 포괄적인 구조는 비슷할 수 있지만, 세부적인 내용에서는 상당히 차이가 날 수밖에 없다.

2) 설계전술의 이해

품질 목표에 따라 다양한 설계 결정 사항들이 존재하며, 이를 통하여 원하는 품질속성을 달성할 수 있게 된다. 품질속성 설계전술(Tactic)이란 품질속성의 해결책에 따른 응답을 제어하는 데 영향을 주는 설계 결정 사항이다. 이러한 설계전술을 일정한 방식으로 묶은 것을 패턴이라 할 수 있으며, 전적으로 SW 아키텍트의 선택에 따르며 여러 대안의 비교를 거쳐 선정될 수 있다. 설계전술은 다음의 2가지의 특징을 가지고 있다.

설계전술은 다른 설계전술들로 세분화될 수 있다.

하나의 품질 목표를 달성하는 설계전술은 해당하는 하나의 설계전술로 만족할 수도 있고, 여러 개의 하부 설계전술들의 합으로 구성될 수도 있다.

아키텍처 패턴은 여러 가지 설계전술을 포함한다.

하나 혹은 그 이상의 품질 목표를 달성하기 위한 아키텍처의 결정사항은 한 개 이상의 설계전술을 포함하게 되고, 이러한 결정사항과 설계전술들의 집합으로 구성되는 해결책은 패턴의 형태로 표현할 수 있다.

위와 같은 설계전술은 품질속성의 세부 항목으로 분류하여 설명될 수 있다. 그 분류 방식은 명확한 경계가 있는 것은 아니고, 중심이 되는 속성을 기준으로 다른 속성의 설계전술로도 교차하여 활용 가능하다. 아래의 내용은 품질속성에 다른 기본적인 설계전술의 분류이다.

3) 가용성(Availability) 설계전술(예시: 장애 조치: Fail-over)

결함이 시스템 장애로 발전하는 것을 방지하거나, 결함의 영향을 최소한으로 막거나, 결함을 수정할 수 있도록 해준다.

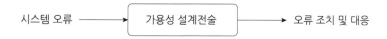

[그림 9-3] 가용성 설계전술의 개요

[표 9-1] 결함 탐지 설계전술

설계전술	내용
핑/에코(Ping/echo)	시스템 구성 컴포넌트는 정해진 시간 내에 ping이나 echo를 발생한다. 이것은 다수의 컴포넌트가 하나의 작업을 수행하는 책임이 있을 때 사용된다.
생명주기신호(Heartbeat)	컴포넌트는 주기적으로 heartbeat 메시지를 발생하고 다른 컴포넌트는 그 메시지를 받는다. 만일 heartbeat가 발생하지 않으면 메시지를 발생시키는 해당 컴포넌트에 결함이 있다고 추정하고, 해당 컴포넌트를 수정할 것을 알린다.
예외 발생(Exceptions)	결함이 발생하면 적절한 예외처리를 수행한다. 예외는 누락, 정지, 타이밍, 응답 중 하나가 인식되는 상황에서 발생한다.

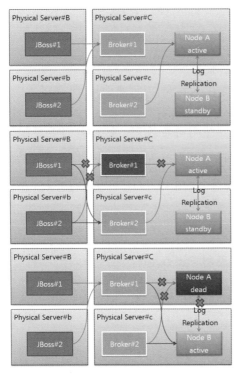

〈정상 상태 DBMS 구동〉
정상 상태에서 두 대의 JBoss WAS가 Broker1을 통해 DB Node A의 데이터베이스를 이용한다.

〈Broker#1 장애 시 Fail-over〉
브로커1 장애 시 두 대의 JBoss WAS가 브로커2를 통해 DB Node A의 데이터베이스를 이용한다.

〈Node A 장애 시 Fail-over〉
DB Node A 장애 시, Log를 통해 데이터가 동기화되어 있는 Node B가 자동으로 active가 되고, 두 대의 JBoss WAS는 브로커1을 통해 DB의 데이터베이스를 이용한다.

시나리오명	[QA09] WAS 장애 복구
품질속성	회복 가능성
자극유발원	WAS 장애
자극(Stimula)	WAS 1대가 비정상 작동으로 인한 서비스 중단
환경	WAS 2대 서비스 수행 Push 2대 서비스 수행
대상 요소	WAS, Push 서버
시스템 응답	WAS의 기능이 중단되면 시스템음 관리자에게 알람을 보냄 시스템 관리자는 중단된 WAS를 제거하고 실행 중이던 서비스를 30분 내 재가동
응답 측정	WAS 장애 시간, 관리자 알람 시간, Service 재기동 시간, 30분
이슈	N/A

시나리오명	[QA10] Push 서버 장애 복구
품질속성	회복 가능성
자극유발원	Push 서버 장애
자극(Stimula)	Push 서버 1대가 비정상 작동으로 인한 서비스 중단
환경	WAS 2대 서비스 수행 Push 2대 서비스 수행 Push 당 다수의 표출단말기 접속
대상 요소	WAS, Push 서버, Display/DCU
시스템 응답	Push 서버의 기능이 중단되면 시스템은 관리자에게 알람을 보냄 시스템 관리자는 중단된 Push 서버를 30분 내 재가동
응답 측정	Push 서버 장애 시간, 관리자 알람 시간, Push 서버 재기동 시간, 30분
이슈	N/A

[그림 9-4] 결함탐지 설계전술 예시 (출처: *DBMS HA Architecture Model*, ApexSoft)

[표 9-2] 가용성 설계전술의 개요결함 방지 설계전술

설계전술	내용
서비스로부터 제거 (Removal from service)	예상 가능한 결함을 방지하기 위하여 해당 작업으로부터 시스템의 컴포넌트를 삭제한다.
트랜잭션(Transactions)	트랜잭션은 몇 개 순차적인 작업들의 묶음으로써 한 번에 모든 처리 절차가 취소될 수 있다. 전체 프로세스 중한 단계에서 결함이 발생하면 이것을 포함하는 트랜잭션 자체가 취소된다.
프로세스 감시 (Process monitor)	프로세스에서 결함이 감지되면 모니터링 프로세스는 수행되지 않은 나머지 프로세스를 삭제하고 새로운 인스턴스를 생성하여 적당한 상태로 초기화시킨다.

3.2 아키텍처 패턴의 유형

SW 아키텍처 패턴은 개발자에게 많은 관심을 두게 하지만, 막상 적용하려면 어떻게 적용해야 하는지 막막하게 만들기 쉽다. 아키텍처 패턴은 지속적으로 생성되고 있으며 아래의 예시는 가장 자주 사용되는 일반적인 패턴의 예제들이다.

[표 9-3] 아키텍처 패턴

패턴 이름	설명	아키텍처 예제
State-Logic-Display (3-tier) 패턴	비즈니스 애플리케이션을 개발할 때 가장 일반적으로 사용되는 패턴으로, 사용자 인터페이스(UI)와 비즈니스 로직, 데이터를 구분하여 변경 용이성이 좋다. 게임, 웹 애플리케이션 등 많은 분야에서 사용되고 있다.	
Sense-Compute-Control 패턴	일정한 시간별로 센서의 값을 읽어들이는 Sense와 센서의 값을 계산하여 해야 할 행위를 정의한 compute, 구동부에서 해야 할 기능이나 행위를 전달하는 control로 모듈을 구분하는 패턴을 말한다. 임베디드 애플리케이션을 개발할 때 주로 사용되는 패턴이다.	
Layer 패턴	가장 일반적으로 사용하는 아키텍처 패턴으로서 서브태스크들을 그룹으로 묶어 사용 허가 관계를 표시하는 패턴이다. 모듈의 재사용성을 높여 유지보수성이나 이식성에 좋은 패턴이다.	
Broker 패턴	외부에 분산된 컴포넌트를 호출하려고 할 때 클라이언트 요청을 분석하여 서버 컴포넌트에 전달하고 그 결과 값을 전달하는 역할을 하는 패턴을 브로커 패턴이라고 한다. 보안이나, 안정성을 높일 수 있는 패턴이다.	

패턴 이름	설명	아키텍처 예제
MVC (Model-View-Control) 패턴	모델, 뷰, 컨트롤 세 개의 컴포넌트로 애플리케이션을 구성하는 패턴으로 사용자 인터페이스를 가진 많은 애플리케이션에 사용된다. 모델은 기능과 데이터를 가지고 있고 뷰는 사용자의 화면 표시를 지원한다, 컨트롤러는 이들과의 관계를 가지고 사용자 이벤트나 모델의 변화를 감지하여 모델과 뷰에 전달하는 역할을 한다. 뷰와 모델 사의 사이의 일관성을 갖게 하여 변경용이성, 기능 확장성을 지원한다.	

※ 그림 출처: *Software Architecture: Foundations, Theory, and Practice*, Richard N. Taylor
Software Architecture Patterns, Mark Richards

3.3 아키텍처 뷰

소프트웨어 아키텍처의 뷰(View)란 소프트웨어 시스템을 이루는 요소들의 집합과 그들의 연관관계를 추상적으로 표현한 것을 말한다. 요구사항 분석을 통하여 작성된 시나리오와 품질속성을 기반으로 하여 아키텍처 품질속성을 결정하고, 결정된 품질속성을 만족시키기 위한 아키텍처 패턴 및 설계전술(Tactic)을 선정하여 아키텍처 뷰로 작성한다. 이와 같은 작성방법을 반복적으로 수행하며 전체 시스템 단위에서부터 하위 상세 설계까지 뷰를 작성한다. 분할을 통하여 시스템의 제약사항, 기능 요구사항, 비기능 요구사항, 품질속성 등을 상위의 큰 모듈에서 하위의 모듈로 분배하여 설계를 진행한다. 이렇게 작성된 내용을 이해관계자들이 서로 명확히 이해하기 위하여 명세화한다.

1) 아키텍처 설계에서 뷰(View)의 역할

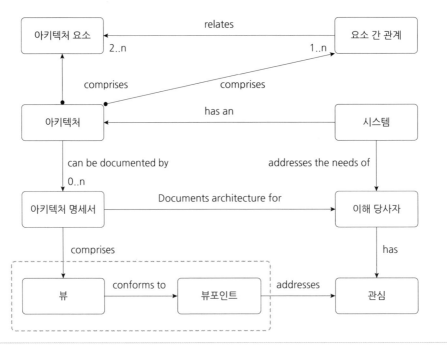

[그림 9-5] 아키텍처 설계에서의 뷰의 관계 개념도

아키텍처 설계에서 뷰(View)를 작성하는 활동은 요구사항 분석활동 중에 정의되고 작성되었던 산출물을 주로 대상으로 하게 된다. 또한, 시스템 구성 요소 간의 품질속성을 만족하는 아키텍처 패턴 및 설계전술을 포함하여 작성된 산출물을 포함하게 된다. 아키텍처 뷰 작성 활동은 앞에서 수행한 요구사항 분석 활동과 이후에 수행할 검증활동과 밀접하게 연관되어 수행하게 된다. 분석에서 제시된 품질속성을 기반으로 시스템을 분할하여 아키텍처를 설계하고, 이렇게 설계된 결과물을 기반으로 아키텍처 검증 활동에서 사용하게 된다.

그러나 아키텍처 뷰를 구성하는 것만으로는 충분하지 않고, 이해당사자들이 그것을 적절하게 활용하여 후속 작업을 할 수 있는 의사소통의 도구로써 활용이 반드시 필요하다. 그러려면 충분히 자세하고 모호함이 없는 아키텍처가 기술되어야 하며, 구조적으로 표현되어 다른 사람들이 필요한 정보를 빨리 찾아볼 수 있고 갱신할 수 있도록 서술되어야 한다.

이런 점에서 아키텍처 뷰는 중점적으로 언급하고자 하는 사항과 함께 연관 있는 아키텍처의 측면이나 요소를 기술하는 방법으로서 역할을 한다. 그러나 하나의 모델에서 전체 아키텍처의 핵심과 그에 대한 자세한 내용을 모두 담기는 어려우므로 4+1 뷰 모델(RUP) 또는 Siemens과 같은 뷰포인트가 필요하게 되며, IEEE 1471 표준 등을 통해 이런 개념을 정규화하고 표준화하게 된다.

뷰포인트는 뷰의 형태를 구성하기 위하여 패턴, 양식, 사례를 모은 것이다. 뷰를 구성하기 위한 지침, 원칙, 양식을 포함하여 정의한다. 즉, 뷰포인트는 재사용할 수 있는 아키텍처 지식을 모아 제공함으로써 아키텍처 명세서의 특정 양식을 생성하는 데 가이드로 사용될 수 있다.

2) 아키텍처 뷰의 선정 및 활용

① **컨텍스트 다이어그램 (Context Diagram)** 개발하려고 하는 시스템과 외부 환경의 관계를 중점으로 표현한 다이어그램

- 시스템 자체에 대한 구조를 표시하는 것이 아니어서 아키텍처로 볼 수는 없음
- 아키텍처 수립 범위를 명확히 하기 위해 사용하며, 외부 인터페이스를 구분하여 표기

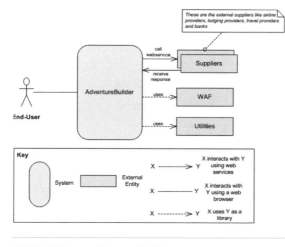

Event-Based Style
- **Components** Event 발생 시 기능을 하는 모듈들
- **Connectors** Event 전달을 목적으로 하는 Event Bus
- **종류** Explicit, Implicit Event type

[그림 9-6] Context Diagram (예시)

(출처: *Software Architecture Patterns*, Mark Richards)

② **런타임 뷰 (Runtime View)** 시스템이 동작하고 있는 순간의 스냅 샷 형태의 구조 표시

- 전체 시스템을 이해하거나 시스템의 특정 상태를 설명할 때 유용하게 사용

- 추상화 수준을 조절하여 고객, 사용자, PM, PL 등과 대화에 용이함

- 각종 품질속성(성능, 안정성, 유지보수성)을 판단할 수 있는 근거 제공

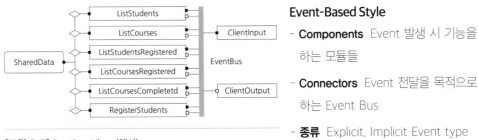

Event-Based Style

- **Components** Event 발생 시 기능을 하는 모듈들

- **Connectors** Event 전달을 목적으로 하는 Event Bus

- **종류** Explicit, Implicit Event type

[그림 9-7] Runtime View (예시)

③ **모듈 뷰 (Module View):** 시스템이 작동하기 위해서 존재하는 정적인 모듈들의 관계 표현

- 개발과 관련된 모듈을 표시할 때 유용함

- 높은 수준의 모듈 뷰는 팀에 작업을 할당하거나 개발 리더들의 관리 도구

- 상세 수준의 모듈 뷰는 개발자와 직접 대화할 수 있는 도구로 사용

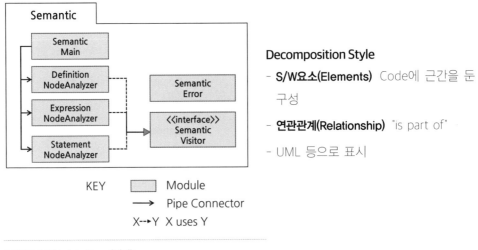

Decomposition Style

- **S/W요소(Elements)** Code에 근간을 둔 구성

- **연관관계(Relationship)** "is part of"

- UML 등으로 표시

[그림 9-8] Module View (예시)

(출처: *Documenting Software Architectures*, Paul Clements)

④ **배치 뷰(Allocation View)**: 개발되는 SW를 하드웨어나 기타 환경에 매핑 표현

■ 런타임 컴포넌트와 하드웨어와의 관계를 나타내 성능과 관련된 부분 협의 시 유용함

■ 개발 모듈과 개발환경(IDE, Cloud Service, 디렉터리 등)의 매핑을 표현

■ 설치(Implement) 뷰 타입은 개발 및 운영 담당자와 의사소통 도구로 활용됨

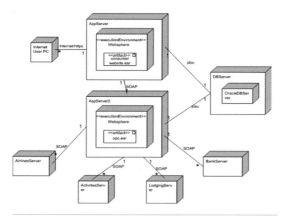

Deployment Style

- **S/W 요소(Elements)** Module 혹은 Runtime style을 그대로 유지, 주변 환경 요소들
- **연관관계(relationship)** allocated-to
- Runtime 요소와 H/W와의 관계

[그림 9-9] Allocation View (예시)

(출처: *Documenting Software Architectures, Paul Clements*)

4. 아키텍처 문서화

아무리 좋은 과정을 거쳐 아키텍처가 결정되었다 하더라도 그것을 사용할 사람이 그것이 무엇인지 알 수가 없다면 무용지물에 불과하다. 따라서 모든 아키텍처 설계 작성은 활용하는 사람 입장에서 작성이 이뤄져야 한다. 그것이 수작업으로 작성된 문서형태이든 설계 전용 도구를 활용한 산출물이라도 모두 해당한다. 특히 문서를 사용한 설계서 작성 시 고려할 사항은 다음 몇 가지로 정리해 볼 수 있다.

■ 읽는 사람 입장에서 작성하라.

■ 불필요하게 반복되는 어구를 피하라.

■ 모호한 부분을 피하라.

■ 표준화된 포맷을 이용하라.

- 합리적인 이유를 기술하라.
- 문서의 버전 관리를 철저히 하라.
- 활용의 목적을 가지고 문서를 상호 검토해야 한다.

하지만, 대부분의 아키텍처 문서 작업은 본연의 목적을 갖고 작성되기보다는 고객의 산출물 요구나 절차상 구색을 갖추기 위한 정도로 인식되고 있는 실정이다. 아키텍처는 요구사항, 목적, 의도 혹은 이해당사자들의 목표들이 포함되어 있고, 기능적 요구사항에는 시스템의 요구사항이 무엇인지 포함되어 있어야 한다.

4.1 아키텍처 표기

아키텍처에서 중요하게 고려되어야 할 사항은 추적할 수 있어야 하며, 정량화나 측정할 수 있어야 하고 테스트할 수 있어야 하는 특성이 있다. 따라서, 다양한 이해관계자의 요구사항을 반영하되 공통으로 인식하고 이해할 수 있는 형태로 작성 및 관리되어야 하는 근본적인 산출물의 제약사항이 존재한다. 또한, 비기능적 요구사항을 통해 품질속성의 정의도 포함되어야 시스템 전반적인 특성과 운영상 중점사항에 대한 고려사항을 충분히 반영할 수 있어야 한다. 이런 점에서 아키텍처 설계의 최종 목표는 선택된 스타일에 기반을 둔 뷰(Views)를 기술하는 것이며, 뷰를 문서화하는 것은 문서화 할 요소의 특성을 결정함으로써 정의된다. 문서화된 표기 형태의 정도에 따른 구분은 다음 표와 같이 정리할 수 있다.

[표 9-4] 뷰(View)의 문서화 표기법

비정형적인 표기법 (Informal Notations)	• 선택된 시스템을 시각적인 관례를 일반적인 목적의 다이어그램과 편집 도구를 이용 한 표기 • 자연어로 기술되고, 특성화된 의미(semantic)는 형식적으로 분석하기 어려움
준정형적 표기법 (Semiformal notations)	• 미리 정의된 그래픽 요소와 구성 규칙을 따라 뷰를 작성 • 구성 요소들의 의미와 그 관계를 정확하게 정의하지 못함 • 초보적인 분석 표현이 가능함

정형적 표기법
(Formal notations)
	• 수학적인 방법을 사용해 의미를 정확히 표기
	• 구문과 의미에 대한 형식 분석이 가능
	   – 때때로 특정 스타일에 특화됨
	• ADLs: Architecture Description Language (SEI)
	   – 도구와 연계되어 자동화된 분석이 가능함

이러한 뷰의 문서화 작업은 아키텍처 설계 일련의 작업과 동일하게 맞물릴 수 있도록 구성된다. 즉, 요구사항부터 아키텍처 요소가 어떻게 상호작용하는가를 기술함과 동시에 협의와 의사결정 과정의 결과로서 문서 산출물이 활용된다.

4.2 아키텍처 기술의 문제점 및 해결 방법

아키텍처 설계서 작성을 위한 절차적인 접근과 해결 방안들이 제공됨에도 불구하고 아키텍처 설계에서는 많은 문제점이 내포된다. 즉, 제대로 정의되지 않은 채 버려지거나 아키텍처 요소로써 정확히 인지되지 못한 채 무의미한 연결선 등으로 말미암아 정확한 의미 전달이 불가하게 된다. 또한, 도형과 화살표로 표기되는 많은 아키텍처 문서 가운데 화살표가 어떤 연관 관계를 의미하고 표기된 배치도가 어떤 의미가 있는지 정확히 전달되지 못하는 사례가 적지 않다. 결국, 이런 모호성을 탈피하는 것이 아키텍처 설계의 정확도를 높이는 수단이 된다. 간단하지만 효과적인 몇 가지 방지 방법은 다음과 같이 찾아볼 수 있으며, 사소한 내용으로 간주할 수 있으나 아키텍처 문서에 나타나는 모호성을 제거하는 대표적인 사례가 될 수 있다.

- 반드시 범례를 포함하라.
- 화살표의 의미를 명확하게 하라(Control flow? or data flow?).
- 뷰의 유형을 목적 없이 혼합하지 마라.
- 그림 뒤에는 반드시 설명을 달아라.
- 선과 도형들의 색깔을 각각 달리하고 설명을 단다.
- 표를 달아서 아키텍처 선택 요인을 표시한다.
- 한 장에 하나의 아키텍처 뷰를 제시한다(필요 시 계층적 구조로 표현).

아키텍처 설계문서는 요구사항과 제약사항이 반드시 표현되어야 하며, 소프트웨어 품질에 영향을 미치는 비기능 요구사항 등에 대한 의사결정 사항이 적절히 표현될 수 있어야한다. 또한, 시스템과 연동되는 외부시스템 및 내부 인터페이스를 표현하는 요소들은 반드시 그 의미를 명확하게 기술해야 한다.

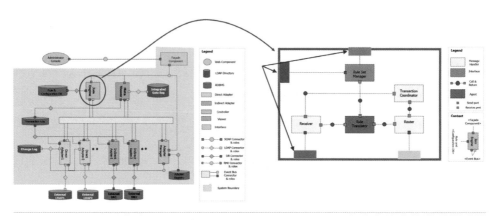

[그림 9-10] 계층적 방법을 이용해서 아키텍처를 구현하는 방식(출처: *Software Architectures*, David Garlan & Bruce Krogh)

4.3 아키텍처 명세서(예시)

아키텍처 명세서는 아키텍처 설계의 결과가 적절한 방법으로 표현될 수 있도록 작성하는 것이 관건이다. 아키텍처 명세서는 아키텍처를 결정한 배경과 근거(rationale)를 명확히 제시함으로써 이해당사자 간에 발생할 수 있는 논쟁이나 자원 낭비를 막는 역할을 해야 하며, 아키텍처 명세서를 작성하는 경우 다음과 같은 내용을 포함하여 진행할 수 있다.

아키텍처 명세서 정보를 작성한다.

아키텍처 명세서 전체에 대한 전반적인 정보를 작성한다. 예를 들어, 작성일자, 변경 이력, 요약, 문서의 범위, 용어 정리, 참고 사항 등이 이에 포함된다.

이해 당사자와 이해당사자별 관심을 식별한다.

소프트웨어 사용과 관련한 이해당사자를 식별함과 동시에 각 이해당사자의 주요 관심사항을 식별한다. 주된 예로 사용자는 주로 시스템이 제공해주는 기능에 관심을 두고, 인수자는 주로 시스템이 비즈니스 목표를 완수하는지, 투자대비 효과는 좋은지, 시스템의 상품성은 있는지 같은 시스템의 경제성에 관심을 둔다. 또한, 개발자는 주로 시스템 구현과 관련된 기술 분야에 관심을 둘 수 있으며, 유지보수 담당자는 완성된 시스템의 확장이나 변경에 관심을 두는 경향이 있다.

〈목 차〉

1. 소프트웨어 요구사항 분석
   가. 요구사항 분석 절차(수정된)
      1) 요구사항 분석 절차
      2) 담당자별 역할
      3) 입력/출력물 정의
      4) 절차별 수행 방법
   나. 비즈니스 관점의 시스템 환경
      1) 배경, 목적 등
      2) 중요한 비즈니스 목표 혹은 미션
      3) 우선순위화된 비즈니스 목표 목록
      4) 마케팅/비즈니스 전략
      5) 시장 분석(환경) 및 출시 일정
      6) 가용 예산 및 예상 소요 비용
      7) 비즈니스 모델 및 수익 전망
   다. 시스템 환경 이해
      1) 제품 명세 및 시스템 구조
      2) 기술적 관점의 아키텍처 환경
      3) 문제 도메인 관점의 아키텍처 환경
      4) 기존에 존재하는 설계 자료(시스템 개념도, 시스템 구성도 등)
      5) 상위 레벨 기능 요구사항 목록
      6) 시스템 제약사항
      7) 위험 요소
      8) 지원 모델 및 다른 제품과의 연동성
      9) 과거 시스템과 연관성
      10) 제품의 확장 범위
   라. 중요 기능 요구사항 식별
      1) 기능요구사항 우선순위화
   마. 핵심 품질속성 식별
      1) 핵심 품질속성 목록
   바. 품질속성 시나리오 목록
      1) 품질 속성 1
      2) 품질속성 2
      3) 품질속성 3
   사. 시나리오 우선순위화
      1) 우선순위화 결과
      2) 상위 우선 순위 시나리오 정제

2. 설계 뷰 작성
   가. 아키텍처 요구사항 검토
      1) 체크리스트 목록
   나. 기능 요구사항 검토
   다. 아키텍처 드라이버 식별
      1) 우선순위화된 아키텍처 드라이버 목록
   라. 아키텍처 패턴 및 설계전술(tactic) 선정
      1) 후보 패턴 및 설계전술
      2) 선정 패턴 정리
   마. 모듈 분할 및 책임 할당
      1) 모듈 분할 및 책임 할당
   바. 아키텍처 뷰 작성 (1차)
      1) 모듈 뷰: 개발팀원, 테스터, 시스템 통합담당자, 유지보수자, 분석가, 현임/후임 아키텍트
      2) C&C 뷰: 개발팀원, 유지보수자, 현임/후임 아키텍트
      3) 할당 뷰: 프로젝트 관리자, 분석가, 기반 구조 지원 담당자, 현임/후임 아키텍트
      4) 결합 뷰: 개발팀원, 테스터, 시스템 통합담당자, 유지보수자, 분석가, 현임/후임 아키텍트
   사. 아키텍처 뷰 작성 (2차, 3차, 4차 …)
      1) 아키텍처 드라이버 식별
      2) 아키텍처 패턴 및 설계전술(tactic) 선정
      3) 모듈 분할 및 책임 할당
      4) 아키텍처 뷰 작성

3. 아키텍처 검증
   가. 아키텍처 검증 절차(수정된)
      1) 검증 절차
      2) 담당자별 역할
      3) 입력/출력물 정의
      4) 절차별 수행 방법
   나. 비즈니스/아키텍처 목표 소개
   다. 작성된 아키텍처 소개
   라. 유틸리티 트리
   마. 아키텍처 접근법 분석서
   바. 결과 정리

[그림 9-11] 아키텍처 명세서 작성 목록 (예시)

뷰포인트(Viewpoint)를 선택한다

뷰포인트는 뷰를 작성하는 규칙과 방법을 정해 놓은 뷰의 메타모델로서, 뷰를 구성하는 모델을 정의한다. 모델 종류뿐만 아니라 모델 작성 언어, 모델 작성 방법, 분석 기법도 정의한다. 다양한 이해 당사자들은 자신이 관심이 있고 잘 아는 부분을 바라본다. 이렇게 이해 당사자들이 바라보는 부분을 뷰로 모으면 아키텍처를 설명할 수 있다.

뷰포인트별 설명을 작성한다.

아키텍처 명세서에는 적용하기로 한 뷰포인트에 대한 설명이 필요하다. 기술되는 항목은 뷰포인트 이름, 해당 뷰포인트와 관련 있는 이해 당사자와 이해 당사자의 관심 사항, 뷰를 만드는 방법, 해당 뷰포인트를 선택한 근거가 있다.

뷰를 작성한다.

뷰포인트에 맞춰 뷰를 작성하며, 우선순위가 높은 뷰포인트부터 뷰를 만든다. 이 단계에 서는 결정된 뷰포인트에서 정의한 방법에 따라 뷰를 구성할 모델을 선정한다. 본 장의 앞 내용에서 기술한 여러 가지 기법들을 통해 필요한 뷰를 작성한다.

SW 아키텍처 설계를 위하여 아키텍처 뷰(view)를 포함한 설계 방법과 제약사항을 확정할 수 있다. 아키텍처에 중요한 품질속성 시나리오를 만족시키기 위하여 시스템 구조 (architecture)를 도출할 수 있다. 이를 바탕으로 시스템의 설계 요소에서 사용할 공통 SW 템플릿을 확정하게 되며, 아키텍처에 중요한 품질속성 시나리오를 만족시키기 위하여 채택된 아키텍처 접근법을 반영하여 필요한 SW 아키텍처 뷰를 설계할 수 있다.

확정된 SW 아키텍처를 준수하기 위해 필요한 SW 상세설계, 개발, 테스트 단계에서 필요한 표준, 가이드, 템플릿을 문서화하게 되며, SW 아키텍처 문서화를 위한 문서화 대상과 SW 아키텍처 뷰를 확정할 수 있으며, SW 아키텍처 문서화를 위해 필요한 다이어그램과 표기법(notation) 표준을 확정하고, 확정된 표준을 준수하여 SW 아키텍처 뷰 설계를 문서로 작성할 수 있다.

Chapter 10

아키텍처 설계 검증과 평가

SW 아키텍처는 보통 요구분석 단계와 구현단계 사이에 이뤄지며, SW 아키텍처 검증은 설계가 어느 정도 명확해 졌을 때 수행이 가능하며 본격적인 구현단계에 착수하기 전에 이뤄진다. 하지만, 군이 아키텍처 검증을 설계단계에서만 수행해야 할 이유는 없으며, 일반적으로 분석-설계-구현-테스트-유지보수의 전통적인 소프트웨어 생명주기의 모든 단계에서 수행할 수 있다. 새롭게 개발된 아키텍처를 검증하기 위해 검증 방법론을 수행하기도 하며, 현재 가진 아키텍처를 다시 이해하거나 이해시키기 위해 아키텍처 검증을 실시하기도 한다. 더불어 여러 개의 아키텍처 후보 중 가장 적절한 아키텍처를 선택하기 위해서도 검증 방법론을 이용한다.

아키텍처 상에서 내린 결정이 옳은지 판단하고 싶을 때 언제든 검증방법을 사용할 수 있고, 보통은 설계단계에서 아키텍처 검증을 수행한다. 또한, 검증을 위해 완벽하게 아키텍처 설계가 구현될 때까지 기다릴 필요는 없으며, 구현이 완료 후에 아키텍처를 검증할 때도 있다. 오래전부터 전해져 온 기존 시스템(legacy system) 신규 개발에 새로 투입된 개발자에게 시스템을 이해시키기 위해 또는 개발된 시스템이 과연 요구사항과 품질속성을 만족하는지 측정하기 위해 사용하는 것도 가능하다.

1. 아키텍처 설계 검증

아키텍처 설계를 수행한 경우 SW나 시스템에 적용할 아키텍처가 결정되면 적합성 여부를 확인해야 한다. 또한, 명시적인 아키텍처 설계를 수행하지 않고 구성된 기존 시스템을 적용하는 경우에도 기존 아키텍처에 대한 검토를 수행하는 것이 좋다. 아키텍처 설계적정성 검토 단계에서는 품질속성, 아키텍처 패턴 등을 바탕으로 적용된 아키텍처를 검증한다. 아키텍처 적정성 검토는 설계단계에서만 검증할 수도 있고, 설계를 마친 이후 아키텍처 구현단계부터는 프로토타입, 테스트 등으로 검증할 수도 있다. 즉, 아키텍처의 검증은 세부적인 기능보다는 전체 구조에서 결정되는 품질속성, 제약사항 등이 충족되는지를 확인하는 것을 목적으로 한다.

즉, 아키텍처가 처음에 의도했던 방향대로 제대로 설계되었는지를 검증하는 분석을 통해 설계된 아키텍처가 시스템 성능, 가용성, 확정성 등과 같은 비기능 요구사항에 대한 항목에 대해 초기에 의도했던 품질 목표를 만족시키고 있는지 분석하게 되며, 여러 가지 품질 목표가 서로 어떻게 작용하는지 파악하게 된다. 이를 통해 소프트웨어 아키텍처가 안고 있을 수 있는 잠재적 문제점들을 선행하여 발견함으로써 초기에 수정반영을 통해 궁극적으로는 프로젝트 수행비용을 절감하며 시스템 전체에 미치는 영향을 최소화하고자 하는 목적을 달성하게 된다.

결국, 이러한 일련의 검토 작업을 통해 소프트웨어의 구체적인 품질 목표가 확인이 가능하며, 이해당사자 또는 시스템 구성요소 간에 상충하는 품질 목표들의 우선순위를 부여할 수 있게 된다. 또한, 재사용 가능한 영역을 명확히 구분하는 이점도 갖게 되며 조직차원의 역량으로서 아키텍처 설계 및 이행 능력의 확보가 가능해진다.

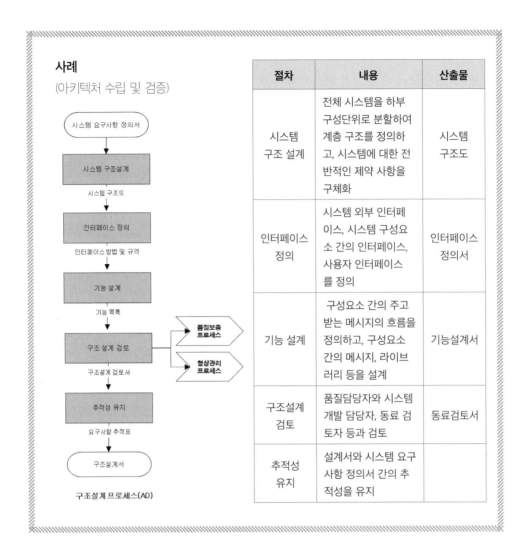

사례

(아키텍처 수립 및 검증)

시스템 요구사항 정의서

↓

시스템 구조설계

시스템 구조도

↓

인터페이스 정의

인터페이스 방법 및 규격

↓

기능 설계

기능 목록

↓

구조 설계 검토 → 품질보증 프로세스 / 형상관리 프로세스

구조설계 검토서

↓

추적성 유지

요구사항 추적표

↓

구조설계서

구조설계 프로세스(AD)

절차	내용	산출물
시스템 구조 설계	전체 시스템을 하부 구성단위로 분할하여 계층 구조를 정의하고, 시스템에 대한 전반적인 제약 사항을 구체화	시스템 구조도
인터페이스 정의	시스템 외부 인터페이스, 시스템 구성요소 간의 인터페이스, 사용자 인터페이스를 정의	인터페이스 정의서
기능 설계	구성요소 간의 주고 받는 메시지의 흐름을 정의하고, 구성요소 간의 메시지, 라이브러리 등을 설계	기능설계서
구조설계 검토	품질담당자와 시스템 개발 담당자, 동료 검토자 등과 검토	동료검토서
추적성 유지	설계서와 시스템 요구사항 정의서 간의 추적성을 유지	

1.1 아키텍처 설계 검증의 목적과 종류

1) 아키텍처 설계 검증의 목적

소프트웨어 아키텍처 설계 검증은 아키텍처 설계에 대한 결정이 옳은지의 여부를 알아내기 위한 효과적인 방법이다. 또한, 아키텍처 검증은 설계가 가져올 수 있는 프로젝트의 위험요소를 최소화하기 위한 방법이다. 즉, 설계 검증을 통하여 아키텍처가 목표로 하는 품질을 어느 정도 만족시켰는지, 그리고 각 품질속성 간의 연관성, 즉 품질속성 간에 서로 어떻게 상충하면서 상호작용하는지(trade-off) 파악할 수 있다. 이러한 아키텍처 설계 검증 작

업은 프로젝트 초기 단계(즉, 요구분석과 설계)에서 문제를 조기에 파악해 향후에 발생할 비용을 절감할 수 있게 해주며, 또한 이해관계자들 간에 소프트웨어 아키텍처에서 상충되는 문제를 식별하고 해결방안을 찾을 수 있는 지침을 얻을 수 있다.

아키텍처 설계 검증은 요구사항 분석 단계에서 기존 시스템 분석을 대상으로 수행되어 예상되는 위험요소 파악에 도움을 준다. 다시 말해, 기존 시스템의 대규모 변경, 타 시스템과의 연계, 시스템 이전, 주요 갱신 등이 발생할 때 기존 시스템의 아키텍처가 정확하게 확보된 경우 설계 검증을 통한 평가 결과는 해당 시스템의 품질속성에 대한 이해를 높여줄 수 있어, 설계 검증을 통한 결과에 따라 기존 아키텍처를 유지할지 또는 변경할지 판단하는 데 도움을 준다.

2) 아키텍처 설계 검증의 종류

아키텍처 검증 기법은 크게 경험 기반 검증, 시뮬레이션 기반 검증, 수리적 모델링 검증 및 시나리오 기반 검증의 네 가지로 나눌 수 있으며, 이 중에 경험 기반 검증은 특별한 기법이라기보다는 아키텍트와 이해당사자들의 과거 도메인 경험에 비춰 아키텍처 설계의 적정성 여부를 결정하거나 판단을 진행하는 발견적 방식이라 할 수 있다.

시뮬레이션 기반 검증 기법은 소프트웨어 아키텍처 구성요소 전체 혹은 일부 요소가 높은 수준의 기술적 요소로 구성되어 도입이 요구되는 경우 사용하게 된다. 즉, 성능과 정확성 측면의 품질속성 중요도가 상대적으로 높은 소프트웨어의 경우가 해당된다. 시뮬레이션 기법을 적용하는 경우 아키텍처 프로토타이핑과 함께 연계하여 직접 구현 검증을 병행할 수도 있다. 수리 모델링 기법은 수학적 증명 방식을 사용하게 되는 경우이다. 이런 경우는 성능 또는 신뢰성과 같이 수리적 모델링이 가능한 소프트웨어의 품질속성이 검증대상이 된다. 이 기법의 경우 시뮬레이션 기법과 함께 진행할 때 다양한 경우의 수에 해당되는 케이스를 대상으로 모델링을 실행하여 검증할 수 있는 장점이 있으며 검증 결과의 정확성을 더욱 높일 수 있다.

마지막으로 시나리오 기반 검증 기법은 가장 일반적으로 사용되는 아키텍처 검증 방식으로 검증을 진행하고자 하는 아키텍처 품질속성에 대한 사용 시나리오를 작성하고 이에 따른 요구사항과 환경의 변화에 따른 상충점을 도출하여 새로운 아키텍처 의사결정 사항을 이끌어 내는 방식이다. 시나리오 여러 개를 동시에 비교 평가할 수 있는 특징도 있다.

1.2 아키텍처 설계 검증 절차(예시)

설계 검증을 위한 수행 절차는 크게 두 단계 일정으로 나뉜다. 첫 번째 일정은 약 2일 차로 구성되며 아키텍처 설계팀과 검증팀 그리고 프로젝트 의사결정자(2~4인)가 모여 설계된 아키텍처에 대한 이해 단계와 아키텍처 분석 단계를 수행한다. 이는 아키텍처를 중심으로 아키텍처에 대한 정보를 발굴/분석하며, 아키텍처를 파악하고 분석하는 데 초점을 맞춘다.

두 번째 일정은 첫 번째 일정이 끝난 후 2~3주간의 준비 기간이 지나고 약 1일간 수행된다. 대규모의 이해관계자들을 대상으로 아키텍처 이해와 분석단계를 간략하게 반복 수행하고, 아키텍처 검증단계를 연이어 수행하게 된다. 이때에는 아키텍처 이해관계자 중심으로 아직 파악하지 못한 관심사를 찾아내고, 아직 검토하지 못한 시나리오를 재검토할 수도 있다. 이해관계자들 앞 단계에서 수행한 내용에 대하여 충분히 이해했다면 빠르게 아키텍처를 검증 단계를 수행할 수 있다. 이러한 두 번째 일정이 완료되고 나면 검증팀은 약 1주간 사후작업을 진행하고 최종결과 보고서를 제출하게 된다. 설계팀은 그에 따른 후속 조치를 수행하게 된다.

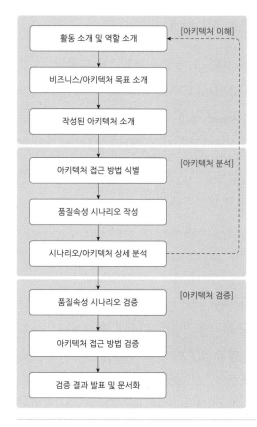

[그림 10-1] 아키텍처 설계 검증 절차(요약)

– 검증 진행 입력 자료

아키텍처 설계 검증 시 이해관계자에게 아래 내용을 입력물로 받아 아키텍처 설계 검증 수행

- 대상 시스템의 비즈니스 환경
- 개발 환경 및 기술 환경
- 비즈니스 품질 목표
- 중요 기능 요구사항
- 시스템 제약사항
- 기능 요구사항
- 핵심 품질속성
- 품질속성 시나리오
- 아키텍처 드라이버
- 후보 아키텍처 패턴
- 후보 아키텍처 설계전술
- 아키텍처 결정사항
- 다양한 관점의 아키텍처 뷰
- 아키텍처 구성 요소 설계 문서
- 기타 관련 문서

– 검증 완료 시 작성 산출물

- 우선순위가 결정된 품질속성 시나리오 목록
- 사용된 아키텍처 접근법 목록
- 위험요소와 비위험요소
- 민감점(sensitivity point)과 절충점(trade-off point) 내역
- 품질속성 유틸리티 트리
- 아키텍처 분석서
- 설계 검증 결과 보고서

아키텍처 수행 검증 담당별 역할 요약

아키텍처 설계 검증에는 크게 세 그룹이 참여한다.

- **검증팀** 검증을 수행하고 분석하는 사람들이다. 검증 대상 아키텍처와 연관이 없는 3~5명 정도의 전문가로 구성하여야 하고, 그 어떤 경우라도 불순한 의도와 선입견이 없어야 한다. 전문가는 내부 인원일 수도 있고 외부인일 수도 있다.

- **이해관계자** 이해관계자는 아키텍처와 이해관계가 있는 모든 관련자를 대상으로 한다. 이해관계자는 아키텍처가 품질속성을 보장할 수 있는지 확인하는 역할을 수행한다. 경험적으로 대략 12~15명 정도의 이해관계자가 참여하는 것이 좋다. 일부 이해관계자는 개발자, 연계작업자, 테스터, 유지보수자 같은 개발팀원이 될 수도 있다.

- **프로젝트 결정권자** 평가 결과에 관심이 있으며 프로젝트의 미래에 영향을 주는 의사결정을 내릴 수 있는 권한이 있다. 여기에는 아키텍트, 컴포넌트 설계자, 프로젝트 관리자가 포함된다.

2. 아키텍처 평가 기법 소개(SAAM, ATAM)

아키텍처 분석 및 평가를 위해 사용되는 여러 기법 중 가장 일반적으로 활용할 수 있는 기법으로는 Software Architecture Analysis Method (SAAM) [Kazman et al., 1994]과 Architecture Tradeoff Analysis Method (ATAM) [Kazman et al., 1998] 이 있다. 두 기법 모두 비기능 요구사항에 대한 상세 접근 전략을 통해 소프트웨어 시스템의 이해당사자 간의 실질적 사용 관점의 시나리오 작성을 기반으로 소프트웨어 구성요소들과 이들 간에 외부로 드러나는 특성과 관계를 분석하는 절차적인 검증을 수행하게 된다.

2.1 SAAM

시나리오 기반 아키텍처 분석 기법 중 SAAM (Software Architecture Analysis Method)은 보단 단순한 기법으로서 초기 아키텍처 평가 및 검증 수행이나 기능성, 확장성, 변경용이성 등의 평가 목적에 따라 활용될 경우 효과적으로 활용할 수 있으며 성능, 신뢰성 등의 시스템 속성을 직관적으로 평가하기 위해서도 활용될 수 있다. 즉, 해당 소프트웨어 분야 전문가들의 의견을 하나의 시나리오를 기준으로 판단해 가며 방향성을 설정할 수 있게 하는 장점이 있다.

SAAM은 요구사항 변화에 대한 아키텍처의 준비/고려 상태를 평가하기 때문에 정량화된 평가 결과를 도출하는 데 어려움이 있을 수 있다. 다만, 다양한 경험을 가진 전문가들의 의견을 하나의 시나리오를 기준으로 판단해봄으로써 향후 방향성을 설정하는 데 있어 의미 있는 결과를 얻을 수 있다.

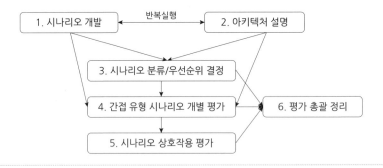

[그림 10-2] SAAM 절차 구조도

1) 시나리오 개발(Develop Scenarios)

시스템이 지원해야 하는 모든 기능성에 대해서 도출하게 되며 시나리오 도출에 있어 다음을 고려한다.

- 시스템의 주요 사용
- 시스템의 사용자
- 미래의 변경 가능성
- 시스템이 지원해야 하는 품질

시나리오는 브레인스토밍(Brain Storming)을 통해서 추출된다. 다양한 관점의 관련 당사자들에 의해 시나리오는 도출될 것이며 경우에 따라서는 동일한 시나리오가 여러 사람에 의해 제기될 수도 있다. 또는 동일한 문제에 관련 있는 다른 관점의 시나리오들이 작성될 수도 있으며, 몇 번의 반복(Iteration)을 통해서 지속적으로 시나리오는 도출될 수 있다.

2) 아키텍처 설명(Describe the Architecture)

후보 아키텍처나 아키텍처는 반드시 분석에 참여하는 사람들이 이해 가능한 표기법으로 기술되어야 한다. 아키텍처 설명은 시스템 컴퓨팅 환경, 데이터 컴포넌트, 그리고 그와 관련된 연결(Connection)을 포함해야 한다. 아키텍처 시나리오와 그 명세의 개발은 통상적으로 상호 보완적인 구조를 갖게 된다. 시나리오에 관련한 아키텍처 결정을 관련 당사자들에게 알려주는데, 반면에 시나리오는 아키텍처에 대한 요구사항을 반영하고 있다.

3) 시나리오 분류/우선순위 결정(Classify and Prioritize the Scenarios)

아키텍처 수정 없이 반영된 시나리오를 '직접형태(direct) 시나리오'라 하고 현재의 아키텍처는 지원하지 않고 뭔가 수정이 일어나야만 지원되는 시나리오를 '간접형태(indirect) 시나리오'라고 한다. 직접형태 시나리오는 Use case와 유사하고 간접형태 시나리오는 Change case와 유사하다. 시나리오는 중요한 순서로 정리되는데, 이때 중요하다는 기준은 전적으로 관련 당사자들의 판단에 의존한다.

4) 간접 유형 시나리오 개별 평가(Individually Evaluate Indirect Scenarios)

일단 시나리오가 선택되면 시나리오는 아키텍처 결정 사항에 매핑된다. 직접형태 시나리오인 경우 아키텍트는 시나리오가 아키텍처에 의해 어떻게 실행되는지를 보인다. 간접형태 시나리오인 경우 아키텍트는 시나리오를 위해 아키텍처를 어떻게 변경해야 하는지를 제시한다. SAAM 리뷰에 참가하는 사람들은 아키텍처의 구조와 각 컴포넌트의 상호 작용에 대해 보다 깊이 이해하게 된다. 모든 간접형태 시나리오를 위해 아키텍처 변경에 대한 비용이 추정되어야 한다. 아키텍처의 변경이라 함은 새로운 컴포넌트 혹은 연결 추가나 기존 Component/Connect의 변경을 의미한다. 본 태스크가 끝나면 모든 시나리오에 대해 직접형태/간접형태 구분이 되어야 하고 간접형태 시나리오에 대한 아키텍처 변경의 비용이 리스트업 되어야 한다.

5) 시나리오 상호작용 평가(Assess Scenarios Interactions)

둘 이상의 간접형태 시나리오를 위해 하나의 컴포넌트 변경을 수반할 때 그 컴포넌트에서 시나리오가 "상호 작용한다."라고 말한다. 시나리오 상호작용이 중요한 이유는 제품 설계에서 기능성 배치에 문제가 있음을 의미할 수 있고, 시나리오 상호작용은 아키텍처의 구조적 분할 구성이 적절하게 이루어 지지 않았음을 암시한다. 만약 시나리오 상호작용을 발견하고 해당 컴포넌트를 분할하여 상호작용이 나타나지 않는다면 다시 2단계인 '아키텍처 설명'을 수행해야 한다.

6) 평가 총괄 정리(Create the Overall Evaluation)

마지막으로 시스템의 성공에 중요한 시나리오 순으로 가중치를 부여한다. 가중치는 주로 시나리오가 표현하는 비즈니스의 중요도와 상관관계를 가지며, 가중치는 하나를 시스템을 위한 여러 아키텍처를 평가하는 데 중요한 기준이 된다. 만약 여러 개의 아키텍처를 비교한다면 직접형태 시나리오 수를 평가하는 것도 가능하다. 직접형태 시나리오는 아키텍처를 수정하지 않고 수행 가능한 것들이기 때문에 아키텍처의 완성도를 판단하는 데 도움을 줄 수 있다. 경우에 따라서 다음과 같은 평가 요약표(tabular summary)를 만드는 것도 도움이 된다.

[표 10-1] 평가 요약표의 예

	시나리오 1	시나리오 2	시나리오 3	시나리오 4	논쟁사항
공유메모리	0	0	-	-	-
추상 데이터 타입	0	0	+	+	+

SAAM을 통해서 프로젝트는 다양한 변경요구가 프로젝트에 미치는 영향을 다양한 이해관계자와 공유할 수 있게 하는 장점이 있으며, 이해관계자에게 향후 시스템이 겪을 것 같은 변경 사항들에 대해 시나리오를 기반으로 기술하게 됨에 따른 의사소통의 공유 수단으로써도 활용도가 높다.

2.2 ATAM

ATAM (Architecture Tradeoff Analysis Method) 기법은 비기능 요구사항에 대한 자세한 분석, 아키텍처의 결정사항에 대한 이해, 그리고 그 결정사항이 요구사항을 만족시킬 수 있는지를 분석할 수 있는 장점을 갖고 있다. 그리고 일반적으로 아키텍처 평가의 목적은 설계된 아키텍처의 결함을 확인하고, 비기능 요구사항의 관점에서 평가하는 것이며, 아키텍처의 잠재적인 위험요소를 감지하는 도구 역할을 한다. 이 평가 절차는 소프트웨어 개발 주기의 초기 단계에서 수행할 수 있으며, 구현이 아닌 설계된 디자인을 평가하기 때문에 상대적으로 비용이 저렴하고 빠르다는 것이 장점이다.

또한, 아키텍처의 중요성을 일깨우고 아키텍처와 관련된 산출물의 수준을 높이는 것과 함께 아키텍처 분석 시 위험요소, Trade-off (품질속성 간 상호절충점) 요소 등에 대해 파악하고 향후 개선안을 도출하는 것이 이 평가의 중요한 목표이다.

ATAM은 일반적인 발견적 기법의 아키텍처 분석 방법과 유사하지만, 특히 다음과 같은 점이 중요한 성공요소로서 작용하게 된다.

- 이해 당사자의 능동적이고 적극적인 참여

- 핵심 이해 당사자의 충분한 준비

- 아키텍처 디자인 이슈와 분석 모델에 대한 이해

- 비기능 요구사항에 대한 명확한 정리

ATAM을 통해 비기능 요구사항에 대한 자세한 분석, 아키텍처의 결정사항에 대한 이해, 그리고 그 결정사항이 요구사항을 만족시킬 수 있는지를 분석할 수 있다.

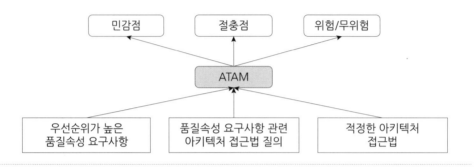

[그림 10-3] ATAM 수행 목표 구조도

결국, ATAM은 구조화된 방법으로 구성되어 분석을 반복할 수 있으며 프로젝트 초기 단계에서 아키텍처에 필요한 질문을 할 수 있게 도와준다. 즉 '요구분석과 설계' 단계에서 문제를 조기에 파악해 향후에 발생할 비용을 절감할 수 있다. 또한, 이해관계자들 간에 소프트웨어 아키텍처에서 상충하는 문제를 식별하고 해결방안을 찾을 수 있는 지침을 얻을 수 있다.

또한, ATAM은 기존 시스템을 분석하는 데도 사용할 수 있으며, 기존 시스템의 대규모 변경이나 타 시스템과 연계, 시스템 이전 및 주요 갱신 등이 발생하게 될 경우 아키텍처 평가를 통해 위험요소를 조기에 감소시키는 방법으로써 활용할 수 있다.

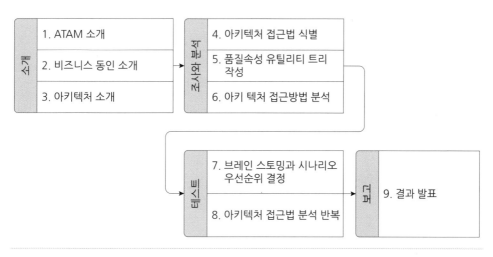

[그림 10-4] ATAM 진행 절차

1) ATAM 소개(Present the ATAM)

평가팀이 모든 이해 관계자에게 평가 절차에 대해서 설명하는 단계이다. 평가 자체에 대한 설명 및 평가를 진행하는 동안 지켜야 할 여러 가지 규칙에 대해서 설명한다. 참여자에게 평가를 통해 얻을 수 있는 기대사항 등을 질의하며, 평가팀 멤버의 역할 및 다른 참여자의 역할에 대해 설명한다. 평가가 진행되는 동안 생성되는 유틸리티 트리, 시나리오, 아키텍처 접근 방법, 아키텍처 분석을 위한 기술 및 위험요소, 상충요소(Trade-off) 목록에 대해서 자세히 설명하여 적극적 참여를 유도한다.

2) 비즈니스 동인 소개(Present the Business Drivers)

프로젝트의 PM이 비즈니스 관점에서 평가팀에게 시스템에 대해서 설명하는 단계이며 다음의 사항을 위주로 설명한다. 가장 중요한 기능적 요구사항, 기술적/관리적/정치적 제약사항, 비즈니스 목표 및 중요한 이해관계자 등의 파악을 실행한다. 품질 목표를 만족시키기 위한 아키텍처의 중요사항 평가팀은 비즈니스 드라이버 소개를 듣고 난 후 평가될 시스템의 범위를 정하고, 언급된 이해관계자, 중요 품질 목표, 제약사항 등을 이해하고 목록을 작성한다.

3) 아키텍처 소개(Present the Architecture)

아키텍트가 평가팀에게 아키텍처에 관해서 가능한 자세하게 설명하는 단계이다. 즉, OS, 하드웨어, 미들웨어 등 이미 결정된 기술적인 제약사항과 연동해서 사용해야 하는 다른 시스템, 품질 요소를 만족시키기 위해 사용한 아키텍처 접근 방법 등을 파악하여 기록한다. 평가팀은 소개된 아키텍처 접근 방법, 잠재 위험요소, 추가적인 이해 관계자의 역할 등을 이해한다.

[예시]

목표 시스템을 설명하기 위해 구성된 아키텍처(레이어) 뷰를 통해 소개를 진행한다.

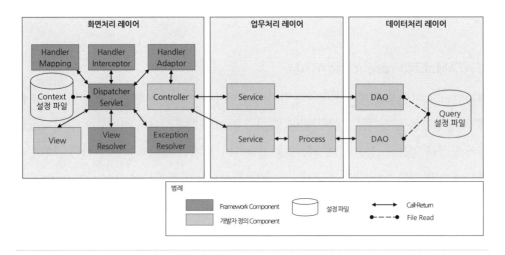

[그림 10-5] 아키텍처 뷰 (예시)(출처: *Virtual Construction Architecture Design (Layered View)*, ApexSoft)

4) 아키텍처 접근법 식별(Identity the Architectural Approaches)

태스크 3) '아키텍처 소개' 단계에서 소개된 아키텍처 고유의 접근 방법과 아키텍처 스타일을 파악하는 단계로써, 아키텍처 접근방법을 확인하는 방법으로는 소프트웨어 아키텍트에게 질의할 수도 있으며 각각의 평가팀 멤버에게서 투표로써 접근방법을 조사할 수도 있다. 시나리오 기록자는 파악된 아키텍처 접근 방법을 기록한다.

[예시]

아키텍처 설계 시 반영된 의사결정 항목 및 접근법 상세 사항을 도출한다.

아키텍처 의사결정 항목

AD1: 표준 데이터 중심의 시스템으로 규정된 포맷에 맞춘 데이터 변환을 수행한다.

AD2: 아키텍처 구성 모듈 간 영향을 미치지 않고 독립적 구동 지원이 필요하다.

AD3: 글로벌 환경에서 실행 조건에 부합하기 위해 안정적으로 운영한다.

AD4: 지속적인 신규 인터페이스 변환 인식 성공률 제고를 위해 관리시스템 구동시킨다.

AD5: 클라우드 환경 활용에 따른 적정 처리 시간의 확보가 필요하다.

AD6: 외부로 상시 개방된 환경을 고려한 사용자 관리 지원 필요하다.

아키텍처 접근법에서 고려할 위험/무위험 사항

R1: 클라우드 환경(아마존 S3)에서 데이터 처리 속도가 문제 될 수 있다.

R2: 구축 및 운영 중 시스템 모듈 간의 상호 영향을 미치지 않고 가용해야 한다.

R3: 운영 시스템의 품질 특성에 따라 시뮬레이션 정보 변경 문제를 고려한다.

NR1: 글로벌 환경에서 정보처리 지연 시 문제 상황의 정확한 전달 필요하다.

NR2: 과제 특성에 따라 추가 아키텍처 변경에 따른 상호 연계 부문 영향을 파악한다.

5) 품질속성 유틸리티 트리 작성(Generate the Quality Attribute Utility Tree)

평가팀, 아키텍처 팀, 프로젝트 매니저 등이 협력하여 유틸리티 트리를 작성하는 단계이다. 이 단계에서 만들어진 유틸리티 트리는 이후의 평가 단계에서 가이드 역할을 하며 분석의 목표를 구체화하는 효과를 기대할 수 있다. 유틸리티 트리를 통해 평가팀이 아키텍처의 어느 부분에 집중해야 할지 등을 파악하고 평가의 범위를 결정하는 데 도움이 된다.

[예시]

품질속성 항목별 비교 기준 등에 대한 분류를 실시하며 평가 범위를 가늠한다.

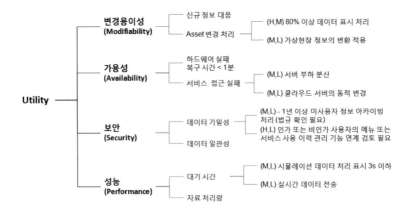

6) 아키텍처 접근방법 분석(Analyze the Architectural Approaches)

유틸리티 트리를 통해 평가 범위를 결정한 후, 아키텍처 접근 방법과 결정사항을 평가하는 단계로 아키텍처의 중요한 부분을 알아낸다. 이 단계의 가장 중요한 결과물은 위험항목(Risk), 민감요소(Sensitivity point), 상충요소(Trade-off) 등이며, 이들을 유틸리티 트리의 시나리오와 연계하여 품질요소에 대해 평가한다.

[예시]

아키텍처 접근 방법과 결정사항 평가를 통해 아키텍처의 중요 사항과 근거를 도출한다.

아키텍처 접근법 분석서				
시나리오 번호	SC4	시나리오	1GB 이상 시뮬레이션 데이터 업로드 처리로 인한 지연 발생에 따른 중단 및 연속 진행 처리	
품질 속성	성능(Performance)			
환경	5명의 사용자가 접속하여 가상현장 시뮬레이션을 수행하고 있는 상태 이거나 5명의 프로젝트관리자가 경량화BIM데이터를 업로드하고 있는 상태			
자극	국내 혹은 국외에서 1Giga Bytes이하의 경량화BIM데이터의 업로드를 요청			
대응	데이터 저장완료 메시지, 저장완료 이메일			
아키텍처 판단	민감점	절충점	위험	무위험
AD1. 표준 데이터 변환 처리 적정 지원	M1, M3		R3	
AD2. 하위 모듈에 대한 독립적 구동	A2		R2	
AD4. 지속적인 신규 파일변환 인식 성공률 제고	M1	A1		NR2
AD5. 클라우드 환경 적정 처리 시간 확보	P1	A3	R1	
근거	- 대용량 데이터의 경량화 처리 지원을 기준으로 작업이 이뤄져야 함 - 클라우드 서비스의 운영 환경의 제공 기능 한계를 명확히 반영			
아키텍처 다이어그램				

7) 브레인스토밍 및 시나리오 우선순위 결정(Brainstorm and Prioritize Scenarios)

전체 이해 관계자로부터 시나리오를 작성하는 단계이다. 이 시나리오는 전체 이해관계자가 참여하는 투표 프로세스를 통해 우선순위가 정해진다. 유틸리티 트리는 시나리오를 구성하기 위한 하향식 메커니즘을 제공하는 반면에, 시나리오 브레인스토밍은 상향식 접근법으로 시나리오를 기술하는 것이다. 평가 리더는 이해관계자가 차례로 시나리오에 대해 말할 수 있도록 순차순환 방식으로 진행한다. 시나리오 기록자는 브레인스토밍 결과를 기록하여 전 참여자가 볼 수 있도록 게시한다. 참여자는 게시된 시나리오 결과에 대해 토론하여 합치거나 삭제하여 시나리오를 정련한 후 시나리오 결정 시 투표를 실시한다.

8) 아키텍처 접근법 분석 반복(Analyze the Architectural Approaches)

태스크 7)에서 선정된 높은 우선순위의 시나리오를 분석한다. 부가적인 아키텍처 접근 방법, 위험요소, 민감 요소 등을 찾아낸다.

9) 결과 발표(Present the Results)

일련의 절차에 따른 수행 결과에 대한 최종 보고서를 작성한다.

[예시]

최종 보고서 작성 시 개선 방향과 상세 구성 방안에 대한 의견을 설명한다.

◎ 아키텍처 보완 및 개선 방향을 도출한다.

- 글로벌 환경에서 운영될 경우 사용 국가 환경에 맞는 아키텍처 요소의 추가 고려한다.
- 관리 사용자 PC환경의 OS 변화에 따른 검증이 부족하다.
- 표준 데이터 처리 외에 운영 데이터에 대한 사용 예상 지역 특성을 추가한다.

◎ 성능저하 요인 (대용량의 초기 데이터 처리, 네트워크 속도 지연 등)에 따른 대안 아키텍처를 구성한다.

- 세분화된 데이터 용량에 맞춰 성능 변화 검증 및 클라우드 지원 한계를 명확히 한다.
- 지역별, 역할별 사용자 편의성(성능 요구 절충점 후보)에 대한 비기능 요구사항을 추가 반영한다.

SW 아키텍처 검증은 아키텍처 설계에 대한 의사 결정 사항들이 적절하게 이뤄졌는지를 알아내기 위한 효과적인 방법이다. 또한, 아키텍처 검증 및 평가를 통해 SW 설계가 가져올 수 있는 프로젝트의 위험요소를 최소화하려는 방법이다. SW 아키텍처는 설계에 대한 중요한 결정 등을 구체화하는 일련의 활동이 되며, 아키텍처의 적합성 판단에 대한 검증 및 평가 활동은 일반적으로 상세 설계 또는 구현 전에 이뤄진다.

SW 아키텍처 평가는 SAAM, ATAM과 같은 절차적 기법을 통해 이뤄지게 되며, 이러한 활동을 통해 개발 중인 시스템의 문제점과 위험요소 발견을 빨리 도출함으로 인해 이후 개발 단계에서의 비용 절감 효과를 갖게 된다. 요구사항이나 설계 단계에서 오류를 찾아 수정한다면 테스트 단계에서 오류를 바로잡는 것보다 통상 10배 정도의 비용을 절감할 수 있다고 한다. 반면 부정확하게 설계된 아키텍처는 프로젝트에서 여러 가지 재앙을 불러온다.

SW 아키텍처는 프로젝트의 구조를 결정하는 곳에 쓰이며, SW 아키텍처 정확성을 높이는 일련의 검증 활동을 적절히 사용한다면, 시스템 개발 중 치명적인 구조 변경 때문인 막대한 비용과 자원의 낭비와 위험을 원천적으로 방지할 수 있을 것이다.

Chapter 11

상세설계 및 검토

1. 설계

설계작업을 수행하여 설계서를 작성하는 이유는 산출물 제출을 위해서가 아니며 설계 후속 작업이 개발작업을 원활하게 수행할 수 있도록 하기 위함이다. 따라서 설계서는 설계자와 개발자 간의 의사소통 도구여야 한다.

설계서에는 구축작업을 시작하기 위한 기반 산출물로서 구축을 위해 필요한 모든 정보가 담겨 있어야 하며, 개발자는 설계서가 잘못되어 있는지를 판단하거나 검증할 수 없으므로 설계 단계에서 충분한 작업과 검토활동이 수반되어야 한다.

이를 위해서 설계서는 개발자가 이해하기 쉽게 작성되어야 하고, 기술문서이므로 개발자가 오해의 여지가 없도록 명확히 작성되어야 한다. 전체 설계 산출물은 일관성 있게 작성되어 있어야 하며, 개발자의 판단이 개입되지 않도록 치밀하게 작성되어야 한다.

2. 설계원칙

2.1 설계의 기본 원리

가장 기본적인 설계원리는 모듈 간에 결합도는 낮고 응집도는 높게(Highly Coheceive, Loosely Coupled) 되도록 설계하는 것이다. 모듈화 설계와 함께 소프트웨어 공학의 전통적인 이론이다. 관계없는 것들은 서로 떨어져 있고, 밀접한 관계의 기능들은 서로 뭉쳐 있는 상태의 소프트웨어를 지향하는 것이며 이러한 소프트웨어는 개발생산성뿐만 아니라 유지보수성을 높이기 위해서도 프로그램의 각 요소가 결합도는 낮게, 응집도는 높게 구성되어야 한다.

1) 결합도

결합도(Coupling)란 소프트웨어 코드의 한 요소가 다른 것과 얼마나 강력하게 연결되어 있는지, 또한 얼마나 의존적인지 나타내는 정도를 말한다. 프로그램의 요소가 결합도가 낮다는 것은 한 요소가 다른 요소들과 관계가 적은 상태를 의미한다.

결합도가 높은 소프트웨어를 변경하려면 한 개의 모듈을 변경할 때 연관된 모듈을 함께 수정해야 하며, 이를 위해서는 수정하려는 모듈을 이해하기 위해 연관된 다른 모듈을 함께 이해하여야만 한다. 이렇게 이해하고 수정하기 어려운 구조는 모듈을 재사용하기 어렵게 만든다.

결합도 스펙트럼

결합도를 강도에 따라서 분류한 것이 결합도 스펙트럼이고, 하나의 모듈을 설계할 때 결합도가 낮도록 설계하는 것이 바람직하다.

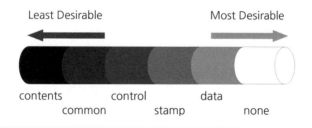

[그림 11-1] 결합도 스펙트럼(출처: *Structured Design*, Larry L. Constantine)

- **내용 결합** 다른 모듈의 경계를 침범하여 데이터나 제어를 사용하는 관계
- **공통 결합** 전역변수 영역에 각각의 모듈이 접근하여 공유하는 관계
- **제어 결합** 프래그(Flag) 등을 통해 제어기능이 전달되는 경우
- **스탬프 결합** 모듈 간에 자료구조가 전달되는 관계
- **데이터 결합** 모듈 간에 간단한 데이터만 전달되는 관계

2) 응집도

프로그램의 한 요소가 해당 기능을 수행하기 위해 얼마만큼의 기능과 아이디어가 뭉쳐 있는지를 나타내는 정도이다. 일반적으로 프로그램의 한 요소가 특정 목적을 위해 밀접하게 연관된 기능들이 모여서 구현되어 있고, 지나치게 많은 일을 하지 않으면 그것을 응집도가 높다고 표현한다. 응집도가 높으면 프로그램을 쉽게 이해할 수 있으므로 유지보수성이 높아진다.

응집도가 낮은 소프트웨어는 기능들이 흩어져 있기 때문에 이해하기 어렵고, 내용과 기능들이 흩어져 있기 때문에 따로 떼어 재사용하기도 어렵다. 소프트웨어를 변경하려면 변경할 대상을 찾기 어려워 유지보수하기 어렵게 된다.

응집도 스펙트럼

응집도를 강도에 따라서 분류한 것이 응집도 스펙트럼이고, 하나의 모듈을 설계할 때 응집도가 높도록 설계하는 것이 바람직하다.

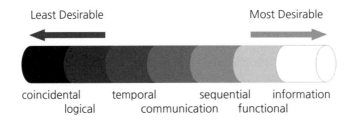

[그림 11-2] 응집도 스펙트럼(출처: *Structured Design*, Larry L. Constantine)

- **우연 응집** 모듈 내부의 각 구성 요소들이 서로 관련 없는 요소로만 구성
- **논리적 응집** 유사한 성격을 갖거나 특정 형태로 분류되는 처리요소들로 구성
- **한시적 응집** 특정 시간에 처리되는 몇 개의 기능을 모아서 모듈로 구성
- **통신/정보 응집** 동일한 입출력을 사용하여 다른 기능을 수행하는 요소들로 구성
- **순차적 응집** 하나의 구성요소가 차례대로 출력/입력이 되는 형태로 구성
- **기능적 응집** 모든 기능이 단일 문제와 연관되어 수행되는 경우

2.2 객체지향 설계원칙

객체지향 패러다임을 적용한 설계를 수행할 때 객체지향의 고유한 장점이 잘 드러나도록 설계를 수행해야 한다. 기본적인 설계원칙과 더불어 객체지향의 주요 특징인 추상화, 정보은닉, 다형성 등이 잘 반영된 설계를 다음과 같이 5가지 원칙을 통해서 구현할 수 있다.

[표 11-1] 객체지향 설계원칙

S	SRP	One/Single Responsibility Rule	단일 책임의 원칙
O	OCP	Open Closed Principle	개방-폐쇄의 원칙
L	LSP	Liskov Substitution Principle	리스코프 치환의 원칙
I	ISP	Inferface Segregation Principle	인터페이스 분리의 원칙
D	DIP	Dependency Inversion Principle	의존 관계 역전의 원칙

1) 단일 책임의 원칙(SRP: One/Single Responsibility Rule)

클래스와 메소드는 각각 한 가지 종류의 책임만을 수행해 하도록 구성해야 한다.

- 책임에 해당하는 일을 빠짐없이 모두 해야 한다.
- 그 일을 다른 클래스나 메소드보다 더 잘할 수 있어야 한다.
- 그 일을 자신만이 유일하게 해야 한다.

2) 개방-폐쇄의 원칙(OCP: Open Closed Principle)

'확장'에 대해서는 개방적이지만, '변경'에 대해서는 폐쇄적 이도록 하는 원칙이다.

- 기존 클래스를 최소한으로 수정하면서 새로운 기능을 추가하는 데 필요하다.
- 주로 폴리모피즘을 활용하여 구현하게 된다.
- OCP을 지키면 기존 코드를 직접 수정하지 않고 확장할 수 있게 된다.

3) 리스코프 치환 원칙(LSP: Liskov Substitution Principle)

기반(Super) 클래스는 파생(Child) 클래스로 대체 가능해야 한다는 원칙이다.

- 자식 타입들은 부모 타입들이 사용되는 곳에 대체될 수 있어야 한다.
- 자식클래스에 구현된 기능은 작동하는 방식은 다를 수 있지만, 제공하는 서비스는 같아야 한다.

4) 인터페이스 분리의 원칙(ISP: Interface Segregation Principle)

클라이언트는 사용하지 않는 메소드와 의존 관계를 갖지 않도록 해야 한다는 원칙이다.

- 기능을 구현한 클래스가 바뀌더라도 클라이언트(호출하는 쪽)는 변경이 필요 없도록 인터페이스를 거쳐서 호출해야 한다.
- 모든 클라이언트에 각각의 인터페이스를 제공하라는 의미는 아니다.

5) 의존 관계 역전의 원칙(DIP: Dependency Inversion Principle)

변동 가능성이 큰 부분으로부터 인터페이스 등을 분리하여 변경에 따른 충격을 줄이는 원칙이다.

- 구현부분이 변경되더라고 변경의 충격에서 자유로울 수 있도록 클라이언트를 구현 클래스와 분리한다(정의와 구현을 분리).
- 변경되기 쉬운 부분은 인터페이스를 이용해 변경으로부터 보호할 수 있다.
- 변경이나 확장이 예측되는 부분에 적용한다.
- 인터페이스나 상속관계를 이용하여 변화대응을 쉽게 구성한다.

3. 시스템 분석 절차(객체지향 기준)

3.1 유스케이스 실현

유스케이스 실현(Realization)이란, 하나의 유스케이스가 구현되기 위해 어떤 클래스가 필요하며, 그 클래스 간의 상호작용이 어떻게 이루어지는가를 표현하는 것으로, 하나의 유스케이스 실현은 한 개 이상의 클래스 다이어그램 및 Interaction 다이어그램(시퀀스 다이어그램, Collaboration 다이어그램)으로 구성된다. 유스케이스 실현은 유스케이스와 단순한 1:1 매핑이 아니라, 유스케이스 모델링의 결과로 파악된 유스케이스의 규모나 상호 연관의 정도 및 복잡도를 고려하여 분할하거나 통합하여 작성할 수 있다.

3.2 분석 클래스 도출

유스케이스의 이벤트 흐름을 분석해서 유스케이스를 실현하는 데 필요한 클래스를 식별하고 스테레오 타입을 정의한다.

스테레오 타입은 UML의 확장 메커니즘(extension mechanism)의 하나로서 UML의 메타 모델에 대한 새로운 타입을 사용자가 정의하여 기호에 대한 의미를 확장하여 사용할 수 있는 장치이다.

[표 11-2] 스테레오 타입

스테레오타입	설명
<<Boundary>>	시스템 외부의 액터와 메시지를 주고 받는 클래스나(보통 화면 클래스들이 이에 해당함) 다른 시스템과 인터페이스하는 클래스를 의미한다.
<<Entity>>	도메인의 정보를 저장하고 있거나, 정보를 제공하는 역할을 수행하는 클래스로 프로그램이 종료한 후에도 영구적으로 저장되어야 하며, 엔티티 클래스를 기반으로 데이터 저장 메커니즘을 설계한다.
<<Control>>	유스케이스에 종속적인 시퀀스를 관리하는 클래스의 유형으로 하나의 유스케이스에 하나 이상의 컨트롤 클래스를 생성한다.
<<Utility>>	공통으로 사용하는 비즈니스 공통 모듈을 도출하여 유틸리티로 관리한다. 이는 <<Include>> 관계로 표현된 유스케이스를 후보로 하여 도출하되, 공통으로 사용하는 모듈 성격의 클래스를 유틸리티 클래스로 도출한다.

유스케이스 명세서의 '이벤트 흐름'에서 사용한 도메인과 관련된 의미 있는 명사를 중심으로 엔티티 클래스를 식별한다. 도메인과 관련된 의미 있는 명사는 클래스이거나 클래스의 속성일 경우가 많으므로, 일단 식별된 명사를 중심으로 클래스 여부를 판단하는 작업을 반복적으로 수행한다.

3.3 상호작용 설계

객체가 식별되었으면 객체 간의 상호작용을 설계하면서 객체가 가져야 하는 기능과 특성을 도출한다. 객체 간의 상호작용은 객체 간의 메시지를 전달하고 받는 과정을 표현한다. 메시지를 받는 객체는 해당 메시지와 관련된 시스템 기능을 수행하는 책임을 가지게 되며, 메시지를 전달하는 객체는 해당 기능을 수행하기 위하여 다른 객체에 메시지를 호출하는 책임을 가진다. 객체 간의 상호작용을 UML로 설계할 때에는 동작다이어그램의 한 종류인 시퀀스 다이어그램으로 설계한다.

시퀀스 다이어그램을 작성하는 작업순서는 다음과 같다.

① 분석 클래스들에 대한 객체들을 배열한다.
② 액터와 바운더리 객체와의 상호작용을 설계한다.
③ 화면의 이벤트를 처리하는 컨트롤 클래스에서 오퍼레이션을 식별한다.
④ 엔티티 클래스 오퍼레이션을 식별한다.

시퀀스 다이어그램에서 객체 간에 주고받는 메시지는 메시지를 받는 객체의 오퍼레이션이 된다.

3.4 분석 오퍼레이션 도출

분석 다이어그램을 작성할 때 UML 도구를 사용한다면 메시지 콜을 설계할 노테이션을 정해야 한다. 메시지 콜은 클래스의 오퍼레이션 콜로 설계하며, 시퀀스 다이어그램의 각 메시지를 받는 쪽 클래스의 오퍼레이션으로 등록한다. 다음은 UML 도구를 활용하여 분석 오퍼레이션을 도출할 때 작업 절차 사례이다.

1) 바운더리 클래스
화면에서의 메시지는 오퍼레이션으로 등록하지 않는다.

2) 컨트롤 클래스

오퍼레이션을 도출할 때에는 바운더리 클래스에 업무 로직이 필요하지 않는 수준으로 작성한다.

재사용성을 고려해 오퍼레이션이 여러 바운더리 클래스에서 공통으로 사용할 수 있는 수준으로 작성한다. 비즈니스 로직을 담은 구현(Implementer) 오퍼레이션을 작성하여야 한다.

3) 엔티티 클래스

자신의 정보를 관리할 수 있는 오퍼레이션을 생성한다. 엔티티 클래스는 데이터를 저장하고 처리하는 기능을 수행하므로 일반적으로 Get,Set 등 접근 오퍼레이션이 존재한다.

공통적으로는 오퍼레이션의 가시성(Visibility)을 정의한다. 클래스 내에서만 사용되는 오퍼레이션은 반드시 Private으로 정의한다. 개발자에게 전달할 오퍼레이션에서 처리해야 할 상세사항이 있으면 명세서에 기술한다.

3.5 분석 클래스 다이어그램 작성

클래스 다이어그램은 클래스 간의 관계(relationship)와 다중성(multiplicity)을 도식화한 것이다. 클래스 간의 관계는 정적인 연관성을 의미하며, 시간의 흐름과 관계없이 지속되는 정적/물리적 관계를 중심으로 파악되어야 한다. 클래스와 클래스 간 관계에 대한 방향성(navigation)은 분석단계에서는 양방향으로 표현하고 설계단계에서는 방향성을 단방향으로 설계하여야 한다. 클래스와 클래스 간 방향성의 의미는 화살표를 받는 객체로 메시지를 호출할 수 있음 의미한다. 다음은 클래스 간의 관계를 식별하는 방법이다.

객체 간의 상호작용 분석 결과를 바탕으로 클래스 간의 관계를 설정한다. 일반적으로 상호작용다이어그램(시퀀스, Collaboration 다이어그램)에서 메시지를 주고받는(상호작용에 참여하는) 클래스는 서로 관계가 있다.

4. 상세설계 절차(객체지향 기준)

4.1 기술아키텍처 및 프레임워크 분석

앞 단계에서 기본적인 분석 클래스가 정의되면 이를 아키텍처와 프레임워크 등의 기술요소가 반영된 설계 클래스로 변경하고 상세 설계를 진행한다. 이를 위해 시스템에 적용할 아키텍처와 사용되는 프레임워크를 분석한다. 설계 작업을 수행할 때 숙지해야 할 아키텍처를 이해하고 설계 대상이 될 클래스들을 파악한다. 일반적으로 스프링(Spring), 전자정부 프레임워크 등, 웹 기반 정보시스템에 적용하는 프레임워크의 경우 3 티어(3Tier) 구조를 많이 가지며 이러한 경우 티어 별로 설계할 대상들이 도출된다. 정보시스템 이외에도 도메인에 따라서 많이 사용되는 프레임워크들이 있고 기술적인 내용을 분석하여 설계에 적용한다.

4.2 설계표준 수립

명명규칙, 설계단위, 아키텍처 준수사항 등 설계 표준을 수립하여 전체 설계자의 산출물의 품질이 일관되게 유지될 수 있도록 한다. 설계표준을 통해서 여러 가지 품질을 높일 수 있으며 특히 가독성, 이해용이성, 유지보수성 등의 품질속성을 설계표준을 준수함으로써 높일 수 있다.

1) 명명규칙 표준

가독성, 이해용이성 향상을 위해서 설계단계에서부터 명명규칙에 대한 표준을 수립한다. 설계단계에서 표준을 수립하고 준용하지 못하면 개발단계에서 표준 적용이 어려워진다. 명명규칙은 클래스 명명규칙, 데이터 명명규칙 등 설계요소별로 표준을 정의한다.

1. 스타일 사용

2. 영역별 사용 용어 통일

3. 영역별 용어 매핑표 작성

4. 명명규칙 준수를 통한 조어의 일관성 확보

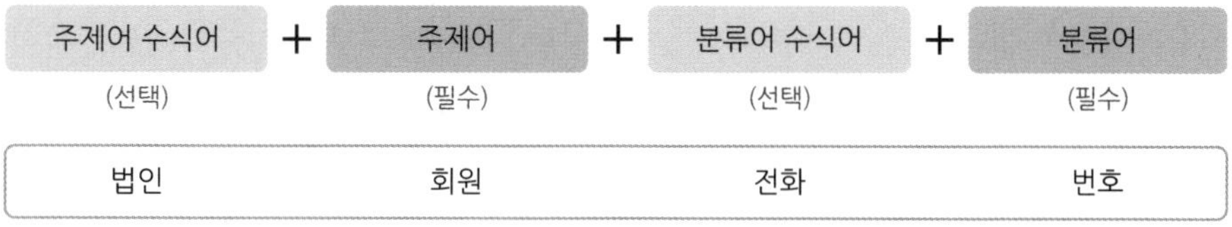

주제어 수식어	+	주제어	+	분류어 수식어	+	분류어
(선택)		(필수)		(선택)		(필수)

법인	회원	전화	번호

[그림 11-3] 데이터 명명규칙 적용 사례

1. 명명규칙을 수립하여 일관된 클래스/메소드 명 유지
2. 패키지, 파일, 클래스, 함수, 변수 등 모든 구성요소에 대한 명명규칙 설정

클래스	Boundary	화면명 혹은 인터페이스명 + Bnd	경매물건조회화면Bnd
	Control	업무명 + Ctr	물건조회Ctr
	Entity	엔티티명 + Ent	경매물건Ent
	Datatype	명사 + 형식(목록/정보)	경매물건정보, 경매물건목록
메시지콜	일반메세지	"//" + 메시지명 (자유형식)	//경매물건정보를 보여준다
	Operation	업무내용+ 동사형명사/ 명사형	일자별경매물건조회

구분	설명
구성방법	메소드명은 동사+명사를 반영한다. 예) RetrieveBasicInfoCmd
길이	메소드명의 길이는 정의된 길이(기본 50자)이내로 기술한다
문자사용	메소드명의 InfixCaps스타일을 사용한다. 메소드명의 첫 글자는 소문자로 하며, 그 이후 단어의 첫 글자는 대문자로 시작한다. 나머지 다른 문자는 소문자이며 단어를 구분하는데 밑줄(_)은 사용하지 않는다.
| 사용 예 | ```
public class MethodNaming
{
    public void eat()
    {
        ...
    }
    public void catchAnimals(Vector animalList)
    {
        ...
    }
}
``` |

[그림 11-4] 클래스 명명규칙 적용 사례
```

4.3 설계 클래스 도출

설계 클래스 도출은 구현기술로 개발할 단위를 설계하는 작업이다. 객체지향 분석설계에서는 설계 클래스를 분석 클래스를 기준으로 도출한다. OMG에서는 PIM (Platform Independent Model), PDM (Platform Dependent Model)로 분석 클래스와 설계 클래스의 차이를 구분하고 있으며 설계 클래스는 구현기술이 반영된 PDM의 일부라고 볼 수 있다. 분석 클래스를 기반으로 아키텍처와 구현 프레임워크 분석한 내용을 반영하여 기술적인 클래스 단위를 도출한다. 도출 시에는 아키텍처의 구조를 준수하면서 프레임워크 등에서 만들어야 하는 레이어별이나 패키지별로 클래스를 도출한다.

4.4 설계 다이어그램 작성

설계 상호작용 작성과 설계 클래스 구조 설계를 다이어그램 작성을 통해서 수행한다. 상호작용 설계는 분석 상호작용 설계를 기반으로 수행되며 분석 시퀀스 등으로 설계해 놓은 업무 시나리오나 업무 기능별로 상호작용 설계를 수행한다. 상호작용 설계에서 필요한 클래스를 도출하고 클래스의 오퍼레이션을 도출해 내가면서 각각의 클래스의 필요 오퍼레이션과 내부 구조를 구체화 시켜 나간다. 이렇게 전체 작업을 유스케이스에서부터 분석-설계 단계로 앞 단계 산출물을 기반으로 작성해 나가면 요구사항에 대한 추적, 사용자 요구사항의 정확한 반영이 절차를 따라서 이루어지게 되어 설계품질이 향상된다. 상호작용은 일반적으로 UML 시퀀스 다이어그램으로 작성하고 클래스 상호관계는 UML 클래스 다이어그램으로 작성한다.

[표 11-3] 설계 다이어그램 작성 시 명명규칙 적용 사례

종류	작성단위	규칙	다이어그램 Stereotype
패키지 다이어그램	서브 시스템 또는 패키지	PD_ + 패키지명(국문)	Class Diagram
Traceability	유스케이스 패키지	Traceability_ + 유스케이스명(국문)	Class Diagram
Class Diagram	유스케이스	CD_ + 유스케이스명(국문)	Class Diagram
Sequence Diagram	유스케이스 또는 서비스	SD_ +##(일련번호)_ + 기능명(국문)	Sequence Diagram

UML을 사용하여 설계하는 경우는 시퀀스, 클래스 다이어그램 외에도 여러 가지 다이어그램을 설계하려는 내용에 맞추어 적절한 다이어그램을 선택하여 설계한다.

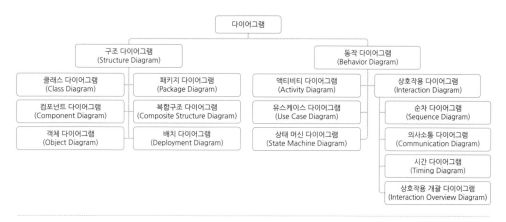

[그림 11-5] UML 다이어그램 종류

4.5 설계 명세

상호작용설계 단계까지 설계작업이 이루어지면 기본적인 클래스 단위, 클래스 내부의 오퍼레이션 단위까지 도출된다. 또한, 클래스 간의 호출관계 시간적인 호출 순서 등도 정의되게 된다. 이렇게 각각의 단위가 설계되면 요소별로 내부의 세부내역을 설계한다. 업무규칙, 알고리즘, 분기조건 등을 상세설계서에 작성한다. UML 도구와 같이 CASE 도구를 활용하여 모델링한 경우에는 각각의 설계단위에 문서작업을 수행한다. 전통적인 방법으로 설계문서에 모든 내용을 기술할 수도 있으며 설계저작도구에 전자화된 형태로 기입할 수도 있다. 전자화된 형태로 기입한 경우에는 이를 구현단계의 기본 명세 혹은 기본 문서화 작업으로 자동으로 변환할 수도 있으므로 설계-구현 단계를 원활하게 진행할 수 있다.

> **@name** 클래스의 한글명을 기술한다.
>
> **@description** 클래스의 역할을 자세히 기술한다.
>
> **@see** 관련된 모든 클래스를 나열하고 '-'로 이어서 설명을 기술한다. 관련 클래스가 여러 개인 경우는 @see를 여러 줄(multi-line)로 표현한다.
>
> **@author** 작성자를 한글로 기술한다.

[그림 11-6] 클래스의 문서화 사례

> **@name** 속성의 한글명을 기술한다.
>
> **@description** 클래스의 속성이 의미하는 바를 자세히 기술한다.

[그림 11-7] 속성의 문서화 사례

> **@name** 오퍼레이션의 한글명을 기술한다.
>
> **@param** 오퍼레이션이 입력으로 받는 모든 파라미터의 이름과 타입을 기술하고 '-'로 이어서 설명을 기술한다. 파라미터가 여러 개인 경우는 @ param을 여러 줄로 표현한다.
>
> **@return** 오퍼레이션이 반환하는 변수의 이름과 타입을 기술하고 '-'로 이어서 설명을 기술한다.
>
> **@exception** 오퍼레이션이 throw하는 모든 exception의 타입을 나열하고 '-'로 이어서 설명을 기술한다.
>
> **@description** 오퍼레이션이 수행하는 내용과 내부 로직에 대해 최대한 자세하게 기술하도록 한다. 오퍼레이션 내부에 따로 comment를 첨가하지 말고 이곳에 모든 내용을 기술할 수 있도록 한다. 내용은 의사 코드(psudo code) 수준까지 작성하도록 한다.

[그림 11-8] 오퍼레이션의 문서화 사례

1) 클래스 설계서

모듈설계서, 클래스설계서, 컴포넌트 설계서와 같이 구현기술이나 방법론에 따라서 최소
단위로 작성되는 구현단위로 명세서를 작성한다. 객체지향에서는 클래스 설계서, 컴포넌
트 기반 개발방법(CBD)에서는 컴포넌트 명세서가 이에 해당한다. 각 단위의 구성요소별
로 명세내역을 작성한다.

- **클래스 설명** 주요 이벤트 중심으로 작성하여 개발자가 개괄적으로 해당 클래스가 하는 일이 무
  엇인지 알 수 있도록 한다.
- **멤버 변수** 클래스에서 선언하여 사용할 멤버 변수 정보를 작성한다.
- **오퍼레이션** 오퍼레이션을 "속성 + return type + 오퍼레이션 명" 형식으로 작성한다. 프로그램
  설명은 개발자가 해당 오퍼레이션에서 구현해야 하는 기능을 정의, 처리 흐름, 처리규칙, 예외처
  리를 상세히 작성한다.

4.6 설계지원 활동

CASE 도구는 개발 방법론을 가장 잘 준수하면서 분석, 설계, 구축 이후의 모든 단계에 걸
쳐 뛰어난 연동성과 통합성을 보장할 뿐 아니라 효과적으로 설계 모델링 작업을 수행할 수
있는 도구를 활용하도록 한다.

CASE 도구로 작업한 모델은 설계 단계에 작성되고 끝나는 것이 아니라 처음 작성한 모델
을 프로젝트 구축에 따라 계속 변경, 보완시켜 가는 것이므로 형상관리 도구를 이용하여
관리하도록 한다. 설계 작업을 팀 단위로 수행할 시에는 모델 통합의 문제가 발생하게 된
다. 이를 해결하기 위하여 모델링 도구를 형상관리 도구와 연동하여, 항상 형상관리가 이
루어지는 환경 아래에 작업하고 작업자 간의 작업내용 충돌을 수시로 해결하면서 진행
한다.

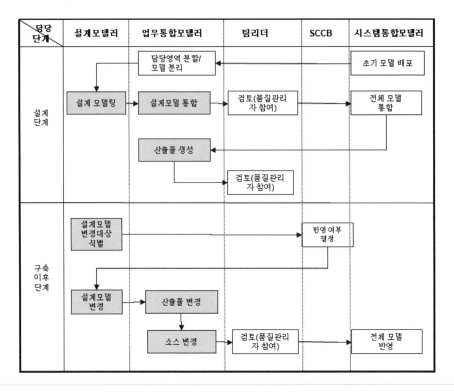

[그림 11-9] 모델관리 프로세스 정의 사례

5. 상세설계 및 검토

상세설계 및 검토 작업은 분석/설계 단계 산출물을 작성하고 작성한 산출물이 충분한 품질 수준을 유지하고 있는지를 확인하는 절차이다. 전체 구조에 대한 검증은 아키텍처 검증에서 이루어지고 세부적인 기능에 대한 검증을 수행한다. 분석/설계 산출물의 생산 시기나 형태에 따라서 검증 방법이 결정되며 검증내용은 요구사항의 적절한 반영 여부, 표준준수 여부 등이 포함된다.

모든 개발공정은 분석, 설계, 구현, 테스트의 4가지의 기본 공정으로 나누어 볼 수 있다. 이러한 개발단계는 방법론에 따라서 수행시기, 방법, 반복 여부가 결정되고 각 공정의 산출물을 검토하는 것을 통하여 개발이 순조롭게 이루어지고 있음을 확인할 수 있다. 특히 요구사항과 테스트 단계에서는 사용자 요구사항문서의 검토, 사용자 테스트 수행 등으로

SW 개발팀 외부의 의견을 반영하는 방안이 있으나 분석, 설계, 구현 시 생산한 산출물 대부분은 개발팀 내부에서 검토를 수행하게 된다. 넓은 의미의 검증은 세부적으로 확인과 검증(Validation & Verification)으로 분류할 수 있다. 검증은 제품이 적절한 절차에 의하여 요구사항 명세서에 부합되게 구축됐음을 보증하는 것이고, 확인은 사용자가 요구하는 바와 같이 올바른 제품이 만들어졌는지를 보증하는 것이다. 설계단계에서는 상대적으로 확인(Verificaiton) 활동과 비교하면 검증(Validation) 활동이 어렵다.

5.1 상세설계 검증 절차

1) 검증 대상 산출물의 정의

설계작업을 통해 만들어진 산출물 중에서 검증대상 산출물을 정한다. 설계 작업을 통한 산출물은 개발 모델에 따라서 분석단계에서부터 작성되는 경우도 있으며, 설계단계에 새로 작성되는 경우도 있다. 또한, 특정 개발 프로세스와 설계방안에 따라서는 설계내용이 개발단계 산출물로 바로 연결되어 별도의 산출물로 작성되지 않는 때도 있다. 프로젝트에서 생산하는 산출물 중에서 설계내용이 반영되는 산출물이나 산출물 내의 항목을 확인하고 검증 대상으로 식별하는 작업을 수행한다.

2) 검증 방안의 수립

일반적인 문서산출물은 동료검토나 체크리스트로 검증하는 경우가 많다. 설계 도구를 활용하여 전자화된 데이터로 산출물이 저장되는 경우에는 검증용 SW를 활용할 수 있다. 검증 대상 설계 산출물이 정의되면 문서 여부, 전자화 여부 등을 고려하여 검증방안을 수립한다. 대상 산출물뿐만 아니라 검증 범위와 후속 절차 등에 대한 계획도 함께 수립한다. 구체적인 내용으로는 단계, 절차, 방법, 대상 등을 정의한다.

[표 11-4] 설계검토 일정계획표 작성사례

No	작업산출물 유형	작업 산출물 ID	등록일	작성자	개발완료 예정일	일정계획상의 완료예정일	Inspection 회의일	품질 검토 책임자	비고
1	요구사항 정의서	PART1	2100-11-21	강감찬	2100-12-08	2100-12-13	2100-12-10	홍길동	
		PART2	2100-11-21	이순신	2100-12-05	2100-12-08	2100-12-06	홍길동	
2	업무기능 분해도	PART1	2100-12-03	강감찬	2100-12-15	2100-12-20			
		PART2	2100-12-03	이순신	2100-12-23	2100-12-28			
		PART3	2100-12-14	이성계	2100-12-17	2100-12-23			

3) 검증 활동 수행

설계 검토는 단계별 검토활동 프로세스 혹은 동료검토 프로세스에 따라 진행한다. 일반적으로 설계 초기단계에서부터 검토활동을 진행하는 것이 전체 설계품질을 높이는 데 효과적이다. 설계작업을 종료하고 최종적으로 구현단계로 진행하기 적합한지를 설계 검증 활동을 통해서 확인한다. 검증계획서에 명시된 검증범위와 일정을 따라서 수행하며 검토결과서, 체크결과서 등의 산출물로 검증 활동의 결과를 기록한다.

4) 결함보완 및 반영

설계 검증 시 발견된 결함에 대한 반영은 검토 프로세스, 동료검토 프로세스, 결함관리 프로세스 등에 정의되어 있는 절차로 진행한다. 단계별 검토 프로세스에 명시된 경우는 결함의 조치반영 여부에 따라서 다음 단계로 진행할지에 대한 기준이 될 수도 있다.

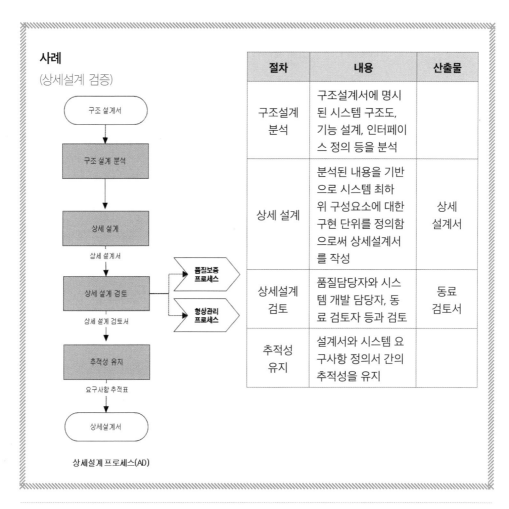

[그림 11-10] 상세설계 검증 프로세스 사례

5.2 상세설계 검증 방법

1) 동료검토

상세설계서, 컴포넌트 정의서, 모듈 설계서, UML 다이어그램, 순서도, Structure Chart 등 설계산출물에 대한 동료검토는 가장 일반적인 설계단계 검증활동이다. 각각의 산출물 특성과 표준에 따라서 검토하는 항목이 다를 수 있으며 체크리스트 항목 등으로 분류하기도 한다.

2) 체크리스트

체크리스트로 검토해야 할 주요 요소를 정의할 수 있다. 일반적으로 설계산출물은 체크리스트로 간단히 검토할 수 있는 항목보다는 내용을 파악하고 표준과 아키텍처에 맞게 설계되었는지, 설계원칙에 어긋남은 없는지와 같이 세부적인 지식과 경험이 필요한 경우가 많다. 그럼에도, 체크리스트를 활용하는 것은 검토항목을 빠짐없이 일관되게 검토하고 있는지에 대한 최소한의 가이드로, 유용한 방법이다.

일반
설계서를 위한 표준(e.g: 사용 도구, 표준 표기법, 표준 양식 등)이 존재하는지 여부
설계서가 표준에 맞게 모두 기술하였는지 여부
요구사항 및 아키텍처 설계와의 추적성이 기술되었는지 여부 - 설계 표준, 설계 제약사항 등 포함
설계 구성요소 (elements) - 공통 점검기준
설계 구성요소가 기술되었는지 여부
아키텍처 뷰에 따라 설계 구성요소가 정의되었는지 여부
기술되는 설계 구성요소가 정확히 하나의 아키텍처 관점과 대응되는지 여부
설계 구성요소 간 모순되지 않게 기술되었는지 여부 - 단일 아키텍처 관점 내의 구성요소 간 (개체, 관계, 제약사항) - 서로 다른 아키텍처 관점의 구성요소 간
설계 개체 (entities)
설계 개체가 다음 사항을 고려하여 기술되었는지 여부 - 이름, 유형(type), 목적 - 아키텍처 관점에 따라 추가적인 속성이 기술될 수 있음
다음의 설계 개체 유형이 식별되었는지 여부 - 시스템, 서브시스템, 라이브러리, 프레임워크, 컴포넌트, 클래스, 데이터 저장소(data store), 모듈, 프로그램 유닛, 프로세스, abstract collboration pattern, generic templates
설계 개체가 중복됨이 없이 명확하게 식별되었는지 여부
설계 개체 간 계층 구조가 기술되었는지 여부
설계 개체가 높은 응집도(cohesion)를 가지도록 식별되었는지 여부
설계 개체 간 낮은 결합도(coupling)를 가지도록 식별되었는지 여부
설계 개체가 테스트 케이스를 작성 가능한 수준으로 기술되었는지 여부
설계 관계 (relatioinships)
설계 개체 간 관계가 다음을 고려하여 기술되었는지 여부 - 이름, 유형(type), 관련 개체(entity) - 아키텍처 관점에 따라 추가적인 속성이 기술될 수 있음
식별된 의존성의 유형이 정확하게 기술되었는지 여부 - 전체-부분, 입력-출력, 상속, 사용 등
식별된 의존성 간에 모순됨이 없이 기술되었는지 여부
설계 개체에 의해 사용되는 외부 요소가 명시되었는지 여부
다음 사항을 고려하여 외부 요소가 기술되었는지 여부 - 상호작용 규칙 및 방법 (통신 프로토콜, 데이터 형식 등) - 버퍼 용량, 반응 시간 등의 이용 특성
설계 제약사항 (constraints)
설계 구성요소 간 제약사항이 다음을 고려하여 기술되었는지 여부 - 이름, 유형(type), 소스 구성요소, 목표 구성요소 - 아키텍처 관점에 따라 추가적인 속성이 기술될 수 있음

[그림 11-11] 설계 체크리스트 사용 사례

3) 모델 체크

정적 프로그램 분석(Static Program Analysis)은 실제 실행 없이 소프트웨어를 분석하는 것을 지칭하며 설계단계에서부터 개발단계까지 활용할 수 있다. 소스 코드는 파서를 통해서 구조를 분석하여 정적분석을 수행하기 쉽지만, 설계산출물의 경우는 표준화된 언어로 산출물이 작성되지 못하면 정적분석을 수행하기 어렵다. 예를 들어 상세설계를 문서나 일반 사무용 프로그램 등으로 설계한 경우에는 동료검토 이외에 검토활동을 수행하기 어렵다. 반면에 UML 도구 등과 같이 전자화되어 저장되고 각각의 구성 내용에 접근할 수 있는 형태로 설계산출물이 작성된 경우에는 프로그램을 통한 검토활동이 가능하다. 예를 들면 Data 모델 설계의 경우 각 속성값의 정합성, 명명규칙의 준수 여부 등을 설계도구에서 체크하거나, 작성한 모델에서 데이터를 추출하여 설계 오류를 찾아낼 수 있다. UML 설계도구를 활용하여 컴포넌트를 설계한 경우에는 아키텍처 구조의 준수 여부, 호출관계, 설계완성도, 누락 여부 등을 체크하여 설계결함을 제거할 수 있다.

5.3 상세설계 검증 주요내역

1) 요구사항의 반영

요구사항을 설계산출물에 잘 반영하였느냐를 검증하는 것이 가장 첫 번째로 검증해야 할 항목이다. 요구사항은 요구사항 분석단계, 시스템 분석단계를 거치면서 구체화 되고 시스템에 반영할 내용으로 개발된다. 이렇게 개발된 요구사항을 바탕으로 요구사항이 구현될 수 있도록 설계하는 작업이 충분히 이루어졌음을 검증한다. 요구사항은 시스템 혹은 추적표로 테스트 단계까지 추적해야 하며 설계단계의 산출물도 요구사항 추적이 가능하여야 한다.

- 모든 요구사항이 설계 산출물에 반영되었는지 확인
- 모든 설계단위가 사용자 요구사항, 내부 요구사항, 시스템요구사항 등으로 역방향 추적이 가능한지 확인
- 요구사항의 세부 내역이 설계단위(모듈, 클래스) 등에 잘 반영되었는지 확인

2) 설계내용 품질 검토

설계모델, 설계다이어그램, 설계서 등으로 표현 설계내용에 대한 내부 품질을 검토한다. 산출물의 형식과 표준뿐만 아니라 작성된 내용에 대한 검토가 이루어져야 하며 일반적으로 외부 전문가나 동료검토를 통해서 수행된다. 설계품질에 대한 검토기준은 세부기술과 도메인별로 다양하다. 다음에 제시된 객체지향 설계에서의 클래스와 관계형 DB에 대한 사례처럼 각 설계요소에 대한 검토를 수행한다.

[표 11-5] 객체지향 클래스 설계검토 체크리스트 사례

1. 클래스에 대한 검토

   오직 하나의 대상과 개념만을 나타내고 있는가?

   구체적이며 명확한 이름을 가지고 있는가?

   높은 응집도와 낮은 결합도를 가지는가?

2. 속성에 대한 검토

   각 속성은 오직 하나의 정보만을 나타내고 있는가?

   구체적이며 명확한 이름을 가지고 있는가?

   한 클래스의 속성들 사이에 높은 응집도를 가지는가?

3. 오퍼레이션에 대한 검토

   각 오퍼레이션은 오직 하나의 기능만을 나타내고 있는가?

   구체적이며 명확한 이름을 가지고 있는가?

   한 클래스의 오퍼레이션들끼리 높은 응집도를 가지는가?

[표 11-6] 유스케이스-화면명세서 검토지침 사례

1. 유스케이스 명세서와 화면정의서 간의 상이한 점을 기술

2. 유스케이스 상에 존재하나 화면 정의서에 존재하지 않는 것을 식별

3. 화면이 더 Detail 하므로 화면에 있으나 유스케이스의 흐름 상에 존재하지 않을 수 있음. 이러한 경우는 큰 흐름에 지장을 주거나 큰 흐름 상에 빠졌다고 생각되는 경우에만 식별

4. 문서 포맷 확인 (설명, 관련 액터)

5. 분기점의 분기위치, 분기조건 제대로 기술되어 있는지 확인

6. 업무 흐름의 번호 등이 일관적으로 채번되었는지 확인

[표 11-7] 엑셀형 체크리스트-관계형 DB 설계 검토 사례

구분	검토 항목
표준	표준 템플릿 문서를 사용하여 동일한 산출물에 대한 일관성을 유지하였는가?
표준	작성된 산출물의 내용이 표준 템플릿의 작성규칙(방법)과 부합되게 작성되었는가?
정확성	산출물 필수 항목이 빠짐없이 기록되었는가? • 테이블 명(한글명, 영문), 설명, 테이블 스페이스, Row 길이, 초기건수, 증가건수, 칼럼 명, 설명, Key, Null 여부, type, 길이
정확성	표준준수 구분이 정확히 표현되었는가?
정확성	칼럼 명(영문)이 각각 시스템별 표준에 따라 부여되었는가?
정확성	같은 이름을 가진 칼럼 명이 중복되어 표시되지는 않는가?
일관성	각 산출물간 테이블 명이 일치하는가? • 관계형 테이블 목록, 색인 설명
적절성	테이블의 식별자(PK)가 올바르게 정의되었으며 식별 칼럼의 순서가 올바른가?
적절성	Null 여부, Type, 길이가 타당하게 설계되었는가?

3) 아키텍처/구조설계의 반영 여부

시스템의 전체 구조가 정의되어 있는 SW 아키텍처나 상위수준설계(구조설계) 내용과 상세설계의 내용이 상충하지 않는지를 확인한다. 상위설계를 통해서 전체 시스템에 반영하고자 하는 기능적, 비기능적 요구사항이 상세설계단계에서 충분히 반영되었는지를 확인하는 것이다.

예를 들어 아키텍처 설계 시 3Tier 시스템으로 전체 구조를 설계하였다면 상세설계 시에는 각 컴포넌트가 3Tier 시스템의 특성을 잘 반영하도록 단위가 정의되고 내용이 기술되었는지를 확인한다. 상위수준설계에서 패키지를 설계하였다면 컴포넌트가 구조 설계된 패키지에 속해 있는지 기능은 패키지에서 정의한 내용을 세분화 하는 것인지 검토하여야 한다. 만약 구상위수준설계의 내용과 상충하는 설계내역이 있었음에도 상세설계 단계에서 찾아내지 못한 채로 개발 단계로 넘어가게 되면 이후 단계에서부터는 설계오류를 찾아내는 것은 더더욱 어렵게 된다. 이러한 오류가 전체 시스템의 품질요구사항을 검증하는 단계에서 발견하게 된다면 이를 바로 잡는 데 많은 노력과 비용이 필요할 수밖에 없다.

4) 구현가능성 검토

설계 단계를 2단계로 세분화하면 구현기술 요소에 영향을 받지 않는 설계와 구현기술 요소에 영향을 받는 설계로 나눌 수 있다. 일반적으로 구현기술에 영향을 받지 않는 설계는 사용자요구사항이나 기능 등을 구체화하는 것이고 구현기술을 고려한 설계는 아키텍처, 개발언어, 프레임워크, 라이브러리 등에 대한 지식을 바탕으로 수행하는 작업이다.

설계자와 개발자가 동일하거나 설계자가 프로젝트에서 사용되는 구현기술을 잘 알 때에는 구현가능성에 대한 검토가 별도로 필요 없을 수 있으나 설계자와 개발자의 역할이 분리된 경우에는 설계내역이 구현기술과 괴리되지 않도록 검토하여야 한다. 예를 들어 웹 시스템에서 특정 프레임워크를 사용하기로 결정된 경우에는 설계자가 사용할 프레임워크에 대한 아키텍처와 기술요소를 잘 이해하고 이를 설계에 반영하여야 한다. 또한, 화면의 구성, UX 등이 적용하는 기술로 구현하기 난해한 설계사항에 대한 검토가 있어야 다음 단계의 개발활동이 원활하게 수행될 수 있다.

5.4 검토 결과 기록

요소별 검토 활동을 수행한 후에는 해당 검토활동에 대한 내역과 검출된 결함에 대한 정보를 기록하고 조치 여부를 확인하여야 한다. 검토 결과는 발견된 결함을 회의록과 같이 특정 검토활동 수행 단위로 작성할 수도 있으며 화면명세서 검토서, 컴포넌트 검토서와 같이 각각의 요소단위로 작성하기도 한다.

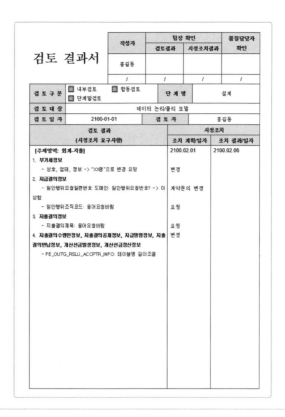

[그림 11-12] 회의록 형태의 검토 결과서 작성사례

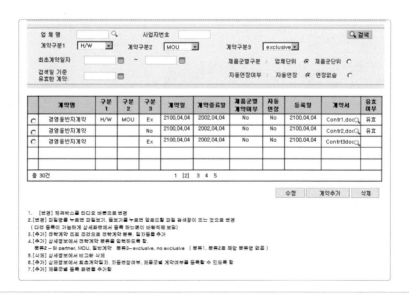

[그림 11-13] 설계산출물에 검토내역을 추가한 사례

[표 11-8] 엑셀형 체크리스트-컴포넌트 설계 검토 사례

구분	검토 항목	결함 내용
표준 미준수	표준 템플릿 문서를 사용하여 동일한 산출물에 대한 일관성을 유지하였는가?	• 제목 다단계 번호가 단계별로 맞지 않음. 다단계 번호 수정 요망
표준 미준수	작성된 산출물의 내용이 표준 템플릿의 작성규칙(방법)과 부합되게 작성되었는가?	• 컴포넌트 인터페이스 상관관계도가 포함되어 있지 않음. 입력 요망
정확성 결여	컴포넌트 정의, 인터페이스 상관관계, 오퍼레이션 상세가 빠짐없이 기록되어 있는가?	• 비즈니스 프로세스 컴포넌트 상세의 Input, Output이 작성되지 않은 컴포넌트가 일부 존재함 • 오퍼레이션의 Input, Output이 작성되지 않은 컴포넌트가 일부 존재함
표준 미준수	컴포넌트 설계 시 아키텍처 표준을 준수하였는가?	
충분성 부족	컴포넌트 정의서에 기술된 모든 컴포넌트를 빠짐없이 설계하였는가?	• 일부 비즈니스 프로세스 컴포넌트의 상세설명이 너무 간략하여 업무 흐름을 알 수 없음. 의사 코드 수준까지 상세화 요망됨
충분성 부족	UI 목록에 기술된 모든 화면을 빠짐없이 설계하였는가?	
충분성 부족	비즈니스 타입(엔티티)을 빠짐없이 설계하였는가?	
정확성 결여	컴포넌트 상관관계도와 컴포넌트 상세설명이 일치하는가?	
기타	체크리스트 이외의 결함 발견사항 기록	• 컴포넌트 상관관계도에서 한글 깨짐 발생(GIF 형식으로 생성하여 수정 요망)

구현

Part

4

코딩이 완료된 후에 테스트를 시작하는 것은 너무 늦다. 소프트웨어 개발 주기에서는 결함이 발견되는 시점이 늦어질수록 그 유지보수 비용이 배가 된다고 한다.

1980년대부터 테스트는 구현이 완료된 후에 시작하는 활동이 아닌, 개발 초기 단계부터 전 개발주기에 거쳐 지속적으로 테스트를 수행해야 한다는 인식이 시작되었다. 현대에 이르러서는 이러한 인식이 확산하여, 개발 전 주기에 거쳐 단계별 적절한 품질관리 활동을 수행하도록 다양한 방법론이 제시되고 있다.

지금까지 우리는 고품질 SW를 개발하기 위한 SW 공학 기반의 개발 과정 중, 요구사항 분석, 아키텍처, 설계 단계에서의 품질관리 활동을 확인했다. 이어서 구현 단계에서의 개발활동 요소와 품질 확보 방안을 확인하고, 도구를 활용하여 실습해 봄으로써 SW R&D 프로젝트 실무에서의 적용 역량을 향상시키고자 한다.

단위 테스트 수행

개발하는 과정에서 흔히 발생하는 상황 중 하나로, 고객의 요구사항이 '변경'되는 경우를 꼽을 수 있다. 하지만 '변경'이라는 것은 흔히 발생하는 만큼 쉽게 지나칠 수 없는 문제를 가져온다. 그것은 바로 변경된 요구사항을 반영하여 코드를 수정했을 때, 수정된 코드를 참조하는 다른 코드들까지 연쇄적인 영향을 받게 되는 것이다. 이러한 문제는 높은 종속성을 가지는 코어 모듈의 경우 더욱 심각해진다.

이번 장에서는 위와 같은 상황을 타개할 수 있는 '단위 테스트'에 대해 설명한다. 단위 테스트가 무엇이며, 어떤 효과가 있는지 확인하고, 실제 JAVA 언어의 단위테스트 프레임워크인 JUnit의 사용법을 알아보도록 한다.

1. 단위 테스트란 무엇인가?

우리나라 속담에 "소 잃고 외양간 고친다."라는 말이 있다. 소를 잃고 난 다음에서야 빈 외양간의 허물어진 데를 고치느라 수선을 떤다는 뜻으로, 일이 잘못되고 나서는 손을 써도 소용이 없음을 비꼬는 말이다. 이처럼 문제가 벌어지고 나서 나중에 후회하지 않도록 미리미리 준비하고 노력하는 자세가 중요하다고 할 수 있겠다.

이는 소프트웨어 개발에서도 마찬가지로 적용된다. 소프트웨어의 개발을 완료하고 나서 사용하는 과정에서 오류를 발견하게 되면, 이를 수정하고 해결하는 데 훨씬 더 큰 비용이 들게 된다. 따라서 테스트를 통해서 사전에 오류를 발견해 나중에 발생할 수 있는 더 큰 사고를 방지하는 것이 올바른 문제 해결 방법이라 볼 수 있다.

일반적인 정의를 살펴보면 소프트웨어의 개발 프로젝트에서 테스트란 '요구사항에 의해 개발된 산출물이 요구사항과 부합되는지 여부를 검증하기 위한 작업'이다.

소프트웨어 공학에서 소프트웨어 테스트의 단계별 활동으로 구분해보면 단위 테스트, 통합 테스트, 시스템 테스트, 인수 테스트의 순으로 나눌 수 있다.

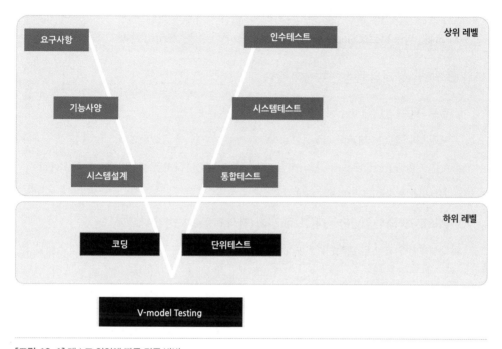

[그림 12-1] 테스트 영역에 따른 검증 방법

- **단위 테스트** 컴포넌트 테스트라 칭하기도 하는 테스트 단계이며 개발 생명주기 전 영역에서 가장 하위 레벨의 기술적 테스트 수행을 요구하는 단계

- **통합 테스트** 컴포넌트 통합 테스트와 시스템 통합 테스트 유형으로 분류할 수 있음. 컴포넌트 통합 테스트는 단위 테스트 수행을 통해 산출한 통합 대상 단위 프로그램의 통합 과정을 검증하는 테스트 단계이며, 시스템 통합 테스트는 단위 시스템의 통합을 검증하는 테스트 단계

- **시스템 테스트** 단위 프로그램 검증, 단위 간의 인터페이스 및 일관성 검증을 완료한 제품화 가능한 소프트웨어를 사용자 관점에서 검증하는 테스트 단계

- **인수 테스트** 사용자가 제품의 인수 여부를 결정하는 테스트로써, 요구하는 모든 요구사항(기능, 비기능)이 구현되었는지를 검증하는 테스트 단계

단위 테스트(Unit Test)는 소프트웨어를 단계별로 분류하였을 때 맨 처음에 수행되는 테스트로, 메소드나 클래스 등의 구현 코드에 대하여 작성되는 테스트를 말하기도 한다.

단위 테스트는 일반적으로 다른 코드를 호출한 후 몇 가지 가정이 성립하는지 검사하는 코드(대개 메소드)이다. 가정이 성립하지 않는 것으로 판명되면 단위 테스트는 실패한다. 여기서 '단위(Unit)'라는 말은 조직이나 프로젝트에 따라 다르게 사용하기도 하며, 일반적으로 모듈(Module), 컴포넌트(Component), 또는 메소드나 함수 등을 의미한다.

단위 테스트 수행 시의 특징은 다음과 같다.

- 주로 개발자 환경에서 수행
- 단위 내부의 결함 제거를 주목적으로 함
- 구조 기반(Structure-based) 즉, 화이트박스(White-box) 테스트 설계기법을 주로 사용함
- 가능한 많은 결함을 발견하고자 함
- 테스트 케이스와 결함을 공식적으로 관리하지 않고 주로 개발자에게 맡김
- 대부분 단위 테스트 프레임워크(Framework) 또는 디버깅 도구의 지원으로 테스트 수행

단위 테스트는 이처럼 테스트를 위한 코드를 개발자가 직접 작성하여 해당 코드를 실행함으로써 테스트 대상이 되는 코드에 대한 특정 영역을 실행해보는 테스트 방법이다. 단위 테스트를 통하여 수행된 테스트가 전체 코드에 대하여 어느 정도의 테스트를 수행했는지를 코드 커버리지를 통해서 확인함으로써 단위 테스트의 완성도를 측정하기도 한다.

단위 테스트는 다음과 같은 속성들을 가져야 한다.

- 자동화되고 반복 실행이 가능해야 함
- 구현하기 쉬워야 함
- 한번 작성되면 변경되지 않아야 함
- 누구나 실행할 수 있어야 함
- 버튼 하나를 클릭하는 것만으로 실행할 수 있어야 함
- 속도가 빨라야 함

2. 단위 테스트를 왜 하는가?

테스트 단계가 진행(단위에서 통합, 시스템, 인수)될수록 원인 규명, 영향도, 복잡도가 증가하고 문제가 발생할 경우 이의 수정 비용이 기하급수적으로 증가하기 때문에 단위 테스트가 필요하다.

위 사항을 알고 있지만, 현실에서는 시간 부족, 개발자의 역량 부족, 마인드 부족, 단위 테스팅하는 방법이나 체계 부족으로 수행하고 있지 못하는 것이 현실이다.

단위 테스트의 주목적은 여러분이 개발한 소프트웨어가 기대한 대로 동작함을 증명하고, 버그를 조기에 잡아내는 것이다. 기능 테스트[1]의 목적도 동일하지만, 단위 테스트는 훨씬 강력하고 다재다능하며 소프트웨어의 동작 여부 확인 그 이상을 제공한다. 단위 테스트 적용 결과의 특징은 다음과 같다.

- 기능 테스트보다 훨씬 높은 테스트 커버리지 달성이 가능
- 팀 생산성 향상
- 회귀 테스트(Regression Test) 수행을 통해 디버깅의 필요성 감소
- 리팩터링[2]과 코드 수정 시 올바로 하고 있다는 확신 제공
- 구현 품질 향상
- 단위 테스트 케이스를 통해 기대하는 행위를 문서화하게 됨
- 코드 커버리지 등 각종 지표의 측정이 가능

---

1   테스트 대상 컴포넌트의 명세로부터 도출된 테스트 케이스에 기반을 두어 수행되는 블랙박스 테스트 기법의 일종이다. 프로그램에 입력을 주고, 그에 해당하는 출력을 조사함으로써 테스트를 수행하게 된다. 이때 프로그램의 내부 구조에는 거의 관심을 두지 않는다.
2   코드가 작성된 후 코드의 외부 동작은 변경하지 않고 코드의 내부 구조를 변경하여 코드를 향상시키는 프로세스이다.

2.1 높은 테스트 커버리지 달성

단위 테스트는 프로그램 종류에 상관없이 가장 먼저 수행되어야 할 테스트이다. 하지만, 단위 테스트와 기능 테스트 중 하나만 선택해야 할 상황에 부닥친다면, 후자를 선택해야 한다. 일반적으로 기능 테스트는 프로그램 코드의 약 70%를 커버할 수 있다. 더 높은 커버리지를 원한다면, 단위 테스트를 작성해 보자. 기능 테스트로는 무척 어려운 오류 상황 시뮬레이션도 단위 테스트라면 쉽게 해낼 수도 있다. 뒤에서 이야기하겠지만, 단위 테스트는 단순한 테스트 이상의 기능을 제공한다.

2.2 팀 생산성 향상

대규모 프로그램을 제작하는 팀의 일원이 되었다고 상상해보자. 단위 테스트를 잘 수행하면 여러분은 다른 컴포넌트가 완료될 때까지 기다리지 않고도 검증된 품질 높은 코드를 제출할 수 있다. 반면 기능 테스트는 상대적으로 정밀한 테스트를 하지 못하고, 테스트를 하려면 전체 프로그램(혹은 독립적으로 동작 가능한 부분)이 제공되어야만 한다.

2.3 회귀 테스트 수행 및 디버깅 감소

단위 테스트 케이스들을 하나로 묶은 단위인 테스트 스위트가 통과되었음은 코드가 정상 동작함을 증명해주고, 리팩터링 및 새 기능을 추가하기 위해 코드를 수정해도 좋다는 확신을 안겨준다. 개발자 입장에서 무언가를 잘못 수정할 때마다 바로바로 알려주는 누군가가 곁에 있어주는 것만큼 마음 든든한 일도 없다.

단위 테스트는 잘못된 부분을 찾기 위해 애플리케이션을 디버깅할 필요성을 줄여준다. 기능 테스트가 버그가 존재하는 유스케이스를 선택해주는 정도라면, 단위 테스트는 어떤 메소드가 어떤 이유로 실패했는지 파악할 수 있다. 즉 문제를 찾아 몇 시간씩 헤매던 일에서 해방된다.

2.4 확신에 찬 리팩터링

코드 수정은 언제나 다른 어딘가를 망가뜨릴 수 있는 위험을 내포하기 때문에 단위 테스트가 없다면 리팩터링의 정당성을 주장하기가 쉽지 않다. 크지 않은 개선을 위해, 혹은 메소드 이름 하나를 바꾸기 위해 왜 이미 구현이 끝난 기능에 굳이 칼질을 하려 하는가? 자칫 수 시간의 디버깅이나, 심하면 납품까지 지연시킬 위험을 안고서 말이다. 이때 단위 테스트는 리팩터링을 해도 좋다는 확신을 주는 안전망이 되어준다.

2.5 구현 품질 향상

단위 테스트는 대상 코드에는 최고의 고객이라 할 수 있다. 단위 테스트는 대상 API가 유연하고 독립적으로 테스트 가능하게 만들어질 것을 강요한다. 만약 테스트하기 어려운 코드를 마주한다면, 대부분은 단위 테스트가 가능하도록 리팩터링해야 한다.

단위 테스트를 만들고 관리할 때는 단위 테스트 자체도 주의 깊게 들여다보아야 함을 잊지 말자. 하나의 단위 테스트가 너무 길어지거나 복잡해지는 것은 대상 코드에서 나쁜 냄새가 나는 경우로, 이 순간 리팩터링이 필요하다. 아니면 하나의 테스트 메소드에서 너무 많은 기능을 테스트하기 때문일 수도 있다. 만약 기능을 독립적으로 테스트할 수 없다면, 그 기능이 충분히 유연하지 않은 상황일 때가 많다. 따라서 역시 리팩터링을 해줘야 한다. 사실 테스트를 위해 코드를 수정하는 일은 극히 자연스러운 일이다.

2.6 기대 행위 문서화

한쪽에는 300페이지짜리 API 설명문서가 있고, 반대쪽에는 API 사용법을 보여주는 예제 코드가 있다. 여러분은 새로운 API를 익히기에 어떤 방법이 쉬울 것으로 생각하는가?

예제의 위력은 너무도 잘 알려졌다. 단위 테스트는 'API 사용법을 보여주는 예제'인 것이다. 또한, 그 자체로 훌륭한 개발자 문서로 활용될 수 있다. 단위 테스트는 생산 코드(Production Code)와 일치하므로, 다른 형태의 문서와 달리 항상 최신 상태로 유지된다는 이점도 제공한다.

2.7 코드 커버리지 등 각종 지표의 측정이 가능

단위 테스트는 여러분이 버튼을 누르는 즉시 단위 모듈이 문제없이 동작하는지를 확인해 준다. 나아가 테스트가 실행하고 지나간 코드를 문장 단위로 보여주는 코드 커버리지 측정 결과도 알려준다. 지난 빌드의 성공/실패 추이를 한눈에 볼 수 있는 도구를 사용할 수도 있다.

이전 빌드와의 결과 대비 낮은 수행 성능 측정 결과가 나오면 실패하도록 하는 단위 테스트 케이스를 작성하는 것 역시 가능하다. 예를 들어, A 모듈의 이전 빌드 결과 수행 시간은 10초, 이번 빌드 결과 수행 시간은 15초라면 A 모듈의 성능 측정을 위한 단위 테스트 케이스는 실패하는 것이다.

3. 단위 테스트는 어떻게 하는가?

3.1 단위 테스트용 프레임워크

단위 테스트는 메소드나 클래스를 호출해서 메소드나 클래스의 논리적인 작동 방식에 대한 몇 가지 가정의 성립 여부를 검사하는 자동화된 코드이다. 대부분의 단위 테스트는 단위 테스트 프레임워크를 사용해 작성한다. 이를 단위 테스트는 쉽게 작성할 수 있고 재빨리 실행할 수 있으며, 완전 자동화되고 이해하기 쉽고 관리하기가 쉽다.

일반적으로 소프트웨어를 개발하기 위해서 사용하는 비주얼 스튜디오나 이클립스 같은 IDE에서는 코딩과 관련된 모든 작업이 구조화된 방식에 따라 한 환경 안에서 수행된다. 코드를 작성하고 컴파일하며 그림이나 텍스트 같은 리소스를 빌드해서 최종 바이너리를 만드는 작업이 모두 한 곳에서 이루어진다. 키보드를 몇 번 두드리는 것만으로 필요한 빌드와 컴파일이 모두 수행되는 것이다.

수작업으로 모든 일을 하려고 하면 에러가 발생하기 쉽고 시간도 많이 걸리는 관계로 사람들은 수작업을 기피한다. 도구를 사용하면 이런 문제를 어느 정도 해결할 수 있다. 이와 마찬가지로, 단위 테스트 프레임워크도 개발자들이 주어진 API를 사용해 테스트를 재빨리 작성하고 자동으로 실행하며 결과를 확인하는 일을 돕는다. 단위 테스트는 단위 테스트 프레임워크에서 제공하는 라이브러리를 사용해 작성된다. 작성된 테스트는 별도로 존재하는 단위 테스트 도구에 의해 실행되고, 개발자나 자동화된 빌드 프로세스에 의해 텍스트나 UI 형태로 출력된 결과를 검토할 수 있다.

단위 테스트 프레임워크는 개발자들이 단위 테스트를 작성할 때 사용할 수 있는 라이브러리와 모듈을 모아 놓은 것으로, 자동화된 빌드의 일부로서 테스트를 실행하는 기능도 제공된다. 단위 테스트 프레임워크는 현재 사용되는 모든 프로그래밍 언어에 대해서 하나 이상씩 존재한다고 할 수 있다.

단위 테스트 프레임워크는 보통 대상 프로그래밍 언어의 이름 첫 글자로 시작하기 때문에 xUnit 프레임워크라고도 부른다. Java 용은 JUnit, C++ 용은 CppUnit, .NET은 NUnit와 같은 식으로, 모든 단위 테스트 프레임워크에서 이와 같은 이름을 따르는 것은 아니지만, 많은 언어에서 이를 따르고 있다. C++의 경우는 GoogleTest 프레임워크도 많이 사용되고 있다.

4. JUnit을 활용한 단위 테스트

4.1 JUnit 테스트 실행

JUnit은 앞에서 이야기했듯이 Java 언어에서 대표적으로 사용하는 단위 테스트 도구이다. 현재 버전은 JUnit 5까지 나온 상태이며 보통 JUnit 4를 많이 사용한다.

Java 개발자가 많이 사용하는 IDE인 Eclipse에서 테스트하는 방법을 알아보자. JUnit은 Eclipse에 기본적으로 플러그인 형태로 포함되어 손쉽게 이용할 수 있다. 먼저 JUnit을 사용하기 위한 준비를 하자.

1) Eclipse를 실행시킨다. 프로젝트에서 마우스 오른쪽 버튼을 클릭하면 나오는 창에서 Properties를 클릭한다.

2) 왼쪽 Java Build Path 선택 〉 Libraries 클릭 〉 Add Library... 순으로 클릭한다.

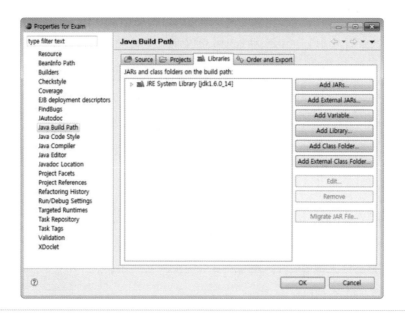

[그림 12-2] JUnit 라이브러리 등록 1

3) JUnit을 선택하고 Next를 클릭한다.

[그림 12-3] JUnit 라이브러리 등록 2

4) JUnit4를 선택하고 Finish를 클릭한다.

[그림 12-4] JUnit 라이브러리 등록 3

이제 단위 테스트를 위한 모든 준비가 끝났다.

그럼 실제 단위 테스트를 수행해보도록 하자.

1) 예제로 아래의 간단한 Calculator 클래스를 작성한다.

```
package test.calculator;

public class Calculator {

    int result;

    public int add(int a, int b) {
        result = a + b;
        return a + b;
    }

    public int sub(int a, int b) {
        result = a - b;
        return a - b;
    }

    public int mul(int a, int b) {
        result = a * b;
        return a * b;
    }

    public int div(int a, int b) {
        result = a / b;
        return a / b;
    }
}
```

[그림 12-5] Calculator 클래스 예시

2) Calculator.java를 선택하고 마우스 오른쪽 버튼을 클릭한 다음 JUnit Test Case를 선택한다.

3) 중앙 부분의 setUp( )과 tearDown( )에 체크한 다음 Next를 클릭한다.

[그림 12-6] JUnit Test Case

4) 테스트할 대상이 되는 메소드에 체크한다. 여기에서는 add를 테스트할 것이므로 add(int, int)에만 체크하고 Finish를 클릭한다.

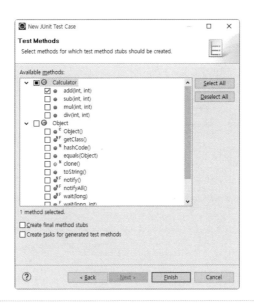

[그림 12-7] Test Methods

5) 다음과 같은 미완성 테스트 코드가 나타난다.

```java
package test.calculator;

import static org.junit.Assert.*;

import org.junit.After;
import org.junit.Before;
import org.junit.Test;

public class CalculatorTest {
    Calculator cal;

    @Before
    public void setUp() throws Exception {
    }

    @Test
    public void testAdd() {
        fail("Not yet implemented");
    }

    @After
    public void tearDown() throws Exception {
    }
}
```

[그림 12-8] 작성된 미완성 테스트 코드 예시

6) 테스트를 수행할 테스트 코드를 작성한다.

```java
package test.calculator;

import static org.junit.Assert.*;

import org.junit.After;
import org.junit.Before;
import org.junit.Test;

public class CalculatorTest {
    Calculator cal;

    @Before
    public void setUp() throws Exception {
        System.out.println("setUp");
        cal = new Calculator();
    }

    @Test
    public void testAdd() {
        System.out.println("add");
        assertEquals(3, cal.add(2,1));
    }

    @After
    public void tearDown() throws Exception {
        System.out.println("tearDown");
    }
}
```

[그림 12-9] 테스트 코드 작성 예시

Part 4 **구현**

7) CalculatorTest.java에서 마우스 오른쪽 버튼 〉 Run as 〉 JUnit Test를 실행한다. 콘솔 창에 아래 내용이 찍히고, 옆에 JUnit 창에서 다음과 같이 녹색 바가 나타나면 성공이다.

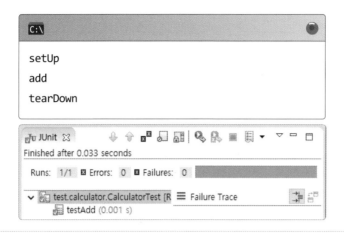

[그림 12-10] JUnit Test 실행

4.2 JUnit의 어노테이션

어노테이션(Annotation)은 Java5에서 등장한 기능으로, JUnit 4에서는 이 어노테이션을 활용하여 테스트를 수행한다. 어노테이션이 붙은 코드는 어노테이션의 구현된 정보에 따라 연결되는 방향이 결정된다. 따라서 전체 소스 코드에서 비즈니스 로직에는 영향을 주지는 않지만, 해당 타깃의 연결 방법이나 소스 코드의 구조를 변경할 수 있다. 쉽게 말해서 "이 속성을 어떤 용도로 사용할까, 이 클래스에게 어떤 역할을 줄까?"를 결정해서 붙여준다고 볼 수 있다. 어노테이션은 소스 코드에 메타 데이터를 삽입하는 것이기 때문에 잘 이용하면 코드의 가독성뿐 아니라 체계적인 소스 코드를 구성하는 데 도움을 준다.

JUnit에서는 대표적으로 다음과 같은 어노테이션들을 사용한다.

- **@Test 어노테이션** 단위 테스트를 수행할 메소드 정의
- **@After, @Before 어노테이션** 각 단위 테스트 메소드의 실행 앞뒤에서 초기화와 자원 정리 작업을 수행
- **@AfterClass, @BeforeClass 어노테이션** 각 단위 테스트 클래스 수행 전후에 초기화와 자원 정리 작업을 수행

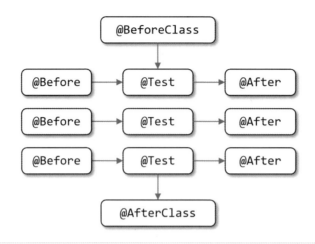

[그림 12-11] 어노테이션(Annotation) 관계 도식도

4.3 JUnit의 단정 메소드

앞에서 본 assertEquals( ) 메소드와 같이 단위 테스트에서 테스트 대상이 되는 메소드가 제대로 동작하는지 아닌지 판단하도록 돕는 메소드들을 통틀어 단정(assert) 메소드라고 부른다. JUnit에서는 다음과 같은 다양한 형태의 단정(assert) 메소드들을 제공한다.

단정(assert) 메소드	설명
assertArrayEquals(a, b);	배열 A와 B가 일치함을 확인한다.
assertEquals(a, b);	객체 A와 B가 일치함을 확인한다.
assertSame(a, b);	객체 A와 B가 같은 객체임을 확인한다. aassertEquals는 두 값이 같은지를 비교하는 단정문이고, assertSame은 두 객체가 동일한 객체인지 주소 값으로 비교하는 단정문이다.
assertTrue(a);	조건 A가 참인가를 확인한다.
assertNotNull(a);	객체 A가 null이 아님을 확인한다.

이외에 단정 메소드에 대한 보다 자세한 내용은 http://junit.org/junit4/javadoc/latest/index.html을 확인하기 바란다.

코드 품질: 코딩 표준 수립

소프트웨어의 가장 큰 특징 중 하나로 '재활용'을 꼽을 수 있다. 소프트웨어, 즉 소스 코드가 재활용이 가능하기에 개발자들이 개발하는 시간이 크게 단축될 수 있다. 그렇다면 개발자들이 코드를 구현하는 과정에서 가장 많은 시간이 소요되는 것은 언제일까? 아이러니하게도 그것은 바로 기존의 코드를 '분석'하는 시간이다.

이번 장에서는 코드 분석 시간을 줄이는 방법의 하나인 '코딩 표준'에 대해 설명한다. 코딩 표준이 왜 필요하고 어떤 규칙을 가지는지 확인하여, 프로젝트 산출물 중 하나인 소스 코드를 자산화하여 관리할 수 있도록 하자.

1. 코딩 표준의 필요성

개발자들 간에 일관된 코딩 규칙을 적용하게 되면, 코드의 가독성과 이해도가 높아져 코드 검토 시간이 줄고 코드 관리가 쉬워지는 등 효율적인 협업이 가능하다. 또한, 운영 시 발생할 수 있는 오동작을 감소시켜 유지 보수를 쉽게 한다.

컴파일러나 인터프리터는 개발자가 작성한 프로그램을 컴퓨터가 이해할 수 있는 바이너리 포맷으로 변환 처리하기 때문에 프로그램의 문법적인 구조만 일치하면, 소스에 대해서 문제 삼지 않는다. 반면 개발자가 작성한 코드는 여러 사람이 함께 개발하며 공유하고, 검토 대상이 되기 때문에 코딩 스타일 및 컨벤션의 기준이 필요하다.

소프트웨어 개발 과정에서 어떤 문제를 해결하기 위해서 여러 개발자가 협업하기도 하고, 때로는 타인이 작성한 개발 소스를 유지 보수하기도 한다. 최초 개발자가 개발된 프로그램을 직접 계속 유지보수하는 경우는 거의 없다. 따라서 코딩 규칙에 대한 지침 및 기준이 제시돼야 하고, 개발자는 그 기준에 맞게 코딩을 해야 한다.

코딩 표준은 코드 작성에 관한 지침, 규칙 및 규정의 집합으로 변수 명명, 코드 들여쓰기, 괄호나 키워드의 위치 등 주의해서 작성해야 하는 문장과 함수, 각 언어의 특성 및 개발 환경으로 말미암아서 발생하는 지침 등을 포함한다. 표준 코딩 규칙은 많은 개발자가 동일한 코드를 작업할 경우 일관되게 지켜야 하며, 특히 초보 개발자는 코드를 작성할 때 표준을 지키는 것이 매우 중요하다. 코딩 표준을 준수하여 코드를 작성하면 코드 검토에 걸리는 시간을 상당히 절약할 수 있기 때문이다.

표준 코딩 규칙을 사용하는 이유는 일반적으로 코드의 가독성, 확장성 및 신뢰성을 향상시키는 데 있다.

- **가독성을 높여주는 규칙** 주석, 줄 바꿈, 들여쓰기 및 공백과 같은 공간의 처리와 조건문의 형식화 등의 규칙을 포함한다. 프로그램 소스가 일관되게 정렬된 형식으로 코딩되면 가독성이 높아진다.

- **확장성을 목적으로 한 규칙** 상속, 캡슐화 및 상수에 관한 규칙 등이 포함된다. 명시적인 숫자 대신 상수를 사용하면, 변경 시 상수의 값을 한 번 변경하는 것만으로 코드 전체에서 상수의 모든 인스턴스를 한 번에 변경할 수 있어 확장성이 높아진다.

- **신뢰성을 목적으로 한 규칙** 제한된 자원, 동기화 및 예외 처리 규칙 등이 포함된다. 제한된 자원을 적절하게 해제하면 메모리 부족이나 교착 상태와 같은 문제가 줄어든다.

개발자가 표준 코딩 규칙을 준수하면 개발된 소프트웨어의 유지보수가 쉬워지고, 결함을 감소시키고, 비용을 절감하며 코드 품질을 향상시킬 수 있다.

2. 주요 코딩 표준

코딩 표준은 읽고, 관리하기 쉬운 코드를 작성하기 위한 일종의 코딩 스타일 규약이다. 아무리 작은 프로젝트라 하더라도 이후 유지 보수 및 추가 개발 등의 관리 이슈가 여전히 존재하기 때문에 코딩 스타일 규약은 반드시 필요하다.

주요 코딩 표준 규칙은 Java/C에서 공통으로 적용할 수 있는 규칙으로, 명칭, 소스 형식, 주석, 변수 선언, 상수, 수식 및 문장같이 주로 프로그램의 외형을 구성하는 문장 및 표현에 기반을 둔 규칙과 보안기능과 관련된 규칙을 다룬다.

2.1 명칭에 관한 규칙

[규칙] 명칭의 길이는 31자 이내로 한다.

명칭의 길이는 컴파일러에 따라서 제한하는 경우가 있으며, 명칭의 길이가 필요 이상으로 길어질 경우 오타 발생 확률 증가 및 가독성이 저하된다.

[규칙] 동일한 변수 이름과 메소드(함수) 이름을 사용하지 않는다.

동일한 이름을 가진 변수와 메소드(함수)는 가독성이 저하된다. 개발자가 변수에 접근 시에 메소드(함수)를 호출할 수 있기 때문에 혼란을 줄 수 있다.

[규칙] 명칭은 "_" 이외의 특수 문자를 사용하지 않는다.

다른 프로그래밍 언어와 명칭에 대한 호환을 위해서 특수문자는 "_"만 허용한다.

2.2 소스 형식에 관한 규칙

[규칙] 하나의 소스 파일은 2,000줄 이내로 작성한다.

하나의 파일에 너무 많은 코드를 작성할 경우, 프로그램의 문맥 파악이 어렵고, 파일 관리 및 유지 보수 측면에서도 효율성이 저하된다.

[규칙] 한 줄의 길이는 80자 이내의 문자로 한다.

한 줄에 많은 코드를 작성할 경우 가독성이 저하된다.

[규칙] 메소드나 함수의 내용은 70줄 이내로 작성한다.

한 화면에 전체 내용이 보이지 않아, 메소드(혹은 함수)의 앞부분과 뒷부분의 문맥을 파악이 어려워 가독성이 저하된다.

[규칙] 괄호는 시작 문장의 마지막 열에 삽입, 닫는 중괄호는 새로운 시작 열에 삽입한다. (if 문, else ~ if 문, else 문, for 문, while 문, do ~ while 문, switch 문, try ~ catch 문)

중괄호를 별도의 줄에 삽입하는 것은 코드길이가 더 길어져서 아래위로 스크롤 해가며 읽어야 하므로 가독성이 저하된다.

[규칙] 하나의 문장이 여러 줄로 작성될 경우 아래와 같은 규칙에 의해 행을 나눈다.

- 80자 초과 시, 쉼표 다음 문자부터 새로운 행을 시작한다.
- 이전 행과 동일한 수준의 표현식과 열을 맞춘다.

하나의 문장을 여러 줄로 작성하는 경우 명확하게 구분하지 않으면 소스 코드의 가독성이 저하된다.

[규칙] 동일 수준의 문장은 같은 위치에서 시작하고 끝난다.

문장의 시작/끝을 명확하게 구분하기 위해서는 시작/끝의 위치를 맞추어야 한다. 같은 수준의 문장에 동일한 들여쓰기를 적용하지 않을 경우 가독성이 저하된다.

2.3 주석에 관한 규칙

[규칙] 프로그램은 최초작성자, 최초작성일, 최종변경일, 목적, 개정 이력 및 저작권을 기술하는 주석으로 시작해야 한다.

각 파일의 목적을 정확히 파악할 수 있도록 주석 처리하여 소스 코드의 가독성과 유지보수성을 높인다.

- **최초작성자** 프로그램을 최초 작성한 개발자명
- **최초작성일** 프로그램을 최초 작성한 일자
- **최종변경일** 프로그램을 최종 변경한 일자
- **목적** 프로그램을 작성한 목적
- **개정 이력** 프로그램을 변경한 변경자, 변경일자 및 변경내용
- **저작권** 프로그램을 최초 작성한 개발회사

[규칙] 메소드나 함수 주석은 목적, 매개변수, 반환값 및 변경 이력을 기술하는 주석으로 시작한다.

메소드나 함수 정의 앞부분에 다음의 정보를 기술하면, 유지보수성과 가독성이 향상된다.

- **목적** 메소드나 함수를 작성한 목적
- **매개변수** 메소드나 함수의 인자로 사용되는 변수 설명
- **반환값** 메소드나 함수의 결과값 설명
- **변경 이력** 메소드나 함수를 변경한 변경자, 변경일자 및 변경내용

2.4 변수 선언에 관한 규칙

[규칙] 같은 용도의 변수는 같은 선언에 둔다.

하나의 문장에 구분자를 통해 서로 다른 용도의 변수를 선언하면 각 변수에 대한 의미를 정확하게 전달하기 어렵다.

[규칙] 불필요한 변수를 선언하지 않는다.

불필요한 변수 선언으로 개발자로 하여금 코드에 대한 이해를 저하시켜 유지보수가 어렵다.

[규칙] 배열을 선언하는 경우 반드시 요소 수를 명시적으로 선언하거나 초기화에 의해 묵시적으로 결정되도록 한다.

요소 수가 결정되지 않은 배열은 배열 범위에 대해 예측할 수 없으므로 배열 범위를 벗어나는 참조를 통한 보안 문제를 유발할 수 있다.

[규칙] 지역 변수는 선언과 동시에 초기화한다.

지역 변수는 선언과 동시에 초기화하여 초기화되지 않은 변수의 사용을 사전에 방지해야 한다.

※ C인 경우 지역 변수 초기화가 필수이지만, Java인 경우는 컴파일러가 이를 탐지하기 때문에 해당 사항이 없다.

2.5 상수에 관한 규칙

[규칙] 8진수로 표현된 상수를 사용하지 않는다.

8진수는 가독성이 매우 떨어지므로, 10진수나 16진수 표기법을 사용한다.

[규칙] 숫자 리터럴을 직접적으로 소스 코드 안에 삽입하지 않는다.

반복문의 카운터로 사용될 수 있는 (-1, 0, 1)을 제외한 숫자는 가독성을 저하시킨다. 소스 코드에 직접 기술한 숫자 리터럴은 그 의미를 파악하기 어렵다.

2.6 수식에 관한 규칙

[규칙] 단항 연산자는 피연산자와 붙여 쓴다.

단항 연산자는 피연산자가 무엇인지 명확하게 알 수 있도록 붙여 쓰지 않을 경우 가독성이 저하된다.

[규칙] .(dot) 연산자를 제외한 모든 이항 연산자 전후는 공백으로 구분한다.

이항 연산자 전후에 공백을 삽입하는 것은 연산자와 피연산자의 구분을 명확하게 할 수 있으며, 소스 코드의 가독성을 높일 수 있다.

[규칙] 조건부 연산자에서 "?" 연산자 앞에 이항 연산식이 나타날 경우 괄호로 구분한다.

조건부 연산자는 3개의 피연산자를 갖기 때문에 복잡한 구조를 갖는다. 또한, 첫 번째 피연산자가 이항 연산식이 될 경우 혼란을 가중시킬 수 있다.

[규칙] 증감 연산자는 수식에서 다른 연산자와 결합하여 사용하지 않는다.

증감 연산자가 다른 연산자와 결합하여 사용되면 직관적으로 이해할 수 없게 되어 가독성이 저하된다.

[규칙] .(dot), ->(포인터) 연산자를 제외한 모든 이항 연산자 전후는 공백으로 구분한다.

이항 연산자와 피연산자 전후에 공백을 두는 것은 구분을 명확하게 하지 않을 경우 가독성이 저하된다.

※ 단, Java는 포인터 연산자가 없음

[규칙] 3개 이상의 연산자를 사용하는 경우 괄호로 연산의 우선순위를 표현한다.

연산자의 우선순위와 결합 법칙에 적합한 수식도 3개 이상의 연산자를 사용하는 경우 가독성이 저하된다.

[규칙] 비트 연산자는 부호 있는 자료에 사용하지 않는다.

비트 연산자는 부호의 의미를 포함하지 않으므로, 부호 있는 연산자에 시프트 연산을 하게 되면 부호 비트와 숫자 값을 가지는 비트가 그 의미를 잃게 된다.

2.7 문장에 관한 규칙

[규칙] switch ~ case 문장에서 case 문에 break 문이 없는 경우 주석을 작성한다.

switch ~ case 문장에서 case 문에 break 문이 없는 경우, 다음 case 문으로 제어의 흐름이 넘어간다. 주석이 없는 경우 프로그램 이해도가 떨어져 가독성이 저하된다.

[규칙] switch ~ case 문에서는 반드시 default 문을 작성하고 마지막 항목에 위치한다.

default 문을 작성하지 않으면, 모든 case 문을 만족하지 않을 경우에 대한 처리가 누락되어 프로그램 오류 발생 가능성이 크다.

[규칙] goto 문을 사용하지 않는다.

goto 문은 프로그램 제어의 흐름을 복잡하게 하여, 가독성이 저하되며, 제어의 흐름이 예측할 수 없는 방향으로 진행되어 오류발생 가능성이 크다.

※ Java에서는 goto 문 대신 break 문 사용

[규칙] for 문을 제어하는 수식에 실수 값을 사용하지 않는다.

실수 값은 표현 한계 때문에 부정확한 값을 가지는 경우가 대부분이므로 의도하지 않은 동작을 유발할 수 있다.

[규칙] for 문을 제어하는 수치 변수는 루프 내에서 변화되지 않아야 한다.

루프 내에서 루프 제어 변수가 변화할 경우 반복 횟수를 예측할 수 없어 프로그램 이해도가 떨어지고, 잘못 계산된 루프 제어 변수는 무한루프를 발생시킨다.

[규칙] 반복문 내부에서 반복 중단을 위한 break 문은 가능한 한 번만 사용하도록 한다.

break 문이 흩어져 있는 경우 프로그램의 동작을 예측하기 어렵다.

[규칙] if ~ else if 문은 반드시 else 문으로 끝나도록 한다.

else 문으로 종료하지 않는 경우 처리가 누락되는 경우가 발생하여 오류를 발생시킬 수 있다.

3. Java 코딩 표준

Java의 언어적인 특성에서 발생하는 코딩 규칙으로, 14개의 하위 규칙으로 구성되어 있다. Java에서의 명칭, 프로그램 작성 순서의 일반적인 사항에 대한 규칙, 클래스 및 필드와 메

소드 정의 등 객체지향 코딩 관련 규칙, 예외처리, J2EE 애플리케이션 개발 등 예외상황 및 보안에 관한 규칙을 다룬다.

3.1 명칭에 관한 규칙

[규칙] 클래스, 인터페이스, 상수, 변수 및 메소드의 명칭은 구분하여 작성한다.

- 클래스의 이름은 대문자로 시작한다.
- 인터페이스의 이름은 대문자로 시작한다.
- 상수의 이름은 "_" 및 대문자로 한다.
- 변수의 이름은 소문자로 시작한다.
- 메소드의 이름은 소문자로 시작하고 첫 번째 단어는 동사로 작성한다.

[규칙] 동일한 클래스 이름과 메소드 이름을 가져서는 안 된다.

생성자가 아닌 메소드는 자기 자신의 클래스와 동일한 이름을 사용하면 가독성이 떨어지고, 개발자가 생성자로 오해할 소지가 있어 혼란을 준다.

3.2 프로그램 작성 순서에 관한 규칙

[규칙] Java 소스 파일의 첫 번째 문장은 package로 시작한다.

package 문장이 없는 프로그램은 클래스 이름 간 충돌이 발생할 수 있으며, 클래스의 접근 제어가 쉽지 않으므로 향후 확장 시에 비용이 많이 든다.

※ package 문장 다음에 import 문을 기술한다.

3.3 클래스의 정의에 관한 규칙

[규칙] 계층 구조의 상위에 위치한 클래스는 추상 클래스로 작성한다.

계층 구조의 상위에 위치한 클래스는 범용성을 가져야 하기 때문에 추상적으로 작성하는 것이 좋다.

3.4 필드와 메소드 정의에 관한 규칙

[규칙] 추상 클래스에는 하나 이상의 추상 메소드를 작성한다.

클래스의 확장과 기능의 유연성을 확보하기 위해 추상 클래스에 추상 메소드를 정의하는 것이 좋다.

[규칙] 추상 클래스에는 빈 메소드는 추상 메소드를 정의해야 한다.

추상 클래스에 빈 메소드는 상속을 받은 하위 클래스에 대한 해당 메소드의 구현을 강제화 할 수 없기 때문에 추상 메소드로 선언한다.

[규칙] 오버라이드 메소드를 호출하는 생성자 사용을 금지한다.

하위 클래스의 생성자에서 상위 클래스의 생성자를 호출 시, 상위 클래스의 생성자에서 오버라이드 메소드를 호출하면, 상위 클래스의 인스턴스 생성이 완료되지 않은 채 객체의 메소드를 호출하기 때문에 NullPointerException 예외가 발생한다.

[규칙] 클래스 정적 변수 또는 메소드는 클래스 이름을 통해 참조해야 한다.

객체를 생성한 클래스 정보가 객체 이름에 반영되지 않기 때문에, 클래스 이름을 통해 참조하여야 클래스 변수/메소드 소속을 명확하게 할 수 있고 의미 파악이 쉽다.

3.5 상속에 관한 규칙

[규칙] 서브클래스는 슈퍼클래스에서 사용한 변수이름과 같은 이름의 변수를 사용하지 않는다.

서브클래스에서 슈퍼클래스와 같은 이름의 변수는 잘못 참조로 말미암은 데이터 오류가 발생할 수 있다.

3.6 자료형에 관한 규칙

[규칙] volatile을 사용하지 않는다.

Java의 메모리 모델에 대한 전문적인 지식이 필요하며, 유지보수 또는 이식성을 위해서 사용해서는 안 된다.

[규칙] short 타입을 사용하지 않는다.

short 타입은 JVM 내부적으로 int로 변환하여 계산한 이후 다시 short 타입으로 변환되므로, short 타입은 계산 시에 많은 부정적인 영향을 미친다.

[규칙] 가능한 안전한 자료형을 사용한다.

실수 표현으로 float보다 double을 사용하고, 논리값을 갖는 변수는 int보다 boolean과 같은 자료형을 사용하는 것이 코딩이 간단하고 에러를 감소시킨다.

3.7 문자열에 관한 규칙

[규칙] 모든 문자열 연산에 대해 null 값을 검사한다.

NullPointerException으로부터 프로그램을 보호할 수 있다.

[규칙] 문자열 변수는 null로 초기화하지 않는다.

null로 초기화된 문자열 변수는 Null Pointer Exception을 발생할 수 있다.

[규칙] 문자열 비교 시 "=="를 사용하지 말고 equals()를 사용한다.

문자열 비교 시 "=="를 사용하면 항상 거짓이므로 프로그래머가 의도한 방식으로 수행되지 않기 때문에 결과를 예측할 수 없다.

3.8 캡슐화에 관한 규칙

[규칙] 클래스 멤버 변수를 public으로 선언하지 않는다.

클래스 멤버 변수를 public으로 선언할 경우, 객체 지향 언어의 특성인 캡슐화에 위배될 수 있으며, 외부에서의 접근이 가능해져 예상하지 못한 접근으로 말미암아 프로그램이 오작동할 수 있다.

3.9 패키지에 관한 규칙

[규칙] 패키지 선언 시 불필요한 패키지와 폐기된 API를 사용하지 않는다.

사용하지 않는 패키지를 import하면 메모리가 비효율적으로 사용되며, 폐기된 API를 사용하면 런타임 시 시스템에서 에러가 발생할 가능성이 크다.

[규칙] 패키지를 import할 때 "*"를 사용하지 않는다.

"*"는 모든 해당 클래스를 import하기 때문에 시스템 메모리 효율을 저하시키고, 정확한 import 클래스를 알 수 없고 클래스 간 의존성을 이해하기 어렵다.

3.10 동기화에 관한 규칙

[규칙] 메소드가 public이고 멤버 변숫값을 사용할 경우 동기화 메소드로 정의한다.

스레드 사이의 멤버 변수를 사용할 때 동기화를 고려하지 않으면, 멤버 변수의 상태 변화로 말미암아 예측하지 못한 결과가 발생할 수 있다.

[규칙] 실행 속도에 큰 영향이 없으면 동기화 문보다 동기화 메소드를 사용한다.

문장 내에 동기화 문을 사용하는 경우 프로그램의 확장 시 동기화 처리가 복잡하고 캡슐화가 쉽지 않으며 보안 취약성이 증가한다.

3.11 가비지 컬렉터에 관한 규칙

[규칙] 명시적으로 가비지 컬렉터를 호출하는 코드를 작성하지 않는다.

System.gc()를 이용한 가비지 컬렉터의 잦은 호출은 시스템 성능에 악영향을 준다. 시스템의 성능 및 메모리 관리의 효율성을 위하여 가비지 컬렉터는 WAS가 담당하도록 한다.

3.12 제한된 자원에 관한 규칙

[규칙] 제한된 시스템 자원은 사용 후 반드시 해제한다.

입출력 스트림, 공유 자원 등은 사용 후 반드시 해제한다. 특히 해제하지 않은 공유 자원은 메모리 부족 및 교착 상태를 유발하여 서비스 거부가 발생할 수 있다.

3.13 예외 처리에 관한 규칙

[규칙] 광범위한 예외 클래스인 Exception을 사용하여 예외처리를 하지 않는다.

광범위한 예외처리에 의존할 경우, 호출하는 프로그램에서 모든 예외처리를 해야 하므로, 호출 프로그램의 예외처리 로직이 복잡하여 오류 가능성이 크다.

[규칙] 예외를 처리할 때 민감한 정보를 외부에 노출하지 않는다.

민감한 정보를 외부에 노출하면 해커가 많은 정보를 획득할 수 있다.

3.14 J2EE 애플리케이션 개발에 관한 규칙

[규칙] J2EE상에서 프로그래밍할 때 스레드를 직접 사용하지 않는다.

개발자가 스레드를 직접 사용하면 WAS와 충돌이 발생할 수 있으며, 이로 말미암아 시스템 교착상태를 유발하여 서비스 거부를 발생할 수 있다.

[규칙] getClassLoader()를 사용하지 않는다.

J2EE에서 getClassLoader()의 사용은 개발자가 의도한 대로 프로그램이 동작하지 않을 수 있어 예기치 않은 예외 상황이 발생할 수 있다.

Thread.currentThread().getContextClassLoader()를 사용한다.

[규칙] Java.io.Serializable를 구현한 클래스는 serialVersionUID 멤버 변수를 제공한다.

J2EE에서 Java.io.Serializable를 구현한 클래스가 serialVersionUID의 멤버 변수를 사용하지 않으면, JVM이 계산한 값에 의해서 default 값으로 처리되어 deserialization하는 과정에서 예기치 않은 예외를 발생할 수 있다.

[규칙] System.exit()를 사용하지 않는다.

공격자가 System.exit()의 루틴을 알고 있으면, 악성코드를 삽입하여 해당 서비스의 호출을 통한 시스템의 서비스 거부 공격이 가능하다.

4. C 코딩 표준

C의 언어적인 특성에서 발생하는 코딩 규칙으로, 9개의 하위 규칙으로 구성되어 있다. C 언어에서의 명칭, 상수, 수식, 자료형, 초기화, 동적 메모리 관리, 포인터 및 배열, 라이브러리 사용, 버퍼 오버플로에 관한 규칙을 다룬다.

4.1 명칭에 관한 규칙

[규칙] 매크로, 상수, 변수 및 함수의 명칭은 구분할 수 있게 작성한다.

클래스, 인터페이스, 상수, 변수 및 메소드는 명칭에 대해 명확하게 구분할 수 있도록 작성하여 프로그램의 가독성을 높인다.

- 매크로의 이름은 "_" 및 대문자로 한다.

- 상수의 이름은 "_" 및 대문자로 한다.

- 변수의 이름은 소문자로 시작한다.

- 함수의 이름은 소문자로 시작하고 첫 번째 단어는 동사로 작성한다.

[규칙] 특정 변수의 주소를 저장하기 위한 포인터 변수의 이름은 참조하는 변수 이름의 첫 글자를 대문자로 바꾸고 앞에 "p"를 붙인다.

특정 변수에 대한 포인터 변수는 그 변수와 연관관계에 있다는 것을 이름으로 나타내어 가독성을 높인다.

[규칙] 특정 변수의 주소를 저장하기 위해 사용하는 포인터 변수에 동일한 자료형의 다른 변수의 주소를 저장하지 않는다.

특정 변수에 대한 포인터 변수에 다른 변수의 주소를 저장하게 되면 의미를 혼동하게 될 가능성이 존재한다.

4.2 상수에 관한 규칙

[규칙] 상수는 부호 있는 자료형을 기본으로 사용하지만, 만약 부호 없는 자료형을 사용 시에는 "u"를 붙여 사용한다.

부호 없는 자료형을 사용 시에는 "u"를 붙여 가독성을 높인다.

4.3 수식에 관한 규칙

[규칙] sizeof의 인자에 연산을 포함하지 않는다.

sizeof의 인자로 사용되는 연산자는 피연산자의 수식 값을 평가하지 않고 자료형에 대한 크기만을 계산하므로 개발자로 하여금 혼동을 줄 수 있다.

4.4 자료 형에 관한 규칙

[규칙] 포인터 변수에 자료형이 일치하지 않는 주소나 정수 값을 저장하지 않는다.

포인터 변수에 자료형이 일치하지 않는 주솟값이나 정수 값을 저장하게 되면 동작을 예측할 수 없게 되어 보안상의 문제점이 발생할 수 있다.

[규칙] 비트 필드는 unsigned int나 signed int형으로 선언한다.

비트 필드는 unsigned/signed int형 이외의 자료형으로 선언된 경우, 동작이 정의되어 있지 않아 예측할 수 없게 되어 보안상의 문제점이 발생할 수 있다.

4.5 초기화에 대한 규칙

[규칙] 배열 초기화는 반드시 차원에 따라 중괄호를 사용한다.

배열을 초기화할 때 차원에 따라 중괄호를 중복하여 사용하지 않으면 초기화되는 값을 혼동할 여지가 있어 소스 코드의 가독성을 저하시키고 에러가 발생할 수 있다.

4.6 동적 메모리 관리에 대한 규칙

[규칙] 메모리 할당과 해제는 동일한 모듈의 동일한 수준에서 수행한다.

메모리 할당/해제가 같은 모듈이나 동일 블록 내에서 수행되지 않으면 할당된 메모리가 해제되지 않아 메모리 누수나 중복 해제로 말미암은 문제가 발생할 수 있다.

[규칙] 메모리 할당 함수의 초기화 여부를 인지하여 사용한다.

메모리 할당 함수 사용 시 할당된 메모리 영역에 가비지 데이터가 존재하여 계산 시 예측할 수 없는 동작을 발생할 수 있다.

[규칙] 동적으로 할당된 메모리 블록을 참조하기 위해서 사용되는 포인터 변수는 반드시 널 포인터인지를 검사한 후 사용한다.

동적으로 할당된 메모리 블록을 참조하는 포인터 변수가 널 포인터 값을 가지는 경우 프로그램을 비정상 종료시키거나 부적절한 메모리 참조 가능성이 있다.

4.7 포인터와 배열에 관한 규칙

[규칙] 포인터 변수의 산술 연산은 배열 요소에 대한 참조 목적인 경우에만 사용한다.

배열 요소에 대한 참조가 아닌 포인터 변수에 산술 연산을 하게 되면 예측할 수 없는 메모리 영역을 참조하게 되어 보안상의 문제가 발생할 수 있다.

[규칙] 포인터 변수 사이의 비교 연산은 같은 배열을 참조하는 경우에만 사용한다.

서로 다른 배열 요소를 참조하면 각 배열 요소의 초기 메모리의 위치가 다르기 때문에 포인터 간 연산은 이상동작을 수행하여 보안상의 문제를 발생할 수 있다.

4.8 라이브러리 사용에 관한 규칙

[규칙] setjmp 매크로와 longjmp 함수는 사용하지 않는다.

setjmp와 longjmp는 일반적인 함수 호출 메커니즘을 따르지 않고 OS 내부적인 context를 사용하므로, 메커니즘 이해가 부족하면 디버깅 및 유지보수가 어렵다.

4.9 버퍼 오버플로에 관한 규칙

[규칙] gets( ), strcpy( ), strcat( ) 함수는 사용하지 않는다.

문자열을 읽거나 조작 시 위 함수는 버퍼 오버플로를 유발하여 프로그램 중지, 프로그램의 비정상적인 종료, 해로운 코드를 실행하는 원인이 된다.

※ fgets( ), strlcpy( ), strlcat( )과 같은 안전한 API를 사용한다.

[규칙] for문의 루프 인자는 타입에 unsigned short int를 사용하지 않는다.

short int는 주의하여 사용하지 않으면 버퍼 오버플로를 유발할 수 있다. short int 대신 32bit의 long int나 64bit의 long long 타입을 사용한다.

코드 품질: 문법, 그 이상

1. 좋은 코드란 무엇인가?

13장에서는 '코딩 표준'에 대해 설명했다. 하지만 문법을 잘 지켰다고 해서 좋은 코드는 아니다. 문법 준수 여부만으로는 좋은 코드의 잣대가 될 수 없다. 우리는 좀 더 넓은 시야로 코드를 바라볼 필요가 있다. 그렇다면 좋은 코드가 갖추어야 할 조건은 무엇일까?

가장 보편적으로 알려진 개념은 문법을 포함한 코드 오딧과 코드 메트릭이 있으며, 이것은 다양한 오픈소스 기반의 코드 정적 분석 도구를 통해 분석 가능하다. 이 외에 보안, 라이선스, 코드 관리 관점에서의 조건이 존재하는데, 안전사고 발생 시 큰 손해가 발생하는 조선해양 분야에서는 'Safety' 관점에서의 코드 품질 또한 고려되어야 한다.

2. 좋은 코드의 조건

다음은 다양한 관점에서 분석한 '좋은 코드'의 조건이다.

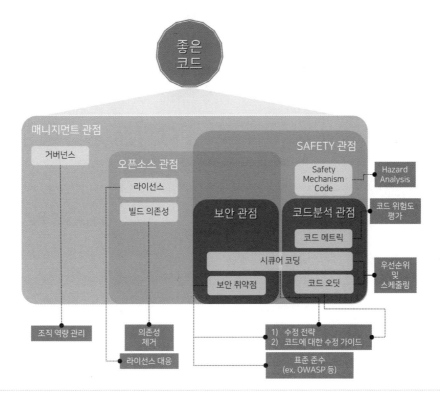

[그림 14-1] 좋은 코드의 조건

좋은 코드를 만드는 것은 코딩 과정에서 개발자 혼자 만들어내는 결과가 아니다. 결국 좋은 코드를 만들려면 계획부터 검증까지 개발 전 주기에 걸쳐 '코드 품질 관리'를 해야 한다.

코드 품질 관리에 대해 많은 사람이 오해하는 부분은 바로 'Audits를 하면 품질이 좋아진다.'라는 생각이다. 하지만 이것은 Audits이라는 활동은 개발자 개인 관점에서의 코드 품질을 확보하는 활동일 뿐이다. 우리는 이러한 인식을 확장하여, Business 관점에서의 Code management를 수행해야 한다.

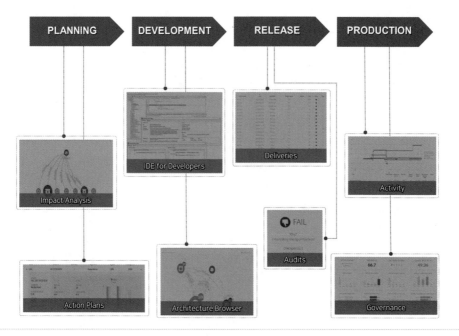

[그림 14-2] 개발 주기의 코드 관리

2.1 매니지먼트 관점

매니지먼트 관점에서의 코드 품질을 확보한다는 것은 '조직' 관점에서 일련의 활동과 결과를 모니터링하고 분석하는 것을 의미한다. 이러한 활동을 통해 프로젝트에서 사후 발생 가능한 위험요소를 구별할 수 있으며, 이로운 방향으로 조정하고, 더욱 효과적이며 효율적으로 프로젝트를 추진하게 될 것을 기대한다.

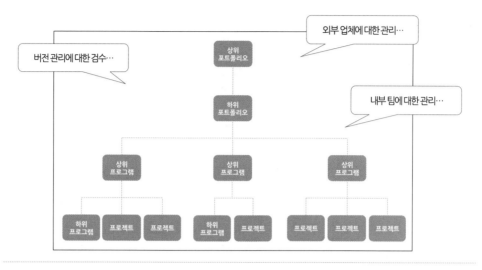

[그림 14-3] 조직 관점의 코드 관리

예를 들어, OOO 모듈을 개발해야 한다고 가정해보자. 우리는 담당자를 배정하는 과정에서 아래와 같은 고민을 하게 될 것이다.

"OOO 모듈 개발 △△△ 담당자에게 맡겨도 되는가?"

"△△△ 담당자로 C 언어로 개발하면 예상되는 문제는 없는가?"

"△△△ 담당자의 업무실적(날짜, 품질)은 확실한가?"

하지만 만약 우리에게 이 담당자에 대해 C언어로 개발했던 코드의 위험도, 품질 계수, 복잡도 등의 정보가 있다면 어떨까? 그렇다면 우리는 △△△이 적절한지 혹은 어떤 담당자를 배정하는 것이 적절한지를 객관적 근거를 기반으로 타당한 의사결정을 내릴 수 있을 것이다.

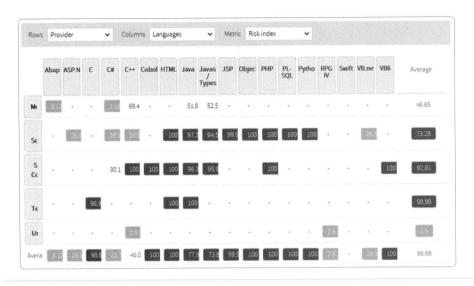

[그림 14-4] 교차분석: 개발사 별(좌) 개발언어(상)의 위험도 분석 결과

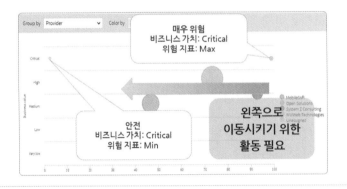

[그림 14-5] 의사결정 사분면: 비즈니스 위험도 분석(예시)

더불어, 외부 업체에 외주 개발 진행할 때에도 상황은 유사하다. 하청업체 개발 역량 및 수준에 따른 프로젝트 배정이 필요하지만, 이에 대한 의사결정을 할 수 있는 정보가 없어서 신규 프로젝트를 어느 업체에 배정해야 안정적인 개발 결과가 나올지 판단하기 어려운 것이다.

외주 업체가 단순히 도구를 이용해서 결과에 아무 이상이 없다는 리포트가 필요한 것이 아니라, 그 업체가 개발 언어를 얼마나 능숙하게 적용하여 개발하는지, 개발 코드가 얼마나 위험한 상태로 배달되고 있는지, 외주 업체는 우리와 얼마나 협업이 잘되고 있는지, 외주 업체는 얼마나 개발이 진척되고 있는지 등의 관리 포인트를 통해 좀 더 생산적인 방향으로 문제를 파악, 해결할 수 있어야 한다.

2.2 오픈소스 관점

오픈소스 관점에서의 코드 품질은 오픈소스 활용에 따른 라이선스 문제, 노후화 여부, 보안상의 위험성 등을 의미한다. 그렇다면 오픈소스 관점에서의 품질 확보는 왜 중요할까?

제품의 성공 요소 중 시장에서의 선점은 매우 중요한 요소로 손꼽힌다. 이를 위해 빠른 개발이 요구될 수가 있는데, 이때 최고의 전략은 바로 오픈소스를 활용하는 것이다. 오픈소스를 활용하면 개발 시간을 단축하고 기술적 제약을 해결하는 등의 장점이 존재한다. 이에 최근 기술적 요소보다 아이디어가 중요한 제품의 비율이 높아짐에 따라 시장 선점이 중요한 제품이 늘어나고 있으며, 자연스럽게 오픈소스의 활용률도 증가하고 있다.

하지만 모든 일에는 장점만 존재하지 않는 법. 오픈소스는 결국 '타인'이 개발한 코드이다. 아무리 코드를 분석한다 하더라도, 그만큼 위험 발생 가능성이 커서 신중하게 활용해야 한다.

오픈소스로 말미암은 대표적인 문제는 다음과 같다.

- 라이선스로 인한 법적 분쟁
- 오픈소스 노후화 및 업데이트에 대한 유지보수
- 보안에 대한 위험

결국 이와 같은 문제가 식별되고 관리되지 않는다면 오픈소스 사용에 따른 유지보수 비용이 과다하게 지출될 것이다. 코드 관리에 대한 부담을 완화하기 위해 아래와 같은 관점에서의 정보를 관리한다면 납품에 대한 신뢰성 확보 및 법적 분쟁을 예방할 수 있다.

- **신뢰성 문제에 대한 초기 관리** 협업 중시 개발 과정에서 상호 간 오픈소스 사용에 대한 투명한 신뢰 형성의 중요도 증가하고 있으므로, 이에 따라 개발 초기부터 오픈소스 사용을 관리하고 확인하는 체계가 중요

- **라이선스 제약 식별 및 판단** 법적 분쟁을 예방하기 위해 라이선스의 제약이 무엇인지 식별, 판단하는 것이 중요

- **복잡한 외부 의존성 위험 식별 및 제거** 사용하는 오픈소스의 빌드 연관관계, 외부 라이브러리 의존관계 및 버전 상태의 상시 관리 및 경량화 유지가 중요

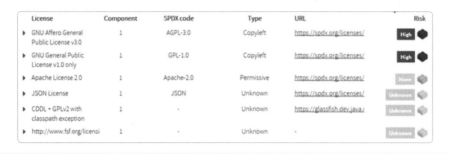

[그림 14-6] 활용 오픈소스에 따른 라이선스 공개 위험 분석

[그림 14-7] 오픈소스 노후화 위험 분석

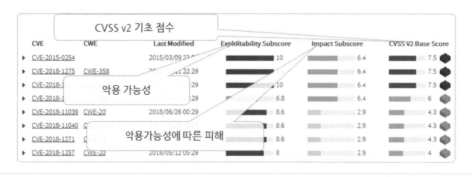

[그림 14-8] 활용 오픈소스의 보안 위험 분석 및 위험레벨 정량화

2.3 Risk 관점

아래의 두 Code는 같은 기능을 수행하는 Code이다. 왼쪽 Code의 복잡도가 낮게 측정되고 있다. 하지만, 과연 왼쪽의 Code가 높은 품질의 Code일까?

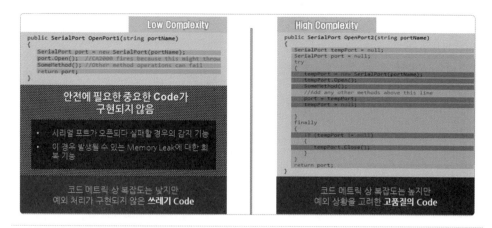

[그림 14-9] 코드 복잡도에 대한 잘못된 인식

소프트웨어가 인간의 생명, 안전(Safety)과 밀접한 관계를 맺게 되면서, 좋은 코드는 기존처럼 단순한 문법 준수를 넘어 안전한 코드를 의미하고 있다. 이러한 개념을 '세이프티 매커니즘 코드(Safety Mechanism Code)[3]'라고 하며, 아래와 같은 코드로 정의한다.

- 위험 식별 (Identification of risk)
- 위험 회피 (Avoidance of risk)
- 위험 상황에서의 복구 (Recovery in case of risk)

세이프티 매커니즘 코드의 반영 여부를 검증하지 않는다면, 우리는 검증 도구가 보여주는 품질 지표만으로 출시 여부를 판단하게 될 것이다. 하지만 검증 도구는 '기능이 안전하게 동작한다.'라는 사실을 대변하지 않는다. 우리는 이 사실을 인지하고, 안전이 중요한 기능

---

3 ㈜씽크포비엘에서 정의한 개념으로, 안전과 밀접한 기능에 대해 위험이 되는 요소를 식별하고, 회피하고, 위험 상황에서 복구할 수 있도록 작성한 코드를 의미한다.

에 대해서는 반드시 코드 리뷰를 통해 세이프티 매커니즘 코드 구현 여부를 식별하고, 보완해야 한다.

Risk 관점에서의 품질 확보는 기존의 소스코드 검증의 한계를 극복하고, 더 정확한 릴리즈 여부를 판단할 수 있는 지표가 될 것이다.

2.4 보안 관점

코드 보안에 대해서는 문법 검사 외에 가장 널리 알려진 개념으로, 해당 코드가 구조적으로 안전하다는 것을 의미한다.

- 외부의 공격으로부터 안전하면서, 다양한 장애 상황과 위험 예방
- 행정적으로 관리되는 표준/규정 준수

대표적인 표현으로 소프트웨어 개발 보안 또는 시큐어 코딩(Secure Coding)이라는 용어를 사용하며, 아래와 같은 절차를 통해 품질을 확보한다.

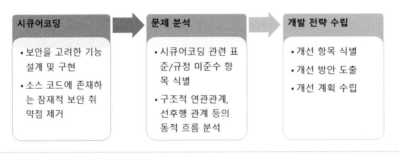

[그림 14-10] 코드 보안 품질 확보 절차

다음은 대표적인 소프트웨어 보안 관련 지침이다.

- CWE (Common Weakness Enumeration) 미 국토안보부에서 관리하는 SW 취약점
- OWASP (Open Web Application Security Project) 웹 프로그래밍과 관련해 가장 많이 발생하는 취약점

- CERT (Computer Emergent Response Team) 프로그래밍 언어별 Secure Coding Standard

- SANS-Top25 가장 위험한 25가지의 소프트웨어의 오류를 정리한 목록

- WASC (Web Application Secure Consortium) 웹 애플리케이션 위협 분류 목록

- PCI-DSS 신용카드 산업에서의 데이터 보안 표준

- NIST 사이버 보안 프레임워크 미 국립표준기술연구소에서 개발한 보안 관련 위험 관리를 위한 표준, 지침, 모범사례

- MISRA C/C++ 언어로 작성된 임베디드 시스템의 코드 안전성, 호환성, 신뢰성

- BIZEC SAP 비즈니스 어플리케이션의 보안 (비영리 단체)

- ISO / IEC 25000 SW 품질평가를 위한 SW 품질평가 통합모델 표준

- ISO / IEC 9126 소프트웨어 품질 평가를 위한 국제 표준

2.5 코드분석 관점

코드 메트릭은 개발자가 개발 중인 코드에 대해 더 정확히 파악할 수 있도록 하는 소프트웨어 측정 기준이다. 코드 메트릭을 활용하여 개발자는 수정해야 하거나 더욱 철저하게 테스트해야 하는 형식 또는 메소드를 알 수 있으며, 개발팀에서는 소프트웨어를 개발하는 동안 잠재적인 위험을 파악하고, 프로젝트의 현재 상태를 이해하며, 진행 상황을 추적할 수 있다.

예들 들어, Visual Studio에서는 다음과 같은 코드 메트릭 결과를 보여준다.

유지 관리 인덱스

코드 유지 관리 작업의 상대적인 편의성을 나타내는 0부터 100 사이의 인덱스 값을 계산하며, 값이 크면 유지 관리 작업이 편리함을 의미한다. 색으로 구분된 등급을 사용하면 코드에서 문제가 될 수 있는 사항을 신속하게 식별할 수 있다. 녹색 등급은 20에서 100 사이로 코드의 유지 관리 편의성이 양호함을 나타내고, 노랑 등급은 10에서 19 사이이며 코드의 유지 관리 편의성이 중간 정도임을 나타낸다. 빨강 등급은 0에서 9 사이이며 유지 관리 편의성이 낮음을 나타낸다.

순환 복잡성

코드 구조의 복잡성을 측정하는 것으로, 순환 복잡성(Cyclomatic Complexity)은 프로그램 흐름에 있는 다른 코드 경로 수를 계산하여 측정된다. 컨트롤의 흐름이 복잡한 프로그램에서 좋은 코드 검사 결과를 얻고 유지 관리 노력을 줄이려면 테스트를 더 많이 수행해야 한다.

상속 수준

클래스 계층 구조의 루트로 확장되는 클래스 정의의 수를 나타내며, 계층 구조가 복잡할수록 특정 메소드 및 필드가 정의되거나 재정의된 위치를 파악하기 어렵다.

클래스 결합도

매개 변수, 지역 변수, 반환 형식, 메소드 호출, 제네릭 또는 템플릿 인스턴스화, 기본 클래스, 인터페이스 구현, 외부 형식에 정의된 필드, 특성 데코레이션 등을 통한 고유한 클래스의 결합을 측정한다. 잘 설계된 소프트웨어에서는 형식과 메소드 간에 응집력은 높지만 결합력은 낮다. 결합력이 높으면 다른 형식에 대한 상호 종속성이 크기 때문에 다시 사용하거나 유지 관리하기가 어렵다.

코드 라인 수

대략적인 코드의 라인 수를 나타냅니다. 소스 코드 파일의 줄 수와 정확히 일치하지는 않을 수 있다. 이 수치가 매우 높으면 형식 또는 메소드의 작업 부하가 너무 크므로 서로 분리해야 할 수 있으며, 형식이나 메소드를 유지 관리하기 어려울 수도 있다.

도구를 이용하여 중복 코드를 검사하고 개선함으로써 코드 품질을 확보할 수도 있다. 소스 코드의 Copy & Paste는 개발자의 대단히 큰 잘못으로, 소스 코드를 복사해 놓은 것은 쉽지만 그 때문에 지속적으로 회사와 후임들이 부담을 져야 해서, 회사의 생산성을 갉아먹는 행동이라고들 이야기한다. 즉 코드를 복사하여 사용하는 일이 반복되다 보면 비슷한 코드들이 전체 소스코드 중에서 여기저기 산재하게 되고, 버그가 발생하는 그중 일부는 고쳐지고 일부는 여전히 버그를 가지는 문제가 발생할 수 있다. 따라서 이런 공통적인 소스 코드들은 공통 모듈을 잘 계획해서 공통으로 사용하도록 하여야 한다. 공통 모듈은 전사적으로 관리가 되어서 효율적으로 사용할 수 있도록 해야 하며, Copy & Paste의 욕구가 생겨도 시간을 더 들여서 공통 모듈화하는 노력을 들이는 것이 필요하다.

도구를 이용하면 아래와 같이 중복 코드를 손쉽게 확인하고 개선할 수 있다.

[그림 14-11] 중복 코드의 예

일반적으로 도구를 통하여 다음과 같은 코드 메트릭을 측정 분석하고 이를 개선함으로써 코드 품질을 확보할 수 있다.

긴 메소드 (Long Method)

- 코드를 이해하기 어려움
- 로직 변경, 추가로 인한 오류 발생 가능성 증가
- 복잡하고 지저분한 소스

이의 개선을 위해서는

- 주석을 달아야 할 때마다 메소드를 추출
- 조건문과 루프가 있을 때마다 메소드를 추출
- 메소드의 목적을 반영한 명칭 부여

방대한 클래스 (Large Class)

- 지나치게 많은 인스턴스 변수를 가지는 클래스
- 지나치게 많은 코드를 가진 클래스
- 코드 중복 확률 증가

결합도 (의존성, Coupling)

소스 코드의 한 요소가 다른 것과 얼마나 강력하게 연결되어 있는지 또한 얼마나 의존적인지를 나타내는 정도로, 다른 객체에 대한 의존성이 높으면 결함 냄새(Smell)가 난다고 하며, 유지 보수 문제를 발생시키는 원인이 된다.

- **구심성 결합도 (Afferent Coupling, Fan In)** 외부의 함수나 프로시저가 대상 함수나 프로시저를 호출하는 정도
- **원심성 결합도 (Efferent Coupling, Fan Out)** 대상 함수나 프로시저가 외부의 함수나 프로시저를 호출하는 정도를 나타낸다. Fan Out이 0인 코드는 완전히 독립적인 코드를 의미

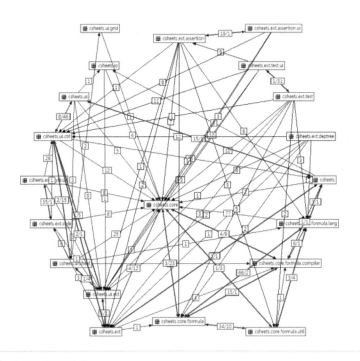

[그림 14-12] 높은 코드 결합도의 예

순환 복잡도 (CCN: Cyclomatic Complexity Number)

McCabe에 의해서 정의된 메트릭으로서 소스 코드의 복잡도를 정량적으로 평가하는 대표적인 방법이다. 일반적으로 순환복잡도는 소스 코드에 존재하는 분기를 유발하는 구문의 수로 정의된다. 통계적으로 10보다 큰 순환 복잡도는 결함 발생률이 높다.

2.6 ROI 관점의 개선 활동

코드 품질을 분석하는 것도 중요하지만, 결국은 이것을 개선하는 활동까지 이어져야 한다. 이때, 어떤 결함 항목이 발견되었는지, 해당 건을 수정하는 데에 얼마나 걸리는지, 나아가 비용 관점에서 어떤 항목을 먼저 수정하는 것이 우리 제품에 중요한 품질을 달성할 수 있는지 등이 고려되어야 한다. 이러한 부분이 고려되지 않은 채 모든 결함을 수정하는 것으로 목표를 정한다면, 비현실적 목표로 말미암은 개선 의지 저하와 노력 대비 목표 달성 미비에 대한 현상을 겪게 될 것이다.

그러므로 우리는 관리 관점에서 결함을 분석하고, 가용할 수 있는 한정된 자원 내에서 전략적으로 활용할 수 있는 현실적인 Action Plan을 바탕으로, 가장 큰 효율/효과를 달성할 수 있어야 한다.

"목표 품질을 달성하기 위해 얼마의 시간을 투자해야 하는가?"

"주어진 시간 내에서 달성할 수 있는 품질 목표는 어디까지인가?"

[그림 14-13] 전략적 Action Plan 수립 결과

[그림 14-14] 투입 가능 시간 기반 달성 코드 품질 시뮬레이션

3. 좋은 코드를 위한 관리

코드 검증을 지원하는 도구들은 '이상 없다.'라는 결과만을 제공하고 있다. 관리자가 올바른 의사결정을 할 수 있는 정보가 너무 부족하고, '과연 정말 잘한 건가?'라는 의문이 남아 있다. 의사결정자에게 필요한 것은 코드 분석 결과 이상 없다는 정보가 아니라, 코드 분석 결과 우리가 출시할 수 있을 정도의 품질 등이 확보되었는지, 남은 작업은 얼마나 되는지, 그 작업에 들어가는 노력(비용, 시간 등)은 얼마나 되는지 등의 의사결정을 할 수 있는 질적인 정보가 필요하다.

- 코드 분석 결과 출시 가능한 수준의 품질이 확보되었는가?
- 개발된 코드가 얼마나 위험한 상태로 배포(delivery)되고 있는가?
- 코드 품질 개선을 위한 잔여 작업의 양은 어느정도 인가?
- 개선 작업에 들어가는 노력은 얼마나 예상되는가?
- 외주 업체가 개발 언어를 얼마나 능숙하게 다루는가?

- 외주 업체와의 협업 수준은 어느정도 인가?
- 외주 업체의 개발 진척 상태는 어느정도 인가?

지금까지 '코드 검증'이라는 개념은 문법 체크 수준으로 진행되었다. 이제 우리는 단순한 라인 단위의 코드 체크가 아닌 코드를 어떻게 관리해야 하는지에 대한 고민과 함께, 개발자에 의존적인 코드 분석 및 코드 품질 확보 활동을 관리 관점의 활동으로 확장할 필요가 있다.

코드 검증

팀에 신입 개발자가 들어오면 반가운 마음과 함께 걱정이 밀려온다. 개발하는 사람이 누구인가와는 별개로, 시장에서 원하는 품질이 있기 때문이다. 신입이 한 사람 몫의 역할을 해준다면 좋겠지만, 현실은 그렇지 못하고, 차근차근 교육해 스킬을 올리고 프로젝트에 투입할 수 있다면 좋겠지만, 프로젝트 완료 일정에 쫓겨 여력이 없다. 일단 투입하고 나중에 보완하다 보면, 코드 분석과 수정에 들어가는 시간은 '차라리 내가 개발하는 게 낫다.'라는 생각을 하게 된다.

신입 개발자 입장에서는 어떨까? 자신의 실수로 말미암아 팀원들에게 폐를 끼치는 것을 보며, 두려운 마음과 함께 부정적이고 소극적인 참여를 하게 된다.

위와 같은 현상은 '협업'의 관점에서 봤을 때 굉장히 부정적인 영향을 준다. 그렇다면 우리는 어떻게 해야 할까?

이번 장에서는 도구를 기반으로 다양한 관점에서 코드 메트릭과 잠재적 결함을 발견하는 방법에 대해 설명한다. 코드 검증 활동은 개발자들이 흔히 하는 실수를 발견하고 유지보수가 어려운 코드들을 식별하여, 개발자 스스로 확인/보완할 기회를 준다. 이는 결과적으로 자발적 학습의 기회가 되며, 개발자 스스로가 자신이 작성한 코드에 자신감을 가질 수 있도록 한다.

1. 코드 품질 확보

코드 품질을 확보하는 방법은 페어 프로그래밍(Pair programming), 코드 리뷰(Code Review), 코드 리팩토링(Code Refactoring), 그리고 프로토타입을 개발하여 알고리즘을 검증하는 방법이 있다.

페어 프로그래밍은 두 사람이 함께 프로그래밍을 하는 것으로, 좀 더 넓게 적용해서 이야기하면 개발 시(테스트, 설계 등 포함 두 사람이 협업하는 것을 총칭한다. 페어 프로그래밍은 개발 업무 영역을 팀원 전체가 다 알게 하고 싶은 경우나 버그를 찾고자 할 때, 만들고자 하는 부분에 대한 명확한 그림이 그려지지 않을 때, 그리고 새로운 신입을 팀 내에 빠르게 적응시키려고 주로 수행된다. 다만, 주의할 점은 서로 대화를 자주 나누되, 둘의 목표가 좋은 소프트웨어를 만드는 데 있음을 지속적으로 공유하고 대화를 논쟁으로 생각하지 않아야 한다는 것이다.

코드 리팩토링은 겉으로 드러나는 기능을 그대로 둔 채, 알아보기 쉽고 수정하기 간편하게 소프트웨어 내부를 수정하는 작업이다. 이러한 리팩토링을 해야 하는 이유는 다음과 같다.

리팩토링은 소프트웨어의 디자인을 개선시킨다.

리랙토링은 코드를 정돈하는 것이다. 그래서 코드의 중복된 부분을 제거한다. 이렇게 함으로 나중에 코드를 수정하더라도, 필요한 부분만 수정할 수 있을 뿐만 아니라, 각각의 작업에 대한 코드가 오직 한 곳에만 있게 할 수 있다.

리팩토링은 소프트웨어를 더 이해하기 쉽게 만든다.

리팩토링은 코드를 이해하면서 내부 구조를 바꾸는 것이므로, 할수록 코드가 점점 명확해짐을 알 수 있다.

리팩토링은 버그를 찾도록 도와준다.

리팩토링을 통해 코드의 의미를 명확하게 이해하면서, 자동으로 버그를 알게 되는 것이다. 그래서 더욱 견고한(Robust) 코드를 작성하게 도와준다.

리팩토링은 프로그램을 빨리 작성하도록 도와준다.

소프트웨어 개발의 속도를 어느 정도로 유지하기 위해서 좋은 디자인은 필수다. 리팩토링은 시스템의 디자인이 나빠지는 것을 멈추게 하여, 소프트웨어를 보다 빨리 개발할 수 있도록 도와준다. 또한 디자인을 향상시키기도 한다.

일반적으로 이러한 리팩토링을 해야 할 시기가 있는데, 이는 다음과 같다.

같은 작업을 3번째 할 때(삼진 규칙)

돈 로버츠(Don Roberts)에 의하면, 어떤 것을 처음 할 때는, 그냥 한다. 두 번째로 비슷한 것을 하게 되면, 중복 때문에 주춤하지만 그냥 중복되도록 한다. 세 번째로 비슷한 것을 하게 되면, 그때 리팩토링을 한다. (스트라이크 세 개면 리팩토링을 한다.)

새 기능을 추가할 때

보통 기능추가를 할 경우에는 자신의 코드가 아니어서 이해하기 어려운 경우가 많다. 이럴 때는 리팩토링을 하면서 코드를 이해하기 쉽게 된다. 혹은 기능추가가 쉽지 않은 디자인을 한 프로그램일 경우이다. 이럴 때는 리팩토링을 하면서 디자인이 이해하기 쉬운 형태로 바뀌기 때문에 기능을 추가할 경우, 훨씬 더 빠르고, 매끄럽게 수행될 수 있다.

버그를 수정해야 할 때

버그 리포트를 받으면, 그것은 리팩토링이 필요하다는 신호인데, 왜냐하면 버그가 있었다는 것을 몰랐을 정도로 코드가 명확하지 않았다는 뜻이기 때문이다.

코드 검토를 할 때

리팩토링은 다른 사람의 코드를 검토(Code Review)하는 데 도움이 된다. 이렇게 함으로써, 코드가 어떻게 보일지 더욱 명확하게 알 수 있다.

2. 코드 품질 검증

코드 품질을 검증하려면 달성하고자 하는 코드 품질의 목표를 먼저 수립하여야 한다. 이를 바탕으로 코드 품질을 측정하고, 측정 결과에 대해 검토하고 코드를 개선하게 된다.

코드 품질의 목표는 개선할 대상에 대하여 각각의 메트릭에 대한 품질 목표를 수립한다. 이때 대상은 주로 주요 모듈에 대해 우선으로 높은 품질 목표를 설정하며, 이는 비즈니스 가치가 높은 부분, 구현 난도가 높은 부분, 현재 릴리즈 버전에 새로 개발한 부분, 초급 개발자가 개발한 부분들이 될 수 있다.

[표 15-1] 코드 품질 목표 수립 예

항목		A등급 모듈	B등급 모듈	C등급 모듈
코드 메트릭	복잡도(CCN)	<= 15	<= 30	-
	결합도(구심성)	<= 3	<= 5	-
	결합도(원심성)	<= 5	<= 10	-
	메서드 라인 수	<= 20	<= 50	<= 100
	클래스 라인 수	<= 100	<= 200	<= 500
중복코드		2 Rule	3 Rule	5 Rule
코딩 표준		100% 준수	80% 이상 준수	50% 이상 준수
코드 인스펙션		100% 준수	90% 이상 준수	70% 이상 준수

코드 품질의 목표를 수립하려면 다음과 내용을 고려하여 목표를 결정함으로써 코드 품질 향상에 보다 효과를 높일 수 있을 것이다.

- 우리의 소프트웨어는 어떤 품질 특성이 중요한가?
  ISO9126 기준의 품질 - 기능성, 신뢰성, 사용성, 효율성, 유지보수성, 이식성

- 우리의 소프트웨어에서 중요한 모듈은 어떤 부분인가?
  네트워크 통신 부분, 외부 인터페이스 부분, DB 연결 부분 등

- 우리 소프트웨어 코드에서 어떤 품질을 확보할 것인가? (무엇을 측정)
  코드 메트릭, 중복 코드, 코딩 스타일, 코드 인스펙션 등

- 언제 측정할 것인가?

  개발함과 동시에, 저장소의 소스 빌드 시에

- 누가 측정할 것인가?

  PM, 개발자, 품질관리담당자 등

- 어떤 도구를 활용할 것인가?

  사용자 룰셋 정의 가능 도구, 메트릭의 비주얼한 표현 가능 도구 등

코드 품질 목표를 수립 후 실제 코드 품질을 측정한다. 코드 품질을 측정하는 데 있어서 사람이 직접 측정하는 것은 불가능에 가까워서 일반적으로 도구를 이용한다. 상용 검증 도구를 사용하거나 공개 소프트웨어를 사용하여 코드 품질을 측정하는데 각 도구의 특징은 다음과 같다.

[표15-2] 코드 품질 측정 도구

	상용 검증 도구	공개 소프트웨어 검증 도구
특징	· 고비용 · 다양한 기능 (필요한 기능보다 쓰지 않는 기능이 더 많을 때도 있음) · 도구 제공 업체의 지원이 확실 · 유지 관리에 따른 추가 비용	· 저렴한 비용 · 인터넷에서 자료를 손쉽게 찾을 수 있음 · 용도에 맞게 커스터마이징이 가능 · 도입 후 프로세스 적용에 대한 시간, 비용, 노력의 추가 투자 필요

3. 리뷰를 통한 코드 검증

3.1 코드 리뷰란 무엇인가?

코드 리뷰는 소프트웨어를 실행하지 않고 사람이 직접 소스 코드를 검토하는 과정을 통해 잠재된 결함을 찾아내고 개선해 나가면서 전반적인 소프트웨어의 품질을 높이고자 하는 활동이다.

코드 리뷰는 소프트웨어 개발 프로세스의 필수적인 부분이고, 고품질의 코드를 유지보수할 수 있도록 도와준다. 코드는 리뷰 되도록 작성해야 한다. 코드는 작성한 프로그래머 혼자만 읽기 위한 것이 절대 아니라는 점을 기억해야 한다. 훌륭한 프로그래머는 자존심보다

는 멋진 코드를 다듬어내는 것에 더 신경을 쓴다.

코드 리뷰는 오픈 소스 모델로 소프트웨어를 개발하는 것과 비슷하다. 코드 리뷰의 일차적인 목표는 코드의 품질을 향상시키는 것이다. 코드의 결함을 찾도록 도와서 엄청난 재난이 발생하지 않도록 막는 것이다. 코드 리뷰는 스스로 만든 코드에 더 큰 책임을 갖도록 조장하며, 버그와 개선할 수 있는 모든 것을 찾고자 수행한다.

코드 리뷰는 다음과 같은 몇 가지 수준에서 문제점을 제거한다.

- 전체적인 설계 (알고리즘의 선택과 외부 인터페이스 체크)
- 설계가 코드에 표현되는 방법 (설계가 클래스와 함수로 나뉘는 방법 체크)
- 의미론적인 블록 안의 코드 (각 클래스, 함수, 루프가 올바른지, 적절한 언어 관용구를 따르고 있는지, 실용적인 구현이 선택되었는지)
- 코드 명령문 (프로젝트의 코딩 표준과 모범 사례를 따르고 있는지 체크)

코드 리뷰는 진행 방식에 따라 다음과 같이 나눌 수 있다.

- **개인적** 작성자가 스스로 신중하고 체계적으로 리뷰를 진행한다. 구현 후 아무 생각 없이 다시 읽어보는 것과는 다르다. 개인적 리뷰는 작성자의 관점에서 보기 때문에 비판적으로 바라보기가 어려울 수 있다.
- **일대일** 코드 리뷰를 점검하는 사람은 안내받는 동안 문제점을 찾아낸다. 비공식적이며 작성자의 주도로 이루어지는 경우가 많다. 이 때문에 객관적이지 못하고 작성자가 가정했던 내부 관점으로부터 접근하게 될 수 있다.
- **공식적** 여러 명의 프로그래머와 공식적으로 물리적으로 모이거나 온라인 상에서 시행될 수도 있다. 많은 사람이 참여하기 때문에 조율하기가 어렵지만 문제점을 뿌리 뽑을 수 있다.

코드 리뷰는 기술에 따라 다음과 같이 분류한다.

인스펙션

인스펙션(Inspection)은 가장 형식적인 리뷰에 속하며, 체크리스트와 규칙을 가지고 인스펙션을 수행한다. 흔히 중재자(Moderator), 리더(Reader), 작성자(Designer/Coder), 테스터(Tester)의 4가지 역할로 구성된다.

팀 리뷰

팀 리뷰(Team Review)는 코드 인스펙션보다 덜 정형화되었지만, 일정한 계획과 프로세스를 따라서 진행된다. 발표자(Code를 만든 사람)가 코드에 대해 설명을 하고, 팀원은 이에 대한 결함이나 개선안을 찾는 방식으로 진행된다.

워크스루

워크스루(Walkthrough)는 단체 코드 리뷰 기법 중 비정형화된 방법 중 하나이다. 주로 사례에 대한 정보 공유, 아이디어 수집을 위해 진행할 수 있다. 주로 개발을 위한 프로세스보다, "Bug 사례에 대한 회의"와 같이 정보 공유 성격을 띠는 작업에 유리하다.

피어 리뷰

피어 리뷰(Peer Review(Over the shoulder review))는 주로 2명 또는 3명이 진행하는 코드 리뷰 형태이다. 코드 작성자가 모니터를 보면서 코드를 설명하고, 다른 사람은 설명을 들으며 아이디어를 제안하거나, 결함을 발견하는 방법으로 진행되며, 시니어(senior) 개발자가 주니어(junior) 개발자를 멘토링할 때 많이 사용된다.

리뷰를 통해 전체 프로젝트의 코딩 스타일에 더 통일성이 생긴다는 이점도 있다. 카네기 멜론 대학의 소프트웨어 엔지니어링 연구소에 따르면 철저한 코드 리뷰를 하려면 적어도 코딩 시간의 50% 이상을 소모해야 한다고 한다. (개인적 리뷰도 포함한 시간)

코드 작성자는 자신이 작성한 코드에 대해서는 결함을 알아보기가 어렵다.(심리적 인지 부조화 때문) 따라서, 코드를 리뷰하지 않으면 제품 소프트웨어에 결함이 숨어 들어갈 가능성이 급격히 증가한다. 하지만, '전부 리뷰하기엔 코드가 너무 커.', '이 코드는 너무 복잡해서 아무도 이해 못 해.', '리뷰해봐도 의미 없을 거야.'라는 핑계로 종종 리뷰를 피하는 경우가 있다.

오히려 코드가 복잡하다면 더욱 필사적으로 리뷰를 해야 할 필요가 있다.

3.2 코드 리뷰를 통해 무엇을 얻을 수 있는가?

앞에서 이야기한 것처럼 코드 리뷰는 코드의 품질을 향상시키는 행위이다. 이는 코드를 비판하고 검사하여 팀이 생산하는 소프트웨어의 품질을 높이려고 하는 것이다.

코드 리뷰를 통해 사전에 결함을 찾도록 도와줌으로써 나중에 엄청난 재난이 발생하는 것을 방지할 수 있다.

- 보통 설계할 때 시간당 1~3개의 결함을, 코딩할 때 시간당 5~8개의 결함을 만들어낸다.
- 테스트할 때 시간당 2~4개의 결함을, 코드 리뷰할 때 시간당 6~12개의 결함을 찾아낸다고 한다.

코드 리뷰를 통해 전체 프로젝트의 코딩 스타일에 더 통일성이 생긴다.

코드 리뷰를 거친 코드의 모습은 다음과 같다.

- 버그가 없고
- 올바르고
  표준과 요구사항은 반드시 만족
- 완전하고
  기능 규격서의 모든 내용 구현
  충분히 디버깅되고 모든 테스트 케이스를 통과해야 한다.
- 구조화가 잘 되어 있고
  Ctrl + c, Ctrl + v 된 코드가 있는 지 확인해야 한다. (중복 코드)
- 예측 가능하고
  불필요하고 복잡한 코드가 있는 것은 아닌지 확인해야 한다.
- 견고하고
  예외 값에 대한 처리
  에러 상황에 대한 exception 처리
- 데이터 체크를 하고
- 유지보수가 쉬운
  적절하게 사용된 코멘트

3.3 코드 리뷰를 실시하는 방법

언제 리뷰를 할까?

■ 코드 리뷰는 서로 편한 시간에 하는 것이 좋다.

어디에서 리뷰를 할까?

■ 조용한 회의실에서 하는 것이 가장 좋다.

어디를 리뷰 해야 할까?

■ 중심이 되는 컴포넌트의 핵심 부분을 선택한다.

■ 프로파일러를 돌려서 자원을 가장 많이 소모하는 부분을 찾아 리뷰한다.

■ 복잡도 분석 툴을 돌려 가장 좋지 않은 부분을 찾아 리뷰한다.

■ 이미 많은 버그가 드러났던 지역을 선택한다.

■ 당신이 신뢰하지 않는 프로그래머의 코드를 제물로 삼는다.

■ 가장 실용적인 접근 방법은 위에 있는 모두를 혼합한 방법이 될 것이다.

리뷰는 어떤 절차로 진행되나?

리뷰 프로세스는 프로젝트마다 다르고, 반드시 표준을 따라야 할 필요는 없다. 하지만 일반적인 리뷰 프로세스를 알아 두는 것이 프로젝트 진행에 도움이 될 것이다. 주로 사용하는 리뷰 프로세스는 다음과 같이 6단계로 되어 있다.

1. 계획(Planning)
2. 착수(Kick off)
3. 준비(Preparation)
4. 리뷰 회의 수행(Review Meeting)
5. 재작업 및 수정(Rework)
6. 완료 작업(Follow up)

단계는 여섯 개로 나뉘어 있지만, 연관성을 기준으로 묶으면 크게 세 가지로 볼 수 있다.

즉, 계획과 착수 단계(1~2)는 차례대로 이루어지며, 준비에서 리뷰 회의, 재작업(3~5)은 반복적으로 수행된다. 그리고 완료 작업(6)은 거의 종료 및 마무리 작업으로 볼 수 있다. 각각의 단계에서 수행하는 일에 대해 이야기하면 다음과 같다.

- **계획 및 착수 단계** 리뷰와 관련된 계획을 이 단계에서 수행하며, 리뷰에 참석하는 관계자들에게 리뷰 하는 방법을 교육한다.
- **준비, 리뷰 회의, 재작업 단계** 이 단계는 각 리뷰를 수행할 때마다 반복되는 단계이다. 즉 한 번의 리뷰를 수행하면, 준비 → 리뷰 → 재작업을 거친다. 준비 작업은 정확히 정해져 있는 것은 아니고 한 두 시간 정도 준비할 수 있는 분량으로 정하는 것이 좋다. 리뷰 회의도 마찬가지로 한 시간에서 두 시간 정도 실시하는 것이 좋으며, 리뷰에서 나오는 버그나 오류에 대하여 수정 작업을 수행한다.
- **완료 단계** 완료 작업을 할 때는 리뷰하면서 나온 버그나 오류들이 수정되었는지 최종 확인하고, 결과 보고나 완료 미팅 등을 수행한다.

코드 리뷰는 누가 참석해야 하나?

누가 참석하느냐가 가장 중요하다. 각 참석자는 특정한 역할을 할당받아야 한다.

- **작성자**
- **리뷰어**
  숙련된 엔지니어, QA팀, 테스트팀 등에서 리뷰할 시간과 스킬이 있는 사람들로 신중하게 선정하여야 한다.
- **의장**
  토론을 이끌고 토론의 길잡이 역할을 하는 사람으로 공식적인 리뷰의 경우 반드시 필요하다.
- **서기**
  리뷰에서 제기된 요점을 기록

코드 리뷰가 끝나는 시점에 OK하고 넘어갈 것인지 재리뷰를 진행할 것인지 결정을 해야 한다.

코드 리뷰의 참석자는 어떤 태도를 보여야 하는가?

작성자

- 자신의 부족함을 드러낼까 봐 두려워하지 마라. 코드 리뷰는 새로운 기술을 배울 좋은 기회이다.

- 자신이 완벽하지 못하다는 사실을 인정해야 하고, 다른 사람의 비평을 흔쾌히 받아들일 수 있을 정도로 겸손해야 한다.

- 자기가 작성한 코드에 방어적인 태도를 보이지 말라.

- 리뷰할 코드를 제출하기 전에 혼자서 리뷰 연습을 해 보라. (중요하다. 이걸 안 해서 리뷰어의 시간을 헛되이 빼앗으면 안 된다.)

- 설익은 코드를 서둘러 내놓고 다른 사람이 리뷰 도중에 자기 대신 결함을 잡아주기를 바라지는 마라.

리뷰어

- 리뷰하고 비평할 때 상대방의 기분을 생각하면서 해야 한다. (어렵다. 하지만 노력해야 한다.)

- 의견은 항상 건설적이어야 하고, 누구 탓을 하면 안 된다.

- 외교술과 말하는 요령이 중요하다.

- 코더가 아닌 코드를 향해 의견을 내놓아라.

- 모든 리뷰어가 동등한 입장이라고 생각해야 한다. 누가 선임자인지는 중요하지 않고, 모든 사람의 의견이 전부 중요하다.

코드 리뷰의 성공은 작성자와 리뷰어의 긍정적인 태도에 크게 의존한다. 리뷰의 목적은 협동해서 코드를 향상시키자는 것이지 비난을 배분하거나 구현 결정 사항을 정당화하는 것은 아니다.

다시 한번 이야기하면, 코드 리뷰를 통해 버그가 없고, 올바르고, 완전하고, 구조화가 잘되어 있고, 예측 가능하고, 견고하고, 데이터를 체크하고 유지보수가 쉬운 코드를 만들어야 한다.

4. 도구를 활용한 코드 검증

4.1 SonarQube를 활용한 코드 검증

대표적인 공개 소프트웨어 검증 도구를 활용하여 Java 코드 검증을 수행하는 방법에 대해서 알아보자.

SonarQube는 Java 기반의 정적분석 도구로 소스 코드의 전반적인 품질을 확인할 수 있도록 도와주는 통합 플랫폼이다.

- Dashboard 형태의 Server와 실제 코드를 분석하고 Server로 정보를 업데이트 하는 Runner로 구성되어 있음
- Java, C, C++, C#, PHP, Flex, JavaScript, ABAP, COBOL, Visual Basic 6, Groovy 등 20여 가지 이상의 다양한 언어에 대해서 검사 가능 (일부 언어는 유료)
- 플러그인 형태의 기능 확장과 다양한 도구들과 통합에 유리함
- 웹 기반 애플리케이션으로 다양한 결과를 서버 통합 관리 가능

SonarQube는 Checkstyle, PMD, FindBugs, Cobertura 등의 분석 툴들을 이용하여 소스 코드의 정적분석을 시행하고, 이를 웹 브라우저를 통하여 전체적인 분석 결과를 보여주는 툴이다.

SonarQube에서 제공하는 분석 결과는 다음과 같다.

- 버그 & 잠재버그 체크
- 코딩 표준 위반 체크
- 중복 코드 체크
- 단위 테스트 커버리지 체크
- 소스 복잡도 체크
- 스파게티 설계 체크
- 주석 처리량 체크

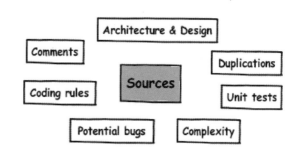

SonarQube 프로그램 자체는 분석 결과를 보여주는 툴로, 실제 분석은 내부에 포함된 플러그인을 통하여 수행한다. 기본적으로 제공되는 분석 툴들을 다음과 같은 것들이 있다.

- **PMD** 소스코드의 표준 준수 분석
- **FindBugs** 자바 바이트 코드를 분석하여 정적 분석 수행
- **CheckStyle** 코딩 스타일 체크
- **Cobertura** 테스트 커버리지 체크
- **Surefire** 단위 테스트

1) SonarQube 설치

(1) SonarQube와 SonarQube Runner 프로그램을 인터넷에서 내려받는다.

SonarQube 분석 결과를 보여주는 웹 기반의 UI

https://www.sonarqube.org/downloads/

SonarQube Runner 소스코드 분석 관련 명령

https://docs.sonarqube.org/display/SONARQUBE51/Installing+and+Configuring+SonarQube+Runner

[그림 15-1] SonarQube 웹사이트

(2) 내려받은 SonarQube와 SonarQube Runner 압축 파일을 적절한 폴더에 압축 해제한다. 압축을 해제하는 것만으로 설치가 완료된다.

만일 별도의 DB를 사용하려고 하는 경우 DB 접속 정보는 SonarQube 설치 경로₩conf₩sonar.properties 파일에서 관리하니 해당 파일을 수정해서 사용한다. 기본으로 포함된 내장 DB를 사용하는 경우에는 수정할 필요가 없다.

(3) 시스템 환경 변수 Path에 SonarQube Runner 설치 경로 ₩bin을 등록한다.

2) SonarQube 실행

(1) SonarQube 서버를 구동한다. SonarQube의 설치경로₩bin₩사용자OS₩ 폴더에 에 위치한 StartSonar.bat 파일을 실행한다(윈도우즈 64비트인 경우 windows-x86-64 폴더).

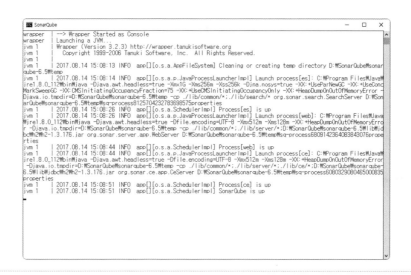

[그림 15-2] SonarQube 실행

(2) 웹 브라우저에서 다음 주소로 연결한다.

* http://localhost:9000/

접속이 되면 Sonar 설치는 완료된 것이다. 이때 최초 로그인 아이디와 비밀번호는 admin/admin이다.

(3) sonar-project.properties 파일을 테스트 수행 예정인 프로젝트의 가장 상위 폴더에 복사한다. sonar-projcect.properties 파일을 테스트 환경에 맞게 수정한다. DOS 커맨드 창에서 해당 프로젝트 폴더로 이동하여 sonar-runner를 실행한다.

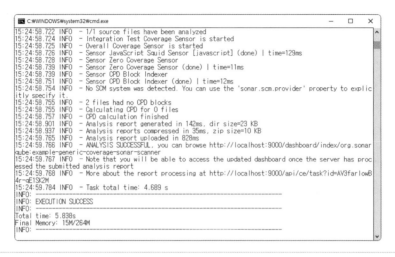

[그림 15-3] Sonar runner 수행 완료

(4) 웹 브라우저에서 http:/localhost:9000/으로 SonarQube Server에 접근하여 대시보드를 통하여 검증 수행에 따른 다양한 분석 결과를 확인할 수 있다.

[그림 15-4] SonarQube 수행 결과 확인

(5) 검증 결과를 바탕으로 개발자는 코드 수정이 필요한 부분에 대해서 확인 및 개선을 통하여 코드 품질 향상을 기할 수 있다.

4.2 기타 코드 검증 도구

SonarQube 외에도 다양한 도구가 존재한다.

1) JAVA

구분	도구명	Features	License	실행 형태
Code Metric 측정	JAVANCSS	· McCabe 순환 복잡도 측정 · 패키지, 클래스, 함수 및 내부 클래스 계산 · XML, HTML 출력	GNU GPL	· JDK 1.4.1 이상 단독 · Jenkins CI 플러그인
	Jdepend	· 클래스, 인터페이스 카운트 · 구심성 결합도 측정 · 원심성 결합도 측정 · 추상화 정도 측정	BSD License	· 단독 · Jenkins CI 플러그인
	Dependometer	· 논리적 아키텍처 위반사항 확인 · 유형(클래스, 인터페이스) 사이의 종속 구조를 분석 · 코드 메트릭 계산 · HTML 형식 분석 보고서 출력	Apache License	· Java 1.5 이상 단독 · Eclipse 플러그인
	N'SIQ Collector	· 지정 디렉터리 중 필요없는 하위 디렉터리 내의 코드 정보 필터링 · 초기 파일리스트 지정하여 변경/신규 생성된 코드만 측정 수행 가능 · Windows/Linux 지원 · CSV / HTML / EXCEL / XML 분석 결과 출력	Apache License 2.0	· Java 1.5 이상 단독 · Jenkins CI 플러그인

구분	도구명	Features	License	실행 형태

중복
코드
검사
	CPD	· PMD의 중복코드 검사 도구
		· Michael Wise의 Greedy
		  String Tiling 알고리즘 사용
		· Brian Ewins에 재작성된
		  Burrows - Wheeler 변환 사용
		· Steve Hokins에 의해 다시
		  기록된 Karp-Rabin 문자열
		  일치 알고리즘 사용
			BSD
			License
				· Java 1.6 이상
				  단독
				· Java 개발 도구
				  Plugin
				· Ant, Maven
				  통합 가능

코딩
표준 준수
검사
	CheckStyle	· Java의 소스 코드(.java파일)의
		  기술형식 코딩규약에 따르고
		  있는지를 체크하는 오픈소스의
		  정적분석 도구
		· Javadoc 주석, 명령규약,
		  import문, 스페이스 등의
		  항목에 적용
			GNU GPL	· 단독
				· Java 개발도구
				  (Eclipse 등)
				  플러그인
				· Jenkins CI
				  플러그인

코드
인스펙션
검사
	FindBugs	· Java의 버그 패턴 정적 분석
		  도구
		· Java 소스 없이 ByteCode
		  분석
			Lesser
			GNU Public
			License
				· Java 1.7 이상
				  단독
				· Eclipse
				  플러그인
				· Jenkins CI
				  플러그인

	PMD	· 사용되지 않는 변수 분석
		· 빈 catch 블록 분석
		· 불필요한 객체 생성 분석
			BSD
			License
				· Java 1.6 이상
				  단독
				· Java 개발 도구
				  플러그인
				· Ant, Maven
				  통합 가능

종합	CodePro Analytix	· Code Audit 분석 · Code Metric 분석 · 결합도 분석 · 중복코드 검사 · 커버리지 분석 · 분석결과 HTML 리포팅 · Eclipse 플러그인	Apache License 2.0	· Eclipse 플러그인

2) C/C++

구분	도구명	Features	License	실행 형태
Code Metric 측정	CCM	· Visual Studio Add-on 형태로 실행 가능 · 관리/비관리 코드 모두 분석 가능 · 명령줄 사용 버전을 통해 XML 분석 결과 출력 가능하며, CI 시스템과 연계 가능	Free of Charge	· Linux, Max OS X 단독 · Visual Studio 플러그인
	N'SIQ Collector	· 지정 디렉터리 중 필요없는 하위 디렉터리 내의 코드 정보 필터링 · 초기 파일리스트 지정하여 변경/신규 생성된 코드만 측정 수행 가능 · Windows/Linux 지원 · CSV/HTML/EXCEL/XML 분석 결과 출력	Apache License 2.0	· Java 1.5 이상 단독 · Jenkins CI 플러그인
	Dependometer	· C++ 논리적 아키텍처 위반사항 확인 · 유형(클래스, 인터페이스) 사이의 종속 구조를 분석 · 코드 메트릭 계산 · HTML 형식 분석 보고서 출력	Apache License	· Java 1.5 이상 단독 · Eclipse 플러그인
	SourceMonitor	· C/C++ 코드 메트릭 측정 및 Kiviat 다이어그램 포함하여 표/차트 출력 · XML / CSV 측정 결과 출력	Freeware License (바이너리 사용, 배포 불가)	· Window 단독 · XML 명령 파일 스크립트
중복 코드 검사	CPD	· PMD의 중복 코드 검사 도구 · Michael Wise의 Greedy String Tiling 알고리즘 사용 · Brian Ewins에 재작성된 Burrows - Wheeler 변환 사용 · Steve Hokins에 의해 다시 기록된 Karp-Rabin 문자열 일치 알고리즘 사용	BSD License	· Java 1.6 이상 단독 · Java 개발 도구 Plugin · Ant, Maven 통합 가능

구분	도구명	Features	License	실행 형태

코딩
표준 준수
검사
	N'SIQ CppStyle	· 45개 이상의 코딩 규칙 여부
		  검사
		· 전처리 과정 없이 코딩 규칙
		  검사
		· Visual Studio/ Emacs IDE
		  내에서 실행 가능
			Apache
			License 2.0
				· 단독
				· Jenkins CI
				  플러그인

코드
인스펙션
검사
	CppCheck	· 코딩 스타일 체크
		· Out of Bound 체크
		· 안전한 예외처리 체크
		· 메모리 누수 체크
		· 사용되지 않는 기능 경고
		· STL의 잘못된 사용 체크
		· 초기화되지 않은 변수사용
		  체크
			GPL 3.0	· 단독
				· Eclipse,
				  Visual Studio,
				  Mercurial
				  플러그인
				· Jenkins CI
				  플러그인

	SPLint	· 보안 취약점 및 프로그래밍의
		  실수를 점검하기 위한 정적
		  분석 도구
		· 사용되지 않는 선언문, 타입
		  불일치 등을 포함해 전통적인
		  lint 검사의 많은 것들을 수행
			GPL	· Windows, Linux
				  단독

테스트

소프트웨어를 개발하고 시장에 출시하는 과정에서 우리는 참으로 많은 결함과 장애를 접하여 왔다. 소프트웨어 개발 관련 종사자라면 누구나 개발 과정 중에 발생한 결함이 최대한 고객에게 노출되기 전에 사전에 발견하고 제거하고자 노력하고 고민할 것이다. 그럼에도, 우리는 여전히 많은 결함을 고객에 전달하고, 그로 말미암아 다양한 형식의 손실을 맞이하게 되는 실정이다.

많은 전문가와 경험자들이 소프트웨어 테스트를 좀 더 효과적이고 효율적으로 수행할 방법에 대하여 지식을 쏟아내고 있다. 이러한 다양한 지식 중 필자가 경험하고 체험했던 체계적이며, 효과적인 테스팅에 대하여 공유하고자 한다. 부디 여러분의 소프트웨어 테스팅에 작으나마 긍정적 변화를 가져오게 되길 희망한다.

테스트 계획서 작성

소프트웨어 테스트를 보다 효과적이고 효율적으로 수행할 수 있도록 하려면 테스트 목적 및 목표에 부합하는 테스트 전략이 수립해야 할 것이다. 여기 이러한 테스트전략을 포함한 테스트 계획 수립에 대하여 그 필요성 및 중요성에 대하여 설명하고, 더 좋은 테스트 계획을 수립하는 방법에 대해서 알아본다.

1. 좋은 테스트 계획서란?

테스트 계획서는 기본적으로 일정 및 자원에 대한 계획이 있고, 개발 생명주기에 따른 테스트 레벨별 테스트 목적이 명확해야 한다. 좀 더 효율적이고 효과적인 테스트 수행을 위한 테스트 계획이라면 테스트 대상의 품질 위험 및 테스트 목적 달성에 영향을 줄 만한 프로젝트 위험을 식별하고 이에 대응하기 위한 테스트 전략을 수립하고 모니터링 하는 방안이 마련되어 있어야 한다.

대부분의 소프트웨어 개발 기업들은 제품을 만들어 내는 것에만 집중하기 마련이고 그러다 보면 소프트웨어 제품 자체의 품질은 뒷전에 있을 수 있다. 그러한 개발 행태는 결국 품질에 대한 빚을 진 채 제품을 출시하고, 결국 이러한 채무는 소비자 또는 비즈니스의 고통으로 돌아오는 경우가 부지기수라 할 수 있다.

따라서 테스트 계획서의 역할은 위에서 언급하였듯이 효율적으로 테스트 목적을 달성하기 위한 계획에 국한되기보다는 테스트의 필요성을 경영층에게 알리고 그에 합당한 자원을 할당받을 수 있는 역할 또한 매우 중요하다. 그러기 위해서는 테스트 수행을 위한 노력이 얼마나 들어갈지 예측하고 그에 합당한 기대 결과를 기입하고 이를 통해 자원 할당 및 테스트에 합리적인 기대를 요구할 수 있도록 해야 한다.

이렇게 잘 만들어진 테스트 계획서가 있다면, 경영층에게 비용에 대한 이해를 제공해줄 수 있으며, 그들의 합리적 이해를 통해 자원을 할당받을 수 있다. 또한, 마케팅 부서에는 적시 제공(time to market)을 위한 현실적인 일정을 이해시킬 수 있으며, 개발자들에게는 인수조건에 대한 명확한 기준을 제시해 줄 수 있고 마지막으로 테스터에겐 현실적인 목표를 제시하고 보다 완성도 높은 효과적이고 효율적인 결과를 제공받을 수 있다.

[표 16-1] 좋은 테스트 계획서의 활용

주체	주체에게 무엇을 제공하는가?	주체로부터 무엇을 제공받는가?
경영층	비용에 대한 이해	자원(resources) 할당
마케팅	적시제공(time to market)을 위한 현실적인 일정	타당성 있는 기대
개발자	인수조건에 대한 명확한 기준	수용 가능한 품질
테스터/품질 관리자	현실적인 목표	효과적이고 효율적인 결과 (완성도 높은 테스트 결과)

2. 국제 표준에서 제시하는 테스트 계획 프로세스

소프트웨어 테스트에는 다양한 지식체계 및 표준이 있다. 그중에서 가장 공신력 있고 널리 활용되고 있는 표준은 ISO/IEC 29119 (국제 소프트웨어 테스팅 표준, 이하 작성 및 읽기의 편의를 위해 ISO 29119라 칭함)이라 할 수 있다. ISO 29119의 Part 2는 테스트 프로세스를 정의하였으며, 테스트 계획에 제시하는 표준 프로세스도 상세히 정의하였다.

ISO 29119에서는 "테스팅의 목적, 테스트 범위, 필요한 자원 그리고 일정을 결정하는 등의 업무를 수행하는 것을 의미한다."로 테스트 계획을 정의하였다. 또한 "테스트 계획은 테스트 생명주기(Life Cycle) 전반에 관여하는 지속적인 작업이며, 테스트 수행 동안 변화하는 프로젝트 환경, 요구사항들에 의해 새롭게 도출되거나 변경되는 위험을 감지하고, 테스트 대상의 품질 상황과 정보를 획득하여 지속적으로 테스트 계획을 조정하고 제어해야 한다."라고 테스트 계획(Test Planning)의 역할을 제시하였다.

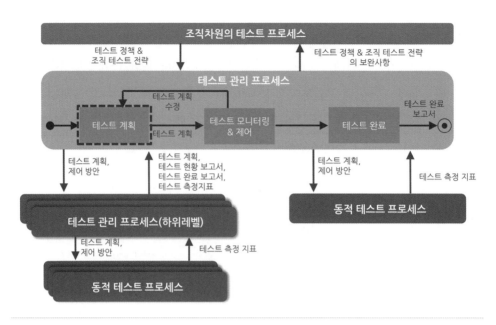

[그림 16-1] 소프트웨어 테스트 프로세스에서의 테스트 계획(Test Planning)의 위치

위의 그림에서와같이 ISO 29119의 소프트웨어 테스트 프로세스에서는 조직 테스트 프로세스와 테스트 관리 프로세스 간의 정보 흐름에는 테스트 정책, 조직 테스트 전략과 이에 대한 보완사항이 해당하며, 테스트 관리 프로세스와 하위 레벨 테스트 관리 프로세스 간의 정보 흐름에는 테스트 계획, 테스트 현황 보고서, 테스트 완료 보고서 및 테스트 측정지표가 해당한다. 하위 레벨 테스트 프로세스와 동적 테스트 프로세스 간의 주요 정보 흐름은 테스트 계획, 제어 방안 및 테스트 측정지표이다.

ISO 29119의 테스트 계획의 상세 프로세스를 살펴보면, 테스트 요구사항 이해(TP1. Understand Context), 테스트 계획 구성(TP2. Organzie Test Plan Development), 위험 식별 및 분석(TP3. Identify Anlyze Risks), 위험 완화 방안 식별(TP4. Identify Risk Mitigation Approaches), 테스트 전략 설계(TP5. Design Test Strategy), 테스트 인력 및 일정 수립(TP6. Determine Staffing and Scheduling), 테스트 계획서 작성(TP7. Record Test Plan), 테스트 계획서 합의(TP8. Gain Consensus on Test Plan), 테스트 계획 배포(TP9. Communicate Test Plan and Make Available) 등의 9가지 절차를 가진 활동(Activity)에 의해서 진행하도록 제시한다.

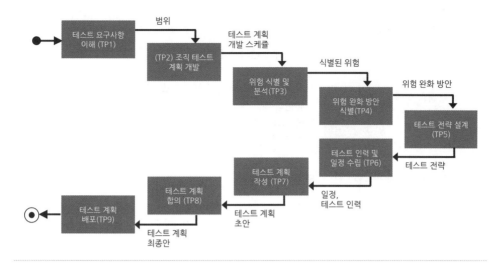

[**그림 16-2**] ISO 29119의 소프트웨어 테스트 계획 프로세스(Test Planning Process)

ISO 29119의 소프트웨어 테스트 계획 프로세스의 9가지 활동은 모두 각각 이를 수행하기 위한 입력 산출물이 있고 각각의 활동을 통해 테스트 계획의 의미 있는 산출물을 도출한다. 위의 그림 2와 같이 각각의 활동에서 도출한 산출물은 다음 절차에 수행할 활동의 중요한 입력 산출물이다.

다음 표 '테스트 계획 활동별 주요 내용'에서 9가지 활동의 주요 내용을 설명한다. 각각의 활동별 주요 내용은 프로젝트나 조직의 특성에 맞게 맞춤하여 사용할 수 있다.

[**표 16-2**] 테스트 계획 활동별 주요 내용

활동(Activity)	내용
(TP1) 테스트 요구사항 이해	• 테스트 계획 수립을 위하여 테스트 요구사항을 이해한다. • 테스트 이해관계자와 상호작용 함으로써 테스트 요구사항을 이해한다.
(TP2) 테스트 계획 구성	• (TP1)에서 확인된 테스트 요구사항을 바탕으로 수행할 테스트 활동을 식별하고 일정을 수립한다. • 테스트 활동에 참여할 이해관계자를 식별하고 조직한다. • 테스트 활동, 일정 등에 대하여 이해관계자의 승인을 받는다.

활동(Activity)	내용
(TP3) 위험 식별 및 분석	• 테스트와 관련되거나 테스트에 의해 다루어 질 수 있는 위험을 식별하고 분석한다. • 프로젝트 위험과 제품 위험을 구별하는 분류체계를 사용하여 분류한다. • 발생 가능성과 영향도를 고려하여 위험 수준을 지정한다. • 위험 평가 결과에 대하여 이해관계자의 승인을 받는다.
(TP4) 위험 완화 방안 식별	• 위험 유형, 위험 수준
(TP5) 테스트 전략 설계	• 위험 분석 결과에 준한 테스트 전략을 정의한다.
(TP6) 테스트 인력 및 일정 수립	• 테스트 전략 및 합의된 테스트 공수에 기술된 테스트 수행에 필요한 테스트 인력을 식별하고 일정을 수립한다.
(TP7) 테스트 계획서 작성	• 테스트 정책서 및 테스트 전략서의 내용을 반영하여 테스트 계획 문서를 작성한다.
(TP8) 테스트 계획서 합의	• 작성된 테스트 계획서는 이해 관계자와 리뷰를 통해 테스트 계획 내용에 대한 타당성을 검토한다. • 검토된 내용을 추가 반영 후 최종 승인 담당자에게 승인받는다.
(TP9) 테스트 계획 배포	• 관련자들에게 테스트 계획서의 주요 내용을 알리고, 계획서를 공유한다. • 계획서의 내용대로 진행되도록 관리한다.

다음 표 '테스트 계획 활동별 입력 산출물 및 도출 산출물'은 9가지 각각의 활동 수행을 위한 입력 산출물 및 도출하는 산출물을 나타낸다.

[표 16-3] 테스트 계획 활동별 입력 산출물 및 도출 산출물

활동 (Activity)	입력 산출물	출력 산출물
(TP1) 테스트 요구사항 이해	• 제품 기획서/제안서 • 개발 요구사항 정의서	• 테스트 목표 • 테스트 목적 • 테스트 범위(대상)
(TP2) 테스트 계획 구성	• 테스트 요구사항 • 품질 보증 계획서	

활동 (Activity)	입력 산출물	출력 산출물
(TP3) 위험 분석 및 식별	• 제품 기획서/제안서 • 개발 요구사항 정의서 • 기능 목록 • 표준 제품 위험 분석 가이드 • 표준 제품 위험 분석서 템플릿	• 제품 위험 분석서
(TP4) 위험 대응 방안 식별		
(TP5) 테스트 전략 설계	• 테스트 정책서 • 테스트 전략서 • 제품 위험 분석서	• 테스트 접근법
(TP6) 테스트 인력 및 일정 수립	• 표준 테스트 계획서 작성 가이드 • 표준 테스트 계획서 템플릿 • 테스트 목표/목적/범위 • 위험 분석 • 테스트 접근법 • 테스트 공수 산정 분석서	• (총괄) 테스트 계획서
(TP7) 테스트 계획서 작성		
(TP8) 테스트 계획서 합의		
(TP9) 테스트 계획 배포		

3. 마스터 테스트 계획(MTP) 구성 요소

테스트 계획의 유형에는 프로젝트 레벨의 마스터 테스트 계획(MTP, 총괄 테스트 계획 또는 프로젝트 테스트 계획이라고도 불림)과 프로젝트 내에서 목적별 주제별로 테스트 단계 또는 유형을 분리하여 수행하는 서브 프로세스 테스트 계획(단계별 테스트 계획 또는 유형별 테스트 계획이 대표적으로 분류되는 사례임)이 있다.

마스터 테스트 계획이란, 여러 단계의 테스팅 또는 비기능 테스팅 등을 총괄적으로 지휘하고 조율하며 통제하는 목적을 가진다. 즉, 마스터 테스트 계획은 특정 테스트 단계(레벨)의 테스트 계획이 아니라 모든 테스트 단계를 총괄적으로 관리하기 위함이고, 프로젝트의 테스트 전략과 방향을 제시하며 각 테스트 단계(테스트 레벨)의 테스트 범위와 강도를 조율하여 테스트 완성도를 확보하기 위한 목적으로 작성한다.

서브 프로세스별 테스트 계획은 마스터 테스트 계획과 어떤 차이가 있는가 살펴보자. 이는 각 테스트 단계(단위, 통합, 시스템, 인수 테스트)에서 또는 특정 테스트 유형(성능 테스트, 사용성 테스트, 가용성 테스트, 보안 테스트 등)에서 수행할 테스트 전략, 활동, 세부 일정, 담당자 등을 계획하고 해당 테스트를 지휘하고 통제한다.

다양한 테스트 계획의 유형 중 본 가이드에서는 가장 대표적인 마스터 테스트 계획에 대하여 자세히 살펴보겠다. 다음은 마스터 테스트 계획의 수립 목적이다.

- 마스터 테스트 계획 수립은 여러 서브 프로세스별 테스팅을 총괄적으로 지휘하고 통제하는 목적을 갖는다.

- 테스팅 목적, 범위, 대상, 접근방법/전략, 테스트 환경구성, 테스트 수행절차, 테스트 조건, 일정, 테스트 조직 및 인원구성, 가정 및 제약사항 등을 기술한다.

- 프로젝트의 테스트 전략과 방향을 제시하고 각 테스트 단계(테스트 레벨)의 테스트 범위와 강도를 조율하여 테스트 완성도를 확보한다.

- 프로젝트 참여자들(이해관계자)과의 주요한 커뮤니케이션 수단으로 생각하고 공유하도록 한다.

마스터 테스트 계획에 구성항목 중 필수적으로 포함되어야 하는 항목은 다음과 같다.

1. 테스트를 통해서 달성하고자 하는 목적이나 목표를 기술한다. 특히 목표 수립 시에는 프로젝트에서 작성한 품질 특성별 목표를 기준으로 정량적인 달성 목표를 제시한다. 다만, 프로젝트 차원에서 품질 특성별 목표가 수립되지 않은 경우 이를 테스트에서 제품의 품질 특성을 고려한 목표를 정의하여야 한다. 또한, 품질 목표를 다른 품질 문서에서 별도로 관리하는 경우라면 해당 내용을 연계할 수 있도록 표현한다.

(예시) 테스트 목적

- 제품의 결함 최소화

- 제품의 안정성 확보

- 제품 출시 이후 발견된 결함에 따른 비즈니스 손실 최소화

(예시) 정량적 테스트 목표

- 기능적 요구사항 커버리지 100%

- 비기능적 요구사항에 대한 품질 목표 달성 여부 검증

- 결함 검출율 90%

2. 대상 업무(논리적)에 대한 테스트 범위를 식별하고 테스트 대상 영역을 기술한다. 주로 기능 단위로 테스트 범위를 선정한다. 테스트 범위에 따라 테스트 일정, 자원, 설비 계획들이 달라질 수 있으므로 이는 테스트 계획서 상에 매우 중요한 항목이라 할 수 있다. 또한, 타 업무 시스템과의 연계를 포함하는 경우에는 연계되는 시스템의 테스트 대상 업무까지 식별하도록 한다. 모든 대상 영역을 테스트하지 않을 경우 테스트 제외 범위 및 제외 사유를 기술한다.

(예시) 테스트 대상

[표 16-4] 테스트 대상 분류 예시

분류	항목	내용
SW 제품명	SW 제품 상위 레벨 기능 1	
	SW 제품 상위 레벨 기능 2	
	SW 제품 상위 레벨 기능 3	
	:	
연동 대상 SW명	연계 영역 1	
	연계 영역 2	
	:	

3. 대상 시스템(물리적)에 대한 테스트 범위를 식별하고 테스트 수행 대상 시스템의 영역을 정의한다. 이때 설계 산출물의 시스템 구성도를 반드시 참조한다. 역시 타 시스템과의 연계 부분에 대한 내용을 기술하고 테스트 한계를 명확히 이해관계자가 이해할 수 있도록 한다.

4. 테스트 단계별 테스트 관련 산출물을 정의하고, 정의된 산출물은 공식적으로 이해관계자와 검토하고 고객과 합의한다. 주요 산출물로는 테스트 계획서, 테스트 설계서(테스트 케이스), 테스트 수행 로그, 테스트 결과서, 결함 보고서, 결함관리대장 등이 있다. 단계별 테스트 계획서의 경우 하나의 테스트 계획서(마스터 테스트 계획서)에 모든 내용을 기술할 수도 있다.

(예시)

[표 16-5] 테스트 레벨별 산출물 예시

테스트 단계	주요 업무	산출물	작성 담당자
테스트 계획	테스트 계획	마스터 테스트 계획서	
단위 테스트	테스트 분석 및 설계	단위 테스트 케이스 명세서	
	테스트 실행 및 결함관리	테스트 로그	
통합 테스트	테스트 분석 및 설계	통합 테스트 케이스 명세서	
	테스트 환경 준비	테스트 환경 관리 명세서	
	테스트 실행 및 결함관리	테스트 로그 결함관리대장	
시스템 테스트	테스트 분석 및 설계	시스템 테스트 케이스 명세서	
	테스트 실행 및 결함관리	테스트 로그 결함관리대장 품질 검사서	
테스트 종료	테스트 종료 보고	총괄 테스트 종료 보고서	

5. 테스트 수행절차를 상세히 기술하여, 테스트 수행 시에 각 테스트 관련자들(개발자, 테스터, PL 등)의 공식적인 절차에 대한 가이드를 제시한다. 마스터 테스트 계획서에 기술된 테스트 절차는 각 테스트 단계별 테스트 절차의 기준이 된다. 소규모 테스트라면 하나의 절차를 모든 테스트 단계에 공통으로 적용 가능하다.

6. 테스트 수행을 통제하기 위한 조건을 작성한다. 시작, 중지/재개, 완료 조건에 대한 기준을 제시함으로써 각 테스트 수행 담당자는 이러한 기준에 따라 테스트 시작 시 테스트 수행에 적절한 테스트 대상이 인도되었는지 확인할 수 있고, 테스트 수행 도중 문제 발생 시 테스트를 속행할 것인지 중단할 것인지를 판단하고, 테스트 수행이 계획대로 모두 이행되고 완료되었는지 판단할 수 있다. 특히 테스트 완료 기준은 테스트 기간, 테스트 자원, 테스트 커버리지의 측면에서 설정한다.

(예시) 중단과 재개 완료 기준

[표 16-6] 테스트 중단/재개/종료 기준 예시

테스트 단계	구분	내용	담당자
단위 테스트	중단 기준	• 잦은 결함으로 진행이 불가능 할 때	개발팀장 품질관리 팀장
	재개 기준	• 중단 조건이 개선되었을 때	
	완료 기준	• 기능 테스트 커버리지 100% • 핵심 소스 코드 구문 테스트 커버리지 80% 이상 • 인터페이스 검증 100% 완료	
시스템 테스트	중단 기준	• 잦은 결함으로 진행이 불가능할 때 • 비기능성의 이슈로 테스트 진행이 불가능할 때 • 품질관리팀장의 지시 혹은 승인	품질관리 팀장
	재개 기준	• 중단 조건이 개선되었을 때	
	완료 기준	• 기능/비기능 요구사항 검증 시나리오 100% 수행 • 정량적 품질목표 달성 확인 • 발견된 누적결함 중 중결함 이상 100% 제거 완료 • 대외 인터페이스 검증 100% 완료 • 시스템 테스트 케이스 fully 리그레션 테스트 완료 및 100% 성공	
인수 테스트	중단 기준	• 잦은 결함으로 진행이 불가능 할 때 • 고객의 요청 혹은 승인	고객 품질관리 팀장
	재개 기준	• 중단 조건이 개선되었을 때	
	완료 기준	• 요구사항 테스트 커버리지 달성 • 요구사항 검증 테스트 케이스 성공 100% • 발견된 누적결함 중 중결함 이상 100% 제거 완료	

(예시) 테스트 완료 기준(전체 테스트 영역의 종료)

[표 16-7] 테스트 완료 기준 예시

기준	비고
레벨별 테스트 종료 기준 충족	
총괄 테스트 결과 보고 및 승인	
공식 테스트 산출물 전사 형상관리 프로세스로 이관 완료	

(예시) 테스트 완료 기준(관점별)

[표 16-8] 관점별 테스트 완료 기준 예시

관점	완료 기준
Implementation rate	• Feature 구현율 100%
Achieved planned Test Coverage	• 요구사항 커버리지 100% • API 커버리지 100% (API가 제공되는 경우) • 개발자 테스트 code coverage (필요 시, 특히 신규개발의 경우)
Achieved Quality Goal	• defect closure rate (critical defect 100%, total 95%) • Performance Level 4
Code Coverage 목표 수립 시 고려사항 • Unreached code 고려 (Product line일 경우 특히) • 빌드에서 빠지는 코드, 빌드에 포함되나 수행되지 않는 코드(기능 레벨에서 수행을 blocking한 경우 등)	

7. 테스트 규모를 기준으로 가능하고 현실성 있는 테스트 일정을 산정하여 작성한다. 테스트 대상 시스템 규모, 테스트 설계의 수준, 투입 예정 테스트 자원, 시스템 개발일정 등을 고려하여 수립하고, 테스트 생산성을 높이기 위해서 각 테스트 단계 초반에 필요한 별도의 테스트 교육 실시 계획도 포함한다.

(예시) 테스트 일정 계획

[표 16-9] 테스트 일정 계획 예시

테스트 레벨	주요업무	담당자	시작일자	종료일자
총괄 테스트 계획	테스트 계획	홍길동	2016.12.01	2016.12.03
단위 테스트	테스트 분석 및 설계	○○○		
단위 테스트	테스트 환경 준비	○○○		
단위 테스트	테스트 실행 및 결함관리	○○○ 외 3명		
통합 테스트	테스트 분석 및 설계	○○○		
통합 테스트	테스트 환경 준비	○○○		
통합 테스트	테스트 실행 및 결함관리	○○○ 외 3명		
시스템 테스트	테스트 분석 및 설계	○○○		
시스템 테스트	테스트 환경 준비	○○○		
시스템 테스트	테스트 실행 및 결함관리	○○○ 외 3명		
테스트 종료	서브시스템 테스트 종료 보고	○○○		

8. 테스트 조직 구성 및 역할을 기술한다. 이때 테스트 조직은 개발팀과는 독립적으로 구성하는 것이 바람직하다. 테스트 조직의 독립성 수준은 해당 조직의 테스트 요구사항과 테스트 대상 제품의 특성, 요구되는 품질 수준, 프로젝트 조직 구조 등을 고려하여 적절하게 조정한다. 테스트 조직의 독립성을 유지하는 데 따른 장점은 다음과 같다.

- 결함을 보는 시각, 결함을 발견하는 방법이 개발자와 달라 상대적으로 객관적이다.
- 개발단계에서 작성된 명세와 구현 산출물을 객관적으로 검증할 수 있다.
- 테스트 전문가로서 결함을 효과적, 효율적으로 찾아내는 전략적 접근이 가능하다.
- 테스팅 프로세스 평가를 통해 테스팅을 개선할 수 있다.

테스트 수행과 관리는 별도의 역할임을 인지하여 구성하고, 소규모 조직의 경우 가상의 형태로 운영할 수도 있다.

(예시) 테스트 조직 구성

[표 16-10] 테스트 담당자 할당 예시

역할	주요업무	테스트 레벨	담당자
테스트 리드	• 레벨별 테스트 프로세스 관리 • 부서 간 업무 협의 • 레벨 테스트 상세 계획 • 테스트 진척 및 결함관리 • 테스트 산출물 관리 • 테스트 종료	단위 테스트	
		통합 테스트	
		시스템 테스트 - 기능	
		시스템 테스트 - 비기능	
		인수 테스트	
테스트 담당자	• 테스트 설계 • 테스트 케이스 작성 • 테스트 프로시저 작성 • 테스트 수행 • 결함 보고 • 테스트 산출물 관리 • 테스트 현황 보고	단위 테스트	
		통합 테스트	
		시스템 테스트 - 기능	
		시스템 테스트 - 비기능	
		인수 테스트	
테스트 환경 관리 담당자	• 테스트 환경 준비 • 테스트 환경 관리 • 테스트 환경 현황 보고	총괄	

9. 테스트 효율성을 높이는 테스트 도구 도입 검토한다. 테스트 도구 영역은 크게 테스트 관리와 설계지원, 테스트 실행 및 성능 도구로 구분할 수 있다. 반복적인 업무감소, 일관성, 반복성 제공, 객관적 평가기준 제공을 지원하는 관점에서 그 필요성을 파악하고 프로젝트 상황에 맞춰 도입 대상을 식별한다.

(예시) 테스트 레벨별 환경, 데이터, 지원도구 구성

[표 16-11] 테스트 레벨별 환경요건 정의 예시

테스트 레벨	환경	데이터	도구	특징
공통			OpenProject	테스트 일정 관리
단위 테스트	개발 PC	-	EMMA	커버리지 분석
	개발 PC	-	PMD	소스 코드 정적 분석
통합 테스트	테스트 장비	1개월간의 누적 데이터	없음	
시스템 테스트	실 장비 (운영환경)	6개월간의 누적 데이터	Redmine	결함관리
인수 테스트	실 운영 환경	6개월간의 누적 데이터	Redmine	결함관리

[표 16-12] 테스트 도구 분류 예시

도구 유형	분류	내용
테스트 관리 지원 도구	테스트 관리 도구	실행된 테스트와 테스팅 활동 관리를 지원
	인시던트 관리 도구	테스트 중 발견되는 인시던트 정보를 모니터링하여 결함 및 인시던트 보고에 필요한 통계적 분석 정보를 제공
	요구사항 관리 도구	요구사항 명세서 작성 및 테스트케이스와 요구사항, 기능 사이의 추적성을 확보할 수 있도록 지원
	형상 관리 도구	소프트웨어나 테스트웨어의 추적성 및 버전 관리 지원
테스트 설계 지원 도구	테스트 설계 도구	테스트 케이스 생성 및 관리 지원
	테스트 데이터 준비 도구	테스트 데이터 생성
테스트 실행 지원 도구	단위 테스트 도구	단위 함수 기능 검증
	테스트 실행 도구	유사 혹은 반복적 테스트 자동 수행
성능 도구	성능 테스팅 도구	가상의 부하 발생을 통한 성능/부하/스트레스 테스트
	동적 분석 도구	테스트 수행 시 런타임 결함 검출

10. 테스트 계획은 테스트 이해관계자와의 테스트 목적, 목표, 일정, 대상에 대한 이해를 공유하기 위한 목적으로 작성하기도 하지만, 테스트 수행의 통제 또는 제어의 목적으로 작성하기도 한다. 그런 측면에서 테스트 관리를 위한 메트릭과 측정 방법을 기술하여 데이터 수집에 대한 체계를 마련하도록 한다.

11. 마지막으로, 테스트 계획 진행상에서 가정 및 제약사항을 기술하여 테스트 결과에 대한 불필요한 해석이 더해지지 않도록 할 필요가 있다. 테스트 수행 시 예상되는 위험요소를 사전에 식별 및 대응방안을 기술한다. 테스트 인력 및 일정 제한이나 개발 요구사항의 불충분한 내용 등 정상적인 테스트 활동에 지장을 초래하는 모든 상황을 기술한다. 식별된 가정 및 제약사항은 주기적인 확인 및 관리가 필요하다.

(예시) 가정 및 제약사항 예시

- 테스트 서버 및 운영 서버를 별도로 분리해야 함
- 공통 테스트 데이터 및 특정 테스트 데이터 식별 필요
- 각 모듈에 대한 동적, 비기능 테스트를 할 때 정상 동작 여부는 무시한다.

4. 테스트 아키텍처를 통한 테스트 접근법 결정

소프트웨어 테스트의 접근법은 다양하게 표현될 수 있다. 물론 테스트 접근법을 분류하는 기준은 여러 가지가 있을 수 있겠다. 그중에서도 가장 대표적인 접근법 분류 방법을 살펴보면, 테스트 대상 산출물을 정적으로 테스트할 것인가 또는 동적으로 테스트할 것인가부터 그 접근법의 결정은 시작될 수 있다. 상황에 따라 정적 테스트 동적 테스트 모두를 수행할 수도 있다.

정적 테스트는 앞 절에서도 언급한바 있는 동료검토 또는 정적분석 활동을 의미한다. 이는 개발 과정 중 도출하는 문서 산출물 또는 프로그램 코드를 실행하지 않고 리뷰 또는 도구를 활용하여 결함을 찾아내는 활동이다. 그 의미의 중요성 및 방법은 앞 절을 참조하길 바란다.

동적 테스트는 우리가 일반적으로 생각하는 테스트라 할 수 있다. 즉, 소프트웨어를 실행하여 원하는 결과가 나오는지 확인하는 과정에서 결함을 찾아내는 접근법이다. 동적 테스트를 수행하는 접근법을 좀 더 세부적으로 분해해 보면 코드를 분석하여 테스트 케이스를 설계하는 구조기반 테스트(화이트박스 테스트)와 요구사항 및 개발 산출물을 분석하여 테스트 케이스를 설계하는 명세기반 테스트(블랙박스 테스트), 그리고 제품의 다양한 사용 및 테스트 경험을 바탕으로 테스트를 설계, 또는 테스트를 수행하는 경험기반 테스트(블랙박스 테스트)로 구분할 수 있다.

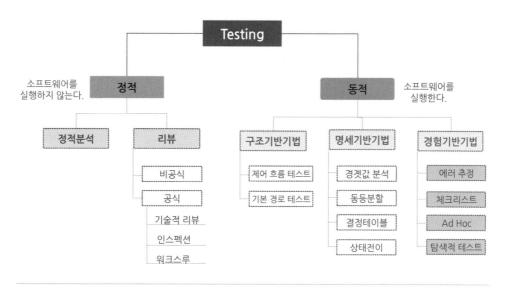

[그림 16-3] 테스트 접근법 분류

여러분의 테스트 계획은 어떤 테스트 접근법이 선택되어 수행되도록 가이드 되었는가? 아마도 의미를 명확히 이해할 수 없도록 계획이 수립되어 있을 가능성이 매우 크다. 즉, 동적 테스트 수행을 구조 기반으로 해야 할지, 명세 기반으로 해야 할지, 경험 기반으로 해야 할지를 명료하게 제시하지 못할 가능성이 있다. 필자가 접한 많은 테스트 계획서가 그러하였다.

그렇다면 테스트 접근법을 정하기에 앞서 우리는 어떤 정보를 이해하고 접근법을 정해야 할 것인가? 우선 우리가 개발하는 소프트웨어의 품질 특성을 이해해야 할 것이다. 즉 소프트웨어가 가진 기능 이외에 어떤 비기능적 특성이 있는지 확인하고, 테스트 수행의 필요성을 확인할 필요가 있다.

ISO/IEC 25010:2011 Software/System Product Quality Model에서도 소프트웨어 또는 소프트웨어를 장착한 시스템이 갖추어야 할 품질 특성 모델을 제시하였다. 이는 우리가 소프트웨어 제품을 테스트할 때 고려해야 할 요소를 설명해 준 것이라 할 수 있다.

기능 적합성(Functionality), 성능 효율성(Performance Efficiency), 상호 운용성(compatibility), 사용성(usability), 신뢰성(Reliability), 보안성(Security), 유지보수성(Maintainability), 이식성(Portability)이 그 주 특성들이며, 이는 테스트 계획 시 반드시 테스트 대상 제품을 분석하여 각각의 특성을 테스트할 필요가 있는지 판단하고 있다면 그에 적합한 테스트 접근법을 결정해야 할 것이다.

예를 들어 유지보수성 특성이 테스트 되어야 한다고 판단된다면 정적 테스트를 통하여 코드의 유지보수성을 확인할 필요가 있을 것이다. 또한, 각 품질 특성을 검증하기 위한 명세서가 잘 작성 되어 있는지 확인할 필요가 있을 것이다. 예를 들어 사용성 품질 특성 검증이 필요하다고 판단하였지만, 사용성 관련 개발 명세서가 명료하지 않다면, 명세 기반 테스트만으로는 사용성 특성에 문제가 있는 것을 발견할 수 없을 것이다.

이뿐만 아니라 이러한 소프트웨어 품질 특성을 고려하였다 하여서, 우리가 테스트해야 할 항목(테스트 컨디션)을 충분히 도출했다 할 수는 없을 것이다. 이러한 제품 품질 특성 이외에도 우리가 추가로 테스트 컨디션을 도출하기 위해 고려해야 할 것을 제시한 모델이 있다. HTSM (Heuristic Test Strategy Model)은 제품 품질 특성 이외에도, 테스트 용이성, 기능 이외의 제품을 구성하는 요소, 즉, 구조, 데이터, 플랫폼, 사용 시간을 고려해야 한다고 제시하고 있다. 이와 함께 해당 제품을 개발하는 프로젝트 상황도 고객 측면, 테스트에 필요한 제품 또는 프로젝트 정보, 테스트 팀의 가용 정도, 가용 도구 및 장비, 일정 등이 그것들에 해당한다.

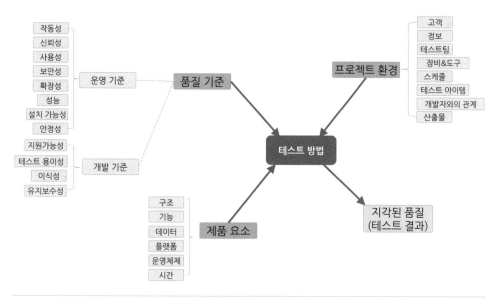

[그림 16-4] HTSM (Heuristic Test Strategy Model) by James Bach

소프트웨어 테스트 계획은 테스트 범위 및 테스트 대상뿐 아니라 무엇을 테스트해야 할지에 대한 테스트 항목을 식별해야 한다. 물론 우리가 식별한 테스트 항목이 모두 꼭 테스트해야만 할 상황은 아닐지도 모른다. 이는 위험 분석을 통해서 결정될 수 있다. 다만, 전체 테스트를 통해 우리는 무엇을 테스트했고, 테스트하지 않았는지에 대한 식별은 가능해 질 것이다. 이러한 테스트 항목을 식별해 놓은 것을 테스트 아키텍처라 말할 수 있다. 테스트 아키텍처가 잘 구성 된다면 테스트 접근법 결정이 수월해질 것이고, 그 접근법에 따른 테스트 설계 또는 수행이 이루어질 수 있을 것이다.

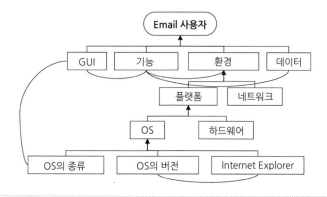

[그림 16-5] 테스트 아키텍처 예시 by Japan Test Design Contest

5. 위험 기반 테스트 전략 수립

앞의 ISO 29119의 테스트 계획 프로세스에서도 언급된 바와 같이 테스트를 보다 효율적이고 효과적으로 수행하기 위한 최선의 방법은 위험 기반 테스트 전략 수립 및 이행이라 할 수 있다. 우리가 처해있는 프로젝트 환경은 언제나 시간과 인력이 부족하다. 이에 따라 우리는 주어진 시간과 자원하에서 가장 최선의 방법을 선택해야 하고 지금까지 알려진 가장 효과적인 최선의 방법은 위험 기반 테스트 전략을 수립하고 이를 이행하는 것이다.

위험 기반 테스트 전략이란 우리가 테스트해야 할 소프트웨어 제품의 장애 발생 가능성과 그 장애로 말미암은 비즈니스 손실을 예측하고 가능성 또는 손실의 정도에 따라 위험의 강도를 이해하고 그 강도에 따라 우리의 테스트 전략을 차별화하여 보다 의미 있는 테스트를 수행하게 하는 것이다.

위험 기반 테스팅은 개발 프로젝트 초기부터 위험 수준을 낮추고 이해관계자에게 위험 상태 정보를 제공하는 테스트 접근법이며, 테스트 계획 수립 시 위험 분석과 그 결과를 바탕으로 테스트 전략을 수립하는 것이다. 따라서 분석된 위험 정보에 따라 리소스의 활용도를 극대화하고 효과적으로 테스팅 목표를 달성할 수 있게 한다.

테스트 계획 수립을 위한 제품 위험관리 방안은 먼저 위험을 식별, 위험 분석, 위험 제어, 위험 모니터링의 절차에 의해서 진행한다.

- **위험 아이템 식별(Risk Item Identification)**이란 테스트 대상 (item, condition)이 되는 것을 식별한다. 이는 제품의 품질 관점에서 테스트 대상이 될 항목을 분해하여 식별하기도 한다.
- **위험 분석(Risk Analysis)**은 중요하고, 복잡하고, 잠재적으로 결함이 많은 소프트웨어나 시스템의 부분을 분석하여, 장애 발생 가능성과 장애로 말미암은 영향 또는 손실을 예측하여 위험 우선순위를 결정하는 것이다.

위험(Risk) = **장애 발생 가능성**(Likelihood) × **장애로 말미암은 영향**(Impact)

- **위험 제어(Risk Control)**란 위험을 완화하기 위한 계획 활동 단계라 할 수 있다. 위험 분석 결과를 근거로 대처 방안 수립, 즉 위험을 줄이는 "테스트 전략"을 수립하는 것이다.
- **위험 모니터링(Risk Monitoring)**은 위험 계획 단계를 거쳐 수립한 테스트 전략을 준수하고, 이슈가 없는지를 모니터링하고 제어하는 활동을 말한다.

각각의 절차별 자세한 내용 및 적용 방안을 살펴보겠다.

첫 번째, 위험 아이템 식별은 여러 가지 기법에 의해서 가능하다. 가장 보편적인 위험 아이템 식별 방법은 다음과 같다. 테스트 대상 제품의 전문가와 인터뷰를 통해 식별할 수 있다. 이는 테스트 대상에 대한 이해가 깊은 전문가를 확보하고 있다면 매우 유용한 방법이라 할 수 있다. 또는 독립적인 평가가 가능한 제3의 기관에 평가 의뢰를 통해 식별할 수도 있다. 또는 프로젝트 참여자들이 워크숍(프로젝트 평가 세션) 등을 통해 획득한 프로젝트 교훈 (lessons learned)으로 식별할 수도 있고, FMEA (Failure Mode and Effect Analysis) 워크숍을 통해서도 식별 가능하다. FMEA는 테스트 대상 제품의 예측 가능한 장애 모드를 식별하여 해당 장애의 발생을 원인 및 예방 방법을 찾는 위험 식별 및 분석에 대한 체계적인 접근방법 중 하나다. 그 외에도 브레인스토밍, 체크리스트 분석, 과거의 경험 등을 참고하여 식별할 수 있는 방법은 다양하다.

(예시) 위험 아이템 식별

- 위험 아이템은 테스트 대상을 기능적 또는 기술적으로 분리하여 각각에 위험, 즉 장애발생 가능성과 비즈니스 손실이 존재하는 것으로 본다.
- 요구사항 분석서 상의 상위 레벨 테스트를 필요로 하는 항목을 도출한다.
- 아키텍처에서 하위 레벨 테스트가 필요한 항목을 도출한다.
- 위험 아이템은 브레인스토밍 세션 이용하여 효율적으로 식별할 수 있다.
- 도출한 위험 아이템을 의미 있는 그룹으로 묶어 위험 분석 단위를 만든다.
- 하나의 위험 분석 단위에 너무 많은 위험 아이템이 들어가는 것은 좋지 않다.
- 경험자들은 35개 이하의 위험 아이템을 권장한다.

위험 요소 / 위험 아이템	장애 발생 가능성(Likelihood)			영향(Impact)		
위험 아이템 1						
위험 아이템 2						
위험 아이템 3						
위험 아이템 N						

[그림 16-6] 위험 아이템 리스트 예시

두 번째, 위험 분석 방안에 대하여 살펴보자. 위험 분석은 먼저, 위험요소를 도출하고, 각 식별된 위험 아이템에 대한 요소별 평가를 진행하는 방식으로 진행한다.

위험 분석 방안 1 - 위험요소 도출

위험 분석은 중요하고, 복잡하고, 잠재적으로 결함이 많은 소프트웨어나 시스템의 부분을 분석하여 장애 발생 가능성과 장애로 말미암은 영향 또는 손실을 예측하여 위험 우선순위를 결정한다.

위험요소란 각각의 위험 아이템의 장애발생 가능성과 비즈니스 손실을 정확한 기준을 가지고 분석하기 위한 요인이다. 즉 프로그램 코드가 복잡하면(위험요소) 장애 발생 가능성이 커질 수 있으며, 사용자가 중요하게 취급하면(위험요소) 비즈니스 손실에 영향을 줄 수 있다. 이렇듯 각각의 위험 아이템의 장애발생가능성에 영향을 줄 만한 요소 및 비즈니스 손실에 영향을 줄 만한 요소를 도출한다.

위험요소는 여러 가지 방식으로 도출될 수 있겠지만, 아래와 같이 다양한 테스팅 경험에서 도출한 전형적인 소프트웨어 제품의 장애발생 가능성과 비즈니스 손실에 영향을 줄 요소를 활용하여 각자 취해있는 프로젝트 상황에 맞게 변형시켜 사용하고, 가중치 적용도 가능하다.

- 위험 = 장애 발생 가능성(Likelihood) × 장애로 말미암은 영향(Impact)
- 결함 패턴 등 기존 프로젝트에 기반 위험요소(Risk Factors) 결정

위험 요소 / 위험 아이템	장애 발생 가능성(Likelihood, 기술적 위험 , 개발 테스팅)						영향(Impact, 사업적 R, 인수 테스팅)			
	복잡성	새로운 개발의 정도	상호관계	크기	기술의 난이도/최신성	개발팀의 경험 미흡	사용자의 취급 중요도	경제적, 안전적 피해	사용 빈도	외부적 가시성
위험 아이템 1										
위험 아이템 2										
위험 아이템 3										
위험 아이템 n<35										

[그림 16-7] 위험요소 식별 예시

[표 16-13] 전형적인 제품 위험 영향 요소

장애발생 가능성 요소(Likelihood)	비즈니스 영향 요소(Impact)
기술 & 팀의 복잡도 제품의 복잡도 새로운 개발의 정도 상호관계(인터페이스 개수) 사이즈(제품의 크기) 분석/설계자, 팀 내의 갈등요소 개발자의 능력 공급자와의 계약문제 기존 시스템과 신규 시스템과의 관계 도구, 신기술 리더십 이슈 시간 자원, 관리자의 압력 품질보증 활동의 부족 높은 변경률 높은 초기 결함률	사용자에 의한 취급 중요도(잘 팔리는 아이템) 경제적, 안전적 영향 회사 이미지적 피해 사용 강도(Usage Intensity) 외부적 가시성(External Visibility) 면허 취소 적절한 회피방법(workarounds)의 결여

위험 분석 방안 2 - 평가

장애발생 가능성과 비즈니스 손실에 영향을 주는 위험요소를 결정하였으면, 위험 아이템 별로 해당 위험요소가 어느 정도 수준인지를 결정해야 한다. 이때 평가에 참여하는 사람은 개발 리더, 고객지원, 마케팅, 사용자, 테스터 등 다양한 이해관계자가 참여할수록 그 평가 결과가 더욱 합리적이다.

평가시 점수를 주는 기준은 변별력을 높이고, 위험 높은 것을 낮은 것을 확실히 구분하기 위해 점수표를 사용하는 것이 효율적이다.

위험요소별 수준을 파악하기 위한 점수표의 예시

위험 레벨: 9=심각, 5=높음, 3= 보통, 1=낮음, 0=없음(색/그림 표시)

작성한 위험 테이블을 가지고 이해관계자들이 미팅을 통하여 각각의 위험에 대해 협의하고, 협의를 통해 위험 최종 안을 결정하도록 유도한다. 다음 그림은 위험 아이템별 위험 평가를 수행한 예시이다.

위험 요소 / 위험 아이템	장애 발생 가능성(Likelihood, 기술적 위험, 개발 테스팅)						영향(Impact, 사업적 R, 인수 테스팅)			
	복잡성	새로운 개발의 정도	상호관계	크기	기술의 난이도/최신성	개발팀의 경험 미흡	사용자의 취급 중요도	경제적, 안전적 피해	사용 빈도	외부적 가시성
위험 아이템 1	9	5	9	9	5	1	3	5	5	3
위험 아이템 2	1	5	9	3	1	1	5	9	3	1
위험 아이템 3	3	5	3	3	0	3	5	3	9	0
위험 아이템 n<35	5	9	1	9	5	5	9	1	9	5

[그림 16-8] 위험 평가 테이블

위험 평가를 완료하였으면, 각각의 위험 아이템별 장애발생 가능성 요소들의 점수를 합하고, 비즈니스 손실 요소별 점수 합을 계산한다. 각각의 아래 그림과 같이 2×2 매트릭스에 각각의 합에 맞는 좌표를 찾아 각 아이템의 위치를 확인한다.

위험 테이블의 각 위험 아이템에 대해 장애 발생 가능성 위험 점수 합계의 결과(Y 축)와 비즈니스 영향도 위험 점수 합계의 결과(X 축)가 위험 매트릭스의 해당 좌표에 매핑한다.

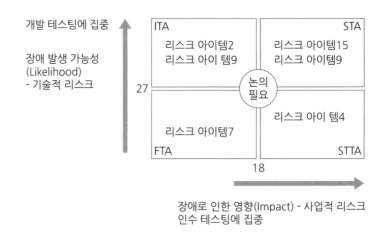

[그림 16-9] 위험 매트릭스(Risk Matrix) 예시

세 번째, 위험 제어 방안은 위험 분석 결과를 근거로 대처 방안 수립, 즉 위험을 줄이는 테스트 전략을 수립하는 것이다. 제품 위험의 경우 테스트 전략 수립을 통한 위험 레벨에 따른 테스트 노력 투입 위험이 높은 곳의 결함을 최대한 많이 찾아내고 제거하도록 하는 테스트 전략을 수립하여야 하며, 위험 레벨에 따라 테스트 우선순위도 다르게 조정할 수 있다.

하위 레벨 테스트

단위 테스트 또는 통합 테스트 레벨과 같은 하위 레벨 테스트는 개발 테스팅 중심으로 기술적인 위험을 중점적으로 다루므로 아래 그림과 같은 우선순위로 강도를 조정하며 테스팅이 진행되어야 한다.

상위 레벨 테스트

제삼자 테스팅 또는 비즈니스 흐름을 검증하는 시스템 레벨 또는 인수 레벨과 같은 상위 레벨 테스트는 인수 테스팅 중심으로 사업적인 위험을 중점적으로 다루므로 아래 그림과 같은 우선순위로 강도를 조정하며 테스팅이 진행되어야 한다.

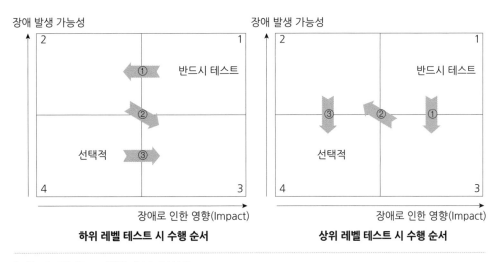

[그림 16-10] 테스트 레벨별 테스트 우선순위

마지막으로, 위험 모니터링은 위험 분석 결과를 근거로 테스트 진행 상황을 테스트 완료 시점까지 지속적으로 모니터링해야 한다. 모니터링 대상이 되는 주요 항목은 다음과 같다.

(예시) 테스트 전략 이행 모니터링

- 테스트 진척 현황, 테스트 커버리지, 테스트 완료 기준 준수 현황

- 발견 결함의 추이(결함 수, 결함의 심각도, 결함 조치 완료 현황)

- 요구사항 변경으로 말미암은 위험 수준 변경에 대한 모니터링

- 추가적인 테스트가 필요한지 의사결정

- 위험별 액션 플랜에 대한 진행 현황 모니터링

- 위험에서 이슈로 전환 여부 모니터링

[표 16-14] 위험 레벨별 테스트 전략 수립 사례

위험 레벨	주요 테스트 수행 주체	테스트 케이스 설계			문서 리뷰	완료 조건	비고
		입력값 선택	조합 선택	기법			
1	개발팀 설계팀 e 채널 인수지원부	• 동등 분할 • 경곗값 분석	• Pairwise 조합 • 경험적 조합	• 개발자 기본 경로 테스트 • (선택적) 설계자 제어 흐름 테스트	• 테스트 리더 테스트 케이스, 결함보고서 리뷰 • TM 그룹 테스트 케이스, 결함보고서 리뷰	• 결정문 90% 커버 (단, 시스템 관련 exception 코드 제외) • 발견된 결함 중 Critical, Major 100%, Minor 50% 수정완료	통과한 테스트 케이스의 PT 전문 또는 MCA 전문 LOG 중 리그레션 테스트 대상에 대한 자동화 스크립트 생성 및 수행 준비
2	개발팀 설계팀 e 채널	• 동등 분할 • 경곗값 분석	• Pairwise 조합	• (선택적) 설계자 제어 흐름 테스트	• 테스트 리더, 개발자: 테스트 케이스 리뷰	• 발견된 결함 중 모든 Critical, Major와 Minor 50%에 대해 수정완료	
3	개발팀 설계팀	• 동등 분할	• 경험적 조합	• 개발자 기본 경로 테스트	• 동료검토	• 결정문 70% 커버 (단, 시스템 관련 exception 코드 제외) • 발견된 결함 중 Critical, Major 100% 수정완료	
4	개발팀 설계팀	• 경험적 선별	• 경험적 조합	• 경험적	• 자체 검증	• 발견된 결함 중 Critical, Major 80% 수정완료	

테스트 케이스 설계

많은 테스트 엔지니어들은 테스트 설계에 가장 많은 시간을 투자한다. 테스트 항목에 대한 테스트 컨디션을 식별하고, 각 테스트 컨디션의 특성에 따라 테스트 설계기법이 다양하게 적용될 수 있다. 여기 그 다양한 기법 중 가능 효용 가치가 높은 대표적인 설계기법을 소개한다.

1. 테스트 케이스의 이해

테스트 케이스란 테스트 대상으로부터 결함을 찾기 위해 동적 테스트 수행 방안에 대한 설계 내용이 들어 있는 문서를 말한다. 즉 형식적으로는 테스트 되어야 할 테스트 컨디션 (Condtion) 입력 처리와 그 입력 처리로 말미암은 기대 결과로 표현하였으며, 내용상으로 무엇을 검증했는지에 대한 보장성을 확보해야 하고 결함을 발견하는 역할을 해야 한다.

요구사항 명세, 아키텍처 설계 문서, 기능 리스트 등 다양한 개발 산출물로부터 도출할 수 있으며, 다양한 테스트 설계기법을 활용하여 체계적인 테스트 케이스 설계가 가능하다.

[표 17-1] 테스트 케이스 구성 요소

구성 요소	내용
ID (식별 번호)	테스트 케이스를 식별하기 위한 번호
사전조건	테스트 수행에 필요한 조건 실행 환경, 테스트 데이터 정의 등
테스트 수행 절차	**테스트에 필요한 구체적인 절차(Navigation)**
기대 결과	**테스트 후 예상되는 결과**
추적성	**테스트 케이스와 연관되는 요구사항 등** **테스트 설계에 적용된 기법 등**
중요도	테스트 케이스 중요도
Pass/Fail	테스트 결과 표시 Pass: 기대 결과와 같은 결과를 보임 Fail: 기대 결과와 다른 결과를 보임
비고	관련 추가 내용 작성

테스트 보장성이란 테스트 대상에 대한 충분한 테스트를 수행했다고 제시할 수 있는 것을 의미하며, "테스트 케이스가 보장성을 확보했다."라는 것은 그 전체 테스트 케이스의 집합이 테스트 대상에 대한 특정 수준의 테스트 커버리지를 확보하는 테스트 케이스들이라는 표현이다.

테스트 설계 활동을 통해 테스트 케이스를 도출하나, 실질적으로 테스트 대상에 대한 테스트 케이스를 중간 단계 산출물 없이 바로 케이스로 만든다면 비록 그 테스트 설계자의 역량에 따라 달라 질 수 있으나, 케이스의 보장성을 제시하긴 어려울 수 있다.

따라서 우리가 테스트하는 소프트웨어 제품의 보장성을 제시하는 테스트 케이스를 설계하기 위한 방안을 지속적으로 연구하고 보완할 필요가 있다.

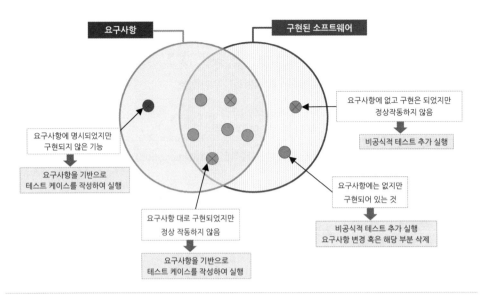

요구사항 / 구현된 소프트웨어

요구사항에 명시되었지만
구현되지 않은 기능

요구사항을 기반으로
테스트 케이스를 작성하여 실행

요구사항 대로 구현되었지만
정상 작동하지 않음

요구사항을 기반으로
테스트 케이스를 작성하여 실행

요구사항에 없고 구현은 되었지만
정상작동하지 않음

비공식적 테스트 추가 실행

요구사항에는 없지만
구현되어 있는 것

비공식적 테스트 추가 실행
요구사항 변경 혹은 해당 부분 삭제

[그림 17-1] 테스트 케이스 범위

테스트 케이스는 설계의 근간이 무엇인가에 따라 동적 테스트에 대한 접근법이 달라진다.
테스트 케이스를 설계하기 위한 대표적인 접근법에 대하여 알아보면 다음과 같다.

■ 개발 산출물을 근거로 테스트 케이스 설계하는 명세기반 설계기법

■ 프로그램 구조를 근거로 테스트 케이스 설계하는 구조기반 설계기법

■ 테스터의 경험과 노하우를 근거로 테스트 설계하는 경험적 테스트

2. 명세기반 테스트 설계기법(블랙박스 테스트)

명세기반 설계기법은 테스트 대상을 이해할 수 있는 각종 개발 산출물(요구사항 정의서, 제품
백로그, 프로그램 스펙, 사용자 매뉴얼 등)을 토대로 해당 산출물에서 요구한 대로 소프트웨어
제품이 구현되었는지 검증(verify)하고, 구현된 소프트웨어의 기능의 품질 및 사용상에 문
제가 없는지 확인(validation)하는 테스트 접근법이다.

이러한 명세기반 테스트 설계기법은 명세서에 요구된 내용은 있으나 제품에 구현되지 않
았거나, 소프트웨어로 기능은 구현은 되었으나 품질이 적절한지 사용상의 결함이 있는지

를 검증하는 데 아주 유용한 테스트 설계기법이다. 그러나 각 명세서가 제품의 상태를 잘 반영하였느냐에 따라 테스트 설계, 즉 테스트 케이스의 충분함을 결정할 수 있다. 즉, 제품에 대한 구현 요구사항이 문서로는 존재하지 않고, 구두상의 합의로 개발자에게 전달하여 혹은 개발자 스스로 필요하다 판단하여 구현된 부분에 대한 테스트 케이스 설계가 누락될 가능성이 있다. 따라서 테스트 엔지니어는 명세서를 근거로 즉 요구사항을 근거로 테스트 설계하고, 그 안에서 찾아낸 결함이 어느 정도 제거되었다 하더라도 항상 놓친 테스트 항목(item) 또는 상황(condition)이 있을 수 있다는 것을 기억하고 이에 주의해야 한다.

명세기반 테스트 설계의 가장 대표적인 기법을 소개하면 다음과 같다.

2.1 동등분할 기법

동등분할 기법(Equivalence Partitioning)은 테스트 대상의 입력 값을 선정하는 설계기법 중 하나다. 입력 필드 각각에 입력할 수 있는 값을 동등한 기준으로 처리되는 데이터군으로 분할하여 각 분할된 영역에서 대푯값을 선정하여 테스트 케이스를 구성하는 방법이다. 즉, 동일한 분할영역 내에서의 입력 값은 항상 동일한 결과를 가져올 수 있도록 분할하는 것이다. 여기서 주의할 점은 테스트 항목(item)의 입력 필드에 대한 동등 분할을 구하는 것뿐 아니라, 테스트 항목(item)의 출력 필드에 대한 동등 분할을 구해서 해당 출력 영역의 값이 기대결과로 나올 수 있도록 입력 값의 조합을 만들어 테스트하는 것도 반드시 포함해야 한다는 것이다.

동등분할 기법 적용 방법은 다음과 같다.

(1) 주어진 시스템 정보(예: 시스템 명세서)를 분석하여 입력 영역과 출력 영역 도출

(2) 도출한 입력 영역(도메인)을 유사한 특징을 가진 클래스로 분할(유효한, 유효하지 않은 영역 포함)

(3) 도출한 출력 영역을 유사한 특징을 가진 클래스로 분할(유효한, 유효하지 않은 영역 포함)

(4) 분할된 클래스에서 각 클래스를 대표하는 테스트 데이터 선정

(5) 모든 유효한 분할 영역에 대한 테스트 데이터를 활용하여 테스트케이스 생성

(6) 모든 유효하지 않은 분할 영역에 대한 테스트 데이터를 활용하여 테스트케이스 생성

적용 예시

■ '사용료 계산 기능'에 대한 개발 요구사항에 대한 테스트 설계

〈요구사항 명세서 – 사용료 계산〉

> • 신규 이용자는 나이가 13살 이상이어야 함.
> • 사용하는 아이디는 기존 사용자 아이디와 중복 되어서는 안됨.
> • 이용자 나이가 25세 이상이거나 일일 사용 시간이 3시간 이상인 경우는 1만원의 사용료를 지불 해야 하며,
>   그렇지 않은 경우 5천원의 사용료를 지불 해야 함.
> • 또한 구독 기간이 2개월 미만 이면 2천원 추가 지불을 해야 함.

[그림 17-2] 〈사용료 계산 기능〉 요구사항 명세서

〈테스트 항목 분석〉

(1) 주어진 시스템 정보(예, 시스템 명세서)를 분석하여 입력 영역과 출력 영역 도출

입력 영역: 나이, 아이디, 구독기간, 일일 사용시간

출력 영역: 사용료

〈동등분할 영역 도출〉

(2) 도출한 입력 영역(도메인)을 유사한 특징을 가진 클래스로 분할

나이의 동등분할 영역(클래스)

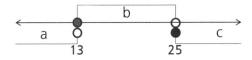

구독기간의 동등분할 영역(클래스)

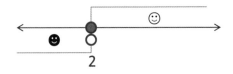

일일 사용시간의 동등분할 영역(클래스)

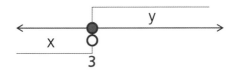

아이디의 동등분할 영역

- 중복 Yes, 중복 No

(3) 도출한 출력 영역을 유사한 특징을 가진 클래스로 분할

사용료(출력 값)의 동등분할 영역

- n/a, 5,000원, 10,000원, 7,000원, 12,000원

〈테스트 케이스 구성 예시〉

(4) 분할된 클래스에서 각 클래스를 대표하는 테스트 데이터 선정

(5) 모든 유효한 분할 영역에 대한 테스트 데이터를 활용하여 테스트케이스 구성

(6) 모든 유효하지 않은 분할 영역에 대한 테스트 데이터를 활용하여 테스트케이스 구성

[표 17-2] <요구사항 명세서-사용료 계산>에 대한 동등분할 기법 적용 테스트 케이스 예시

	TC1	TC2	TC3	TC4	TC5
나이	a	b	c	b	b
아이디	Yes	No	No	No	No
일일 사용시간	x	y	x	x	x
구독 기간	☻	☺	☻	☻	☺
사용료	N/A	10,000	12,000	7,000	5,000

2.2 경곗값 분석 기법

경곗값 분석 기법(Boundary Analysis)은 동등분할 기법처럼 입력 영역, 출력 영역을 분할하여 클래스를 생성한다는 점에서는 동일하다. 다만, 동등분할 기법은 대푯값을 한 개의 클래스에서 하나만 선정하였다면, 경곗값 분석 기법은 한 개의 클래스에서 최소 2개의 대푯값을 테스트 데이터로 선정한다. 이때 각 선정된 값은 해당 클래스의 입력 가능한 최솟값과 최댓값을 선정하여 테스트 케이스를 구성하는 것이다.

경곗값 분석 기법 적용 방법은 다음과 같다.

(1) 주어진 시스템 정보(예: 시스템 명세서)를 분석하여 입력 영역과 출력 영역 도출

(2) 도출한 입력 영역(도메인)을 유사한 특징을 가진 클래스로 분할(유효한, 유효하지 않은 영역 포함)

(3) 도출한 출력 영역을 유사한 특징을 가진 클래스로 분할(유효한, 유효하지 않은 영역 포함)

(4) 분할된 클래스에서 각 클래스의 최솟값과 최댓값에 해당하는 테스트 데이터 선정

(5) 모든 유효한 분할 영역에 대한 테스트 데이터를 활용하여 테스트케이스 생성

(6) 모든 유효하지 않은 분할 영역에 대한 테스트 데이터를 활용하여 테스트케이스 생성

적용 예시

위의 동등분할 기법의 적용 예시에서 (1)~(3)까지는 같은 결과가 나오며, (4)~(6)에 의해서 테스트 케이스 구성만 달라진다.

[표 17-3] <요구사항 명세서-사용료 계산>에 대한 경곗값 분석 기법 적용 테스트 케이스 예시

	TC1	TC2	TC3	TC4	TC5
나이	a(12)	b(13)	c(25)	b(24)	b
아이디	Yes	No	No	No	No
일일 사용시간	x(2)	y(3)	x	x	x
구독 기간	😀(1)	🙂(2)	😀	😀	🙂
사용료	N/A	10,000	12,000	7,000	5,000

앞의 예시에서처럼 나이 b 영역의 최솟값은 13세이고, 최댓값은 24세다. 테스트 케이스 2번(TC2)을 보면 나이에 대한 테스트 데이터를 13세를 선택하여 테스트 케이스로 구성하였고, 테스트 케이스 4번(TC4)은 24세의 나이를 선택하여 테스트 케이스를 구성하였다. 이는 TC2와 TC4의 테스트 성공하면 13세 이상인 나이와 25세 미만인 나이의 어떤 나잇값도 요구사항을 벗어날 가능성을 최소화하는 보장성을 확보했다 할 수 있다.

경곗값 분석 기법은 동등분할 기법에 비하여 높은 보장성을 가지고 있다.

이와 같이 동등분할 테스트 또는 경곗값 분석 테스트는 테스트 항목의 입력, 출력 영역에 대한 테스트 데이터 선정 및 조합의 문제를 결정하는 테스트 설계기법이다. 소프트웨어 사용자의 이벤트에 대한 다양한 케이스를 도출하여 테스트 케이스로 설계하는 기법은 결정 테이블 테스팅, 상태전이 테스팅, 유스케이스 테스팅 등이 대표적이다. 다음에서 각각의 기법에 대한 간략한 특징을 살펴보겠다.

결정 테이블 테스팅(Decision Table Testing)

결정 테이블 테스팅은 대상 소프트웨어의 결과(Output)에 영향을 줄 수 있는 원인을 예측하여 원인이 되는 모든 요소의 조합에 따라 결과가 달라지는 것들에 대한 테스트를 설계하는 기법이다. 주로 일반적인 요구사항명세서(설계 도구 또는 모델을 적용하지 않고 평문 언어로 구성된 명세서)를 분석하여 결과에 영향을 줄 원인 요소, 즉 이벤트, 데이터 값 등을 찾아내고, 그 원인 조합들의 결과가 각각의 테스트 케이스가 되도록 한다.

요구사항 명세서 또는 프로그램 명세서가 작성되어 있다 하더라도, 원인이 불명확한 결과를 요구하는 문장으로 되어 있거나, 원인이 될 만한 이벤트나 데이터가 있는 상황인데 결과에 대한 명확한 요구가 없는 명세서를 찾아내기에 유용하다. 즉, 결정 테이블 테스팅 기법으로 테스트 케이스를 설계하는 것만으로도 요구사항 명세서의 테스트 용이성(Testability) 검증이 가능하다.

결정 테이블 테스트 기법 적용 시 동등분할 기법과 경곗값 분석 기법은 같이 활용할 경우 테스트 케이스는 더욱 견고해진다.

유스케이스 테스팅(Use Case Testing)

유스케이스 테스팅은 개발 산출물이 UML (Unified Modeling Language) 기법을 적용한 경우 활용 가능한 테스트 설계기법이다. 즉, 유스케이스 명세서가 있다면 그 명세서에 이미 많은 테스트 정보를 제시하였다 할 수 있다. 모든 유스케이스 명세서의 기본경로와 예외 경로를 기술하게 되어 있으므로, 테스트 설계 시 기본 경로에 대한 테스트뿐 아니라 예외 경로를 검증하는 테스트를 설계한다.

유스케이스 명세서가 있다면 굳이 결정 테이블 테스트 기법을 활용할 필요는 없다. 그러나 동등분할 기법과 경곗값 분석 기법은 같이 활용할 경우 테스트 케이스는 더욱 견고해진다.

상태전이 테스팅(State Transition Testing)

상태전이 테스팅은 개발 산출물이 상태전이 모델을 적용한 경우 활용 가능한 테스트 설계 기법이다. 즉 상태전이 다이어그램 명세서가 있다면 상태전이 다이어그램에서 제시하는 대로 제품이 구현되었는지, 누락된 상태나, 잘못된 전이가 없는지를 확인하기 위한 테스트 설계기법이다. 제품의 위험 수준에 따라 상태전이 테스팅의 수준을 강도 높게 하는 방법도 있다.

유스케이스 테스트 기법과 마찬가지로 상태전이 다이어그램이 있다면 결정 테이블 테스트 기법을 활용할 필요는 없다. 그러나 동등분할 기법과 경곗값 분석 기법은 같이 활용할 경우 테스트 케이스는 더욱 견고해진다.

이번 가이드에서는 자세히 다루지 않지만. 테스트 대상 제품의 위험이 높고 더욱 견고한 보장성을 확보하고자 한다면 추가적인 테스트 설계기법을 연구하고 우리 제품에 맞는 테스트 설계기법을 찾아내기 위한 노력이 필요하다.

3. 구조기반 테스트 설계기법(화이트박스 테스트)

구조기반 기법은 테스트 대상을 구성하는 구조를 이해하고 그 구조에 대한 커버리지를 높이는 목적의 테스트를 설계하고 수행하는 테스트 접근법이다. 테스트 대상의 구조라 함은 가장 대표적으로 프로그램 코드가 있을 수 있으며, 실제 프로그램의 콜 트리 구조 등이 포함될 수 있다. 이러한 구조는 명세서와 달리 실제 제품의 모습을 그대로 투영했다 할 수 있고 다양한 구조의 특징을 분석하고 해당 부분에 대한 테스트 수행을 통해 의도한 대로 수행하지 않는 부분을 찾아서 결함을 제거하는 것이 주요 목적이다.

이러한 구조기반 기법의 가장 큰 단점은 명세서에 있으나 제품에 구현되지 않은 부분(missing functions) 또는 명세서에서 요구한 대로 구현되지 않은 부분(wrong functions)을 찾는 것은 불가능하거나 매우 어렵다. 다만, 소프트웨어 코드나 내부 구조를 보여주는 정보로부터 케이스를 도출함에 따라 실질적인 구조의 테스트 수행이 진행된 부분과 그렇지 않은 부분의 식별이 명료하고, 따라서 소프트웨어의 커버리지 정도를 이해하는 데 효과적이다.

커버리지는 시스템 또는 소프트웨어의 구조가 테스트 케이스들에 의해 테스트된 정도를 말한다. 커버리지를 높이려면 누락된 테스트 구조를 파악하고 이를 테스트 할 수 있도록 설계하여 추가적인 테스트 수행해야 한다. 공식적인 커버리지 유형은 아래 그림과 같이 분류할 수 있다.

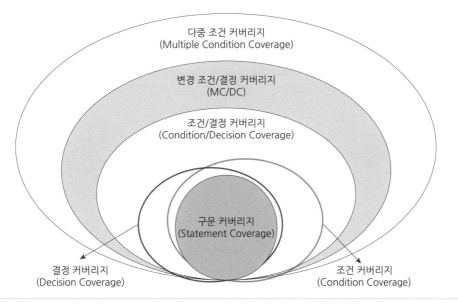

[그림 17-3] 커버리지 종료와 포함 관계

구문 커버리지(Statement Coverage)

구문 커버리지는 Statement Coverage 또는 Line Coverage라고도 말할 수 있다. 즉, 작성된 코드의 모든 구문을 한 번 이상 통과하도록 테스트 된 비율이 그 커버리지 수치이다. 예를 들어 100 라인의 코드 또는 구문이 있을 때 테스트 케이스를 통해 통과된 코드가 70 라인의 구문이라면, 그 테스트 케이스의 커버리지는 70%라 할 수 있다. 공식적인 커버리지 중 가장 낮은 강도의 커버리지 유형이다.

〈커버리지 분석 식〉

$$\text{구문 커버리지 (Statement Coverage)} = \frac{\text{테스트 수행된 구문 수}}{\text{전체 코드의 구문 수}} \times 100\%$$

결정 커버리지(Decision Coverage)

결정 커버리지는 Decision Coverage 또는 Branch Coverage라고도 불린다. 작성된 코드의 모든 결정문(if 또는 case와 같은 분기를 결정하는 구문)의 참(True) 케이스와 거짓(False) 케이스를 모두 통과하도록 테스트된 비율이 그 커버리지 수치이다. 예를 들어 2개의 결정문(또는 분기문)이 있는 코드의 1개의 결정문에 대한 참과 거짓은 케이스는 모두 테스트하였지만 다른 1개는 참인 케이스만 테스트하였다면 4개의 참, 거짓 중 3개의 결정만 통과하였으므로 커버리지는 75%라 할 수 있다. 구문 커버리지보다는 높은 강도의 커버리지 유형이다.

〈커버리지 분석 식〉

$$\text{결정 커버리지(Decision Coverage)} = \frac{\text{테스트 수행된 결정문의 참과 거짓 수}}{\text{전체 코드의 결정문의 참과 거짓 수}} \times 100\%$$

조건 커버리지(Condition Coverage)

조건 커버리지는 Condition Coverage라고도 불린다. 조건문은 결정문을 이루는 참·거짓으로 정의 내릴 수 있는 하나의 명제를 의미한다.

예를 들어 다음과 같은 간단한 코드가 있다고 하자.

```
if (A and B) then
  Print("Pass")
end-if.
```

위의 코드는 결정문은 하나이지만 결정문을 구성하는 조건문은 A와 B 두 개로 이루어져 있다. A 또는 B가 거짓인 경우 "Pass"를 출력하지 않고 로직이 종료된다.

여기서 조건 커버리지는 A의 참, 거짓 케이스와 B의 참, 거짓 케이스가 모두 테스트되어야 조건 커버리지를 100%를 달성하게 된다. 따라서 만약 A가 참, B가 참이 되는 케이스만 만들어 "Pass"가 출력되는 것을 확인하였다 하더라도, A의 거짓, B의 거짓 케이스가 테스트되지 않았기 때문에 조건 커버리지는 50%이다. 역시 구문 커버리지보다는 높은 강도의 커버리지 유형이다.

〈커버리지 분석 식〉

$$조건\ 커버리지(Condition\ Coverage)\ =\ \frac{테스트\ 수행된\ 조건문의\ 참과\ 거짓\ 수}{전체\ 코드의\ 조건문의\ 참과\ 거짓\ 수}\ \times 100\%$$

조건/결정 커버리지(Condition/Decision Coverage)

조건/결정 커버리지는 위의 조건 커버리지와 결정 커버리지를 모두 만족하는 테스트를 수행해야 한다. 따라서 조건 커버리지, 결정 커버리지보다도 높은 강도의 커버리지 유형이다.

〈커버리지 분석 식〉

$$조건/결정\ 커버리지\ =\ \frac{테스트\ 수행된\ 조건과\ 결정\ 수}{전체\ 조건과\ 결정을\ 커버하는\ 조합수}\ \times 100\%$$

변형된 조건/결정 커버리지(Modified Condition/Decision Coverage)

변형된 조건/결정 커버리지는 MCDC로 잘 알려진 커버리지 유형이다. MCDC는 전체 코드의 조건/결정문을 커버하는 테스트는 물론 결정문 내의 하나의 조건이 결정문의 참·거짓을 결정하는 경우의 조합에 대한 테스트도 수행해야 커버리지를 달성한다. 매우 강도 높은 테스트 커버리지이며, 주로 기능 안전성(Safety) 관련 코드의 테스트를 수행하는 커버리지 요건이다.

〈커버리지 분석 식〉

$$\text{MCDC 커버리지} = \frac{\text{테스트 수행된 MCDC 조합 수}}{\text{전체 MCDC 조합 수}} \times 100\%$$

다중 조건 커버리지(Multiple Condition Coverage)

다중 조건 커버리지는 프로그램 코드 내의 모든 결정문의 조건문 조합을 테스트해야 한다. 가장 강도 높은 테스트 커버리지다.

〈커버리지 분석 식〉

$$\text{다중 조건 커버리지} = \frac{\text{테스트 수행된 조건의 조합 수}}{\text{전체 조건의 조합 갯수}} \times 100\%$$

이러한 커버리지를 달성하기 위해서는 구조기반 테스트 설계기법을 적용하는 것이 가장 효율적인 방법이다. 대표적인 기법인 제어 흐름 테스트 기법을 소개하면 다음과 같다.

제어 흐름 테스트

제어 흐름 테스트는 위의 커버리지 중 구문 커버리지 또는 결정 커버리지를 달성하기에 유용한 테스트 설계기법이다. 역시 예를 들어 설명하겠다.

〈프로그램 코드 예시〉

```
if (ID & PWD) then
  if (Age < 19)
    print("Warning!!!")
  end if
else
  print("Fail")
end if.
```

앞의 프로그램의 테스트 케이스를 설계하기 위하여 먼저 코드를 가시적으로 표현하는 제어 흐름도(Control Flow)를 그린다. 이는 순서도와 비슷한 개념이며 유의할 점은 항상 프로그램의 시작과 끝을 표현해야 하고 결정문은 항상 2개 이상의 방향표기(branch)를 그려야 한다.

[표 17-4] 제어 흐름도 표기 부호 설명

표기 기호	내용
⬭	시작 표기
◇	결정문 표기
▭	구문 표기, 처리 내용 표기
●	종료 표기
➡	분기 방향 표기(branch)

앞의 제어 흐름도 표기 부호를 활용하여 예시에서 제시한 코드의 제어 흐름도는 다음과 같다.

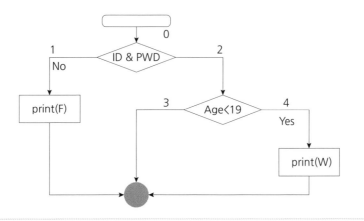

[그림 17-4] 제어 흐름도 예시

〈테스트 케이스 설계〉

[표 17-5] 구문 커버리지 100% 달성을 위한 테스트 설계

번호	테스트 케이스
TC1(0,1)	0 -> 1
TC2(0,2,4)	0 -> 2 -> 4

TC1(0,1) 과 TC2(0,2,4)의 테스트 케이스는 위의 프로그램 코드의 모든 구문을 커버하는 최소의 테스트 케이스다. 이 두 개의 테스트 케이스만 실행하면 100% 구문 커버리지를 달성할 수 있다.

그러나 위의 테스트 케이스 2개는 모든 결정을 커버하는 테스트는 아니다. 3No 방향표기(branch)에 대한 테스트 케이스가 없으므로 결정문 커버리지는 총 4의 결정(1No, 2Yes, 3No, 4Yes) 중 3개의 결정(1No, 2Yes, 4Yes)만 테스트 수행하였으므로 75% 결정문 테스트 커버리지를 달성한 것이다. 따라서 추가적인 테스트 케이스 TC3(0,2,3)을 수행하게 되면 결정문 커버리지 100%를 달성하게 된다.

[표 17-6] 결정문 커버리지 100% 달성을 위한 테스트 설계

번호	테스트 케이스
TC1(0, 1)	0 -> 1
TC2(0, 2, 4)	0 -> 2 -> 4
TC3(0, 2, 3)	0 -> 2 -> 3

위의 제어 흐름 설계기법 이외에도 기본경로 테스트(Basis Path Test) 또는 X 커버리지 테스트(X Coverage Test) 등의 유용한 구조기반 테스트 설계기법들이 있다.

이러한 구조기반 설계기법의 장점은 위에서 살펴본 바와 같이 구조에 대한 이해를 기반으로 빠짐없이 테스트 설계할 수 있게 해 주는 것뿐 아니라 명세기반 테스트 설계에서 놓친, 소프트웨어 제품에 구현은 되었지만 어떤 명세서에도 문서화 되지 않은 영역에 대한 테스

트가 가능하다. 하지만, 명세서에는 있지만 구현되지 않은 부분에 대한 테스트는 불가하므로 서로 상호 보완의 목적으로 전략적으로 활용하는 것이 바람직하다.

주로 구조기반 테스트 설계는 단위, 통합 테스트 단계에 많이 활용하고, 개발자가 수행하는 것이 효율적인 편이다. 명세기반 테스트 설계는 통합 이후 사용자 레벨의 제품 사용을 목적으로 하는 시스템 테스트나 인수 테스트 단계에서 많이 활용한다.

4. 경험적 테스트

경험적 테스트란 명세기반 테스트 또는 구조기반 테스트와 달리 보장성을 제시하기에는 부족한 테스트 접근법이다. 그럼에도, 경험적 테스트를 선호하는 엔지니어들이 많다. 그 이유는 구조기반 기법이 가진 단점, 즉 요구한 대로 구현되었는지, 누락된 기능 없는지를 검증하기 어려운 점을 극복하기 위해서 명세기반 기법을 적용하는데, 실제로 우리의 명세서가 매우 부실하고 충분히 제품을 표현하지 않은 경우가 매우 많다. 따라서 제품에는 표현되었지만, 명세서에 누락된 부분을 찾으려면 경험적 테스트 접근을 통해 가능하다. 다만, 앞에서도 언급 하였듯이 경험적 테스트가 보장성을 제시할 수 없다는 것을 기억하고, 적절한 명세기반 기법과 구조기반 기법을 적용 후, 최종 추가 검증을 위해 경험적 테스트를 수행한다면 더욱 견고한 테스트가 가능해질 것이다.

경험적 테스트 유형은 오류 추정, 체크리스트, 탐색적 테스트가 대표적이다. 각각의 내용을 살펴보면 다음과 같다.

- **오류 추정(Error Guessing)**은 유사 제품의 테스트 경험을 통한 제품의 결함에 대한 경험을 근거로 해당 결함을 공격하기 위한 목적의 테스트를 설계하고 수행하는 방법이다. 주로 유사 제품을 테스트한 프로젝트에서 발생한 결함 내역을 분석하고 이를 바탕으로 테스트 케이스를 설계한다.

- **체크리스트(Checklist) 기반 테스트**는 테스트 케이스와 달리 기법을 적용하지는 않았지만, 테스터의 경험과 노하우를 반영한 검증 포인트를 기록하고(이슈 발생 시 추가) 이를 기반으로 테스트 수행하는 방법이다. 사용자 UI 검증, 사용성 테스트, 사전 테스트 등에서 많이 활용한다.

- **탐색적 테스트(Exploratory Testing)**는 제품에 대한 테스트 설계를 미리 하지 않고 테스트 수행과 동시에 테스트 수행을 위한 설계 아이디어를 반영하여 테스트 수행하는 방법으로 애자일한 테스트 방법의 하나이기도 하다.

결함관리

테스트를 한마디로 정의하라고 하면 '테스트는 결함이 존재하는 것을 증명하는 것'이라고 말한다. 맞는 말이다. 국제 표준에서도 테스트란 결함을 찾아내기 위하여 소프트웨어를 분석, 설계, 실행하는 일련의 프로세스라고 정의하였다. 즉 다시 말하면 테스팅의 궁극적인 최종 아웃풋은 결함 목록이라 할 수 있을 것이다. 이러한 결함은 여러 가지 이유로 체계적으로 관리되고 분석돼야 한다. 그 내용을 자세히 살펴보겠다.

1. 결함관리의 필요성

테스트 활동 산출물 중 가장 중요하게 관리되어야 할 산출물은 테스트를 통해 발견한 이슈사항이 정리된 결함 보고서라 할 수 있다. 결함이란 테스터가 또는 사용자가 해당 소프트웨어의 문제점을 발견하고 이를 개발 산출물(프로그램 코드 또는 요구사항 정의서) 수정을 통하여 조치할 대상이라고 결정된 사항이다. 우리는 왜 테스트를 하는가? 결함을 찾기 위하여 테스트 계획을 수립하고, 테스트 케이스를 설계하였으며, 테스트 환경을 준비하고 테스터들은 테스트를 하였다. 즉, 이 모든 테스트 프로세스는 우리가 만든 소프트웨어 제품의 결함을 최대한 많이 찾아내고, 제품을 사용자에게 인도전에 발견된 결함을 최대한 많이 제거하고자 함이 가장 큰 목적이자 목표다. 이러한 결함 하나를 찾기 위해 투자한 노력과 비용을 생각해 보면 하나의 결함 보고서가 얼마나 소중한지 다시 한 번 생각해보게 된다.

소프트웨어 개발 생명주기에서 결함을 만들어 내는 단계는 언제인가? 아마도 요구사항 정의서를 만드는 순간부터 결함은 만들어지고 있을 것이다. 결함을 발견하고 제거하는 비용을 생각해보면, 결함을 만들자마자(사실 결함을 만들었다고 확신하는 개발자는 없을 것이다. 그러나 우리는 안다. 모든 개발자, 아니 모든 사람은 무언가 만들기 시작하면서 결함을 만들어 내고 있다는 것을, 이제 그 사실을 믿어보자!) 그 결함을 발견하고자 노력한다면 아마도 해당 결함을 발견하고 제거하는 데 소비될 시간과 노력을 아끼는 가장 저렴한 방법일 것이다. 즉, 결함을 찾으려는 노력은 빠르면 빠를수록 좋다.

다시 말하자면, 결함을 발견할 수 있는 시기는 개발 전체 생명주기의 모든 단계에서 가능하다. 물론 단계의 특성에 따라 결함을 찾아내는 방법은 다양하다. 각각의 단계에서 찾아내는 결함의 종류를 알아보면 다음과 같다.

요구사항 분석 및 설계 산출물 작성 단계에서는 리뷰 활동을 통해서 결함을 찾아낼 것이고 이때 발견한 결함은 대부분 문서 결함이다. 즉, 아직 프로그램 코드까지는 결함이 전이되기 전이고, 문서 수정만으로도 결함이 제거된다.

프로그램 코딩 단계에서도 정적분석 또는 코드 리뷰를 통해서 프로그램을 실행하지 않고 코드의 결함을 찾아낼 수 있다. 이 역시 프로그램을 실행해서 결함을 찾는 동적 테스트보다는 저비용의 테스트 방법이라 할 수 있다. 물론 이때 발견한 결함은 코드를 직접 수정해야 하므로 제품 결함으로 분류할 수 있다.

그리고 우리가 흔히 아는 프로그램을 실행하여 결함을 찾는 단위 테스트, 통합 테스트, 시스템 테스트, 인수 테스트 등과 같은 동적 테스트를 통해 찾아내는 결함도 제품 결함에 속한다.

이렇듯 개발 생명주기 내의 여러 단계에서 결함을 찾아낼 수 있고, 각 단계의 특성에 따라 결함을 분류하는 기준도 다를 수 있다. 그렇다면 결함은 어디에 기록해야 하는가? 아니 기록 관리가 의미가 있나부터 생각해보자.

개발 산출물 동료검토 활동의 문서결함관리

먼저, 문서 결함에 대해 생각해보자. 문서 결함은 문서를 최초 작성한 사람 스스로 찾아내기는 참으로 어렵다. 문서를 작성한 사람보다는 그 사람의 동료나 제삼자에 의해 찾아질 가능성이 훨씬 크고 그렇게 하도록 하는 것이 효과적이고 효율적이다. 따라서 많은 소프트웨어 개발 기업에서 문서 결함을 찾고자 하는 동료 검토 활동을 진행하고 이를 통해 문서 상의 허점, 오류, 모호함, 누락된 정보 및 장애 원인이 되는 잘못된 설계 등의 결함을 찾아 내곤 한다.

그러나 문서 상의 문제점을 발견하고 보완했다 하더라도 해당 결함을 기록하고 관리하는 것은 다른 문제다. 결함을 문서화 하지 않더라도 결함을 제거할 수 있다. 구두로 전달하거나, 작성자가 리뷰 미팅에 같이 참여하고 스스로 결함을 수용하고 조치할 수 있을 테니까 말이다.

그럼에도, 왜 결함을 기록 관리해야 하나? 모든 결함을 다 기록하고 보관할 필요는 없을 것이다. 예를 들어 문서 상의 간단한 표기 오기 등과 같은 단순한 결함은 문서 작성자에게 바로 전달하고 작성자가 알아서 수정하도록 하는 것이 효율적일 수도 있을 것이다.

그러나 만약 그 결함의 수가 많거나, 그 결함의 내용이 복잡한 경우라면 최초의 문서 작성자의 이해만으로 그것들이 모두 누락 없이 조치하였는지, 결함의 원인이 되는 것이 명료하게 보완되었는지 확인하기가 어려울 수 있다.

그래서 될 수 있으면 문서결함도 결함관리 대장과 같은 결함의 목록, 결함 수정 담당자, 결함 수정된 것을 확인하는 담당자 등을 따로 두어 관리하는 것이 바람직하다. 최소한 결함관리 대장에 기록된 결함은 누군가는 그 결함이 조치되었는지 확인할 수 있고, 조치 완료 여부와 앞으로 조치해야 할 것이 얼마나 많이 남았는지 확인할 수 있을 것이므로, 리소스 관리, 품질 관리에 유용하다. 그뿐만 아니라 결함관리 대장에 등록된 문서 결함이 쌓이고 이것들을 분석하여 반복적으로 나타나는 결함의 유형, 유사한 결함을 지속적으로 만들어 내는 개발자 등을 파악할 수가 있고, 그러한 결함을 최소화하기 위한 프로세스 개선에도 활용 가능할 수 있다.

결론은 문서결함도 기록관리 할 경우 그렇지 않은 경우보다 관리, 품질 및 프로세스 개선 측면에 매우 유용하다.

프로그램 코드 정적 테스트 활동의 제품결함관리

다음은 제품 결함에 대하여 살펴보자. 앞서도 언급하였듯이 제품 결함은 크게 두 가지 접근법에서 발견할 수 있다. 즉 프로그램 코드의 정적 테스트와 프로그램 실행을 주도적으로 진행하는 동적 테스트 모두에서 발견할 수 있다.

프로그램 코드의 정적 테스트의 경우 구현된 코드의 리뷰 및 정적 분석을 통해 결함을 찾아낸다. 코드 리뷰인 경우 앞서 문서결함의 예와 같은 이유로 그 양이 많고, 조치하는 데 까다로운 결함을 발견한 경우라면 될 수 있으면 기록 관리하고 조치 여부를 어떤 식으로든 확인하는 방안을 마련하는 것이 바람직하다. 정적 분석인 경우는 대부분 정적 분석 도구를 통해 결함 목록(Warning Message 포함)을 도출할 수 있고, 개발자는 그것을 근거로 조치하고, 정적 분석 도구의 재수행을 통해 조치 여부를 확인할 수 있다. 따라서 예외 상황의 문제가 있는 결함이 아니라면 굳이 결함기록 관리를 따로 할 필요가 없을 것이다. 실질적으로도 많은 개발기업은 정적분석 도구에서 리포팅 자료를 근거로 조치 여부를 확인하며, 각각을 결함으로 등록하고 관리하지는 않는다. 다만, 정적분석 수행 시점별 리포트의 스냅 샷을 관리하여, 초기 코드 작성 시 결함 내포 비율 및 수정 현황 등을 분석하여 코드 개선 여부를 확인하는 데 활용하거나, 이후 초기 코드의 결함 내포 비율 추이를 파악하고 프로세스 개선 활동을 통해 점차 초기 코드의 결함 내포 비율의 감소 현황 확인 용도로 활용할 수 있다.

개발자 레벨의 동적 테스트 활동의 제품결함관리

소프트웨어 실행을 통해 결함을 찾는 동적 테스트는 어떠한가? 역시 결함을 발견하고자 테스트하는 것은 정적 테스트와 다를 바 없다. 그러나 이 역시 테스트 단계(단위, 통합, 시스템, 인수) 또는 테스트 수행 주체가(개발자 스스로, 동료 개발자, 제삼자) 누구냐에 따라 결함을 관리하는 방법 또한 다르게 적용할 수 있다.

우선 단위 테스트 또는 통합 테스트와 같은 기술적 테스트 접근이 가능한 테스트 단계의 예부터 살펴보자. 모든 소프트웨어 개발이 다 그렇지는 않지만, 많은 조직의 소프트웨어 개발의 단위·통합 테스트의 주체는 개발자 스스로인 경우가 많다. 개발자 스스로 테스트를 진행할 수밖에 없는 테스트 전략을 이행하는 프로젝트라면, 개발자가 직접 테스트를 설계하고(테스트 케이스 설계 역시 문서화 하는 경우 그렇지 않은 경우 모두 해당한다.) 테스트를 실행할 것이다. 이때 발견한 결함은 사실 그들이 스스로 조치하고 확인하는 경우가 대부분일 것이다. 내가 발견한 결함에 대한 이해를 돕기 위한 결함의 정보를 상세히 적는 것은 아마도 불가능할 것이고 따라서 대부분 조직은 형식적인 결함관리만 하거나 아예 이행하지 않는 경우가 많다. 이럴 때는 결함관리보다는 테스트 케이스를 설계하고 이를 문서화 하게 하여, 테스트 케이스의 '성공' 과 '실패'에 대한 로그 정도만 관리해도 충분하지 않을까 생각된다. 즉, 결함관리보다는 테스트 케이스 로그 관리에 노력을 기울이는 것이 효율적이라는 판단이다.

소프트웨어 제품의 기능적, 비기능적 요구사항 충족 여부를 사용자 관점에서 검증하는 단계인 시스템 테스트 또는 인수 테스트 단계에서 발견한 결함은 어떠한가?

시스템·인수 테스트 단계의 테스트는 프로젝트팀 내의 동료 개발자(프로그램 코딩에는 참여하지 않았지만, 기획이나 요구사항 분석에는 참여한 같은 프로젝트 멤버) 또는 제삼자(개발팀이 아닌 품질 팀의 테스트 전문가 또는 사용자 그룹)가 테스트를 설계하고 수행하게 하는 것이 가장 효율적이다. 따라서 많은 소프트웨어 개발 프로젝트는 가능하면 개발자 스스로 테스트를 하는 단계 이외의 제삼자 테스트 수행 단계를 두려고 노력하는 추세이기도 하다.

이러한 구조에서의 테스트 결과로 나온 결함은 개발자 스스로 찾아내는 것이 아니라 다른 사람에 의해서 찾아지고, 개발자는 그것을 전달받아 조치 여부를 결정하고 조치를 해야 하는 상황이다. 그렇다면 이때 불특정한 방법으로 결함을 전달하는 경우 결함에 대한 개발자 이해도가 달라질 수 있고, 테스트를 통해 발견한 결함이 얼마나 되는지, 조치해야 할 대상은 얼마나 남았는지에 대한 관리가 효율적으로 안 될 가능성이 매우 크다.

즉, 결함 전달자와 결함 수용자 간의 의사소통 수단인 결함 보고 체계가 명확하지 않으면 결함을 전달하고 조치 확인하는 과정에서의 비효율적 프로세스로 말미암은 손실의 우려가 있을 수 있다. 또한, 발견된 결함의 체계적 관리를 통한 축적된 결함 데이터는 이후 테스트 설계의 방향을 정의하고 패턴 분석을 통한 개발 프로세스 개선에도 매우 효과적일 것이다.

[표 18-1] 결함 발견 단계별 결함관리 필요성 강도

결함 발견 단계	결함 유형	결함 발견 주체	결함관리 필요성
문서 산출물 동료검토	문서 결함	동료 개발자	높음
프로그램 코드 동료검토	제품 결함	동료 개발자	높음
프로그램 코드 정적분석	제품 결함	정적 분석도구	낮음
개발자 레벨 테스트 (단위·통합 테스트)	제품 결함	개발자	낮음
사용자 레벨 테스트 (시스템·인수 테스트)	제품 결함	품질팀, 사용자 그룹, 동료 개발자	매우 높음

여기서 결함관리란 발견된 결함의 별도 관리를 통하여 데이터베이스화하는 데 의미를 두고 있다는 점에 유의하기 바란다. 각 프로젝트에서는 자신이 속한 조직이 처해 있는 상황과 테스트 전략에 따라 결함관리 여부를 결정하고 그 시기와 방법에 대하여 논의하길 바란다.

2. 결함의 생명주기

다시 한 번 강조하지만 결함은 사람의 실수 때문에 생성된다. 그리고 그 결함은 요구사항 정의서, 사용자 스토리, 설계 명세서, 프로그램 코드 그리고 심지어 테스트 케이스에서도 발견될 수 있다. 즉, 결함은 개발 생명주기 전 단계에 걸쳐 발생하고 발견할 수 있는 존재다.

이러한 결함들은 각각의 탄생과 소멸의 생명주기(Life Cycle)를 가지고 있다. IEEE 1044-2009 (Standard Classification for Software Anomalies)에 의하면 결함은 3단계에 걸쳐 탄생하고 소멸 된다고 정의하였다. 최초 결함을 생성하는 주입단계(Inserted stage), 결함 발견 활동을 통한 발견단계(Detected) 그리고 개발자의 수정 및 확인을 통한 제거단계(Removed stage)로 구별하였다.

[표 18-2] 결함 생명주기에 따른 결함의 상태

결함의 단계	결함의 상태	내용
주입 단계 (Inserted Stage)	발견 전	결함이 개발 산출물 또는 프로그램 코드 작성자에 의해서 최초 유입된 상태 (이 상태는 아직 결함이 발견되지 않은 상태로 산출물에만 존재한다.)
발견 단계 (Detected Stage)	Open(New)	리뷰 및 테스트 활동을 통한 결함 발견한 상태
	Clarification	테스터가 결함 보고서의 내용을 좀 더 명확하게 재현할 수 있도록 정보를 보완하는 단계 (개발자의 이해를 돕기 위한 활동)
	Assigned	개발자 또는 조치 담당자에게 보고되고 조치하도록 할당된 상태(조치 중)
제거 단계 (Removed Stage)	Resolved	개발자가 수정 완료 후 확인 테스트 대기 중인 상태
	Closed	결함이 완전히 제거됨을 확인한 상태
	Rejected	잘못 인지된 결함 보고로 최종적으로 결함이 아닌 것으로 확인된 상태

특히 결함은 발견되는 순간부터는 그 상태의 변화를 관리할 수 있다. 결함을 최초 발견하고 이를 개발자에게 보고된 Open 상태, 보고된 결함 정보가 명료하지 않아 개발자가 이해하기 용이 하지 않은 상황에서 테스터에게 추가 정보를 요구하거나, 보완하도록 요청한 Clarification 단계, 해당 결함 보고가 개발자에게 할당된 Assigned 상태, 개발자가 결함 내용을 확인 후 조치가 완료된 Resolved 상태, 테스터 또는 검증 담당자에 의해서 조치가 완료됨이 확인된 Closed 상태 그리고 결함이 아닌 것으로 판명된 Rejected 상태로 구별하여 관리할 수 있다. 결함에 대한 관리 책임자는 전체 누적 결함 대비 Rejected된 결함의 수, Closed된 결함의 수, Assigned된 결함의 수, Clarification된 결함의 수 등의 각각의 결함 상태별 데이터를 검토하여 각각의 수치가 내포하는 의미를 파악하고 이를 프로젝트 통제의 수단으로 활용할 수 있다.

다음 그림은 결함의 생명주기를 도식화하여 표현한 내용이다.

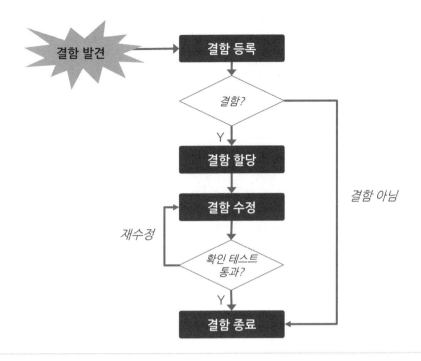

[그림 18-1] 결함 생명주기 예시

3. 결함 보고서

결함의 생명주기에 따른 결함의 상태를 관리하는 것도 필요하지만, 결함 보고서의 내용이 의미 있게 작성되도록 관리하는 것도 결함관리에서는 매우 중요하다. 특히 작성된 결함 보고서 내용이 충분치 않아, 개발팀으로부터 설명(clarification)을 요구하는 건이 빈번히 발생하고 있다는 것은 테스트 팀에서 작성한 결함 보고서가 개발팀과 의사소통하는 데 문제가 많다는 것을 반증하는 경우다. 이런 상황이 인지된 경우 결함관리자는 결함 보고서 내용을 리뷰하고 무엇이 문제인지 확인하여 관련 담당자들, 즉 테스터들에게 적절한 교육을 수행하여 설명 요청이 최소화될 수 있도록 관리해야 한다.

이렇듯 잘 작성된 결함 보고서는 효율적 의사소통 지원을 위한 관리뿐 아니라, 수집된 결함 데이터의 분석을 통해 제품의 품질에 대한 평가나 예측이 가능하고, 개발 프로세스 및 테스트 프로세스의 성숙도 평가도 가능하다.

[표 18-3] 결함 보고서 항목별 의미(by IEEE Std. 1044)

결함 보고서 항목	정의 및 내용
결함 ID	발견한 결함 또는 결함 보고서의 식별자
결함 제목	발견한 결함의 내용을 파악할 수 있는 함축적인 한 문장으로 표현
내용(Description)	누락된 것, 잘못된 것 또는 불필요한 것이 무엇인가에 대한 상세 설명
상태(Status)	결함의 생명주기에 따른 현재 상태 • [표 18-2] 결함 생명주기에 따른 결함의 상태 참조
자산(Asset)	결함을 내포하는 소프트웨어 자산 (product, component, module, etc.)
개발 산출물(Artifact)	결함을 내포하는 개발 산출물 문서
결함발견 버전 (Version Detected)	결함을 발견한 소프트웨어의 버전
조치완료 버전 (Version Corrected)	결함이 조치완료된 소프트웨어의 버전
우선순위(Priority)	해당 결함의 조치(결함 평가, 결함 수정, 결함 조치 확인 테스트 등에 대한) 우선순위 랭킹 • [표 18-4] 우선순위 또는 심각도의 값 예시 참조
심각도(Severity)	해당 결함이 일으키는 장애의 영향도 정도 • [표 18-4] 우선순위 또는 심각도의 값 예시 참조
발생 가능성 (Probability)	해당 결함으로 말미암은 장애 발생 가능성의 정도 • [표 18-5] 장애 발생 가능성 예시 참조
결과(Effect)	해당 결함으로 말미암아 발생할 잠재 장애 유형(요구사항의 품질 특성별) 식별 • [표 18-6] 결함의 결과 식별 예시 참조
유형(Type)	발견된 결함의 코드나 산출물에 근거한 결함의 분류체계 • [표 18-7] 결함의 유형 식별 예시 참조
원인(Mode)	발견된 결함의 잘못된 구현 및 표현, 필요 없는 항목의 추가 및 누락 등에 대한 분류체계 • Wrong, Missing, Extra로 구분될 수 있음
주입 활동 (Inserted Activity)	결함이 유입된 단계 • 요구사항 분석, 설계, 코딩, 컨피규레이션, 문서화 단계로 구분될 수 있음
발견 활동 (Detected Activity)	결함을 발견한 활동 • 요구사항 리뷰, 설계 리뷰, 코드 리뷰, 공급자 테스트, 고객 테스트, 제품화 단계, 감사 등으로 구분될 수 있음
장애 참조 (Failure References)	해당 결함으로 발생할 장애 식별자
변경 참조 (Change references)	결함 조치를 위한 변경관리 식별자
처분(Disposition)	결함 종료에 따른 결함 보고서의 최종 처분 결과 • corrected, not found, referred, duplicate 등으로 구분될 수 있음

그럼 이러한 효과를 보기 위한 좋은 결함 보고서의 특징을 IEEE Std. 1044에 의해 살펴보겠다. 물론 표준에서 제시하는 것을 그대로 다 활용하지는 않아도 된다. 그렇지만, 실질적 필요에 따라 표준을 참조하여 우리만의 결함 보고서를 만들어 목적에 맞게 관리할 필요가 있다.

다음은 표준에서 정의하는 각 결함 보고서 항목 중 주요 항목들에 대한 값의 예시다. 결함 보고서 형식의 항목을 결정할 때 참조하여 필요성 판단에 도움을 받을 수 있다.

[표 18-4] 우선순위 또는 심각도의 값 예시 (by IEEE Std. 1044)

항목별 값		내용
우선순위 (Priority)	High	결함 조치 담당자의 가장 높은 우선순위(즉시 해결 요함)
	Medium	결함 조치 담당자에게 할당된 결함 중 High 다음의 우선순위(해결 요함)
	Low	결함 조치 담당자에게 할당된 결함 중 High, Medium 다음의 우선순위
심각도 (Severity)	Blocking	해당 결함으로 말미암아 추가적인 테스팅이 보류 또는 중지됨
	Critical	해당 결함으로 말미암아 사용자가 필수적으로 수행해야 할 일을 할 수 없거나 안전에 위협을 줌
	Major	해당 결함으로 말미암아 필수 작업은 영향을 받지만, 계획 진행은 할 수 있음
	Minor	해당 결함은 필수 작업에 영향을 주진 않음
	Inconsequential	운영에 유의한 영향을 미치지 않음

경험상 결함 보고서의 우선순위, 심각도의 관리는 결함의 조치 우선순위와 심각성에 대한 프로젝트 내의 의견일치 및 공유를 위해 꼭 필요한 관리 항목 중 하나이다. 다만, 심각도 또는 우선순위의 값 선택 시 모두 다 공감할 수 있는 기준에 의해서 선택할 수 있게 관리하는 것이 필요하다. 그렇지 않은 경우 비슷한 상황의 결함이 발생했을 때 어떤 사람은 Critical로 평가하고, 다른 사람은 Major로 평가하는 실수를 범할 수 있다. 이는 결함 데이터 및 결함 기반 프로젝트 통제가 불가능하게 할 수 있는 문제이다.

다음은 결함으로 말미암은 장애 발생가능성에 대한 값의 예시이다. 역시 High, Medium, Low로 분류하였다.

[표 18-5] 장애 발생 가능성 예시 (by IEEE Std. 1044)

항목별 값		내용
장애 발생 가능성 (Probability)	High	해당 결함으로 말미암은 장애발생 가능성 70% 이상인 경우
	Medium	해당 결함으로 말미암은 장애발생 가능성 40%에서 70% 사이인 경우
	Low	해당 결함으로 말미암은 장애발생 가능성 40% 미만인 경우

여기서 표준[1]에서는 제시한 장애와 결함 정의(Definition)에 대하여 알아보자.

- **오류(Error)**는 잘못된 결과를 생산할 사람의 행위 즉 실수(mistake)를 말한다.
- **결함(Defect)**은 소프트웨어 제품의 요구사항이나 사양을 충족하지 못하고 보완(fix, repair, replace)이 필요한 불완전 하거나 결핍된 상태이다.
- **장애(Failure)**는 특정 상황에서 시스템 또는 시스템 구성 요소가 요구하는 기능을 수행하지 못하는 이벤트 또는 제품이 요구된 기능을 수행하는 능력의 부족을 말한다.
- **문제(Problem)**는 사용 중인 시스템에 대한 불만족으로 말미암은 한 명 또는 한 명 이상의 사람이 겪는 어려움 또는 불확실을 의미하며, 극복해야 할 부정적인(negative) 상황이라 할 수도 있다.

사람의 실수(mistake)나 오류(error)는 결함의 원인이 되고 결함은 장애의 원인이 될 수 있는 요소이고 결함으로 말미암아 제품의 장애가 발생할 가능성이 결정될 수 있는 요소이다. 또한, 장애는 시스템을 사용하는 사용자층에게 어려움을 주는 상황이므로 장애로 말미암아 발생될 수 있다. 그러므로 장애와 결함을 혼용 또는 혼돈해서 사용하지 않도록 주의할 필요가 있다. 개발 과정 중에 찾아낸 이슈는 결함(장애 원인), 사용자에게 인도된 이후에 발견된 이슈는 장애로 구분하여 관리하는 것도 하나의 방법이라 할 수 있다.

그러면, 장애의 잠재 원인이 되는 결함이 내포하고 있는 결과(effect)의 유형을 관리한다면 그 결함의 심각도 및 발생 가능성을 결정하는 데 도움이 될 것이다. 결함으로 말미암은 결과, 즉 잠재된 장애의 유형에 대한 IEEE 1044에서는 기능성(Functionality), 사용성(Usability), 보안성(Security), 성능(Performance), 서비스 가능성(Serviceability), 기타로 구분하여 제시하였다.

---

1 The IEEE Standard dictionary: Glossary of Terms & Definitions is available at http://shop.ieee.org

[표 18-6] 결함의 결과 식별 예시 (by IEEE Std. 1044)

항목별 값		내용
결과 (Effect)	기능성 (Functionality)	요구된 기능을 올바르게 수행하지 못한 잠재적 원인 불필요한 기능의 구현 데이터 무결성에 영향을 주는 모든 결함
	사용성 (Usability)	사용성 또는 사용의 편이성 관련 요구사항을 충족시키지 못할 잠재적 원인
	보안성 (Security)	보안 요구사항을 충족시키지 못할 잠재적 원인 (인증, 권한 부여, 개인정보보호, 기밀 유지, 감사 또는 이벤트 로깅에 대한 챔임 등)
	성능 (Performance)	성능 요구사항을 충족시키지 못할 잠재적 원인 (용량, 계산 정확도, 응답 시간, 처리량, 유효성 등)
	서비스용이성 (Serviceability)	신뢰성, 유지보수성, 지원 가능성의 요구사항을 충족시키지 못할 잠재적 원인 (복잡한 디자인, 문서화 되지 않은 코드, 모호하거나 불완전한 오류 로깅 등)
	기타	위의 결과들 외의 모든 잠재적 원인

발견된 결함의 코드나 산출물에 근거한 결함의 분류체계를 식별하는 결함 유형(type)에 대한 예시이다.

[표 18-7] 결함의 유형 식별 예시 (by IEEE Std. 1044)

항목별 값		내용
유형 (type)	데이터(Data)	데이터 정의, 초기화, 매핑, 수용, 사용상의 결함
	인터페이스(Interface)	인터페이스 구현 및 명세의 결함
	로직(Logic)	결정문, 분기문, 절차, 알고리즘의 결함
	상세내용(Description)	소프트웨어 사용, 설치, 운영에 대한 설명의 결함
	구문(Syntax)	개발 언어의 상요 규칙 위반
	표준(Standards)	정의된 표준 위반
	기타	위에 정의되지 않은 결함 유형

결함의 유형은 표준에서 제시한 예시 이외에도 다양한 결함 분류 기준을 두고 각 개발하는 소프트웨어 제품의 특성을 기반으로 만들어서 활용하는 때도 많다. 결함의 유형이 잘 식별된다면, 테스터는 발견된 결함의 유형 분석을 통해 추가적인 테스트 케이스 설계에 대한 아이디어를 얻을 수 있고, 개발 프로세스의 개선에도 활용할 수 있다.

테스트 실행 및 관리

보다 효율적 즉 생산적 테스트를 수행하기 위해서는 테스트 수행 절차가 잘 수립 되어야할 것이다. 단위, 통합, 시스템, 인수 각각의 테스트 레벨의 특성에 따라 그 절차가 수립되고, 관리해야 할 포인트가 달라질 수 있다. 여기 필자가 경험한 가장 대표적인 실행 프로세스 및 관리 방안에 대하여 소개한다.

1. 테스트 실행 관리

테스트 계획 및 테스트 케이스 설계 못지않게 중요한 테스트 프로세스가 있다. 동적 테스트 수행에 대한 관리이다. 테스트는 언제 시작하는 것일까? 개발 생명주기와는 어떤 관계가 있는 것일까? 본 장에서는 본격적으로 테스트 실행에 대한 체계적 관리에 대하여 알아보겠다.

테스트 실행은 테스트 계획서만 있다고 시작될 수 있는 것도 아니며, 테스트 케이스만 준비되었다고 시작될 수 있는 것은 아니다. 각 테스트 단계에 따라 그 테스트 시작 기준도 다르고 준비해야 할 사항도 다르다. 또한, 테스트 실행을 테스트 담당자가 수행만 열심히 하고 기록 관리에 소홀히 한다면 우리는 해당 테스트를 통해 의미 있는 정보를 파악하기 쉽지 않을 것이다. 여기서 의미 있는 정보란 테스트 수행을 통해 우리가 얻고자 했던 제품에 대한 정보뿐 아니라 우리 테스트의 효과성 및 효율성에 대한 분석 내용도 포함되어야 할 것이다.

아래 표는 체계적 테스트 실행 관리를 통해 얻은 정보들이 주는 가치를 나타낸다.

[표 19-1] 테스트 관련 데이터들로부터 얻는 정보 가치

테스트 관련 데이터	데이터 출처	정보의 가치
테스트 케이스 문서(스크립트)	테스트 설계 명세서 (또는 테스트 케이스 세트)	테스트 품질 이해
전체 테스트 케이스 수		테스트 물량 이해
테스트 실행완료한 테스트 케이스 수 (전체 케이스 대비)	테스트 로그 테스트 수행 공수	테스트 진척도 이해
성공한(실패한) 테스트 케이스 수 (전체 케이스 또는 실행한 케이스 대비)		제품 품질
테스트 수행 차수		테스트 수행 공수
테스트 케이스 커버리지 (요구사항, 기능 커버리지 등)	요구사항 추적표, 테스트 설계 명세서	테스트 케이스의 충분한 정도
테스트 수행 커버리지 (요구사항, 기능, 코드 커버리지 등)	요구사항 추적표, 테스트 로그	테스트 수행의 충분한 정도
테스트 수행 기간(시간)	테스트 로그	테스트 공수 및 비용 이해
테스트 케이스 결함 발견율		테스트 케이스 품질
테스트 수행 회차별 테스트 담당자		테스트 결과의 신뢰성
테스트 회차별 수행한 테스트 케이스		테스트 수행 커버리지 향상도

2. 단위 테스트 실행 프로세스

단위 테스트 실행을 위한 프로세스를 알아보자. 단위 테스트는 컴포넌트 테스트라고도 칭하기도 하는 테스트 단계이며 개발 생명주기 전 영역에서 가장 하위 레벨의 기술적 테스트를 요구하는 단계이다.

단위 테스트의 시작은 테스트 계획에서 정의한 단위의 의미를 이해하고, 해당 단위 프로그램(function, component, class, method, interface 등)이 구현이 완료되면 시작할 수 있다. 해당 단위 프로그램은 다른 단위 프로그램의 개발 완료 여부에 상관없이 테스트 수행이 가능해야 한다.

단위 테스트는 프로그램 코드 및 단위 프로그램의 개발 명세서를 근간으로 테스트를 설계하고 해당 프로그램을 실행하면서 결함을 발견하는 간단한 프로세스로 운영하는 경우가 많다. 그러나 코드 품질 완성도 제고나 단위 테스트 실행의 효율성을 높이는 목적으로 정적 분석 또는 코드의 동료검토 활동을 수행하고 해당 활동으로부터 발견한 결함을 제거한 후 동적 테스트를 수행하는 경우가 많다.

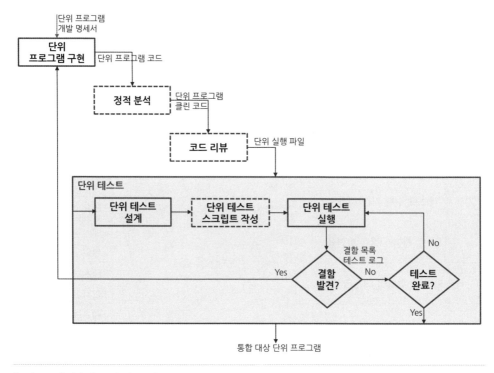

[그림 19-1] 단위 테스트 수행 프로세스

위 그림은 소프트웨어 개발 생명주기 중 구현 및 테스트 단계에서의 단위 테스트 수행 프로세스다. 각 프로세스의 의미를 살펴보겠다.

① **단위 프로그램 구현**: 개발자는 단위 프로그램 개발 명세서를 근거로 단위 프로그램을 코딩(구현) 완료한다. 이때 산출물은 단위 프로그램의 코드이다.

② **정적 분석(선택적)**: 단위 프로그램 코드는 코드의 규칙 및 표준 준수 여부를 검증하기 위한 정적 분석을 수행한다. 개발자는 정적 분석에서 도출한 경고 메시지를 분석하고 이를 제거한다. 모든 제거대상 경고 메시지가 조치완료 되면(정적 분석 도구로 재확인) 단위 프로그램 코드는 1차원적 코드의 결함을 제거한 클린 코드가 된다. 이 프로세스는 단위 테스트 수행을 더욱 효과적이고 효율적으로 하게 하기 위한 가장 저렴한, 즉 빠른 시간 내에 많은 잠재 결함 요소를 제거할 수 있는 방법의 하나다. 코드 품질개선을 위해 많은 조직에서 도입하고 적용한다.

③ **코드 리뷰(선택적)**: 정적 분석을 통해 발견한 결함을 제거한 프로그램 코드는 동료 개발자들에 의해 코드 리뷰 수행(동료 검토)이 가능하며, 이로부터 이차적 코드의 결함을 제거할 수 있다. 동료 검토는 정적 분석에 비해 시간과 노력은 많이 들지만, 동적 단위 테스트 전에 수행한다면 단위 테스트 설계의 테스트 베이시스[2]가 되는 프로그램 코드의 완성도를 높일 수 있으므로 단위 테스트 설계 결과물 및 테스트 대상 항목의 테스트 용이성(testability)이 좋아진다.

코드의 정적 테스트(정적 분석 및 코드 리뷰) 수행이 완료된 프로그램 코드는 단위 테스트 실행 준비가 완료된 상태이다. 이때 비로써 동적 단위 테스트 수행 프로세스는 작동이 가능해진다.

④ **단위 테스트 설계**: 단위 프로그램의 동적 테스트를 위한 테스트를 설계한다. 단위 테스트에 적용 가능한 테스트 설계기법은 다음과 같다.

- 프로그램 코드 기반의 구조적 테스트 설계(화이트박스 테스트)
- 단위 프로그램 개발 명세서 기반의 명세기반 테스트 설계(블랙박스 테스트)
- 프로그램 개발자가 검증해야 할 항목을 정의한 체크리스트 설계(경험적 테스트)

---

2 테스트 베이시스: 테스트 케이스를 설계하기 위해 참조하는 개발 산출물

⑤ **단위 테스트 스크립트 작성(선택적):** 필요 시 설계된 테스트 케이스를 단위 테스트 레벨에서 수행할 수 있도록 테스트 스크립트를 생성한다. 해당 스크립트는 테스트 수행을 자동으로 수행하기 위해 작성할 수도 있고, 설계된 테스트 케이스의 실행 순서, 즉 테스트 프로시저를 정의하기 위한 목적도 있다. 때에 따라서는 테스트 드라이버[3] 또는 테스트 스터브[4]를 개발하는 목적으로도 활용한다.

⑥ **단위 테스트 실행:** 단위 테스트 설계 내용(테스트 케이스, 체크리스트 등) 또는 테스트 스크립트를 기반으로 단위 실행 파일을 동적으로 수행하고 결과를 비교한다. 그리고 그 결과가 테스트 케이스의 기대결과와 일치한 경우 '성공'의 로그를 남기고, 그렇지 않은 경우 '실패'의 로그를 남긴다. 아래 그림의 테스트 실행 프로세스를 참조하기 바란다.

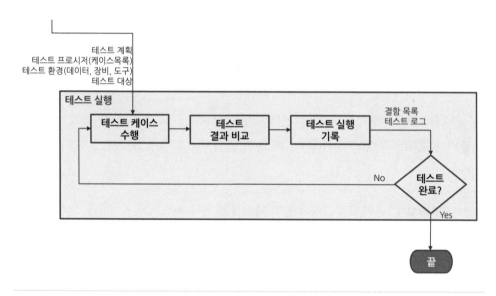

[그림 19-2] 테스트 실행 프로세스

---

3 테스트 드라이버(driver): 테스트 수행 대상 컴포넌트나 단위 프로그램을 호출하기 위한 목적으로 만든 더미 프로그램

4 테스트 스터브(stub): 테스트 수행 대상이 참조해야 할 프로그램 또는 시스템을 대체할 목적으로 만든 더미 프로그램

다음은 테스트 실행 프로세스 활동의 상세내용이다.

- **테스트 케이스 수행** 준비된 테스트 케이스를 테스트 프로시저에 준하여 해당 테스트 환경(데이터, 장비, 도구)하에서 실행한다. (테스트 자동화가 구현된 경우에는 자동 수행을 위한 테스트 스크립트를 실행한다.)
- **테스트 결과 비교** 각 테스트 케이스의 실행 결과를 관찰하고 테스트 케이스의 기대결과와 일치하는지 확인하여, 각 테스트 케이스의 '성공', '실패' 여부를 결정한다.
- **테스트 실행 기록** 테스트 실행은 모두 기록되어야 한다. 테스트 로그에 테스트 결과(성공/실패)뿐 아니라 테스트 수행시간, 테스트 실행 실제 결과, 테스트 수행자, 테스트 데이터, 테스트 항목의 버전 등을 기록하여 테스트 수행으로부터 획득할 수 있는 정보를 기록 관리한다.

⑦ **결함 분석**: 테스트 실행 실패인 경우 그 원인이 소프트웨어 코드 결함일 가능성을 확인하고, 그에 따라 단위 프로그램의 결함이 조치될 수 있도록 해야 한다. 이때 결함관리 프로세스에 따라 결함보고서를 작성하고 코드가 보완되게 할 수도 있다. 또한, 해당 테스트가 결함 조치해결에 대한 재테스트였다면, 기존 결함보고서의 상태 및 내역을 업데이트한다. 다만, 코드를 작성한 개발자가 직접 수행하는 테스트 전략으로 테스트를 수행했다면, 그 필요성에 따라 결함관리의 수준을 낮추거나 생략할 수 있다.

⑧ **테스트 완료 여부 확인**: 단위 테스트 완료 기준에 따라 테스트를 모두 충족하였다면 단위 테스트를 종료한다. 아직 수행해야 할 테스트 케이스 또는 스크립트가 남았거나 결함 조치 확인이 필요하다면 해당 단위의 동적 테스트를 반복적으로 실행한다. 단위 테스트 결과물은 통합 대상 단위 프로그램이 된다.

다음은 단위 테스트 완료 기준 예시다.

- 준비된 테스트 케이스가 모두 성공
- 발견된 심각도 Major 이상인 결함이 모두 조치 완료
- 소스 코드의 구문 커버리지 80% 이상 테스트 수행
- 체크리스트 검증 후 이상 없을 때

단위 테스트의 완료 기준은 위의 예시들의 조합으로 많이 사용한다(예시: 소스 코드의 구문 커버리지 80% 이상이며, 발견된 심각도 Major 이상인 결함 모두 조치 완료).

3. 통합 테스트 실행 프로세스

통합 테스트 실행 프로세스를 알아보자. 통합 테스트는 두 가지 유형으로 분류할 수 있다. 컴포넌트 통합 테스트와 시스템 통합 테스트가 그 예이다.

컴포넌트 통합 테스트는 단위 테스트 결과물인 통합 대상 단위 프로그램의 통합 과정을 검증하는 테스트다. 즉 단위 테스트가 완료된 테스트 항목은 컴포넌트 통합 테스트의 테스트 항목의 일부가 되는 것이다.

시스템 통합 테스트는 단위 시스템의 통합을 검증하는 테스트로, 각각의 단위 시스템 개발 및 품질 책임자는 스스로 테스트해야 할 테스트 항목에 대한 단위 테스트 및 컴포넌트 통합 테스트, 시스템 테스트가 완료 된 후 각 시스템 간의 통합 과정을 검증하는 테스트를 수행해야 한다. 시스템 통합 테스트의 시작은 각 단위 시스템의 시스템 테스트 완료기준이 통과되면 가능할 것이다.

통합 테스트의 목적은 각각의 단위 프로그램(컴포넌트) 또는 단위 시스템 간의 인터페이스가 원활한지, 상호 일관성 있는지를 확인하는 것으로, 그 대상이 컴포넌트든 단위 시스템이든 해당 요건(인터페이스 관계 구조)이 있다면 반드시 검증해야 마땅하다. 간혹 소프트웨어 시스템과 하드웨어 시스템의 인터페이스 검증을 하는 경우도 있고, 우리가 개발한 소프트웨어와 다른 조직에서 개발한 소프트웨어 제품과의 통합이 필요한 경우도 있다. 모두 통합 테스트 대상이라 할 수 있다. 따라서 통합 테스트는 소프트웨어 개발 생명주기에서 여러 차례 등장이 가능하다.

통합 테스트 프로세스는 단위 테스트 프로세스보다는 다소 복잡한 구조일 수 있다. 단위 테스트는 내가 만든 단일 프로그램 구현만 완료하여도 테스트 실행 시작이 가능하다면 통합 테스트는 통합 대상 단위 프로그램의 단위 테스트가 모두 완료되어야 테스트 실행이 가능하다. 특히 통합의 대상과 순서를 정하기 위해서는 전체 소프트웨어의 구성에 대한 그림이 명확하고 그것을 통해 통합의 대상이 무엇이 있는지 파악할 수 있어야 가능하다.

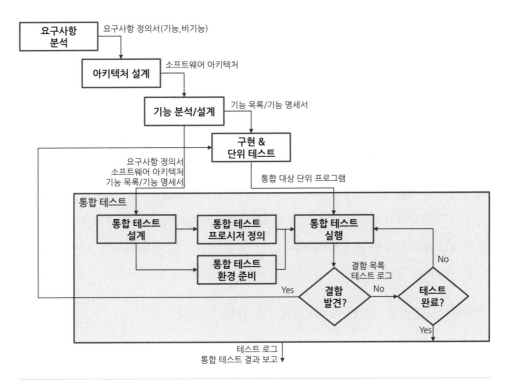

[그림 19-3] 개발팀 내의 컴포넌트 통합 테스트 프로세스

위 그림은 소프트웨어 개발 생명주기 중 개발팀 내에서 수행하는 컴포넌트 통합 테스트 단계에서의 테스트 수행 프로세스다. 각 프로세스의 의미를 살펴보겠다.

① **요구사항 분석** 개발 대상 제품에 대한 사용자 요구사항을 기능, 비기능적으로 분류하고 정의한다. 산출물로는 요구사항 정의서 또는 명세서가 대표적이다.

② **아키텍처 설계** 요구사항으로부터 우리는 소프트웨어가 제공해야 할 기능, 품질 요소를 결정해야 하고 이를 가능하게 하는 소프트웨어 구조를 설계한다. 이러한 소프트웨어 구조는 각 컴포넌트 간의 인터페이스를 이해할 수 있게 한다. 소프트웨어 아키텍처 설계서는 개발자 및 품질 담당자가 이러한 구조를 이해하는 데 매우 중요한 문서라 할 수 있다.

③ **기능 분석/설계** 소프트웨어 개발 요구사항과 아키텍처를 근거로 소프트웨어 사용자에게 제공해야 할 물리적인 기능, 인터페이스를 상세 설계한다. 이 과정의 산출물은 기능, 사용자 인터페이스, 시스템 인터페이스 등의 목록 및 각각의 명세서이다.

④ **구현 & 단위 테스트** 개발자는 기능 명세서 또는 인터페이스 명세서를 근거로 프로그램을 구현하고 단위 테스트를 수행한다. 이 과정을 통해서 통합 가능한 단위 프로그램(컴포넌트)이 산출물로 나온다.

⑤ **통합 테스트 설계** 통합 대상 프로그램의 통합 과정을 동적으로 테스트하기 위한 테스트를 설계한다. 테스트 설계자는 소프트웨어 아키텍처에 대한 이해와 컴포넌트 간의 통합 구조를 이해할 수 있어야 하며, 이로부터 테스트 설계가 가능하다. 테스트 설계기법은 구조기반 설계 또는 명세기반 설계기법이 가능하지만, 경험적 테스트 설계는 통합 테스트 단계에서는 자주 활용하지 않는다. 통합이 되는 대상에 대한 명확한 정의를 근거로 테스트하는 것이 바람직하다. 통합 테스트 설계는 소프트웨어 아키텍처, 기능 목록 및 명세서가 준비되면 시작할 수 있다.

통합 테스트에 적용 가능한 테스트 설계기법은 다음과 같다.

- 아키텍처 구조도를 근거로 한 구조적 테스트 설계(화이트박스 테스트)
- 명세기반 테스트 설계(블랙박스 테스트)

⑥ **통합 테스트 프로시저 정의** 통합 테스트 실행 순서를 정의한다. 필요 시 설계된 테스트 케이스를 자동으로 수행할 수 있도록 테스트 스크립트를 구성한다. 통합의 순서는 핵심 기능부터 통합하는 방법, 상위 구조부터 하부 구조를 호출하는 순서로 통합하는 방법, 하부 구조부터 점진적으로 상부 구조까지 통합하는 방법, 한 번에 End-to-End를 관통하도록 하는 방법 등이 있다. 통합 테스트 프로시저 설계는 테스트 실행의 순서를 정하기도 하지만, 단위 테스트 구현 순서에도 영향을 줄 수 있으므로 가능하면 단위 프로그램 구현이 시작되기 전에 작성되는 것이 바람직하다.

⑦ **통합 테스트 환경 준비** 컴포넌트 간의 인터페이스 구조 검증을 위한 통합 테스트 환경은 보통은 테스트 서버를 두어 테스트 환경에서 검증하도록 환경을 구성한다. 이때 외부 시스템과의 인터페이스가 있거나, 통합 대상에 포함되지 않은 기능과의 인터페이스가 있는 부분에 대한 테스트를 위한 환경의 고려가 필요하다. 단위 테스트와 마찬가지로 테스트 드라이버, 테스트 스터브가 필요할 수 있다.

⑧ **통합 테스트 실행** 통합 테스트 설계 내용(테스트 케이스 등) 또는 테스트 스크립트를 기반으로 통합 대상 실행 모듈을 동적으로 수행하고 결과를 비교한다. 상세한 내용은 단위 테스트 실행의 테스트 실행 프로세스를 참조하기 바란다.

⑨ **결함 분석** 개발팀 내에서 통합 테스트를 주도적으로 하는 경우 **그림 19–3**과 같이 테스트 실행 도중 결함을 발견하면 즉시 결함의 원인을 분석하고 결함 조치행위를 병행하면서 통합 테스트를 수행할 수 있다. 그러나 다음 그림처럼 개발팀이 아닌 품질팀과 같은 제삼자가 통합 테스트를 수행하는 경우는 해당 테스트 단계에서 수행하고자 하는 통합 테스트를 모두 완료한 후 결함 보고서를 포함한 결함 목록을 개발팀에 전달하는 방법도 가능하다. 조직의 특성 및 프로세스 원칙에 의해 효율적인 방법을 선택한다.

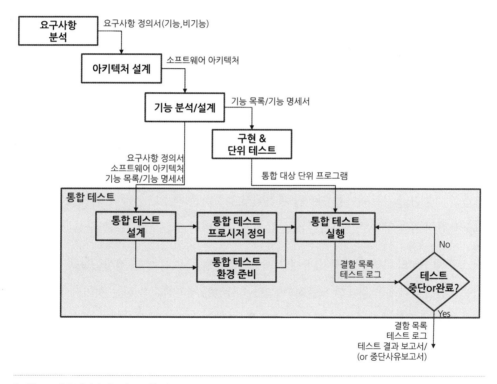

[그림 19-4] 품질팀의 컴포넌트 통합 테스트 프로세스

⑩ **테스트 완료 여부 확인** 준비된 테스트 케이스 또는 프로시저를 모두 실행하였는지 확인하고 아직 수행해야 할 테스트가 남았거나 결함 조치 확인이 필요하다면 통합 테스트 실행을 반복적으로 수행하고, 테스트 완료기준을 모두 충족하였으면 통합 테스트를 종료한다. 이때 통합 테스트 기간 동안 발견하였던 결함 목록, 테스트 수행 로그, 통합 테스트 결과 보고서가 산출물로 나온다. 통합 테스트 수행 목적에 따른 테스트 수행이 불가능한 경우 테스트를 중단하고 해당 문제점을 해결하여 다시 테스트를 재개할 수 있다. 이러한 경우라면 테스트 중단 사유보고서가 산출물로 나올 수 있다.

통합 테스트 완료 기준 예시는 다음과 같다.

- 준비된 테스트 케이스 및 프로시저를 모두 수행 완료
- 발견된 심각도 Major 이상인 결함이 모두 조치 완료
- 모든 인터페이스 목록(구조) 100% 테스트 완료
- 통합 테스트의 완료 기준 역시 위의 예시들의 적절한 조합으로 구성한다.

4. 시스템 테스트 실행 프로세스

시스템 테스트는 단위 프로그램 검증 및 단위 간의 인터페이스 및 일관성 검증을 완료한 제품화 가능한 소프트웨어를 사용자 관점에서 검증하는 테스트 단계다. 테스트는 사용자 요구사항의 기능 영역뿐만 아니라 제품의 비기능 영역의 테스트를 수행한다.

시스템 테스트의 목적은 사용자가 해당 소프트웨어의 사용 목적 및 정황(context)에 준하여 사용하면서 문제점을 최대한 도출하고 그것을 사전에 제거하도록 하는 것이다. 따라서 테스트 대상 소프트웨어 개발이 모두 완료한 후 수행하는 것이 바람직하며, 테스트 실행 환경은 사용자 실제 환경 또는 그와 가장 유사하도록 구성하여 테스트해야 한다. 테스트 담당자 역시 개발자가 직접 테스트하는 것보다는 제삼자가 테스트하는 것이 그 목적을 달성하는 데 효과적이다. 개발자는 이미 제품에 대한 편견(bias)을 가지고 있기 때문에 개발 의도대로 검증함에 따라 사용자의 다양한 케이스에 대응하기 적절하지 않다.

시스템 테스트 프로세스는 품질팀 통합 테스트 프로세스와 유사하다. 시스템 테스트 설계는 요구사항 정의서 및 아키텍처 설계서를 완성하면 시작할 수 있으며, 테스트 실행은 통합 테스트가 모두 완료되고 구축해야 할 모든 소프트웨어가 통합된 이후에 검증하는 것이 바람직하다. 특히 성능 테스트와 같은 비기능 테스트는 기능 결함을 제거한 후 수행하는 것이 그 결과에 대한 신뢰성을 보장할 수 있으므로 프로세스 계획 시 주의하기 바란다.

시스템 테스트 설계는 앞서 언급하였듯이 주로 요구사항 정의서 기반의 명세기반 테스트가 주가 되거나, 제삼자의 탐색적 테스트 등이 활용된다.

시스템 테스트에 적용 가능한 테스트 접근법은 다음가 같다.

- 메뉴 구조도를 근거로 한 구조적 테스트 설계(화이트박스 테스트)
- 명세기반 테스트 설계(블랙박스 테스트)
- 제품 사용 목적을 이해한 제삼자에 의한 탐색적 테스트(경험적 테스트)
- 사용성 체크리스트(사용성 테스트)
- 비기능 특성에 따른 테스트 방법론 적용(성능 테스트, 보안 테스트 등)

시스템 테스트의 완료기준은 요구사항 커버리지, 결함 조치현황, 재테스트(리그레션) 횟수 등을 조합하여 수립한다.

다음은 시스템 테스트 완료 기준 예시이다.

- 준비된 테스트 케이스 및 프로시저를 모두 수행 완료
- 발견된 심각도 Minor 이상 결함이 모두 조치 완료
- 모든 요구사항에 대한 100% 테스트 완료
- 전체 테스트 케이스의 리그레션 테스트 수행 시 Major 이상 결함 없는 경우 완료

5. 인수 테스트 실행 프로세스

인수 테스트는 사용자가 제품의 인수 여부를 결정하는 테스트로서, 결함을 찾는 데 집중하기보다는 요구하는 모든 요구사항(기능, 비기능)이 구현되었는지를 검증하는 목적이 가장 크다.

인수 테스트 접근법은 다음과 같다.

- 제품 사용자 관점의 검증
- 유지보수(운영) 담당자 관점의 검증

인수 테스트는 개발사 내에서 릴리즈를 결정하는 팀에 의한 테스트(알파 테스트, Factory Testing)와 제품 잠재 사용자가 사용자 환경에서 수행하는 테스트(베타 테스트, Field Testing)로 구분한다.

인수 테스트는 개발자 관점에서 보면 제품 릴리즈를 결정하는 최종 관문이라 할 수 있다. 아무리 힘들게 제품을 개발하였다 하더라도, 인수기준을 충족하지 못하면 그 제품은 무용지물이 될 수도 있다. 프로젝트에서는 가장 큰 위험요소라 할 수 있을 것이다. 이것을 최대한 피하기 위해서는 요구사항 수렴 단계 때부터 각 요구사항의 인수기준에 대한 명확한 정의가 있어야 할 것이고 이것을 충족하기 위한 개발 및 품질 활동이 필수적이라 할 수 있다.

찾아보기

소프트웨어 품질관리 실무 가이드